Hautes-Pyrénées

AU SOMMET !

La nature est grandiose et reste intacte dans le magnifique département des Hautes-Pyrénées. Il offre des paysages à couper le souffle, et compte en son centre, le Parc national des Pyrénées, la réserve naturelle nationale du Néouvielle, le cirque de Gavarnie et la réserve naturelle régionale d'Aulon. Vous êtes proches des étoiles au sommet de ces géantes montagnes, dont plusieurs sommets atteignent les 3 000 mètres d'altitude. Les admirer et découvrir les secrets de l'astronomie à l'Observatoire du Pic du Midi de Bigorre est presque incontournable. Été comme hiver, ces cimes offrent de multiples activités sportives qui raviront les aventuriers et les amoureux de la nature. Sur la neige, vous choisirez le ski, le snowboard, ou les raquettes, mais profiterez aussi des sorties en chiens de traîneaux, motoneige ou dameuse. Au printemps ou sous le soleil ardent d'été, vous volerez en parapente pour tutoyer l'aigle royal ou si vous êtes chanceux, le gypaète barbu. Vous dominerez ainsi ces splendides géants. Les sentiers de randonnée pédestre sont multiples et vous offriront des paysages enchanteurs très variés. Terre de traditions, l'histoire du département est chaleureusement partagée et mêlée à la culture contemporaine. Les délicieuses adresses culinaires sont nombreuses et la programmation des festivals est riche et savoureuse. Laissez-vous gagner par la beauté mystique des Hautes-Pyrénées, aiguisée par Lourdes, la ville aux miracles, et par les nombreuses légendes de montagne.

Retrouvez cette offre en page 52

SOMMAIRE

Randonnée vers le Lac de Gaube. © YVANN K - ADOBE STOCK

© FRANCESCO DE MARCO - SHUTTERSTOCK.COM

6 INSPIRER

Bonnes raisons d'y aller, évènements à ne pas manquer, idées de séjour... Voici un avant-goût de votre séjour !

21 DÉCOUVRIR

Histoire, gastronomie, littérature, sports... On vous invite à découvrir les richesses des Hautes-Pyrénées !

53 TARBES – LOURDES – ADOUR MADIRAN

Cette région présente des paysages changeants, parfaitement bucoliques et plaisants. Dans le nord, le paysage de piémont est parcouru de vignes. Dans la plaine de l'Adour, la campagne s'aplatit et donne l'occasion de quelques belles balades. Plus au sud, vous arrivez dans la ville de Lourdes. La vie de cet ancien village s'est vue transformée par les apparitions répétées de la Vierge à la jeune bergère Bernadette Soubirous en 1858.

Jardin Massey à Tarbes. © AMY_SHOT - SHUTTERSTOCK.COM

Téléphérique de Cauterets. © RICHARD VILLALONUNDEFINED UNDEFINED - ISTOCKPHOTO.COM

107 PYRÉNÉES – VALLÉES DES GAVES ET AURE LOURON

Dans ce coin reculé des Pyrénées, entre plaine et Espagne, ce sont des pics à plus de 3 000 mètres d'altitude qui veillent sur vous. Les panoramas grandioses s'égrènent au fil de vos randonnées ou de vos descentes à ski. C'est aussi entre ces vallées que se cache le Parc national des Pyrénées, à la faune et à la flore préservées.

167 HAUTE-BIGORRE – PLATEAU DE LANNEMEZAN – NESTE BAROUSSE

Le plateau de Lannemezan et les micro-territoires de la Neste et de la Barousse offrent des paysages bucoliques parcourus de collines et de vallons, de forêts et de bosquets, de champs et de pâturages, de rivières et de lacs. Les villages, très anciens pour certains, offrent une quiétude charmante et une authenticité réelle.

197 PAYS DE TRIE ET DU MAGNOAC – COTEAUX DE POUYASTRUC

Le pays de Trie et du Magnoac affiche des rondeurs de paysage de piémont. Les côteaux ondulants sont parcourus de forêts et de champs, formant un balcon saisissant sur la chaîne pyrénéenne. Lorsque le temps est clair, les hauts pics enneigés en hiver se dressent sous vos yeux, formant un ruban blanc que l'on pourrait presque saisir avec les doigts.

207 ORGANISER SON SÉJOUR

... © CREATIVENATURE.NL - ISTOCKPHOTO.COM

Le cirque de Troumouse. © PHILIPIMAGE - ADOBE STOCK

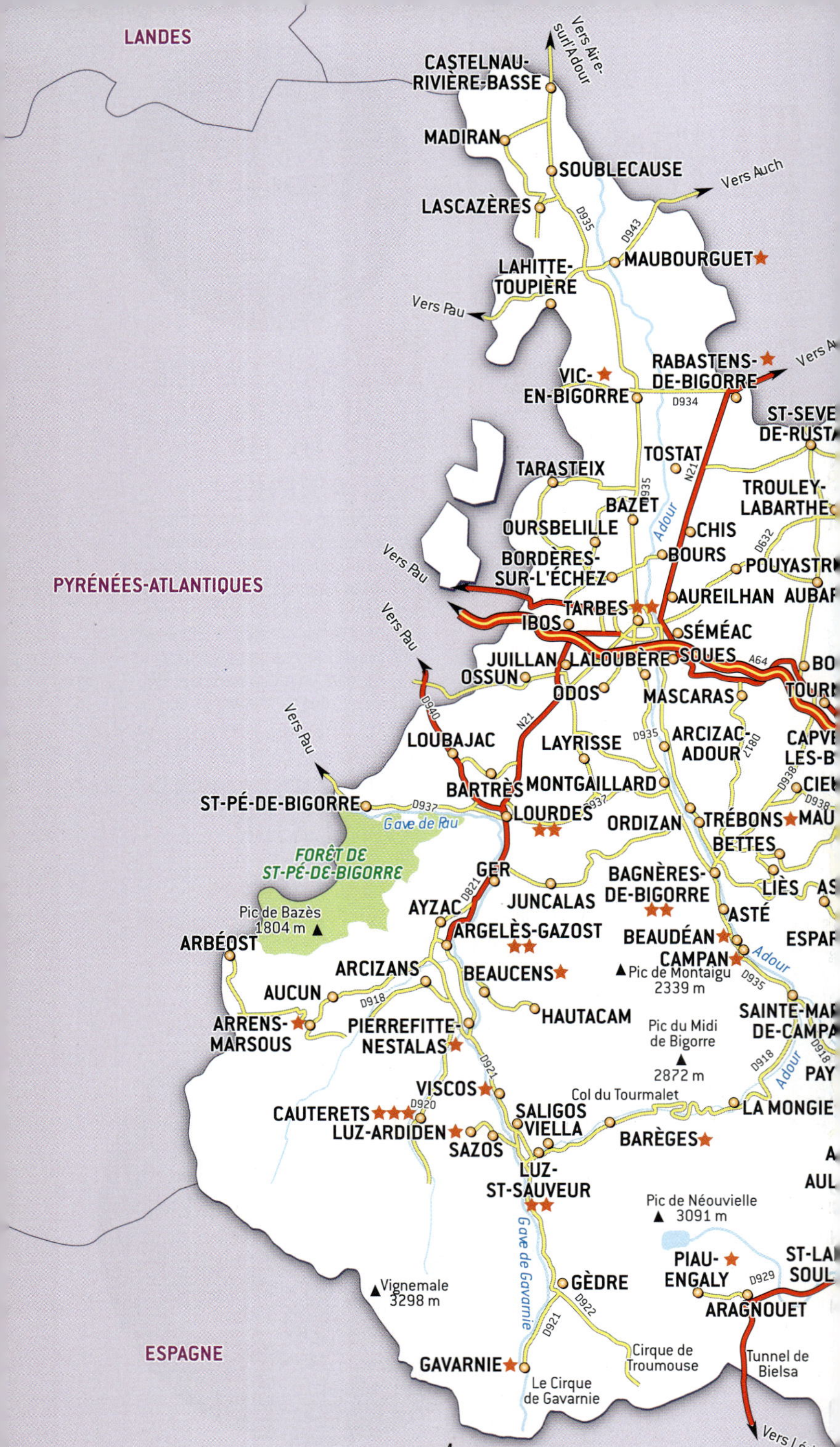
LANDES
PYRÉNÉES-ATLANTIQUES
ESPAGNE
Vers Aire-sur-l'Adour
CASTELNAU-RIVIÈRE-BASSE
MADIRAN
SOUBLECAUSE
LASCAZÈRES
Vers Auch
D935
D943
MAUBOURGUET
LAHITTE-TOUPIÈRE
Vers Pau
RABASTENS-DE-BIGORRE
VIC-EN-BIGORRE
D934
TOSTAT
N21
TARASTEIX
D935
BAZET
Adour
CHIS
OURSBELILLE
BOURS
D632
BORDÈRES-SUR-L'ÉCHEZ
Vers Pau
TARBES
AUREILHAN
IBOS
SÉMÉAC
Vers Pau
JUILLAN
LALOUBÈRE
SOUES
A64
OSSUN
ODOS
MASCARAS
D940
N21
LOUBAJAC
LAYRISSE
D935
ARCIZAC-ADOUR
D817
Vers Pau
BARTRÈS
MONTGAILLARD
D938
ST-PÉ-DE-BIGORRE
D937
D937
LOURDES
ORDIZAN
TRÉBONS
Gave de Pau
BETTES
FORÊT DE ST-PÉ-DE-BIGORRE
GER
BAGNÈRES-DE-BIGORRE
LIÈS
D821
JUNCALAS
Pic de Bazès 1804 m
AYZAC
ASTÉ
ARGELÈS-GAZOST
BEAUDÉAN
ARBÉOST
CAMPAN
Adour
ARCIZANS
BEAUCENS
Pic de Montaigu 2339 m
D935
AUCUN
D918
HAUTACAM
ARRENS-MARSOUS
PIERREFITTE-NESTALAS
Pic du Midi de Bigorre 2872 m
D918
Adour
D921
VISCOS
Col du Tourmalet
LA MONGIE
CAUTERETS
D920
SALIGOS
VIELLA
LUZ-ARDIDEN
SAZOS
BARÈGES
LUZ-ST-SAUVEUR
Pic de Néouvielle 3091 m
Gave de Gavarnie
PIAU-ENGALY
D929
Vignemale 3298 m
GÈDRE
D922
ARAGNOUET
D921
Cirque de Troumouse
Tunnel de Bielsa
GAVARNIE
Le Cirque de Gavarnie
Vers Lérida

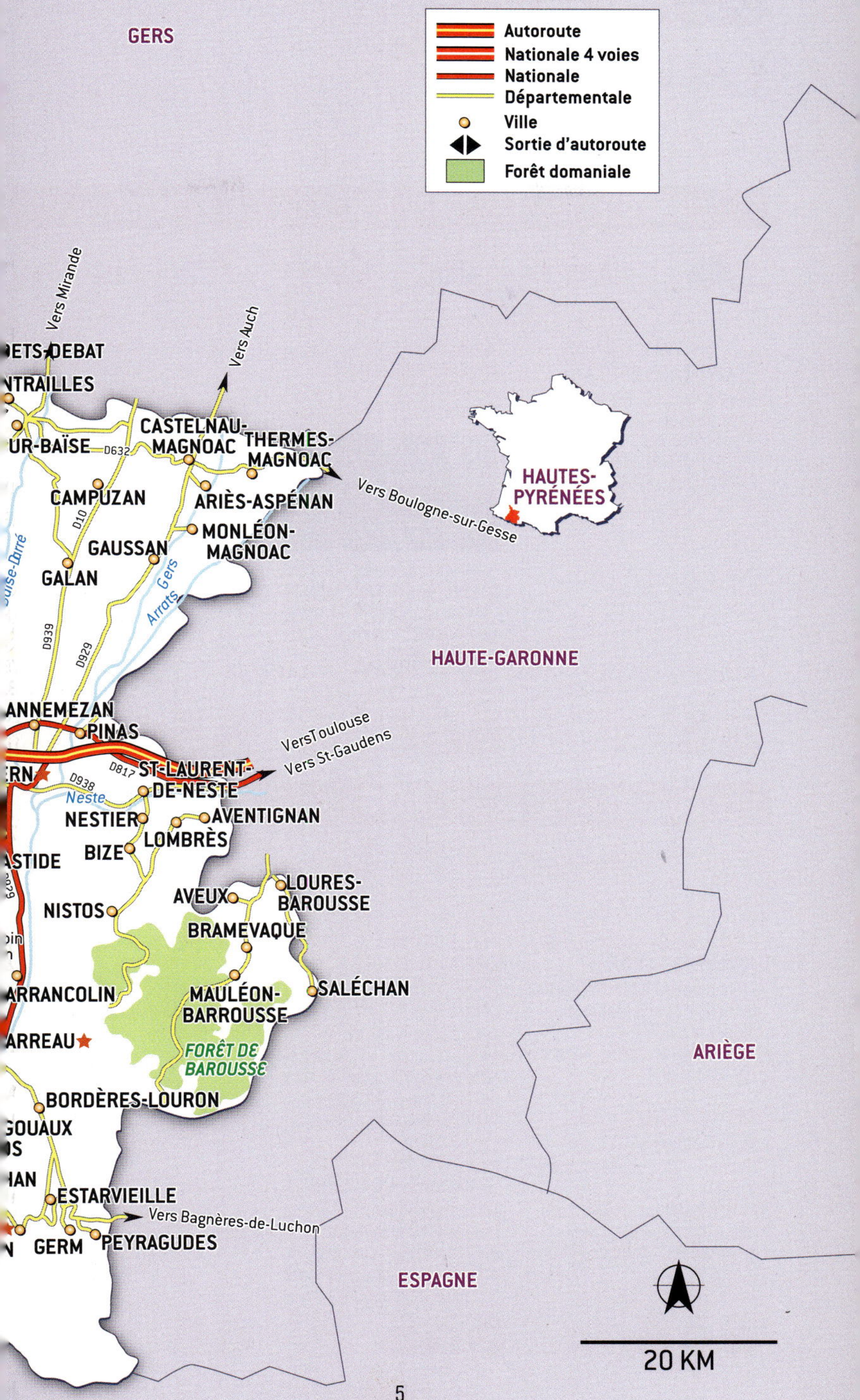
GERS
Autoroute
Nationale 4 voies
Nationale
Départementale
Ville
Sortie d'autoroute
Forêt domaniale
Vers Mirande
Vers Auch
CASTELNAU-MAGNOAC
THERMES-MAGNOAC
CAMPUZAN
ARIÈS-ASPÉNAN
MONLÉON-MAGNOAC
GAUSSAN
GALAN
Vers Boulogne-sur-Gesse
HAUTES-PYRÉNÉES
HAUTE-GARONNE
PINAS
VersToulouse
Vers St-Gaudens
ST-LAURENT-DE-NESTE
Neste
NESTIER
AVENTIGNAN
LOMBRÈS
BIZE
LOURES-BAROUSSE
AVEUX
NISTOS
BRAMEVAQUE
MAULÉON-BARROUSSE
SALÉCHAN
FORÊT DE BAROUSSE
ARIÈGE
BORDÈRES-LOURON
ESTARVIEILLE
Vers Bagnères-de-Luchon
GERM
PEYRAGUDES
ESPAGNE
20 KM

QUAND Y ALLER

JANVIER

1° / 5°

LA FÊTE DU COCHON
(SAINT-LARY-SOULAN)
Fière de ses traditions, Saint-Lary assure un rendez-vous festif placé sous la convivialité en mettant à l'honneur le fameux porc noir de Bigorre.

FÉVRIER

-1° / 4°

ANNIVERSAIRE DE LA PREMIERE APPARITION
(LOURDES)

© SUBEMONTES - ISTOCKPHOTO.COM

Tous les 11 février, Lourdes célèbre la première apparition de la Vierge à la jeune Bernadette Soubirous à l'entrée de la grotte.

MARS

1° / 6°

JUILLET

14° / 20°

FESTIVAL DE GAVARNIE
(GAVARNIE-GÈDRE)
Le festival de Gavarnie porte le théâtre et ses grands classiques à 1 400 mètres d'altitude dans un cadre naturel époustouflant.

FESTIVAL JAZZ À LUZ
(LUZ-SAINT-SAUVEUR)
Quand le jazz contemporain s'installe au cœur d'une des plus lumineuses vallées du département, les concerts se succèdent dans des lieux inattendus.

AOÛT

14° / 19°

FÊTES DU VIN DES VIGNOBLES DE MADIRAN
(MADIRAN)
Les producteurs de vin de Madiran (rouge) et de Pacherenc-du-vic-bilh (blanc) vous donnent rendez-vous pour partager de savoureux moment.

FESTIVAL PIANO PIC
(BAGNÈRES-DE-BIGORRE)
Le Festival Piano Pic porte la musique classique au sommet avec des concerts de premier plan produits dans des lieux d'exception.

SEPTEMBRE

12° / 17°

FÊTE DE LA BIODIVERSITÉ
(BAGNÈRES-DE-BIGORRE)
Une foire destinée à mieux faire connaître les produits de l'agriculture biologique et des alternatives grâce à des marchés et des animations.

En hiver les journées courtes et l'appel du ski comblent l'agenda. A cette saison, le département semble hiberner, hormis le pèlerinage majeur à Notre-Dame-de-Lourdes. En été, en revanche, de multiples animations se déroulent dans les grandes villes comme dans les petits villages. Tarbes vibre au rythme du tango et s'émerveille au festival Equestria tandis que des notes jouées par les plus grands pianistes s'élèvent jusqu'aux sommets à Bagnères-de-Bigorre.

AVRIL

2° / 7°

MAI

5° / 10°

JUIN

11° / 16°

TARBA EN CANTA

(TARBES)

Ce rendez-vous met à l'honneur les traditions polyphoniques à travers une succession de concerts.

FÊTES DE TARBES

(TARBES)

L'ambiance est festive dans les rues grâce aux fêtes de Tarbes ! Les concerts gratuits enflamment les nuits. Inoubliable !

OCTOBRE

7° / 11°

FÊTE DES FLEURS - MARCHÉ AUX PLANTES

(TARBES)

© LAIMDOTA - ISTOCKPHOTO.COM

Plantes rares, arbustes d'ornement et de collection, plantes vivaces... sont exposés par des producteurs spécialisés.

NOVEMBRE

4° / 8°

DÉCEMBRE

1° / 6°

FESTIVAL DE MUSIQUE SACRÉE DE LOURDES

(LOURDES)

Le Festival de Musique Sacrée souffle cette année ses 53 bougies. Les concerts sont prévus en décembre à Lourdes et ailleurs.

LES BONNES RAISONS D'Y ALLER

LE CIRQUE DE GAVARNIE

Émerveillement et stupeur saisissent tous les randonneurs, Victor Hugo y compris.

LA RANDONNÉE

De vallées bucoliques en sommets exigeants, les randonnées s'adressent à tous les niveaux.

LE PARC NATIONAL DES PYRÉNÉES

Immensément vaste, ce parc est le gardien d'un écosystème extraordinaire et fragile.

© ANDER DYLAN - SHUTTERSTOCK.COM

LE COL DU TOURMALET

Surplombant Barèges, le col du Tourmalet a forgé la légende du Tour de France.

© BORIS - STOCK.ADOBE.COM

LA FERVEUR À LOURDES

Les pèlerins sont nombreux à espérer un miracle là où est apparue la Vierge en 1858.

© ALUXUM - ISTOCKPHOTO.COM

LES SPORTS D'HIVER

Ski de piste ou nordique, raquette, luge, traineau, motoneige... à vous de voir !

© PHILIPIMAGE - ISTOCKPHOTO.COM

LE PIC DU MIDI DE BIGORRE

Au sommet de ce géant de 2 887 mètres il n'y a qu'à tendre le bras pour toucher le ciel.

LES BONNES RAISONS D'Y ALLER

LA RÉSERVE DE NÉOUVIELLE

Avec ses lacs, ses pics, ses forêts de pins, Néouvielle est un site enchanteur.

© SASHA64F - ISTOCKPHOTO.COM

© ND3000 - ISTOCKPHOTO.COM

LE THERMALISME

Ce sont les sources bienfaitrices qui ont lancé le tourisme dans les Pyrénées.

© CSP - SHUTTERSTOCK.COM

LES GROTTES

Site préhistorique, destination spéléo ou lieu de culte, la beauté est aussi souterraine.

LES 12 MOTS-CLÉS

#AGNEAU

La qualité de l'agneau pyrénéen est reconnu par l'IGP Agneau de lait des Pyrénées. L'élevage ovin est le poumon économique de ces montagnes. Les brebis donnent naissance à des petits qui sont abattus avant le sevrage. Le lait sert également à fabriquer de délicieux fromages, qui traduisent la richesse et la variété de l'alimentation naturelle.

#BERNADETTE SOUBIROUS

Personnalité la plus célèbre et la plus populaire des Hautes-Pyrénées, Bernadette Soubirous a vu sa vie changer en voyant la Vierge à l'entrée d'une grotte de Lourdes. La Madone lui est apparu 18 fois en tout, lui indiquant l'emplacement de la source miraculeuse. La petite paysanne, qui ne savait ni lire ni écrire, est devenue source de vénération.

#ESTIVE

La tradition pastorale consiste encore à mener les bêtes dans les pâturages d'altitude en été. Certains bergers pratiquent la transhumance à pied, depuis le lieu de stabulation jusqu'aux plateaux herbeux. Les bêtes sont conduites en altitude à la fin du printemps quand l'herbe a repoussé, et redescendues à la fin de l'été avant l'arrivée du froid.

#GARBURE

Ce plat typiquement bigourdan est une sorte de soupe paysanne qui allie les légumes d'hiver, les haricots tarbais et les viandes. Dans cette région de France on y met volontiers du jarret de porc noir et du confit de canard. Considérée comme la soupe du pauvre, la garbure est réputée redonner des forces. Elle se mange soupe et viandes séparées.

© ALF PHOTO - STOCK.ADOBE.COM

#GAVE

Dans les Pyrénées, le gave désigne un cours d'eau ou un torrent qui dévale directement des montagnes pour s'écouler tumultueusement d'abord, puis paresseusement au fond des vallées. Les gaves forment un tissu d'irrigation dense et indispensable à la pratique de l'agriculture dans le piémont pyrénéen, et permettent de générer de l'électricité.

#GYPAÈTE BARBU

Le plus grand rapace d'Europe peut être observé dans les vallées reculées des Hautes-Pyrénées. Il ne resterait que 14 couples de cet oiseau en danger critique d'extinction. Il fait l'objet d'un suivi scientifique important et d'un programme de préservation. Il est reconnaissable à son ventre couleur rouille et son dos au plumage gris ardoise.

© AOOSTHUIZEN - ISTOCKPHOTO.COM

#ISARD

Cousin du chamois, l'isard est exclusivement pyrénéen. L'été, il pâture au-dessus de la limite des arbres, sur les hautes pentes. En hiver, il redescend dans les forêts, où l'enneigement est moins prononcé. Menacé d'extinction dans les années 50, c'est pour lui qu'a été créé le Parc national des Pyrénées. Sa population s'élève à 4 000 individus.

#PIC

Le pic est le terme utilisé localement pour désigner une montagne. Le Pic du Vignemale ou Pic Longue domine le massif de ses 3 298 mètres. Le Pic du Midi de Bigorre est le plus célèbre, que l'on atteint grâce au téléphérique. Il abrite un observatoire scientifique qui permet d'étudier planètes et étoiles où il est possible de passer la nuit.

LES 12 MOTS-CLÉS

#RAQUETTE

Les nombreux sentiers de randonnée, les sous-bois, les larges lignes de crête, les plateaux et pâturages d'estive deviennent des terrains de jeux tout indiqués pour la pratique de la raquette dès les premières neiges tombées. La raquette fixée sous la chaussure permet d'augmenter la surface de portance et de ne pas s'enfoncer dans la neige fraîche.

© ALEXD75 - ISTOCKPHOTO.COM

#THERMOLUDIQUE

Ce terme a été inventé pour désigner les centres de balnéo et spas qui ont pris possession des stations thermales des Pyrénées. Ils ont relancé l'intérêt des vacanciers pour les bienfaits des eaux sulfurées et dépoussiéré l'image vieillissante de la cure. Piscines à jets, cols de cygne, bains à bulle permettent de se délasser et s'amuser à la fois.

#TRUITE

Quand on pense à la gastronomie pyrénéenne, agneau et porc noir viennent en tête. Mais il ne faut pas oublier le poisson et notamment la truite, mise à l'honneur au répertoire des saveurs locales. La truite fario ou arc-en-ciel servies à table viennent principalement de deux élevages locaux : la truite des Pyrénées et la truite de Nistos.

#VALLÉE

Les routes des Pyrénées s'enfoncent dans des vallées profondes, remontant les cours d'eau selon un axe nord-sud. Les vallées sont parcourues de villages et de hameaux, en pointillé. Certains sont devenus de grosses stations thermales et de ski. D'autres ont su conserver le charme authentique d'antan et profitent d'un cadre naturel époustouflant.

© SASHA64F - ISTOCKPHOTO.COM

VOUS ÊTES D'ICI, SI...

- **vous avez les yeux rivés à la météo** avant toute excursion en montagne. Ne suivez pas le bulletin national, mais renseignez-vous auprès de l'Office de tourisme le plus proche ou d'un bureau de guides.
- **vous faites référence à la Bigorre**, plutôt qu'au département des Hautes-Pyrénées. Les deux territoires se confondent peu ou prou.
- **vous saluez votre interlocuteur d'un franc et sonore «adiou»**. Le mot est employé pour dire bonjour à la cantonade.
- **vous pratiquez les sports d'eaux vives en amont des centrales** hydroélectriques et non en aval. Les lâchers d'eau peuvent faire monter les eaux très rapidement. Les accidents sérieux voire mortels sont malheureusement courants.
- **vous pratiquez le sport à plusieurs.** La montagne est un environnement dangereux et même pour une simple randonnée, il est plus prudent de partir accompagné.
- **vous mettez jarret de porc noir de Bigorre et cuisse de canard** confite dans votre garbure.

Téléphérique du Pic du Midi de Bigorre.

© ANIBAL TREJO - SHUTTERSTOCK.COM

TOP 5

SE RESTAURER

Les chefs des Hautes-Pyrénées sont servis par des producteurs qui savent tirer le meilleur parti de leur terroir et proposent des produits d'exception. Ajoutez une créativité débridée, un soupçon de talent et vous obtenez des tables qui allient modernité et respect de la tradition.

© L'AMBROISIE

EN PHOTO

98 L'AMBROISIE

Tarbes
Matthew Bayliss insuffle un vent de modernité sur les grands classiques de notre répertoire gastronomique avec créativité.

124 AUBERGE DE GERM

Germ
Christophe Mellier tire le meilleur de la vallée du Louron chère à son cœur et sublime des recettes puisées dans le répertoire local.

76 L'OCCITAN

Lourdes
Une cuisine simple et savoureuse, des plats sans cesse renouvelés, une présentation au cordeau, Ramesh enjaille la brasserie tradi.

174 L'ASSIETTE DE JULIETTE

Bagnères-de-Bigorre
Une table élégante, le meilleur des produits locaux et une inventivité qui jamais ne se tarit, voilà la meilleure recette du chef.

160 RESTAURANT LA CAS'A TOM

Saint-Lary-Soulan
Ce restaurant aux ambiances multiples permet de s'encanailler à l'heure de l'apéro ou de se taper la cloche dans la bonne humeur.

TOP 5

SE LOGER

Chalet de montagne en bois craquant, auberge d'altitude en pierre sèche, immeuble bourgeois de style néo-classique, paquebot années 30... la diversité des styles architecturaux signe les différentes époques qui font l'histoire des Hautes-Pyrénées. Ces hôtels en tirent le meilleur parti.

© EGI – STOCK.ADOBE.COM

EN PHOTO

74 HÔTEL PANORAMA****

Lourdes

Une architecture ondulante, un cadre stylisé, des couleurs pimpantes assurent un séjour d'exception au pied des sanctuaires.

180 GÎTE-AUBERGE LES CASCADES

Campan

Cette ancienne auberge de carte postale encadrée de torrents et de cascades est devenue un gîte de montagne chaleureux et typique.

130 HÔTEL LES EDELWEISS**

Cauterets

La belle façade Napoléon III des Edelweiss vous séduira tout autant que les belles chambres spacieuses et lumineuses joliment agencées.

158 HÔTEL LA NESTE DE JADE***

Vignec

Cet hôtel s'impose à ceux qui rêvent de vacances confortables dans un chalet de montagne à taille humaine où le bois domine.

92 HOTEL FOCH***

Tarbes

Rénovation réussie pour cet hôtel qui vous accueille dans un espace modernisé teinté d'élégance. Le meilleur établissement de Tarbes.

TOP 5

ACTIVITES

Quel plus beau terrain de jeu que les Hautes-Pyrénées ? En hiver, le massif se pare d'or blanc et les pentes se dévalent à ski. En été, les randonnées entre lacs, sommets, cirques et vallées vous font voir la vie en vert. Des sites naturels somptueux qui peuvent s'observer depuis le ciel.

CENTRE BALNEA

Génos

Le plus beau centre thermoludique du département, avec 6 espaces bien-être distincts dont un onsen en extérieur, même en hiver.

© BALNEA

127

© CHANTAL PICHON

126

ÉCOLE DE PARAPENTE DE VAL LOURON

Adervielle-Pouchergues

Les Hautes-Pyrénées, terres d'aventure… laissez-vous porter par les courants et découvrez montagnes et vallées depuis le ciel.

136

© ESF CAUTERETS

ECOLE DE SKI FRANÇAIS - CAUTERETS

Cauterets

Quoi de mieux que de se mettre au ski dans une station aux dimensions familiales et avec le soutien professionnel de l'ESF ?

LE CIRQUE DE GAVARNIE ET SA GRANDE CASCADE

Gavarnie-Gèdre

La montagne se referme sur une vallée glaciaire pour créer un site naturel splendide aisément accessible en 2 heures de marche.

© BOBROY20 - ADOBE STOCK

139

56

© HERVÉ LECLAIR - ASPHERIES

PARC ANIMALIER DES PYRENÉES

Ayzac-Ost

Ce parc animalier préserve la faune des Pyrénées : loup, ours, gypaètes barbus, bouquetin… vous pouvez même dormir sur place.

IDÉES DE SÉJOUR

Bien sûr, quand on pense Hautes-Pyrénées, ce sont tout d'abord des images de pics enneigés, de randonnées en raquettes, de flambées au coin du feu, de journées de ski qui viennent à l'esprit. Mais les paysages somptueux de piémont, de vallées encaissées et de sommets majestueux, se découvrent sous un autre majestueux jour, en été. Les contours du département épousent peu ou prou ceux de l'ancienne Bigorre. Un circuit complet vous mènera des coteaux du Madiran, à la pointe nord du département ; à Tarbes, son chef-lieu ; à Lourdes, la pieuse et aux vallées verdoyantes porteuses de la promesse de randonnées enchanteresses. Les plus sportifs préféreront se lancer de vertigineux défis, en mettant leur roue dans celle du Tour de France. Les cols des Pyrénées ont forgé la légende de la plus célèbre et de la plus suivie des compétitions sportives. Cette prouesse de 400 km ne s'adresse qu'à des amateurs de la petite reine très entraînés.

LES COLS DE LÉGENDE À VÉLO DANS LES HAUTES-PYRÉNÉES

A voir grimacer les cyclistes professionnels lors de l'ascension de ces cols pendant le Tour de France, l'exploit pourrait sembler hors de portée au commun des mortels. Pourtant, vous serez étonné de croiser de nombreux cyclistes depuis l'habitacle climatisé de votre voiture. Un entraînement régulier est cependant nécessaire, ainsi qu'une alimentation appropriée pour éviter les crampes.

› Jour 1 - Luz-Saint-Sauveur – Gavarnie – Col des Tentes – Luz-Ardiden

68,5 km, 6 heures

Vous quittez Luz-Saint-Sauveur ★★ (p.143) et montez jusqu'au joli village de Gavarnie puis poursuivez jusqu'au Col des Tentes à 2 208 mètres d'altitude. Après avoir profité du site splendide du Cirque de Gavarnie, vous redescendez la vallée et empruntez le pont Napoléon construit en 1863 en direction de Luz-Ardiden ★ (p.151), étape d'arrivée régulière du Tour de France.

© SAKE VAN PELT - STOCK.ADOBE.COM

Cirque de Gavarnie.

› Jour 2 - Luz-Ardiden – Hautacam – Col de Lingous – Lourdes

81 km, 6 heures

La descente jusqu'à Préchac permet d'économiser ses forces avant la montée à Hautacam. Ses 3 kilomètres à 10 % de pente en font le cauchemar des coureurs professionnels. Cette ascension est souvent bien plus redoutée que celle du Tourmalet. La redescente dans la plaine se fait par Arbouix et Boô-Silhen. A Lugagnan, vous prenez la direction de Juncalas (p.66) puis du col de Lingous. Vous descendez sur Lourdes ★★ (p.67) en admirant le château fort des Angles.

› Jour 3 - Lourdes – Loupcru – Bagnères – Col du Tourmalet – Barèges

60,5 km, 5 heures 15.

Vous quittez Lourdes ★★ (p.67) par la D937 en direction de Loupcru. Sa côte à 7 % pendant 2 kilomètres assure une mise en jambe avant la montée vers Campan ★ (p.179) et le mythique col du Tourmalet (p.186). Vous franchissez 1 255 mètres de dénivelé en seulement 17 kilomètres ! Vous passez la nuit à Barèges où vous pourrez vous détendre aux thermes.

› Jour 4 - Barèges – Payolle – Ancizan – Arreau – Col d'Aspin – Payolle

64 km, 6 heures.

Vous empruntez à nouveau le Tourmalet, tout en descente, jusqu'à Payolle. De là, vous gagnez la vallée d'Aure par Ancizan (p.116). Vous suivez la vallée en direction d'Arreau ★ (p.110) où vous pouvez admirer les Aigles d'Aure, un parc animalier spécialisé dans les rapaces. La remontée sur Payolle se fait par le col d'Aspin et ses 780 mètres de dénivelé sur 12 kilomètres.

Le Col du Tourmalet.

› Jour 5 - Payolle – Arreau – Col de Peyresourde – Col de Val Louron – St-Lary

59 km, 5 heures.

Vous descendez à Arreau ★ (p.110) par le col d'Aspin emprunté la veille, puis vous vous enfoncez dans l'étroite vallée du Louron. A Loudenvielle, direction le col de Peyresourde qui marque la frontière avec la Haute-Garonne. Vous redescendez à Loudenvielle par la même route et prenez la direction d'Azet et du col de Val Louron. Une dernière montée ardue vous mène au plateau de Saint-Lary-Soulan ★ (p.153). S'il vous reste un peu de jus, vous pouvez poursuivre jusqu'au lac d'Oredon et le lac d'Aubert et la très belle Réserve naturelle du Néouvielle.

› Jour 6 - De Saint-Lary à Lourdes

85 km, 6 heures.

Pour cette dernière journée sur la selle, vous redescendez la somptueuse vallée d'Aure, parcourue de charmants villages. A Hèches, vous empruntez la route pour Bagnères-de-Bigorre, qui longe le pied des montagnes. Vous traversez la ville et continuez sur Labassère et Gems, qui vous mèneront au col de Lingous. Vous poursuivez tranquillement jusqu'à Lourdes ★★ (p.67). Ne manquez pas la procession aux flambeaux en soirée, alors que les pèlerins se rassemblent pour un beau moment de recueillement. Après 418 kilomètres en 6 jours, vous êtes prêt pour le Tour de France !

LE GRAND TOUR DE LA BIGORRE

Il faut compter une semaine pour avoir un aperçu complet des Hautes-Pyrénées. Cet itinéraire vous mènera des collines ondulantes du madiran, jusqu'aux vallées protégées par les hauts pics des montagnes. Au programme, de la randonnée facile pour découvrir les plus beaux sites, des musées et des visites insolites et du réconfort dans les centres thermoludiques.

› Jour 1 - Tarbes – Saint-Sever-de-Rustan – Madiran

Découvrez la capitale de la Bigorre dans la matinée en visitant les Haras Nationaux, le musée Massey et en flânant dans les Jardins Massey. Puis filez à Saint-Sever-de-Rustan et son abbaye fondée en 800. En chemin pour Madiran (p.78) et ses célèbres coteaux, vous passez par Artagnan, fief de la mère du célèbre mousquetaire. La Maison des Vins de Madiran vous fera découvrir toutes les subtilités de ce cru. Retour à Tarbes ★★ (p.84).

Cauterets.

› Jour 2 - Lourdes

30 minutes suffisent pour rallier **Tarbes** ★★ (p.84) à **Lourdes** ★★ (p.67). Il faut bien une journée pour visiter la ville sainte. Les Sanctuaires et la **grotte de Massabielle** (p.68) attirent les nombreux pèlerins, mais la ville compte également des sites profanes intéressants. Le château fort campé sur les hauteurs ou le formidable musée Christhi dédié à l'imprimerie devraient attiser votre curiosité.

› Jour 3 - De Lourdes au Pont d'Espagne

Argelès-Gazost ★★ (p.56) sera votre première étape, avec la visite du formidable Parc animalier des Pyrénées. A **Arcizans-Avant** (p.61), c'est l'imposant Château du Prince Noir qui retiendra votre attention. Vous poursuivez dans la vallée des Gaves, jusqu'au Pont d'Espagne. Ce site naturel exceptionnel intégré au Parc national des Pyrénées est le point de départ de nombreuses randonnées. Passez la nuit à **Cauterets** ★★★ (p.128), une élégante station thermale qui a vu défiler Flaubert, Hugo ou George Sand.

› Jour 4 - De Cauterets à Gavarnie

Direction **Luz-Saint-Sauveur** ★★ (p.143) dans la vallée voisine. Le joli village qui se transforme en grosse station hivernale abrite une église fortifiée unique en son genre. Vous remontez le gave de Gavarnie en effectuant une halte au pont Napoléon, construit en 1863. A Pragnères, vous pouvez visiter la centrale hydroélectrique. Entre Gèdre et Gavarnie, la via ferrata Coumély offre des points de vue somptueux sur la vallée encaissée et la route en contrebas. S'il vous reste du temps, montez jusqu'au petit lac d'Ossoue fermé par les montagnes. Nuit dans le village de **Gavarnie** ★ (p.137).

› Jour 5 - Journée « aux cirques »

Dans la matinée, partez pour une randonnée de 2-3 heures au cirque d'Estaubé ou au **cirque de Troumouse** (p.138). Vous parcourez les estives où vous pourrez croiser vaches, brebis et marmotte. Réservez votre après-midi pour la découverte du somptueux cirque de Gavarnie, inscrit au Patrimoine mondial de l'Unesco. Nuit à Gavarnie.

› Jour 6 - Gavarnie – Tourmalet – Ancizan – Saint-Lary-Soulan

Redescendez à **Luz-Saint-Sauveur** ★★ (p.143) et prenez la direction de Barèges. Vous empruntez le célèbre **col du Tourmalet** (p.186) pour gagner la vallée d'Aure. A **Ancizan** (p.116), le musée de la Cidrerie vous fera découvrir la spécialité locale du poumado. L'après-midi, allez randonner dans la Réserve naturelle du Néouvielle ponctuée de lacs où se reflètent les sommets. Nuit à **Saint-Lary-Soulan** ★ (p.153).

› Jour 7 - Vallée du Louron

Descendez la vallée d'Aure jusqu'à **Arreau** ★ (p.110). Si vous aimez les rapaces, arrêtez-vous aux Aigles d'Aure, un parc animalier qui leur est dédié. Remontez la vallée du Louron par Cazaux-Debat et Bordères jusqu'à Génos-Loudenvielle. Là, le centre thermoludique Balnéo vous attend pour une après-midi de détente totale dans un cadre enchanteur. Retour à **Lourdes** ★★ (p.67) ou nuit sur place.

DÉCOUVRIR

Alors que ses contours sont dessinés à l'époque de Charlemagne, l'ancienne terre de Bigorre devient Hautes-Pyrénées à la Révolution. Les grottes de Gargas témoignent cependant d'une présence humaine remontant à l'homme de Cro-Magnon. Le paysage de piémont du nord vient se mêler à l'imposant massif des Pyrénées formant une frontière naturelle avec l'Espagne. En plaine, l'économie a toujours été tournée vers une agriculture vivrière. En montagne, la destinée du territoire a évolué. Si le pastoralisme a façonné les estives, l'avènement du thermalisme au XIXe siècle a profondément modifié le visage des villages. Thermes somptuaires et immeubles bourgeois se mélangent aux granges en galets des gaves et aux petites maisons aux toits d'ardoise. Puis, après la Seconde guerre mondiale, le ski devient un sport à la mode. Les stations thermales deviennent alors domaines skiables modernes mais ne cèdent rien de leur charme.

LES EAUX ET THERMES

Avec huit centres de soins, les Hautes-Pyrénées sont un haut lieu réputé du thermalisme. Ces établissements spécifiques accueillent chaque année des curistes, venus de toute l'Europe, bénéficier des bienfaits des eaux minérales du département. Chaque vallée offre le meilleur des équipements pour prendre en charge des affections notamment liées aux voies respiratoires ou aux rhumatismes. Si les bienfaits de ces eaux pures ne sont plus à louer, on les retrouve dans un domaine bien plus ludique : la balnéo. De véritables bulles dédiées au bien-être parsèment le territoire et toutes sont nichées dans des trésors d'architecture à couper le souffle. Des destinations à retrouver au fil du guide, plus en détail, pour plonger de lieu en lieu dans ces sites d'exception. L'aménagement des établissements thermaux, notamment, date de la période post seconde guerre mondiale. Le thermalisme s'ajoute alors à l'attractivité du département.

La route thermale

Le thermalisme a participé au développement et au désenclavement des Hautes-Pyrénées. En effet, de la fin du XVIIème siècle au XIXème siècle, l'enjeu thermal pousse à la construction puis à l'entretien de voies carrossables. La raison ? Lors d'un passage de l'Empereur, Napoléon III, à Saint-Sauveur à l'été 1859, le projet des routes thermales voit le jour. La liaison ferroviaire Paris-Tarbes, achevée depuis peu, voit alors la région accueillir une nouvelle clientèle, plus aisée. Les différents centres de cure permettent de répartir les différents « patients ». C'est grâce à la construction de tronçons de routes allant d'une vallée à l'autre et franchissant les cols que le thermalisme prend de l'ampleur. Les curistes peuvent ainsi se rendre dans les centres en toute sécurité, ce qui n'était pas forcément le cas auparavant. Sur les six projets en attente à l'époque, quatre sont programmés par décision impériale du 6 mai 1860 : Arudy-Escot par le col de Marie-Blanque, Argelès - Les Eaux Bonnes par le Soulor et l'Aubisque, Bagnères-de-Bigorre - Barèges par le Tourmalet, Bagnères-de-Bigorre -Bagnères-de-Luchon par l'Aspin puis le Peyresourde. Ces quatre projets verront le jour alors que d'autres liaisons ne seront, elles, « qu'améliorées ». Les Hautes-Pyrénées ont largement bénéficié de ces infrastructures pour notamment établir un tourisme thermal qui soigne les pathologies de la sphère ORL, des voies respiratoires, des maladies métaboliques, de l'appareil digestif, de l'appareil urinaire, des affections psychosomatiques, de la gynécologie… et attirer des personnes susceptibles aussi de tomber amoureux des paysages et de la nature du département. Le thermalisme est ainsi à l'origine du développement historique, architectural, économique et touristique de certaines communes.

Les Hautes-Pyrénées compte le plus de stations thermales en France.

L'or bleu coule de source

Aucune chaîne de montagnes au monde n'offre une richesse hydrominérale comparable à celle des Hautes-Pyrénées. Fort de ses 2 000 ans de thermalisme, le département possède un grand nombre de sources connues dès l'époque romaine et qui regorgent de mille bienfaits quelle que soit la cure thermale que vous recherchez. La belle réputation des eaux des Hautes-Pyrénées s'est construite grâce aux venues successives de grands personnages dans le département pour prendre les eaux. On peut citer pêle-mêle Victor Hugo, Alphonse de Lamartine, George Sand ou l'impératrice Eugénie. Toutes ces célébrités se félicitaient de leur passage dans différents établissements thermaux que compte la Bigorre dont les plus connus se trouvent à Barèges, Bagnères-de-Bigorre, Argelès-Gazost, Beaucens, Capvern-les-Bains, Saint-Lary ou Cauterets. Sulfurées, carbonatées, sodiques ou alcalines, chaudes ou froides, ces eaux thermales sont toutes source de bien-être. Même si l'utilisation des vertus de ces eaux est la même, il faut distinguer l'établissement de bains public qu'étaient les « thermes » antiques, devenus aujourd'hui des

© OKSMIT - STOCK.ADOBE.COM

La ville thermale de Cauterets.

centres de remise en forme, des établissements thermaux à but thérapeutique, destinés à traiter et guérir certaines maladies. Le thermoludisme, secteur qui mêle bien-être et détente, assure un renouveau pour ces eaux aux vertus exceptionnelles et nombreux centres se jettent dans le bain du loisir !

Les Hautes-Pyrénées, 1er département de France en nombre de stations thermales

Le plus souvent situé dans des communes de taille moyennes voire petites, les établissements de thermes représentent souvent l'unique levier de l'économie locale. Entre frontière espagnole et parc national des Pyrénées, la garantie d'un séjour inoubliable est assurée. « Montagnes Pyrénées, vous êtes mes amours » chantaient les anciens. Les Hautes-Pyrénées sont même la première destination de France avec huit centres de balnéothérapie alimentés en eau thermale. En plus de leurs bienfaits sur le corps et l'esprit, ces lieux dédiés à la santé et au bien-être proposent aussi des séjours de remise en forme ainsi que des soins spa pour tous les profils. Sous des voûtes constellées d'étoiles, un ciel ouvert ou des structures de bois magistrales, les bains se succèdent agrémentés de lagunes, de jets ou de cascades irrésistibles. Spa, hammam, jacuzzis et soins du corps forment une carte bien-être où il suffit de piocher selon vos envies. Que demander de plus ?

Les centres de balnéothérapie

Aquensis à Bagnères-de-Bigorre

Le centre thermoludique à la voûte de bois magistrale, illustre pour son bassin, a réaménagé son espace bien-être afin de proposer une gamme plus large de soins en duo avec, notamment, une baignoire inédite Ying-Yang dotée d'un soin hydromassant aux huiles essentielles. Les eaux thermales de la station, qui soignent depuis l'Antiquité, sont riches en oligo-éléments, notamment en magnésium, calcium et sulfates.

Le Jardin des Bains à Argelès-Gazost

Il propose un voyage à travers le temps et l'espace, marqué par différentes ambiances, végétales, florales et minérales.

Cieléo à Barèges

Sa voûte étoilée et sa coupole vitrée l'ont rendu célèbre, avec des bassins ultra-équipés, il comporte activités ludiques et bien-être absolu. L'espace bien être propose des modelages correspondants aux rituels traditionnels de différentes cultures.

Sensoria à Saint-Lary-Soulan

Trois espaces marquent ce site complet à l'ambiance canyon qui propose espaces de bain mais aussi de soins ou de remise en forme. Il s'est enrichi à Peyragudes d'un second établissement, Spassio, en pied de pistes, idéal pour les familles.

Luzéa à Luz-Saint-Sauveur

L'architecture composée de marbre, verre et mosaïques est un écrin qui vous accueille pour un moment détente magique et des soins bien-être. Sur place, chacun peut profiter des bienfaits de l'eau thermale et aussi de nombreuses prestations individuelles dédiées à votre bien être.

Les Bains du rocher à Cauterets

Son univers raffiné a misé sur l'originalité avec des sols de jade et là encore, soins, bains et bien-être sont de mise.

Balnéa à Loudenvielle

Il marque l'événement en ouvrant la première cabine de glace des Pyrénées dans le pavillon japonais qui est désormais dédié au Cryo-Tonic avec même une fontaine de glace. À 8 °C, les sensations sont absolues ! Les deux saunas ont également été réaménagés.

GÉOGRAPHIE

Nées de la collision des plaques ibérique et eurasienne, les Pyrénées sont composées majoritairement de roches anciennes volcaniques et plutoniques ainsi que des sédimentaires, plus récentes. Le cirque de Gavarnie est un exemple de concentration de gneiss, Lannemezan un témoignage des sols argileux et emplis de quartzites et Campan regorge de carrières de marbre. Plus vous monterez, plus vous sentirez la mélodie des Hautes-Pyrénées prendre de la puissance, devenir rugueuse, sortant des gorges que vous traversez, prenant de la hauteur, du souffle renouvelé par cet air si pur qui baigne les sommets. La course des isards, le sifflement des marmottes et le vent léger qui fait bruisser les iris se mêlent au clapotis de l'Adour, plus vif lui aussi. Les pâturages assurent un tintement de cloches que les brebis agitent tandis que plus haut, les sapins bruissent. Et lorsque les pics majestueux se dévoilent enfin, vous pourrez savourer.

Paysages caractéristiques et vallées

Sur cette terre contrastée, l'altitude façonne les paysages à son envie et l'homme a su rivaliser avec son génie. Des champs de maïs à perte de vue aux vallons boisés et verts, du fourmillement urbain aux villages perchés sur une falaise, les Hautes-Pyrénées jouent avec les éléments et la vie s'y adapte.

Les vallées sont légion en Hautes-Pyrénées. La plus connue est sans conteste la Vallée des Gaves. Elle rayonne avec Argelès-Gazost en son centre, petite ville thermale construite en amphithéâtre. Nature et montagne sont omniprésentes et, au fil de l'eau et des routes, vous pouvez aller à la découverte du Pont d'Espagne, de la cité mariale de Lourdes, de l'incroyable cirque de Gavarnie ou traverser les réserves naturelles du Néouvielle et du Pibeste, parsemées de lacs. Le Parc national des Pyrénées vous ouvre ses paysages grandioses.

Partez aussi à la découverte de la Vallée du Marcadau. Elle s'étend de Cauterets jusqu'au cirque du Marcadau. Son nom signifie « marché » en gascon et il vient de l'époque où se tenaient les transactions de bétail entre Espagnols et Français.

De la tradition thermale qui date de l'Antiquité, Bagnères-de-Bigorre fait perdurer le charme et les bienfaits des eaux réputées. Si le plus célèbre est le Pic du Midi et son observatoire, la cascade du Garet, le village de Campan et ses mounaques, Baudéan et son musée Larrey, la confidentielle Lesponne et ses élevages de moutons ainsi que le Chiroulet vous réservent des émotions uniques.

© JEKATERINA SAHMANOVA - ISTOCKPHOTO.COM

La vallée de Marcadau.

Cours d'eau

Véritable château d'eau, le département compte plus de 2 000 kilomètres de cours d'eau et quelques 300 lacs. Descendant tout droit des flancs du Pic du Midi et du célèbre col du Tourmalet, plusieurs Adours, gros torrents pentus et bouillonnants, s'unissent (Adour de Gripp, de Payolle) et donnent naissance à l'Adour.

La partie haute de la vallée d'Aure est sillonnée de plusieurs gros torrents, issus des hauts sommets, qui portent tous le nom de Neste : Neste de Couplan, du Badet, de la Géla, de Saux, du Moudang… En se réunissant, elles vont donner naissance à la Neste d'Aure qui s'écoule dans une vallée encaissée jusqu'à Saint-Lary. Elle devient alors une belle grande rivière, puissante et tumultueuse, s'écoulant sur un lit de galets. Descendant tout droit du célèbre cirque de Gavarnie, le gave de Pau est la plus grosse rivière du département, puissante, toujours bien alimentée en eau fraîche.

Au passage de Pierrefite-Nestalas, il reçoit le gave de Cauterets et celui d'Arrens au niveau d'Argeles-Gazost.

Plans d'eau

Lacs

Des glaciers qui recouvraient la totalité des Pyrénées, ils sont le témoignage précieux : plus de 300 lacs illuminent les montagnes de leurs reflets limpides. Nichés comme des joyaux

© BART47 - STOCK.ADOBE.COM

Le Lac Bleu.

inattendus dans les hauteurs, ils sont l'or bleu d'un territoire où l'eau est aussi pure que l'air. Le Lac Bleu (1 928 m) est un peu le Graal des randonneurs qui choisissent Lesponne comme terrain de jeux. Malgré les 900 m de dénivelé, il reste une des merveilles de cette vallée. C'est un des plus beaux lacs des Pyrénées, facile d'accès et qui attire beaucoup de monde.
Le Lac de Loudenvielle (960 m) puise dans toutes les nuances de bleu pour resplendir et accentuer la beauté du site.
Le Lac des Hermitans (2 800 m) peut aisément être qualifié de lac de haute montagne. Suspendu dans le massif de la Hourgade, il est sûrement un des plus beaux du département et offre une vue qui se perd jusqu'aux sommets luchonnais.

Marais

Si certaines forêts présentent des marécages, les étendues de marais ou d'eaux naturelles permanentes ou temporaires sont peu nombreuses. Dans le Val d'Adour, à Saint-Lary ou Puydarrieux vous pouvez trouver ces points humides qu'apprécient les oiseaux migrateurs.

Plateaux, plaines et cols

Plateaux. Avec ses 600 m, il amorce un retour vers la douceur de vivre mais n'en conserve pas moins une identité qui lui est propre : le plateau de Lannemezan est un vaste piémont où naissent 18 rivières des bassins de la Garonne et de l'Adour. Bastion du terroir pyrénéen, le plateau recèle bon nombre de fermes ont les délices se retrouvent sur les marchés et aux bistrots du pays.

Plaines. Entre verdure et culture, pas d'hésitation : le Val d'Adour et le Magnoac ont choisi les deux. Partie nord du département baignée de soleil et aux températures douces, elle permet un espace cultivé et bâti qui abrite l'essentiel des productions céréalières. Des plaines aux coteaux, les collines vallonnées se succèdent, offrant tour à tour immensités agricoles, forêts de chênes, prairies infinies, troupeaux de vaches et champs fleuris.

Cols. Le mythique col du Tourmalet se trouve dans les Hautes-Pyrénées. Rendu célèbre par le Tour de France, ce mythique col, qui culmine à 2 215 m, est accessible par le versant ouest, à partir de Luz-Saint-Sauveur ou par l'est, en quittant Sainte-Marie-de-Campan. Du sommet, vous pouvez rejoindre le Pic du Midi à pied par un sentier et la vue couvre plus de la moitié de la chaîne des Pyrénées. De novembre à mai, son enneigement le ferme au public.
Le col d'Aspin relie la vallée d'Aure à celle de la Haute Bigorre et fait office, avec ses luxuriantes forêts de sapins, du plus beau des chemins.

Grottes et gouffres

Les Hautes Pyrénées regorge de grottes à visiter. Celles de Bétharram sont une véritable cathédrale que le temps et les éléments ont lentement façonnée. Vastes cavernes, voûtes à 70 m et cours d'eau forment un univers féerique, hors du temps et irréel. Les grottes de Gargas ont autant de salles que de facettes et chacune d'elles vous dévoilera les vestiges de l'incroyable histoire humaine qui a marqué ce coin de Nistos.

Forêts et bois

Le patrimoine forestier compose 28 % du territoire et celui-ci comprend 53 % de forêts privées. Chênes, hêtres, châtaigniers en sont les représentants les plus courants ainsi que les résineux, très nombreux avec de magnifiques espaces emplis de pins et de sapins. La Barousse, les Baronnies ou encore Saint-Pé-de-Bigorre tiennent à leurs trésors boisés, le département mettant en valeur cette filière par divers plans de gestion et d'aménagement.

NATURE

Si les Hautes-Pyrénées sont une terre à la géographie extraordinaire, sa nature et les habitants qui la composent sont légion. A commencer par celle qui vit dans le Parc national des Pyrénées. Créé en 1967, ce parc est frontalier avec l'Espagne et sa zone centrale de 45 700 hectares est vide de toute habitation. Il est l'un des plus riches de la France et si l'isard est son symbole, ici courent, volent, poussent et vivent 150 espèces végétales, 1 000 espèces de coléoptères, 300 de papillons et des rapaces tels que les aigles royaux, les gypaètes barbus et des genettes, pour ne citer qu'eux. Le Parc national des Pyrénées est également un établissement administratif chargé de connaître le patrimoine naturel, culturel et paysager afin de le préserver, de favoriser le développement durable et sa gestion ainsi que le partager avec tous. Avec 1,5 million de visiteurs par an, la mission est relevée.

Mammifères

Si les ongulés restent très nombreux avec une importante population de sangliers, de cerfs, de chevreuils et de mouflons, le plus emblématique des Pyrénées est sans conteste l'isard. Elégant et agile, il fait virevolter sa robe brune dans les prairies d'altitude et ses cornes fines, en forme de crochet, sont reconnaissables entre mille. Le bouquetin, bien que présent sur le territoire depuis la préhistoire, a trop longtemps été chassé comme trophée et bénéficie désormais d'un plan de réintroduction. Dans les hautes prairies, vous entendrez siffler à votre approche la marmotte ! Cachée dans un terrier sous les combes ou les rochers, elle affronte doucement les mois froids à l'instar de l'ours brun, roi de l'hibernation. Au total, 39 ursidés sont dans les Pyrénées, versants français et espagnol. L'hermine agite avec grâce sa belle fourrure qui blanchit en hiver. De la campagne aux sommets, sa curiosité légendaire court la lande avec une agilité d'exception. Depuis 2008, l'oreillard montagnard fait la fierté de la vallée d'Aure, où il a été recensé. Vous ne le trouverez que là-bas, c'est l'espèce la plus rare de la région. Il est aussi fragile que menacé. Le loup, le bouquetin et le lynx ont, eux, entièrement disparu des Hautes-Pyrénées.

© YVANN K - FOTOLIA

Jeune isard dans les Pyrénées.

Reptiles et amphibiens

Si un petit habitant ne manque pas dans le département, c'est bien le lézard et, sur les chemins de randonnée, ils seront nombreux à vous accompagner ! Certains sont même l'objet de toutes les attentions puisque des zones Natura 2000 assurent leur protection. On peut citer le bien nommé lézard montagnard des Pyrénées, dont la récente découverte étoffe l'espèce. La vipère aspic se délecte des sols rocailleux d'altitude. Facilement reconnaissable à sa petite tête triangulaire et au bout de son museau recourbé, elle nécessite une vraie prudence car elle est venimeuse et peut s'avérer mortelle. Dans ces zones humides, les salamandres et les tritons ont trouvé leur bonheur ainsi que les grenouilles (des Pyrénées !) et les crapauds parmi lesquels le rare crapaud accoucheur. Son habitat est exclusivement situé à plus de 2 500 m et il peut pourtant vivre plus de 30 ans. Sa survie est actuellement compromise, notamment à cause d'un champignon qui a décimé l'espèce.

Oiseaux

Ils fendent les cieux avec grâce. Les rapaces ont trouvé dans les Hautes-Pyrénées un habitat qu'ils semblent diriger en maîtres. Leur présence y est simplement exceptionnelle, vous trouverez de nombreuses buses et des faucons mais aussi de splendides aigles royaux comme le circaète Jean-le-Blanc qui vient en été se régaler des serpents. Dans les falaises, le vautour fauve veille et vous ne pourrez le confondre avec son vol plané lent très caractéristique. Il se plaît dans les estives et sa taille ferait presque concurrence aux 3 m d'envergure du « casseur d'os ». C'est sous ce nom qu'est appelé le pourtant très inoffensif gypaète barbu, un des plus emblématiques rapaces et un des plus rares.

© MATTEO PHOTOS - SHUTTERSTOCK.COM

Vipère aspic.

Espèce endémique, la perdrix des neiges ou le lagopède alpin l'est tout autant. Avec beaucoup de chance, vous pourrez observer le timide et discret Grand Tétras, communément appelé coq de bruyère, dont l'incroyable beauté du plumage est un enchantement.

Poissons

Ses 2 500 km de rivières drainent une riche population que les pêcheurs connaissent bien et la truite sauvage a trouvé son royaume dans les Hautes-Pyrénées. La plus rebelle mais aussi la plus appréciée reste la fameuse fario qui, depuis son introduction au Moyen Age, n'en finit pas de voir se multiplier ses adeptes. Vous pourrez l'admirer dans les eaux des 220 lacs de montagne où arc-en-ciel, ombles de fontaine, saumons et quelques plus rares ombles chevaliers, reconnaissables à leur couleur bleutée, ondulent à leurs côtés en toute quiétude. Les plans d'eau abritent poissons blancs, carpes et carnassiers.

Des espèces aquatiques

Le desman est un petit insectivore de 60 g, semi-aquatique et hyperactif, avec des pattes palmées et une curieuse trompe qui lui vaut le surnom de « rat-trompette ». Quasiment aveugle, ce minuscule emblème du département vit au bord des rivières. Plus facile à trouver, l'euprocte se reconnaît entre mille : il est le seul triton avec des ongles ! Sa peau grise a des pointes cornées. Il est un fabuleux héritage puisqu'il se trouvait déjà là à l'époque des dinosaures. Il affectionne les eaux claires et froides des lacs et torrents qui l'abritent. Deux espèces rares, à protéger et à approcher avec toute la délicatesse que leur fragilité mérite.

Arbres

Avec une végétation dite à étage, le territoire se change dès 900 m en véritable royaume montagnard empli de forêts. Hêtres, sapins, pins sylvestre s'y succèdent avant de laisser la place à l'étage subalpin parsemé de pins à crochets qui peuvent atteindre 500 ans, de rhododendron ferrugineux, dont les fleurs fuchsias et carmins sont un régal, de sorbiers des oiseleurs et de bouleaux. Cet enchantement verdoyant change à partir de 2 500 m où les saules nains résistent aux rudes conditions et au-delà, seuls les lichens affrontent le climat.

Fleurs et plantes rares

Avec 1 700 espèces dont 160 ne se trouvant que dans la chaîne des Pyrénées, le département affiche une flore exceptionnelle. A partir de mai, vous pourrez admirer cardamine à feuilles larges, valériane des Pyrénées, chardons à feuilles de carline, gispets ou grémils de Gaston. De 2 500 à 3 000 m, les fleurs prennent des couleurs vives comme le silène sans tige, le pavot parfumé ou la saxifrage d'Irat. Dans ce bouquet de délicatesse se distinguent le jaune éclatant des grappes du lys des Pyrénées dont la tige peut atteindre un mètre, l'iris bleu à la teinte foncée et vive ou encore la ramonde des Pyrénées qui s'agrippe sur les roches, sublime avec ses pétales mauves et son cœur orangé. Des espèces rares et uniquement locales.

Végétation sous-marine

Certaines fleurs du département ne peuvent que se développer en milieu aquatique, c'est le cas du saxifrage aux fleurs blanches qui parsème le long des ruisseaux. Parmi les espèces remarquables, la fragile et rare subulaire aquatique fait l'objet d'un plan de sauvetage local. Cette petite plante aux fleurs en forme de croix n'est présente que dans les Pyrénées et au seul point de la laquette inférieure d'Orédon dans la Réserve naturelle nationale du Néouvielle.

HISTOIRE

Le patrimoine historique du département est riche avec les châteaux, les musées, les églises, les abbayes qui rappellent les grandes heures de son histoire. Mouvementée mais coupée de périodes paisibles, elle a légué de nombreux vestiges dont beaucoup issus de la période entre 2000 avant J-C et l'arrivée des Romains en 56 av. J.-C : une richesse archéologique de la Protohistoire remarquable. De l'aménagement de vraies citadelles en terre et en bois, il en subsiste encore en bon état, comme au « Castet Crabé » à Lagarde sur plus de 6 ha. Durant 5 siècles, les Romains ont occupé le territoire puis les Wisigoths ont pris le relais. Le département a connu des périodes de prospérité, d'autres plus difficiles. La seconde moitié du XXe siècle et sa société de consommation amène une nouvelle industrie dans les Hautes-Pyrénées. Le département s'est ensuite modernisé intelligemment sans oublier son riche passé.

PRÉHISTOIRE

Bénéficiant d'une période tempérée, les premiers hommes apparaissent dans les régions pyrénéennes il y a 100 000 ans. Suite à une nouvelle période de glaciation, il faudra attendre le paléolithique moyen et supérieur pour retrouver des traces de vie, principalement dans le piémont, datant de 30 000 ans. La Préhistoire a laissé des documents exceptionnels dans les grottes richement ornées et décorées de Gargas, que la dernière datation carbone évalue à 26 000 ans.

ANTIQUITÉ

Les Romains arrivent sur le territoire bigerrion en 56 avant J.-C. et l'occuperont pendant cinq siècles. Comme tous les peuples du bassin aquitain, Publius Crassus, lieutenant de César, défait les montagnards qui l'acceptent mal. Pour assurer la soumission des pyrénéens, il fait construire de nombreuses routes et développe une remarquable mise en valeur du territoire avec un quadrillage très serré de villas, puissantes entreprises agricoles. La période est faste comme l'attestent la villa de Montmaurin ou les thermes. Mais à partir de l'an 500 (jusqu'en 1500), les grandes invasions ravagent les villes et l'insécurité est partout, les vallées subissant les assauts de peuplades qui les jettent dans des guerres ruineuses.

MOYEN-ÂGE

Les Vandales commencent cette destruction mais tombent dans la plaine de l'Adour. Au début du Ve siècle, les Wisigoths occupent tous les passages permettant d'atteindre l'Espagne et leur guerre avec les Francs se termine par la victoire de Clovis. En 507, il incorpore la Bigorre à son domaine. Après sa mort, la cité de Bigorre change de multiples fois de souverains. En 840, le comté de Bigorre est constitué et entériné par Charles le Chauve. Tarbes est alors une double ville fortifiée et le développement marque cette époque où la construction des châteaux et des forts débute. En 1360, l'exécution du Traité de Bretigny oblige le baron de Bazilhac à remettre le comté aux mains du Roi d'Angleterre et ses garnisons s'installent dans les châteaux. La peste noire tue la moitié de la population en 1356. Aux XIIIe et XIVe siècles, les monarchies françaises et anglaises s'affrontent et meurtrissent la Bigorre qui déplore la perte de la Rivière-Basse, avant que le Nord ne la soumette définitivement.

DE LA RENAISSANCE À LA RÉVOLUTION

Alors qu'une belle reprise économique s'annonçait vers 1500, les guerres de religion de 1569 à 1589 livrent la Bigorre de la plaine à un théâtre où les pires exactions ont lieu. En 1553, le futur Roy de France né à Pau succède à sa mère en 1572 sur le trône de Navarre, devenant ainsi le dernier Comte de Bigorre. La paix ayant été restaurée, les paysans développent le territoire grâce à la culture et l'élevage. En 1659, le Traité des Pyrénées qui délimite la frontière avec l'Espagne est signé par Louis XIV. Le Grand Siècle de prospérité est le XVIIIe, notamment après 1725. Là encore l'agriculture joue un rôle primordial avec trois piliers : les grains dont le blé, les chevaux et les mulets, la vigne et le vin. Le baron d'Etigny intendant à Auch, construit les routes royales en longues lignes droites qui restent l'essentiel du réseau routier.

DE LA RÉVOLUTION AU XXI SIÈCLE

La misère marque les 33 années du règne de Louis XV et 1774 en est certainement la plus terrible. Un virus décime les troupeaux et en Vallée d'Aure, 4 500 bovins périssent, mettant à mal les semences et une économie fragile. La famine fait rage. L'industrie est peu développée et l'intendant d'Etigny souhaite faciliter le commerce des papeteries de Tarbes et des lainages de Bagnères en traçant de nouvelles routes. La station thermale de Cauterets connaît alors un bel essor mais le mécontentement grandit, c'est la Révolution.

APRÈS LA RÉVOLUTION

L'Assemblée publie la liste officielle des noms et l'étendue des 83 départements qui formeront la France. Les 16 et 26 février 1790 naît le département des Hautes-Pyrénées composé de la Bigorre et des Quatre Vallées et voit la ville de Tarbes devenir son chef-lieu.

© GEORGIOSART - ISTOCKPHOTO.COM

Henri IV.

DÉCOUVRIR

MILIEU DU XIXe SIÈCLE

Le potentiel agricole trouve sa pleine utilisation. Le tourisme apparaît avec de riches voyageurs. L'évolution de la médecine met en lumière les propriétés de l'eau : c'est l'âge d'or du thermalisme. Venus en cure à Luz-Saint-Sauveur en 1858, Napoléon III et l'impératrice Eugénie mettent en place des chantiers faramineux comme le pont Napoléon, des hôpitaux, et la construction d'une route qui relie les stations. Ces projets coïncident avec l'arrivée du train et la ligne Paris-Tarbes permet un tourisme de grand essor. Les hôtels luxueux apparaissent. Cauterets et Bagnères-de-Bigorre attirent la haute société parisienne dont ils sont des lieux de villégiature. Victor Hugo, Sarah Bernhardt, George Sand, Claude Debussy promeuvent l'image de marque des Pyrénées et le mouvement du romantisme contribue à leur notoriété. A la fin du siècle arrive l'électricité et une centrale est installée dans l'ancien moulin de Saint-Créac.

LA GRANDE GUERRE

Au début du siècle, Tarbes devint une grande ville de garnison. Quand la Première Guerre mondiale éclate, les Bigourdans sont très motivés, les civils et même les femmes participent en faisant fonctionner les usines à plein régime. En 1918, près de 40 000 hommes portent l'uniforme. Il y aura plus de 6 000 tués. C'est un Bigourdan commanda les armées alliées : Ferdinand Foch. Il sera accueilli à Tarbes dans un véritable délire.

LA GUERRE 1939-1945

Après la guerre civile espagnole, la deuxième guerre mondiale éclate. Jusqu'en 42, le département est en zone libre. Tarbes doit faire face à l'arrivée de 40 000 personnes en juillet 40 ! Le 11 novembre, les troupes d'occupation pénètrent dans le département. Le nombre des prisonniers bigourdans est estimé à 6 000.

LA RÉSISTANCE

Dès l'appel du Général De Gaulle, des mouvements de résistance s'organisent. Les réseaux d'évasion vers l'Espagne sont mis en place et nombreux sont les Pyrénéens à sauver des juifs. Le capitaine André Pommiès fonde le CFP, un corps franc constitué de volontaires du sud-ouest de l'Espagne ainsi que des militaires actifs et réservistes. De 1942 à 44, les actions marquantes sont nombreuses, comme le sabotage de l'usine de Soues qui évite le pilonnage aérien. Très actif, le CFP est l'un des principaux éléments de l'Organisation de Résistance. Les maquisards transportent armes et matériel, sabotant les principaux moyens de transports et de production des Allemands. De sa fondation à la libération, le Corps Franc Pommiès aura mené 900 opérations militaires, perdu 387 hommes et 156 seront déportés.

L'APRÈS-GUERRE

Parmi les grandes réalisations de l'après-guerre, citons la construction de la basilique Saint-Pie X à Lourdes, des équipements hydroélectriques, de l'aéroport Tarbes-Lourdes-Pyrénées, des grands ensembles immobiliers, les créations de stations de ski (une seule remontée mécanique en 1939, 152 en 1981), les améliorations du réseau routier dont la route de Tarbes à Lourdes et l'autoroute A64... ou encore l'aménagement des établissements thermaux.

DE NOS JOURS

Entre les deux guerres, Jean-Raoul Paul, ingénieur polytechnique, conduira l'industrialisation du département et installera les premières stations d'hiver, notamment celle de Barèges. Le thermalisme s'ajoute à l'attractivité du département, l'armement et les chemins de fer marquent son industrie. Alstom, Socata, Pechiney et Seb sont autant de grands noms qui auront déterminé son économie. Le département évolue vers un modernisme notable tout en restant attaché à ses traditions. Lourdes en son cœur, la chaîne des Pyrénées et ses espaces naturels boostent le tourisme et sa gastronomie en fait une destination réputée.

JE DIS
OUI
AUX PRODUITS BIO D'OCCITANIE
Sud de France
l'occitanie
VEC SUD DE FRANCE,
RENEZ LE PARTI DES PRODUITS D'OCCITANIE
endez-vous sur produitenoccitanie.fr
iBO InterBIOOccitanie
AGRICULTURES & TERRITOIRES
IRQUALIM Occitanie
La Région Occitanie Pyrénées · Méditerranée
OUR VOTRE SANTÉ, ÉVITEZ DE MANGER TROP GRAS, TROP SUCRÉ, TROP SALÉ. - MANGERBOUGER.FR

ARCHITECTURE

Dans ce département de petite taille, il existe une grande diversité d'architectures. Notamment celles liées à l'activité touristique, au thermalisme, aux sports d'hiver ou à l'industrialisation avec des cités ouvrières comme Lannemezan ou Tarbes. Les petits villages, bâtis au pied des versants ou à mi-versant proposent une architecture typique de la région avec des porches et des portails, des façades, des galeries... Construire dans la pente permet la plupart du temps de mieux capter le soleil. Cette façon de construire a créé un patrimoine architectural rare. Les maisons et les fermes sont bâties avec des matériaux locaux comme le bois, l'ardoise ou encore de la pierre. Les bourgs, avec leur architecture quasi-urbaine, témoignent du commerce et de la manufacture de la laine qui firent prospérer l'économie locale dès le XVIe siècle. L'architecture des Hautes-Pyrénées vous fera voyager dans l'histoire du département.

Villes et villages

Les villes nouvelles, fondées sur un siècle et demi, entre le XIIIe et le XIVe sont bâties sur des plans rigoureusement géométriques. Elles sont une douzaine dans le département, dont une à Trie-sur-Baïse. Avec sa collégiale typique et des halles au centre d'une place carrée, cette bastide a subi de nombreux bouleversements dont des pillages et des saccages durant la guerre de Cent Ans. Les Carmes y fondèrent un monastère en 1365 et l'église, surmontée d'un clocher massif, toujours visible, marque en 1444 un âge d'or de construction. La mairie, imposant édifice Empire, abrite, en son rez-de-chaussée, une halle aux extensions de type Baltard. Des vestiges des fortifications de la cité sont encore visibles.

Sur la route des moulins à eau

De la montagne à la plaine, l'eau virevolte avec fougue et nombreux sont les villages à abriter lavoirs et fontaines de charme. Pendant des siècles, c'est pourtant sa force qui servit les Bigourdans et les moulins à seigle, à maïs, à blé ou à noix ont assuré le quotidiens des habitants. Installés au fil des torrents, des rivières et des ruisseaux afin d'utiliser la puissance de l'eau pour moudre, presser ou fouler, ils étaient plusieurs centaines à parsemer le territoire. Aujourd'hui, beaucoup ont été laissés à l'abandon mais certaines vallées ont tenu à perpétuer le bruit des meules qui œuvrent. Restaurés, ils ouvrent régulièrement leurs portes au public. Le moulin de la Ribère à Mauvezin, ceux de Gèdre-Dessus, le moulin Debat à Saint-Lary-de-Soulan, celui de la Traoué à Montaigut ou encore celui de la Mousquère à Sailhan constituent de beaux prétextes pour découvrir le département. De la vallée d'Aure au Pays Toy, des randonnées sont possibles autour de chacun d'eux.

La forteresse de Lourdes domine la ville.

Saint-Sever-de-Rustan

Si Saint-Sever-de-Rustan réussit encore aujourd'hui à nous émouvoir, c'est d'abord pour son ensemble architectural. L'histoire du village est aussi vive que l'eau qui la traverse, le vestige d'un rempart s'ouvre d'ailleurs sur son cours par une porte en briques, et si elle commence véritablement en l'an 800 avec la création de sa célèbre abbaye bénédictine, le site était fréquenté dès le néolithique ! Ce que vous retiendrez reste tout de même ce monument religieux incroyable et monumental, qui tient plus du palais que du monastère et dont architecture à la Mansart lui valut même le surnom de « Petit Versailles du Sud-Ouest ». Détruit puis reconstruit maintes fois, il est a lui seul un condensé de l'histoire de l'art. Tous les styles s'y retrouvent et s'y mêlent dans un esthétisme qui court de la plénitude romane à l'opulence du classicisme avec des touches baroques et des moulures délicates. Classé Monument historique dès 1914, ce joyau est loin d'être le seul et Saint-Sever-de-Rustan est fidèle à son passé d'ancienne bastide qui a vu le jour en 1297. Dans ses rues pittoresques, elle a conservé ses maisons à ambans et à colombages qui associent bois, briques cuites et crues et même les galets bruns de l'Arros. L'église romane Saint-Pierre-aux-Liens avec un plan en croix latine complète le lieu où vous trouverez une aura unique, à voir et à savourer comme un voyage dans le temps.

Châteaux

Ils sont les vestiges d'époques révolues et gardent un pouvoir de fascination intact : les 39 châteaux dont 13 châteaux forts et les six manoirs des Hautes-Pyrénées témoignent du passé flamboyant où protection et guerre rythmaient le quotidien. Celui de Lourdes est un des plus emblématiques et c'est dans les traces de Charlemagne lui-même que vous marchez en le visitant. Située au cœur de la ville qu'elle domine sur son piton rocheux, cette fortification médiévale d'époque romaine est simplement magnifique. La nuit, son donjon lumineux berce la cité et sa beauté fait presque de l'ombre au château de Mauvezin, dont l'état exceptionnel dû à une rigoureuse restauration et l'histoire ont forgé la renommée. En 1083, il est évoqué dans des écrits et s'il fut certainement bâti au XIe siècle par les comtes de Bigorre, c'est Gaston Fébus qui le restaura en y élevant notamment un donjon de 37 mètres vers 1380. Il fut longtemps un véritable gage de paix avant que la guerre de Cent Ans n'en fasse un objet de disputes féroces, dont un siège mené par le duc d'Anjou en 1373. Cette forteresse servit de prison durant les guerres de religion et aujourd'hui ses murs de pierre abritent six salles avec un musée folklorique et historique.

En vallée d'Aure vous trouverez la Tour de Cadéac, un des derniers vestiges du château de

© PHOTLOOK - ADOBE STOCK

Saint-Savin.

Tramezaygues datant du XIIe siècle, et au cœur de la Barousse, le petit village médiéval de Bramevaque conserve des vestiges d'un château du XIIe siècle qui, s'ils ne sont pas les plus connus, méritent d'être visités. Au sommet du massif, les restes du donjon trônent au centre d'une terrasse où s'ouvre un mur derrière lequel un escalier court autour de salles éclairées par une meurtrière. Les vestiges d'une chapelle romane complètent ce magnifique site qui s'inscrit dans un environnement époustouflant.

Architecture religieuse

On dit que la foi déplace les montagnes : avec 700 édifices religieux dispersés dans toutes les vallées, dans les Hautes-Pyrénées, elle s'en garderait bien. Cet héritage spirituel témoigne d'abord de la ferveur qui régnait dans le département ainsi que de la forte influence de l'église catholique dans sa société. Les 550 églises paroissiales, 150 chapelles et 10 abbayes composent aujourd'hui un magnifique patrimoine architectural. Une centaine relève de l'époque romane, visible dans les monastères et les prieurés qui imposent de par leur grandeur un silence respectueux. Nef pure et simple, imposant avant-corps, chapiteaux sculptés, colonnes et arcs vous impressionneront, à l'instar de l'abbaye de Saint-Savin, joyau s'il en est. L'abbaye de l'Escaladieu fait partie des sites à ne surtout pas oublier de visiter et ses évolutions architecturales n'ont d'égales que les jardins qui l'entourent jalousement. Près de 60 monuments à dominante gothique se répartissent dans le nord et le centre du département et la haute vallée de l'Adour. Les fresques intérieures sont de véritables œuvres et beaucoup côtoient l'exubérance baroque que les frères Ferrère, originaires du département, ont distillée en leur cœur.

BEAUX-ARTS

Riches d'une histoire forte et d'une nature exceptionnelle, les Hautes-Pyrénées ont aussi un patrimoine artistique étonnant. Lors de votre visite dans le département, vous apprécierez les vestiges architecturaux, les grands noms des arts, les bâtiments religieux, les savoir-faire et le savoir-être : chaque époque a laissé son empreinte sur ces jolies terres qui vous ouvrent les portes. Bon nombre de musées vous attendent. Aussi, en les visitant, vous découvrirez combien la faune, la flore, les massifs et les montagnes du département ont inspiré de nombreux artistes, notamment dans la peinture mais aussi dans la sculpture… Dans la montagne, vous pourrez découvrir l'artisanat local. Des talents qui valent le coup d'œil. Le septième art s'est aussi souvent servi des paysages incroyables des Hautes-Pyrénées et continuera probablement encore longtemps tant ils sont photogéniques.

Peinture

Coucher sur toile la grandeur que seule la nature peut créer n'est pas donné à tout pinceaux et beaucoup s'y sont aventuré avec plus ou moins de succès. Il faut avouer que pour rivaliser avec le génie divin il faut être infiniment doué : certains artistes ont prouvé avec éclat qu'ils l'étaient. Thème central des œuvres, le paysage a depuis toujours inspiré les artistes qu'ils soient nés dans les Pyrénées ou qu'ils soient simplement de passage dans la région. Dans chaque ville et dans certains villages, vous pourrez apprécier tout au long de l'année des expositions, permanentes ou ponctuelles, de peintres, contemporains ou non. Cet art fait partie intégrante de la culture locale et chaque commune y est fidèlement attachée. De grands noms ont fait rayonner cette histoire d'amour et ce n'est pas Gavarni, peintre fou du site à tel point qu'il a pris son pseudonyme, qui dirait le contraire. La fée des roses, Blanche Odin, n'a jamais quitté Bagnères-de-Bigorre malgré une renommée d'aquarelliste d'exception et le Lourdais Louis Capdevielle, élève de Bonat et ami de Zola, n'a pas supporté sa nostalgie et est revenu dans le département poursuivre une œuvre basée sur les petites gens. Plus récemment, l'incroyable Jacques Brianti poursuit une carrière époustouflante entre Pouzac et le reste du monde et Stéphanie Vignaux exporte ses nus avec tout le talent qu'on lui connaît. Des maîtres à admirer dans leurs ateliers ou les multiples galeries du département.

© OLEG_MIT - SHUTTERSTOCK.COM

Marbre de Sarrancolin.

L'artisanat

L'artisanat reste très présent dans les vallées et ses dignes héritiers sont le petit plus des différentes foires annuelles et des marchés où ils connaissent un réel succès. Ces petites mains n'hésitent pas à faire revivre des savoir-faire ancestraux : vannerie, poterie, rempaillage, dentelles, sculpture, travail du bois, de la pierre, de l'ardoise, peinture sur soie… Les talents sont si nombreux qu'il est difficile de n'en oublier aucun ! Ici la laine se file et se tisse, le bois se travaille, la pierre se sculpte et les cours d'eau font vivre des moulins dans toutes les vallées. Les marchés les rassemblent donc souvent et les grands rendez-vous estivaux n'oublient jamais un clin d'œil aux vieux métiers. Le verre demeure un matériau que les artistes se plaisent à façonner de leur souffle, notamment à Agos-Vidalos, et les vitraux ont encore quelques rares des professionnels qui leur sont dédiés. Si la restauration des ornements religieux est leur principale activité, ils n'en sont pas moins de véritables artistes et se plaisent à créer des œuvres modernes et lumineuses atypiques. Sur un territoire pastoral, la filature à l'ancienne a une place de choix et chaque vallée propose de belles vitrines emplies d'habits tissés selon la tradition. Partout, l'accueil sera aussi chaud

© SINUSWELLE - STOCK.ADOBE.COM

Les Baronnies ont en partie servi de décor au film de Christophe Gans, Le Pacte des Loups.

DÉCOUVRIR

qu'une garbure qui a mijoté des heures, parce que la tradition, ici, est simple : que les chants soient folkloriques, qu'ils évoquent les montagnes, que les peintures les fixent, que la gastronomie crée des fêtes, qu'on vous le dise en patois ou en occitan, tout ne servirait à rien si ce n'était pas partagé.

Le marbre de Sarrancolin, marbre des rois, des grands architectes et des stars, est resté célèbre. Il se décline en trois variétés et se distingue par la subtilité et l'abondance de ses coloris. Il a été choisi par les plus grandes personnalités et est présent dans les plus beaux monuments. Il entre, ainsi, dans l'ornementation du château de Versailles du Trianon, constitue les 30 colonnes de l'escalier de l'Opéra Garnier à Paris. Il est présent aussi dans le hall d'entrée de l'Empire State Building, dans les maisons de Madonna, de Mel Gibson et de Tina Turner ! Il a été délaissé au profit de matériaux moins coûteux mais connaît un regain commercial et quelques carrières ont repris leurs activités. À Campan, les Romains utilisaient déjà le fameux marbre local et n'hésitaient pas à embellir leurs villas avec. De couleur rouge, ce marbre dit griotte aura sa place auprès des rois qui aimaient sa couleur mais aussi ses dérivés roses ou verts. Louis XIV le porte au sommet avant que l'exploitation de l'Espiadet cesse avec la disparition du duc d'Antin, décédé en 1736. Le bois le surpasse dans le haut Adour et la carrière ferme en 1986.

Le cinéma

Si le plus marquant visuellement reste *Le Pacte des loups*, véritable ode aux Baronnies, les films tournés dans les Hautes-Pyrénées forment un vrai festival. En 1948, Saint-Sauveur servait déjà de cadre au tournage de l'épopée *Le Bout de la route* et si le numérique a remplacé le noir et blanc, il n'a pas fait taire les claps du septième art. La montagne, en véritable star, a magnifié *La Rage au corps*, réalisé en vallée d'Aure, et ne s'est pas faite moins grande devant la gloire de Gregory Peck et Omar Sharif qui, avec *Et vint le jour de la vengeance*, ont affolé le Val d'Azun. Anthony Quinn était déjà de la partie et en 1978, il est revenu avec Christopher Lee pour le sombre *Passeur d'hommes*. Lourdes, étoile internationale, a elle aussi été de nombreuses fois sur les grands écrans, notamment avec le grinçant film du duo Serrault-Poiret *Le Miraculé*, *Hommes, femmes : mode d'emploi* de Lelouch qui lui a offert une de ses plus belles vues sous la neige ou encore le bien nommé *Lourdes* avec Sylvie Testud et Léa Seydoux. Vous l'aurez compris, le département sait faire son cinéma quand on lui demande et avec des dignes représentants tels que les frères Larrieu, réalisateurs, il mérite bien le césar des plus accueillants.

L'art baroque dans tous ses états

Si les sculpteurs sur bois ou marbre sont bien présents dans le département, ne soyez pas étonné de trouver un incroyable patrimoine d'art baroque. Une collection due à ceux qu'on appelle les « frères Ferrère », qui ont marqué de leur génie ce monde fait d'or fin et d'emphase. Originaires d'Asté, village de la vallée de Campan, ces trois générations de sculpteurs ont porté au plus haut retables, tabernacles, colonnes et angelots. De 1620 à 1975, leur boulimie de création n'a pas eu de temps mort et pas moins de 59 églises ont été décorées de leur patte. Pour mieux comprendre et déchiffrer ce style si particulier, ostentatoire à souhait avec dorures et emphase, une maison leur est consacrée à Asté, évidemment !

MUSIQUES ET SCÈNES

Les Hautes-Pyrénées, ce ne sont pas que de magnifiques paysages, des chemins de randonnée et une histoire riche. Elles misent aussi depuis toujours sur les arts et notamment la musique. Les chants pyrénéens sont réputés au-delà des frontières du département. C'est même l'un des plus riches de France. Le chant polyphonique pyrénéen s'inscrit dans la grande tradition des chants polyphoniques du Sud de l'Europe, du Portugal à la Corse. Une tradition extrêmement vivante dont la transmission se fait aux jeunes générations. Même chose du côté de la danse et des instruments de musique qui jalonnent l'histoire des Hautes-Pyrénées. En effet, le Lavedan et le Pays Toy sont aussi riches en danses traditionnelles, moyens privilégiés d'expression populaire. Pensez-y en vous y rendant, vous pourriez adopter une nouvelle danse ou vous mettre à chanter des chants typiques du coin !

Les chants pyrénéens, véritables traditions vivantes

Du Pays basque à la Catalogne, les Pyrénées ont toujours inspiré les artistes et on ne compte plus les chants qui leur rendent hommage. La Bigorre n'échappe pas à la tradition et, en français ou en patois, ce sont de vrais hymnes à l'amour des montagnes qui s'entonnent lors des événements sportifs, les réunions de famille ou même parfois lors des enterrements. Le temps qui passe n'y change presque rien, c'est avec la même émotion que les canteres, groupes aux voix fortes, font retentir « Là-haut sur la montagne », « Le Berger d'Aure » ou le célèbre « Montagnes Pyrénées ». Ces chants populaires par excellence, qui parlent aussi bien du quotidien, de l'amour, de la nostalgie que de la vie d'autrefois, ont été immortalisés par Nadau, Edmond Duplan, Alfred Roland ou encore les bien nommés Chanteurs Pyrénéens.

Pour que ça tourne rond, dansez en carré

Au détour d'une fête locale ou d'un festival, vous entendrez claquer des sabots de bois au son d'une flûte agile. Jupe en lin pour les dames et béret pour les garçons, le folklore pyrénéen se perpétue difficilement au niveau des danses mais il est d'une richesse infinie ! Les danses se pratiquent majoritairement en rond et en couple, à l'époque lorsque seuls les hommes assuraient le spectacle, on appelait ça des « prouesses ». Le but était d'impressionner ces dames et, entre les sauts par-dessus les bérets et les ceintures ou les faux combats, ils y mettaient du cœur ! Très visuelles, les danses bigourdanes font la part belle au pas de polka et au pas des Pyrénées, un sautillé assez indescriptible et hypnotique qu'il vaut mieux apprécier en direct tant il est souple et rythmé. En quadrille en quatre par quatre, en quadrillé huit par huit, vous apprécierez ces démonstrations et les Pastourelles de Campan sillonnent le monde avec un talent reconnu pour que durent ces trésors d'antan !

Tarbes en scène

On ne peut aborder la musique sans penser à Yvette Horner, Tarbaise emblématique dont l'accordéon et la chevelure de feu ont séduit le Tour de France et même le styliste Jean-Paul Gaultier ! Dans un tout autre registre, la jeune génération n'a pas à rougir et c'est avec une immense fierté que les Bigourdans ont vu éclore et éclater un des groupes phares de la scène française actuelle : Boulevard des Airs ! En effet, les BDA comme les appellent affectueusement leurs fans sont tous du 65 et leur premier succès « Cielo Ciego » est devenu un hymne irrésistible. Le clip a par ailleurs été tourné dans les rues de Tarbes, un bel hommage pour des artistes dont la renommée, bâtie par une énergie folle et un amour du live inconditionnel, est désormais internationale.

LITTÉRATURE

Les lieux d'exception sont légion dans le département : le Pic du Midi et ses 2 887 mètres accessibles par funiculaire, Lourdes, cité mariale, le Parc national des Pyrénées et la réserve du Néouvielle, le Pont d'Espagne ou encore le cirque de Gavarnie. Vous ne trouverez nulle part ailleurs de sites semblables. Et vous pourrez vous dire que d'autres avant vous ont pu profiter de ces sites magnifiques. Des écrivains ou poètes ont été époustouflés par les Hautes-Pyrénées et les ont inclus dans leur récit. Aussi, un peu partout dans le département, des plumes plus confidentielles émergent, publiés à compte d'auteur ou dans de petites maisons d'édition. L'occasion de vous replonger dans votre séjour à votre retour ou au contraire de vous donner l'eau à la bouche avant d'y passer quelques jours.

Le « Pyrénéisme »

Elles envoûtent les sens et volent les souffles, lorsque celui-ci revient, il se transforme en une inspiration brute qui a habité de nombreux chefs-d'œuvre : depuis des siècles, les Hautes-Pyrénées n'en finissent pas de séduire les artistes. En faisant face au cirque de Gavarnie, Victor Hugo le prolixe est resté sans voix, le décrivant comme « un objet impossible et extraordinaire, un colosseum de la nature. » George Sand était une amoureuse de Cauterets et Juliette Drouet puisa dans les eaux de montagne pour faire naître *Les Amants du lac de Gaube*. Cet élan romantique porté par la sensibilité d'écrivains subjugués est né au XIXe siècle, qui est l'âge d'or du thermalisme. Poètes, romanciers mais aussi peintres viennent d'abord se ressourcer avant de succomber aux paysages des terres d'altitude. Chateaubriand et Baudelaire, pour ne citer qu'eux, louent leur beauté et le lien indéfectible entre la littérature et les sommets commence alors. Il porte même un nom et le « Pyrénéisme » voit le jour en 1898. Dans son livre Beraldi l'explique en trois verbes forts : ascensionner, sentir et écrire. Concept qui traverse les époques et aujourd'hui encore, le Salon du Livre Pyrénéen rassemble chaque année les auteurs et leurs œuvres à Bagnères-de-Bigorre, en octobre. De nombreuses librairies lui sont consacrées et, des photos aux récits, cette culture est fascinante. Fasciné, il le fut aussi mais pour d'autres raisons : Émile Zola consacra étonnement un roman à Lourdes et son « remuement des âmes ». La cité mariale lui retourna tant le cœur qu'il en fit un des tomes de la trilogie Les Trois villes, aux côtés de Paris et Rome !

Une pléiade d'auteurs

Le poète Théophile Gautier est né en 1811 à Tarbes, comme Achille Jubinal, député mais aussi homme de lettres qui fonda la Société académique des Hautes-Pyrénées, les mots enchanteurs ou engagés ont bâti l'histoire du département. Aujourd'hui, l'héritage se perpétue, moins orienté sur les pics mais toujours au sommet, se distinguent Paul Guth auteur célèbre pour ses *Mémoires d'un naïf*, le virtuose Christian Laborde dont Claude Nougaro disait qu'« il parlait une langue de couleurs à délivrer les grands baisers de l'âme », Violaine Bérot de la vallée de Lesponne, plume qui tranche dans des thèmes d'une rare noirceur ou encore l'anticonformiste Pierre Domenges et ses romans qui sentent le whisky sur un râpeux rock'n'roll. Si on vous dit que même l'auteur mondialement célèbre Paolo Coelho a posé ses valises et son cœur dans un petit village du 65, vous comprendrez que l'histoire d'amour entre cette terre contrastée et les virtuoses des lettres n'en est qu'à ses prémices !

Théophile Gautier.

DÉCOUVRIR

QUE RAPPORTER ?

Les Hautes-Pyrénées sont une terre propice pour rapporter des souvenirs, qu'ils soient pour vous ou pour vos proches. Les produits locaux permettent ainsi de valoriser le savoir-faire des artistes, des artisans ou des producteurs du cru. À Lourdes, les magasins de souvenirs religieux sont légion et vous trouverez donc beaucoup de choses en rapport avec la religion. Dans les vallées, c'est l'artisanat qui est très présent. N'hésitez pas à discuter avec les locaux pour en savoir plus sur ce qu'ils proposent. La gastronomie des Hautes-Pyrénées s'inspire librement des richesses de son territoire pour être une des plus appréciées de l'Hexagone. Les producteurs locaux seront ravis de vous raconter leur histoire, qui dure souvent depuis plusieurs générations, et de vous faire goûter leurs délicieux produits. Vous pourrez ramener chez vous de nombreuses gourmandises. Et il y en a pour tous les goûts !

De l'artisanat local

Les dignes héritiers de l'artisanat local sont le petit plus des différentes foires annuelles et des marchés où ils connaissent un réel succès. Ces petites mains n'hésitent pas à faire revivre des savoir-faire ancestraux : vannerie, poterie, rempaillage, dentelles, sculpture, travail du bois, de la pierre, de l'ardoise, peinture sur soie... Les talents sont si nombreux qu'il est difficile de n'en oublier aucun ! Le verre demeure un matériau que les artistes se plaisent à façonner de leur souffle, notamment à Agos-Vidalos, et les vitraux ont encore quelques rares des professionnels qui leur sont dédiés. Si la restauration des ornements religieux est leur principale activité, ils n'en sont pas moins de véritables artistes et se plaisent à créer des œuvres modernes et lumineuses atypiques. Sur un territoire pastoral, la filature à l'ancienne a une place de choix et chaque vallée propose de belles vitrines emplies d'habits tissés selon la tradition. La vraie laine des Pyrénées a cédé face à l'industrie mais pour retrouver sa douceur incomparable direction Luz-Saint-Sauveur où une petite entreprise perpétue ce tricotage délicieux.

© PHILIPIMAGE - ISTOCKPHOTO.COM

Haricots tarbais.

Des produits locaux

Elle a la puissance des montagnes dont elle porte les goûts au sommet, parfois douce et délicate comme ses plaines, elle surprend par des parfums de sous-bois, se fait fondante telle un manteau de neige qui s'éclipse sous le soleil : c'est la gastronomie des Hautes-Pyrénées. Les recettes ancestrales se transmettent de génération en génération, ce qui était bon le reste et se réinvente par des chefs audacieux, on ne compte plus les belles tables qui proposent une cuisine dite de terroir savamment retravaillée. Avec des produits qu'on ne trouve que sur les terres ou dans les rivières de Bigorre, la cuisine du département n'a besoin que de savoir-faire et de création, le meilleur est là, à portée de main : haricots tarbais, oignons doux de Trébons, carottes d'Asté, porc noir de Bigorre, truites des Pyrénées, vins de Madiran et de Pacherenc-Vic-Bilh, confits de canard, moutons de Barèges et myrtilles des bois... vous succomberez, on le sait. Les producteurs et fermiers présents sur les marchés se régaleront à vous faire découvrir ce patrimoine incroyable, souvent AOC, qui a inspiré les savoureuses recettes typiques. Garbure, crêpes au miel, foie frais poêlé, fromages de Barousse, charcuterie de porc fermier, tourte et gâteau à la broche, c'est un voyage épicurien dont il est difficile de revenir qui vous attend. Pour partager le plaisir, parce que sinon le repas n'est pas fini, ramenez dans votre valise les secrets de ces recettes qui font des montagnes et des coteaux une carte des saveurs sans frontières.

SPORTS ET LOISIRS

Il y a ceux qui se prélassent à l'ombre des grands pins et ceux qui cherchent un baudrier pour les escalader : si vous faites partie de ceux-là, vous aller adorer les Hautes-Pyrénées. Territoire aux mille facettes et autant de terrains de jeu, il permet de se dépenser dans des cadres grandioses. Ici, les eaux sont vives et il faut l'être autant ! Les gaves répondent à toutes les soifs d'aventure, des sportifs confirmés aux débutants. Raft, canoë, airboat ou hydrospeed vous attendent au cœur des sommets et nombreux sont les professionnels à vous accompagner dans ces activités. L'hiver, douze stations prennent le relais, ultra-modernes ou privilégiant l'esprit nordique, elles sont toutes des écrins où le ski, le snowboard, les balades en traîneau, raquettes ou luge trouvent un tapis de neige idéal. Mais le sport c'est toute l'année et les montagnes se prêtent aux sensations fortes telles que l'escalade, la spéléologie ou la via ferrata !

Randonnées

A pieds

Les Hautes-Pyrénées comptent 7 266 km de sentiers de randonnée. Des chemins de campagne sans contrainte à ceux d'un dénivelé de plus de 3 000 m, c'est un territoire aux cent paysages qui vous attend. Le mythique GR10 traverse la chaîne des Pyrénées, un trait blanc, un trait rouge : pas de doute, il vous guide d'Arrens-Marsous, à Cauterets, Grust, la Vieille Aure et pourrait même vous amener au Pays basque. Sentier de grande randonnée, il n'en éclipse pas les sentiers balisés du Val d'Azun, de Gavarnie et du Grand Tourmalet. Guides et accompagnateurs assurent une sécurité totale grâce à leur parfaite connaissance du milieu naturel et de ses pièges. Les possibilités de randonnées sont infinies : balade pour découvrir le pastoralisme et rejoindre les moutons des estives, découverte au fil des granges ou des moulins, route des vins dans le madiranais, lacs de Castelnau-Magnoac... Des chemins plus doux, parcourant plaines et collines, tels que le Trait vert pour découvrir Tarbes et son agglomération, Lourdes et sa voie verte des gaves ou encore Maubourguet en suivant la route des pèlerins de Saint-Jacques-de-Compostelle. En famille, seul, encadré par un guide, des centaines de sorties 100 % nature vous attendent avec, toujours, une faune et une flore exceptionnelles.

A cheval et à dos d'âne

Sur les sentiers escarpés, vous croiserez de valeureux petits merens crapahuter avec des cavaliers au sourire épanoui : difficile de résister aux chevauchées pyrénéennes. Les élevages et les centres équestres sont extrêmement nombreux dans le département et, du piémont aux vallées, ils proposent quasiment tous des balades dans des cadres toujours exceptionnels. Le site du Comité départemental d'équitation les recense

DÉCOUVRIR

© YVANN K - STOCK.ADOBE.COM

Montée à la Brèche de Roland.

© PHILIPIMAGE - ISTOCKPHOTO.COM

Survol du cirque de Gavarnie en montgolfière.

avec précision et c'est une excellente base qui va vous permettre de choisir et d'organiser votre randonnée. En fonction de votre niveau, de vos attentes et du coin des Hautes-Pyrénées dans lequel vous désirez évoluer, les centres mais aussi les fermes et les poney-clubs vous offrent l'occasion de découvrir les Hautes-Pyrénées à travers une activité inoubliable.

Balades à vélo, cyclotourisme et VTT

Sans faire de raccourcis, ce qui serait tentant avec les 1 600 km de sentiers balisés qui attendent les cyclistes, on peut aisément dire que dans ce cadre si majestueux la petite reine ne pouvait que trouver son royaume. Des légendaires maillots du meilleur grimpeur du Tour de France aux amoureux des balades douces en deux-roues, tous ont un attachement particulier avec les Hautes-Pyrénées. On peut, sans se tromper, parier que vous rejoindrez la liste infinie de ceux qui sont tombés sous le charme des routes du département. Quel que soit votre niveau sportif, il s'exprime dans un cadre exceptionnel : des plaines à la haute montagne, sur piste ou sentier, à ciel ouvert ou dans les sous-bois, le bonheur tient la route et vous le guidon.

VTT

Plus de 1 600 kilomètres de sentiers balisés vous attendent : Il y en a pour tous les niveaux et généralement dans un environnement incomparable.

Certains sites sont labellisés par la Fédération française de Cyclisme. C'est le cas pour l'espace VTT du Pays des Gaves avec 73 itinéraires répartis sur 5 secteurs : Lourdes, la vallée d'Argelès-Gazost, le Val d'Azun, Cauterets, et le Pays Toy. En Haute-Bigorre ce sont 356 km répartis en 23 circuits, qui vous attendent. Dans les Baronnies : 6 pistes et 117 km.

Les amateurs de VTT extrême se feront un grand plaisir avec la descente du Pic du Midi de Bigorre : 1 800 m de dénivelé, dans un cadre de haute montagne. Attention, vous êtes ici en pleine nature, sans balisage, ni aménagement particulier… Cette descente a obtenu le trophée « Etoiles du Tourisme catégorie Sport et Aventure ».

Cyclotourisme

Les 14 cols et ascensions mythiques des étapes pyrénéennes du Tour de France ont été le théâtre d'exploits, d'anecdotes mais aussi de drames. La vallée des gaves, pour ne citer qu'elle, est un petit paradis à découvrir version piémont ou en altitude, entre axes méconnus et routes légendaires : découvrez une vingtaine d'itinéraires élaborés par des professionnels à travers des fiches qui les présentent. Elles sont disponibles dans les offices de tourisme, n'hésitez pas à solliciter ceux de vos lieux de vacances, ils sont nombreux à proposer ces livrets. À noter qu'en hommage au champion Laurent Fignon, très attaché à Bagnères-de-Bigorre, l'ancienne voie d'accès à Barèges porte désormais son nom. Dédiée aux cyclistes, elle servit de cadre, dès 1910, au Tour de France et ses 2,4 kilomètres sur 200 mètres de dénivelé positif sont exclusivement consacrés aux deux-roues. Dans le même esprit, les voies vertes sont idéales pour découvrir le territoire en toute sécurité et celle des gaves suit un itinéraire à flanc de montagne dont le revêtement lisse du premier tronçon, entre Lourdes et Pierrefitte-Nestalas, est ponctué par des informations sur des bornes sonores.

Alpinisme, escalade et via-ferrata

L'escalade et la via ferrata sont deux des activités les plus recherchées par les sportifs qui aiment le doux vertige du vide sur fond de sensations fortes. Nous vous conseillons de faire appel aux guides et accompagnateurs de montagne qui sont là pour vous aider à appréhender les sommets. Quelque 17 sites d'escalade au naturel et environ 500 voies sont répertoriées dans le département, pour tout type d'escalade, de rochers et de niveau. Pour la via ferrata, du Pont Napoléon à Luz-Saint-Sauveur au Chaos de Coumély à Gavarnie en passant par les alias de Cauterets, vous trouverez trois merveilleux sites pour évoluer sur la paroi des gorges, principalement de mai à octobre pour des raisons simples de météorologie. L'alpinisme n'est pas en reste, vous vous en doutez, avec des ascensions mythiques comme celle du pic d'Aneto, très spécifique, ou du Vignemale et ses 3 298 mètres.

Golf

S'ils ne se ressemblent guère, les parcours de golf du département ont pourtant un point commun : tous présentent un cadre somptueux. Que vous souhaitiez affûter votre swing au sommet, sur les 18 trous du Golf Country club de Bigorre qui domine la vallée du Haut Adour, en plein cœur de l'hippodrome de Laloubère, avec la chaîne des Pyrénées en toile de fond ou encore dans le site majestueux des 5 000 arbres aux essences multiples de Lannemezan : la culture golf est bien présente en Bigorre ! Lourdes offre un parcours au caractère sportif blotti au milieu d'une forêt de sapins qui longe la rive ouest du lac et Tarbes n'hésite pas à aligner les fairways dans les bois avec un départ et une arrivée qui se font près du château tandis qu'une chapelle du XIIe siècle jouxte le club house. Tous proposent des initiations gratuites, ça va swinguer, on le sait !

Pêche

Qui est le chef ici ? Dans l'eau, c'est la truite et puis c'est tout ! Ou presque. Imaginez bien qu'avec un réseau de 2 687 kilomètres de rivières première et deuxième catégories, 220 lacs de montagne et 22 plans d'eau, le domaine halieutique est exceptionnel ! La neste d'Aure, le gave de Pau et l'Adour sont les trois bassins principaux qui assurent un terrain de jeux fabuleux pour les amateurs de pêche, mais on compte de nombreux petits sous-bassins qui ont leur propre charme. Rivières, torrents et ruisseaux sont les paradis des truites. Elle est d'ailleurs célèbre, la truite des Pyrénées ! On compte 18 parcours de pêche dont des spécifiques comme ceux des lacs de montagne, les parcours salmonidés en no-kill, ceux pour les enfants, les parcours truite loisirs, certains thématiques par rapport aux poissons…

Saut à l'élastique

Sans être à Avignon, les ponts ne manquent pas dans le département, mais aussi curieux que ce soit, il n'y a qu'au pont Napoléon à Luz-Saint-Sauveur que vous pourrez défier les lois de la pesanteur et vous jeter dans le vide… pour y flotter sans dommages ! Le site est célèbre pour son histoire et son architecture, les amateurs de sensations fortes y voient les 90 mètres qui les attendent.

Montgolfière

Au gré du vent, elle va vous transporter dans le ciel incomparable de cet immense territoire : laissez-vous porter par les courants et surtout par le charme de la montgolfière. Encore peu développée, cette façon intemporelle de découvrir le département connaît pourtant un bel engouement dans le secteur des Baronnies. L'abbaye de l'Escaladieu sert de base de décollage aux ballons qui survolent en douceur les alentours de ce site phare des Hautes-Pyrénées. De nuit comme de jour, grimpez dans la nacelle et savourez l'immensité qui se déroule à vos pieds.

Ski

Le ski dans les Hautes-Pyrénées est un instant de bonheur et de convivialité avec des stations proches de la nature, respectueuses des sites, de la flore et de la faune, accueillantes et à taille humaine. Ski de piste ou de fond, surf et nouvelles glisses, raquettes, motoneige, traîneaux, les Hautes-Pyrénées et ses douze stations sont à la hauteur des plus exigeants : hébergements de qualité, services sur les pistes et en station, bon enneigement tout au long de la saison, équipements structurants dernière génération. Et maintenant avec l'envol du ski sur herbe, vous pouvez vraiment skier en toute saison dans les Hautes-Pyrénées.

Astronomie

Où que vous soyez dans le département, le pic du Midi semble accompagner vos déplacements. Symbole mondialement connu des scientifiques et des amoureux du ciel, s'il s'ouvre de plus en plus au tourisme avec une offre de nuitée ou de repas magiques à 2 877 mètres, il n'en demeure pas moins un observatoire mythique ! Haut lieu de la recherche, ses coupoles recèlent des coronographes parfaits pour admirer le soleil qui se lève sur un lit de nuages, mais aussi le plus grand télescope de France dont les 2 mètres assurent une vue parfaite sur la voûte céleste. Tous ne vous sont pas accessibles mais pour en prendre plein les yeux, le T 400 est plus que suffisant ! Ici, vous aurez la chance d'avoir comme toile un des plus purs ciels que le monde permet. Des stages d'initiation sont également proposés avec un des plus puissants télescopes, le géant T 800. Vous l'aurez compris, le ciel se vit ici avec emphase, selon vos désirs et vos attentes, il n'attend que vous : lui, il est prêt !

GASTRONOMIE

La gastronomie des Hautes-Pyrénées s'inspire librement des richesses de son territoire pour être une des plus appréciées de l'Hexagone. Les recettes ancestrales se transmettent de génération en génération. On ne compte plus les belles tables qui proposent une cuisine dite de terroir savamment retravaillée. Avec des produits qu'on ne trouve que sur les terres ou dans les rivières de Bigorre, la cuisine du département n'a besoin que de savoir-faire et de création, le meilleur est là, à portée de main : haricots tarbais, oignons doux de Trébons, carottes d'Asté, porc noir de Bigorre, truites des Pyrénées, vins de Madiran et de Pacherenc-Vic-Bilh, confits de canard, moutons de Barèges... vous succomberez, on le sait. Les producteurs et fermiers présents sur les marchés se régaleront à vous faire découvrir ce patrimoine incroyable, souvent AOC, qui a inspiré les savoureuses recettes typiques.

Les incontournables

La garbure

C'est LE plat de la région. La garbure est à la fois une soupe traditionnelle mais aussi un plat à elle seule. Suivant les habitudes et la saison, elle se compose de chou, de navets, de pommes de terre, de haricots (tarbais, bien entendu !) de carottes... Selon les moyens financiers de la cuisinière, elle était garnie de confits d'oie, de cou de canard, de farci, de fond de jambon, de saucisses, mais bien souvent, on ne mettait qu'un morceau de lard rance. Même en été, le plat est devenu un incontournable du département duquel il réunit les meilleurs produits du terroir. Savoureux, copieux et typique, il est évidemment à la carte de tout bon restaurant pyrénéen qui se respecte !

Le gâteau à la broche

La vraie recette du gâteau à la broche nécessite du temps. Cette spécialité est de forme conique et présente plusieurs étages. Sa préparation ne peut être qu'artisanale et ce sont certainement ces longues heures passées sur le feu de bois qui la rendent si savoureuse. La pâte est doucement versée sur un moule disposé sur le tourne-broche. Il faut constamment assurer un mouvement de rotation pour qu'elle cuise de façon uniforme. Pour obtenir une belle épaisseur de 5 cm, on ajoute à chaque fois de la pâte par-dessus : une opération qui prend 1h30 au minimum. Délicieux et frais, ce gâteau à la fois dur et fondant peut se conserver jusqu'à deux mois et fait partie des spécialités des Hautes-Pyrénées.

Viandes, volailles et gibiers

L'AOC Barèges-Gavarnie

Avec cette appellation d'origine contrôlée, les éleveurs garantissent à la fois une forte identité, un savoir-faire ancestral et une origine sans faille du produit. Les gourmands y verront surtout l'assurance d'une viande particulièrement savoureuse et tendre, qui ne ressemble à aucune autre, et sans mauvais gras. La labellisation fut un long processus qui a débuté en 1996, sous l'impulsion de trois éleveurs de montagne, et elle a abouti en 2003 : l'AOC Barèges-Gavarnie couvre le canton de Luz-Saint-Sauveur ainsi qu'une enclave de Cauterets. Elle est attribuée aux brebis de 2 à 6 ans et aux mâles châtrés ayant estivé au minimum deux fois. En hiver, les animaux sont nourris au foin, avec une production annuelle de 900 à 1 000 moutons, en déguster est un vrai privilège des Pyrénées.

Le porc noir de Bigorre ou de Gascogne

Cette race autochtone a bien failli disparaître : complètement inadapté aux conditions d'élevages intensifs, le porc noir a connu un véritable déclin après la Seconde Guerre mondiale. Il faut dire que ce qu'aime par-dessus tout cet animal aux pattes fines et à la robe brune, c'est pâturer librement dans les prairies et les sous-bois, à la recherche de glands, de châtaignes, de racines et de céréales. Un programme de sauvetage de la race a été mis en place dans les années 80 et des éleveurs se sont attachés à les préserver dans leur milieu naturel d'origine. Aujourd'hui, il est un des fleurons de la gastronomie locale. Produit phare, le jambon noir de Bigorre est unique et exceptionnel, tant par son goût que par ses méthodes pointues de fabrication : il doit être affiné aux pieds des Pyrénées, recouvert d'un sel doux issu des salines du Bassin de l'Adour qui lui donne un arôme subtil et une couleur particulière. Après une période de repos froid, son séchage naturel est compris entre 18 et 24 mois minimum. Avec le porc noir, c'est un arc-en-ciel de saveurs qui vous attend. Depuis 2015, l'AOC Jambon Noir de Bigorre et l'AOC Porc Noir de Bigorre sont le départ espéré d'une future reconnaissance en AOP par l'Union européenne.

La poule gasconne

Elle peut s'enorgueillir d'avoir été la favorite du roi Henri IV qui l'a instauré comme star de la grande Histoire avec sa célèbre poule au pot

© OLIVIER - STOCK.ADOBE.COM

Le gâteau à la broche demande un savoir-faire particulier.

du dimanche ! Avec l'industrialisation des élevages, elle a bien failli disparaître mais c'était sans compter sur ses défenseurs qui, à partir de 2003, se sont battus pour la préserver. Depuis 2013, elle est même commercialisée dans le département sous l'appellation « Volaille noire d'Astarac-Bigorre ». Le mode d'élevage se fait au fil du temps, au minimum 5 à 6 mois pour un poulet et une poularde, 6 mois pour un coq vierge et 8 mois pour un chapon, pour offrir une qualité de viande qui régale tous les gastronomes. Sa chair d'un blanc rosé et finement persillée, lui donne un goût caractéristique et sa viande ferme qui tient bien à l'os et s'adapte à toutes les préparations.

Poisson, fruits de mer et crustacés

Les célèbres truites fario et arc-en-ciel aiment les torrents des gaves et de ces eaux limpides, vives et pures, elles tirent tous les atouts ! Truites d'exception, à la chair tendre et délicate, au goût à la fois fin et prononcé, elles se trouvent sur l'ensemble du territoire. Ces poissons nobles, trapus et puissants, peuplent les sommets et les lacs de montagne mais aussi les rivières... et les cartes des meilleures tables !

L'omble de fontaine, aussi appelé le saumon des Pyrénées, a été introduit dans les années 1930. Sa morphologie ressemble à celle de la truite et la Fédération de pêche a lancé un plan de restauration pour que les salmonidés peuplent à nouveau le territoire.

Fromages, produits laitiers

Un pur brebis des Pyrénées

Cinq litres de lait de brebis sont nécessaires pour obtenir un kilo de ce fromage à pâte pressée dont le goût raffiné est dû au salage particulier. Sa période d'affinage varie et c'est elle qui détermine son arôme fruité, typé ou doux. C'est un incontournable des marchés du département.

Le greuil des Pyrénées

Ce fromage blanc est réalisé avec du petit lait de brebis qui, une fois récupéré durant la fabrication des fromages, est bouilli à 95 °C. A cette température, une pellicule blanche se forme au-dessus, c'est le fameux greuil. Patiemment recueilli, il est alors égoutté au torchon et généreusement battu afin d'obtenir une saveur onctueuse. C'est une spécialité qui se déguste sans faim, comme on boirait du petit lait !

Fruits et légumes

La châtaigne des Pyrénées

Dès les premiers froids, vous trouverez dans les rues de nombreux vendeurs de marrons grillés : il faut dire que le département affiche une longue tradition avec ce véritable trésor de l'automne, quelque peu tombé dans l'oubli il y a une trentaine d'années. Des passionnés se sont battus pour réhabiliter la filière castanéicole : la châtaigne a retrouvé sa place sur les terres du piémont pyrénéen et sur les tables les plus gourmandes.

La carotte d'Asté

Sa belle couleur orange et son petit goût sucré ont fait les beaux jours de la terre sablonneuse et légère du petit village d'Asté. De cet âge d'or, demeure une fête qui, depuis plus de 20 ans, met le célèbre légume au centre de toutes les attentions : la Caroutade ! Toujours cultivée mais de manière plus confidentielle, elle est l'ingrédient incontournable des recettes locales.

Le haricot tarbais

Avec sa robe nacrée, sa fine peau et son moelleux incomparable, le haricot tarbais est le pur produit de l'excellence... mais aussi des sols peu argileux du département. Ce sont eux qui assurent sa pauvreté en amidon, caractéristique qui le rend léger et digeste. Il a été le premier haricot à obtenir un Label Rouge et ce petit grain d'ivoire est une des fiertés de la Bigorre.

© DANIEL VINCEK - STOCK.ADOBE.COM
Le miel, un incontournable du département.

Issu d'un ancêtre mexicain, il a été ramené par Christophe Colomb et implanté dans la plaine de Tarbes en 1712. Aujourd'hui, il est la base de nombreuses recettes incontournables. Sa délicatesse et son onctuosité en font le plus fin des haricots.

L'oignon doux de Trébons

Ne comptez pas sur lui pour vous faire pleurer : cet oignon-là est si doux et sucré qu'on peut le consommer cru, à croque sel. Sur les terres d'alluvions de Trébons, village situé à quelques kilomètres de Bagnères-de-Bigorre, il s'épanouit dans un microclimat intimement lié au Haut Adour. De forme oblongue, il ressemble à une quenouille de 15 à 20 cm et se distingue par sa chair tendre sans aucune acidité. Sa production manuelle et artisanale lui vaut la charte Qualité « Trébons Confiance ».

Douceurs

Les berlingots de Cauterets

Spécialisé dans les soins des affections respiratoires, Cauterets était réputé pour ses eaux au goût de souffre qu'il fallait boire. Un traitement efficace mais assez mauvais au niveau des papilles. Pour faire passer l'amertume, les Cautérésiens ont eu la délicate attention de proposer une sucrerie : le berlingot était lancé. Pâte étirée et façonnée en bâtonnet, elle est ensuite découpée en petites pyramides aux couleurs chatoyantes qui varient selon les arômes. Cassis, caramel, fraise, framboise, café... pour savoir lequel est votre préféré, le mieux c'est encore de tous les goûter !

Le miel des Pyrénées

De la Vallée des Gaves aux plaines en passant par Luz-Saint-Sauveur, il existe tant de variétés qu'il faudrait presque parler des miels des Pyrénées. Le plus connu reste le fameux miel des montagnes, récolté en juin entre 700 et 1 100 m d'altitude. Son goût présente une saveur prononcée grâce à la flore variée où fruits et fleurs se mélangent en un parfum soutenu.

Vin

Le Madiran remonte au Ier siècle avant notre ère. En 1948, il est la première appellation en France à s'imposer le contrôle de la qualité par la délivrance d'un label après analyse et dégustation : aujourd'hui, le décret impose un encépagement de 60 % à 80 % de la propriété en tannat pour obtenir la qualification en AOP Madiran. La production annuelle est d'environ 60 000 hectolitres. Ce vin rouge est singulier. Puissant, charpenté, coloré, riche en tanins et apte au vieillissement atteint son plein épanouissement au bout de 4 à 8 ans, le tannat lui donne un caractère vigoureux et des cœur de gamme, intenses et fruités, aux haut de gamme, puissants et élégants, en passant par les cuvées d'exception, vous apprécierez toutes les nuances qui font la gloire de ce beau vin de terroir. L'autre AOC, en blanc sec ou moelleux, le pacherenc-du-vic-bilh, est produite sur la même aire de production que le madiran mais ne concerne que 3 000 hectares de vignoble. Son nom original et très ancien vient du gascon Bi de Bits Pacherads ou vin de vigne en échalas, piquets en rang (pachet en rène, en gascon). Le pacherenc est produit à partir des cépages de petits et gros manseng mais parfois aussi de courbu ou d'arrufiac. Vif et fruité, il révèle des arômes d'agrumes, de citron, d'ananas. En moelleux, les raisins surmûris sont cueillis à la main, par tris successifs, sur des coteaux ensoleillés de fin octobre au 31 décembre (pacherenc de la Saint-Sylvestre).

Il est assez rare pour mériter le détour : n'hésitez pas à vous rendre à Ancizan, ce petit village de la vallée d'Aure, antre du seul cidre des Hautes-Pyrénées. Fabriqué selon une méthode artisanale, cet alcool 100 % de pomme mérite qu'on visite son chai et les spécialités qu'il abrite.

TOP 10

GASTRONOMIE LOCALE

Elle n'est pas celle dont on parle le plus souvent. Pourtant, la gastronomie des Hautes-Pyrénées est réputée et propose une multitude de produits et plats plus délicieux les uns que les autres. Ne vous en faites pas, il y en a pour tous les goûts : haricots tarbais, garbure, porc noir de Bigorre, mouton, le fameux gâteau à la broche, vin… N'hésitez plus et testez tout !

LE MOUTON DE LUZ-SAINT-SAUVEUR

Ce mouton à l'AOC Barèges-Gavarnie est savoureux et tendre. Le goûter, c'est redécouvrir le goût de ce mets de caractère.

LA GARBURE

Le plat de la région. Soupe traditionnelle, elle se compose de légumes agrémentés (ou non) de confit, saucisses, lard…

© ALF PHOTO - STOCK.ADOBE.COM

LES CONFITS

Ils peuvent être de canard, d'oie, de poule ou de porc noir. À chaque fois, c'est un véritable régal pour les papilles.

© ANNAPUSTYNNIKOVA - ISTOCKPHOTO.COM

© CAROLINEROBERT - STOCK.ADOBE.COM

LA TRUITE DES PYRÉNÉES

Truite d'exception au goût à la fois fin et prononcé, elle est prisée par les chefs qui savent révéler tout son potentiel.

L'OIGNON DE TRÉBONS

Oignon quatre saisons, il offre durant ses différents stades de récolte des saveurs inégalées. À tester !

LE PORC NOIR DE BIGORRE

Fleuron de la gastronomie locale, il est unique. Par son goût incomparable, mais aussi par sa méthode de fabrication.

LE HARICOT TARBAIS

Léger, onctueux et digeste, il a failli disparaître. Aujourd'hui, il est la base de nombreuses recettes typiques délicieuses.

© PHILIPIMAGE - ISTOCKPHOTO.COM

LE MADIRAN

Né au XIe siècle, il se marie avec de nombreux plats mais aussi avec du fromage local comme le Barousse.

© INSTANTS - ISTOCKPHOTO.COM

LE GÂTEAU À LA BROCHE

Le voir tourner sur son moule conique décuple le plaisir de le déguster. Il peut se conserver jusqu'à 2 mois.

LA POULE NOIRE D'ASTARAC

Elle s'adapte à toutes les cuisines et son goût prononcé transforme chaque plat en un moment de pure gastronomie.

AGENDA

Prenez le temps de découvrir les Hautes-Pyrénées dans ses sorties et festivités. Théâtre, musique, spectacles équestres, vous allez en voir de toutes les couleurs. Vous allez retourner au Moyen Âge lors des Médiévales de Montaner. Sur votre agenda, vous pouvez noter les Estivales de la danse qui se déroulent chaque été à Tarbes. Si vous montez un peu plus direction Gavarnie, arrêtez-vous à Luz où le jazz est mis à l'honneur début juillet lors du festival d'altitude organisé dans la ville. Et si vous continuez votre route vers les montagnes, vous vous retrouverez embarqués dans l'un des plus beaux spectacles du monde avec le festival de Gavarnie avec le somptueux cadre du Cirque de Gavarnie en fond. Les plus grandes pièces théâtrales sont magnifiquement interprétées tous les 15 derniers jours de juillet. Dans un cadre unique classé au patrimoine mondial de l'Unesco, une troupe du théâtre différente assure les représentations.

FÊTES DU VIN DES VIGNOBLES DE MADIRAN

Parc du Prieuré

MADIRAN

✆ 05 62 31 90 67

En août.

C'est au cœur du mois d'août, alors que les fêtes de Madiran battent leur plein, que les producteurs de vin de Madiran (rouge) et de Pacherenc-du-vic-bilh (blanc) vous donnent rendez-vous pour partager de savoureux moments. Au programme : deux jours de dégustation en leur compagnie pour découvrir leurs meilleurs millésimes. Vous êtes ici sur un vignoble dont les vins sont reconnus en AOC depuis plus 60 ans, gage d'une qualité qui ravira novices et connaisseurs !

FÊTE DE LA BIODIVERSITÉ

Halle aux grains

BAGNÈRES-DE-BIGORRE

✆ 07 88 20 07 80

natureetprogres65.fr

En septembre. Entrée gratuite.

Organisée par Nature et Progrès des Hautes-Pyrénées, cette belle fête rencontre chaque année un beau succès. Il s'agit d'une foire destinée à mieux faire connaître les produits de l'agriculture biologique et des alternatives. Elle comporte un marché de producteurs, et de nombreux artisans et associations. Avec, bien sûr, des animations pour les enfants, des ateliers, des conférences, et des musiciens pour l'ambiance festive. Sont également disponibles de la restauration bio et des produits locaux. Parfait pour une sortie familiale en accord avec la nature.

FÊTES DE TARBES

TARBES

✆ 05 62 51 30 31

www.tarbes.fr

En juin. Animations gratuites dans toute la ville. Casetas avec restauration et buvettes. Concerts, cavalcade et courses sportives.

En Bigorre, le Pays basque a légué quelques-unes de ses influences et c'est avec un réel plaisir que le même esprit se retrouve dans les désormais très attendues Fêtes de Tarbes. Elles commencent avec la fête de la musique et, pour rester dans le tempo, misez sur le polo rouge et le jaune des bandanas : sur la tête, autour du cou, noué au poignet ou à la ceinture, choisissez votre style mais gardez les couleurs de la ville ! Partout dans les rues, l'ambiance festive court et rien ne l'arrête ! Les concerts gratuits enflamment les nuits. Un moment inoubliable !

FÊTE DES FLEURS - MARCHÉ AUX PLANTES

Parc Bel Air

TARBES

www.tarbes.fr

Le premier dimanche d'octobre, de 10h à 18h. Entrée gratuite.

C'est au cœur du splendide Parc Bel Air, vraie oasis dans un ensemble urbain, que cette journée très appréciée colore le mois d'octobre tarbais. Plantes rares, arbustes d'ornement et de collection, plantes vivaces, aromatiques, pivoines, iris et autres plantes épiphytes y sont exposées et présentées par des producteurs spécialisés, toujours prêts à leur prodiguer de précieux conseils. Cette manifestation originale réunit de nombreux produits dérivés. Une fête comme un vrai bol d'air pur.

FESTIVAL JAZZ À LUZ

Place Saint-Clément
LUZ-SAINT-SAUVEUR
✆ 05 62 92 38 30
www.jazzaluz.com
Festival mi-juillet, à Luz-Saint-Sauveur et dans le Pays Toy. Certains concerts sont gratuits.

Quand le jazz contemporain s'installe au cœur d'une des plus lumineuses vallées du département, les concerts se succèdent dans des lieux où on ne les attendait pas forcément : autant dire que les scènes sont inoubliables. Dans ce village de montagne, la vie n'est plus la même et partout on vit au rythme des artistes. Au détours d'une rue, en terrasse de café, au château, du matin au soir, l'alchimie entre la musique et son cadre atypique est tout à fait saisissante. C'est d'ailleurs le concept de ce festival qui marie avec talent création et montagne.

LES PÈLERINAGES A LOURDES

LOURDES
✆ 05 62 42 78 78
www.lourdes-france.org
Calendrier détaillé sur le site.

Chaque saison, les pèlerins sont invités à méditer sur un sujet. La saison sera aussi évidemment rythmée par le Pèlerinage National Français autour du 15 août, ainsi que par ceux de l'Ordre de Malte ou du Rosaire, ou encore par des rassemblements nationaux de fidèles venus de tous les pays. Pour en savoir plus, consultez le calendrier édité chaque année et n'oubliez pas la procession aux flambeaux qui a lieu chaque soir pendant toute la période.

LOURDES PLAGE

Lac de Lourdes - **LOURDES**
✆ 05 62 42 77 40
www.lourdes-infotourisme.com
Tout l'été, ouvert tous les jours de 11h à 19h. Accès et parking gratuits. Restauration sur place possible.

Depuis quelques années, le lac de Lourdes prend ses quartiers d'été et pour que ceux-ci soient synonymes de vraies vacances, il transforme même ses rives en véritable bord de mer ! Du sable, des parasols et des transats : Lourdes Plage est la destination préférée de ceux qui veulent faire trempette dans un cadre idyllique. Un bassin flottant de 280 m² a été mis en place sur l'eau. La baignade est sécurisée et un poste de secours veille par ailleurs sur les nageurs estivaux. Lourdes Plage est idéale si vous avez envie de farniente. Un vrai bon plan futé.

FOIRE AUX TRADITIONS PYRÉNÉENNES

LOUDENVIELLE
✆ 05 62 99 92 00
www.vallee-du-louron.com
Fin août. Animations gratuites. Restauration.

Elle est dédiée aux traditions, mais sa réputation l'a fait entrer dans les coutumes festives à ne pas rater : le dimanche qui suit le 15 août est chaque année celui du rendez-vous de Loudenvielle où célébrer l'agro-pastoralisme et l'artisanat local. Sur les rives du magnifique lac de Genos, découvrez les gourmandises d'un territoire qui ne manque ni de saveurs ni de caractère. Plus de 90 exposants vous dévoilent le meilleur d'une montagne qui se chante, se danse et se déguste... sans compter !

FIESTA MÔMES, LA CITÉ DES ENFANTS

ARGELÈS-GAZOST ✆ 05 62 97 00 25
www.valleesdegavarnie.com
1er week-end d'août. Festival avec village de jeux pour enfants, spectacles et animations, accès gratuit à l'ensemble.

Quand les mômes ont leur fiesta, on peut dire que ça déménage ! Imaginez un vrai village de montagne qui se transforme en village dédié aux jeux. Du parc thermal au centre-ville, le spectacle est partout. Les plus petits ne quittent pas la vingtaine d'énormes structures gonflables. Un parc de jeux d'adresse et de jeux en bois est dressé. Des spectacles théâtraux rassemblent tout ce petit monde qui écoute religieusement les contes. Un festival enchanteur et régressif à souhait !

LA FÊTE DU COCHON

SAINT-LARY-SOULAN
✆ 05 62 39 50 81
www.saintlary.com
Fête programmée tous les ans l'avant-dernier samedi de janvier. Animations continues gratuites de 9 h jusqu'au soir.

Saint-Lary-Soulan n'est pas qu'une station de ski réputée mais bel et bien un haut lieu de la gastronomie. Fière de ses traditions, elle assure un rendez-vous festif placé sous la convivialité en mettant à l'honneur le fameux porc noir de Bigorre. Durant une journée, ce digne représentant du terroir se retrouve au centre de toutes les attentions. Les éleveurs et producteurs partagent leurs savoir-faire. Boudins, chair à saucisse et autres délices se fabriquent dans des démonstrations artisanales. Le point fort reste le pèle-porc, un moment très spectaculaire.

TARBES - LOURDES - ADOUR MADIRAN

La région de Tarbes, Lourdes et du Val d'Adour, présente des paysages variés, parfaitement bucoliques et enchanteurs. Dans le nord du département, à la croisée du Gers et des Pyrénées-Atlantiques, le paysage de piémont est parcouru de vignes qui donnent des jus noirs et profonds : le madiran. En descendant vers Tarbes, vous parcourez la plaine de l'Adour. La campagne s'aplatit et la ville, donne l'occasion de quelques belles balades. Plus au sud, vous arrivez dans la ville de Lourdes, campée au pied des Pyrénées. La vie de cet ancien village s'est vue transformée par les apparitions répétées de la Vierge à la jeune bergère Bernadette Soubirous en 1858. De nombreux hôtels et restaurants vous attendent pour une visite de ce site de pèlerinage incroyable. Lourdes marque aussi l'entrée dans la vallée de Lavedan. Les virages se raccourcissent, les routes grimpent à flanc de coteaux pour s'ouvrir sur les paysages enchanteurs de la montagne.

Tarbes - Lourdes - Adour madiran
CASTELNAU-RIVIÈRE-BASSE
MADIRAN
MAUBOURGUET
PYRÉNÉES-ATLANTIQUES
VIC-EN-BIGORRE
RABASTENS-DE-BIGORRE
TOSTAT
CHIS
TARBES
IBOS
BARTRÈS
SAINT-PÉ-DE-BIGORRE
LOURDES
JUNCALAS
ARGELÈS-GAZOST
LAU-BALAGNAS
ARCIZANS-AVANT
SAINT-SAVIN
BEAUCENS
Viella
Préchac-sur-Adour
Plaisance du Gers
Beaumarchés
Bassoues
Labatut-Rivière
Lascazères
Tillac
Larreule
Nouilhan
Miélan
Artagnan
Villecomtal-sur-Arros
Saint-Lézer
Saint-Sever-de-Rustan
Séron
Andrest
Bazet
Oursbelille
Gardères
Bordères-sur-l'Échez
Pouyastruc
Cabanac
Aureilhan
Séméac
Juillan
Bordes
Tournay
Arcizac-Adour
Bénac
Loubajac
Adé
Montgaillard
Cieutat
Capvern
Quartier Haut de la Côte
Pouzac
Bagnères-de-Bigorre
Asté
Beaudéan
Rés. Nat. Massif du Pibeste-Aoulhet
Ayzac-Ost
Arras-en-Lavedan
Aucun
Soulom
D136
D22
D126
D102
D35
D935
D946
D3
D14
D8
D31
D286
D38
D6
N21
D4
D27
D11
D632
D21
D20
E80
A64
D817
D936
N21
D940
D28
D18
D938
D937
D13
D821
5 KM

ARGELÈS-GAZOST ★★

A 460 m d'altitude, Argelès-Gazost est une charmante petite ville de moyenne montagne, très vivante toute l'année. Elle jouit d'un emplacement exceptionnel au cœur du massif pyrénéen. Sa réputation de ville d'eau et ses bienfaits climatiques sont mondialement connus, le tourisme y est bien développé. On se plaît à flâner entre les terrasses, les jardins et les cafés et ce n'est pas par hasard qu'elle fut surnommée « le petit Nice ». Avec ses palmiers, ses fleurs et ses fontaines on se sent à la mer au pied des montagnes. De multiples activités sportives de pleine nature, notamment d'eaux vives, marquent ses atouts comme ses sites de loisirs de qualité.

© PETEGAR - ISTOCKPHOTO

Argelès-Gazost.

CHLORO'FIL PARC ACROBATIQUE FORESTIER

chemin Pouey Castet ✆ 05 62 90 37 65
www.chlorofil-parc.com

Ouvert de 10h à 19h en juillet, août. Fermé du 5 novembre au 17 février. Entrée : de 13 à 55 € selon l'âge l'activité.

Ce parc original vous plonge dans la nature, avec accrobranche, escalade et parcours ludique haut perché, rafting et canyoning dans les gaves. Il propose des parcours adaptés au niveau de chacun. Certains pour les enfants dès 4 ans comme le bois des pirates, une activité originale qui rassemble petits et grands dans les arbres avec des jeux sur les sens et des trampolines. Les trottinettes électriques permettent de découvrir les spécialités locales dans un parcours gourmand.

PARC ANIMALIER DES PYRENÉES

60 bis, avenue des Pyrénées
AYZAC-OST
✆ 05 62 97 91 07
www.parc-animalier-pyrenees.com

Haute saison ouvert tous les jours et jours fériés de 9h30 à 19h. Adulte : 20 €. Enfant de 3 à 11 ans : 14,50 €.

Fondé en 1999 par Serge Mounard, et parrainé par Nicolas Vanier, ce vaste parc de 14 ha à flanc de colline abrite plus de 500 animaux et 120 espèces sauvages, dont des ours, des loups et des lynx. Initialement dédié à la faune locale des Pyrénées, il s'est développé et se classe désormais parmi les plus beaux zoos de France. Il abrite des loutres géantes, des isards, les mascottes du site : les fameuses marmottes, mais aussi des bouquetins, des vautours, des daims, des chevreuils, et des écureuils, tous évoluant en semi-liberté dans un milieu naturel, ou réaménagé selon leur environnement habituel. L'espace des Forêts Humides vous plonge au cœur des forêts tropicales. Vous pouvez admirer les pirouettes des loutres d'Europe dans un immense bassin, en vision sous-marine, et plus loin, les facéties des saïmiris. Le parc sensibilise également les visiteurs à la protection d'espèces parmi les plus menacées au monde, comme l'étourneau de Bali. Et ce n'est pas fini ! Rendez-vous avec les pandas roux, les loutres naines d'Asie et les pélicans frisés. Votre itinéraire est bien balisé, du cœur de la meute à la terre des ours, où, en suivant le fil de l'eau, vous êtes au plus près de la nature. Vous allez d'un espace à l'autre : une galerie sauvage qui présente des scènes de la vie de la faune d'Afrique, d'Amérique ou d'Europe dans des reconstitutions hyperréalistes, amplifiées par des ambiances sonores réelles. Vous vous immergez ensuite dans de luxuriantes volières et vous observez les oiseaux pêcheurs les plus doués de notre continent : grèbes, harles, garrots et eiders vous entraînent dans une partie de pêche effrénée, survolée par le ballet magique des sternes. L'expérience est fabuleuse. Militant, ce parc exceptionnel est aussi engagé dans une lutte pour la sauvegarde des ours bruns, des gypaètes barbus, du bouquetin ibérique et du percnoptère. Vous pouvez les aider en contactant le fonds de dotation Pyrénées Conservation afin de participer aux différents projets de sauvegarde, de réintroduction et de sensibilisation. Pour prolonger la magie, il est possible de dormir dans l'un des trois écolodges : le Refuge avec les loups noirs, la Tanière avec les ours et la Cabane du Trappeur avec les loups gris. Le dîner et le petit déjeuner sont servis dans les cabanes. Le parc a également réhabilité depuis peu, une grange et un moulin, à quelques pas du parc, que vous pouvez louer à la semaine, avec piscine et bain nordique.

L'AGENCE TOURISTIQUE DES VALLÉES DE GAVARNIE

15, place de la République
✆ 05 62 97 00 25
www.valleesdegavarnie.com
Ouvert du lundi au samedi de 9h à 12h et de 14h à 18h ; et le dimanche matin en haute saison.

De la vallée d'Argelès-Gazost à Gavarnie-Gèdre, en passant par le Val d'Azun, la vallée de Luz-Saint-Sauveur et Barèges-Tourmalet, les Vallées de Gavarnie offrent aux visiteurs des expériences inoubliables. L'équipe des 6 points d'information : Argelès-Gazost (horaires renseignés), Pierrefitte-Nestalas, Barèges-Tourmalet, Gavarnie, Gèdre et Arrens-Marsou renseigne les visiteurs sur les randonnées pédestres, raquettes, VTT, et vélo, et met en avant la richesse du patrimoine culturel.

CAMPING LES TROIS VALLÉES**** €€

Avenue des Pyrénées ✆ 05 62 90 35 47
www.camping3vallees.com
Compter de 23 € à 59 € pour un emplacement pour 2 personnes. Mobile-homes 4 à 6 pers de 69 € à 715 € la nuit.

Niché dans un écrin de verdure époustouflant, ce camping de 13 ha permet de vivre en famille et en autarcie pour un moment. De l'emplacement de 100 m² au mobil-home grand luxe et piscine privative, vous aurez de l'espace et du choix. À la pointe de l'équipement, ce site moderne, complet et ludique est pensé pour le bien-être et le plaisir. Vous profiterez de l'espace balnéo couvert avec bains bouillonnant et en haute saison, des animations en soirées avec spectacles et discothèque.

DOMAINE DE LA TOUR*** €

41, avenue du Lavedan - **AGOS-VIDALOS**
✆ 05 62 97 55 59
www.domainelatour.com
Compter de 35 € à 195 € / nuit pour un mobil-home. Deux nuits minimum.

Situé au milieu d'un joli parc ombragé, au pied d'une colline, le domaine de la Tour est parfaitement situé entre Argelès-Gazost et Lourdes. Le parc de 2 ha accueille uniquement des mobil-homes comprenant tout l'équipement nécessaire pour des vacances détente. De nombreuses activités sont proposées sur place : une aire de jeux pour les plus jeunes, pour les plus grands, un boulodrome, du rafting, des randonnées, de l'escalade et la pêche. Une grande piscine extérieure chauffée, un toboggan en lacets et un bain bouillonnant de 14 places complètent l'offre.

CAMPING SOLEIL DU PIBESTE**** €€

16, avenue du Lavedan - **AGOS-VIDALOS**
✆ 06 72 32 17 04
www.pibeste.fr
Compter de 36 € à 170 € pour un mobil-home ou un chalet de 2 à 6 personnes, selon la saison.

Ici point d'emplacement pour sa tente, mais des chalets en rondins de bois de Finlande et des mobil-homes confort, de 2 à 6 personnes. Le camping vous séduira par sa position unique qui tutoie les sommets. Il n'est pas rare d'observer les rapaces tournoyer dans le ciel et les randonneurs sur les sentiers. Le camping propose des activités relaxantes autour de la piscine, des stages de tai-chi, qi-gong, méditation et yoga, et la ferme voisine organise des ateliers de jardinage.

HÔTEL BEAU SITE*** €

10, rue Capitaine-Digoy
✆ 05 62 97 08 63
www.hotel-beausite-argeles.com
Compter de 75 € à 82 € pour une chambre double selon la saison.

Situé au cœur du village d'Argelès-Gazost, l'hôtel Beau Site sert un cocktail gagnant à base de détente et de charme. Encadré par les montagnes pyrénéennes, le lieu dégage une sérénité certaine. Les Taik-Colpi vous y accueillent avec chaleur et prennent grand soin dans l'entretien de l'hôtel du XVIIIe siècle. Ils proposent des chambres décorées de manière classique, coquettes et confortables. On aime le jardin enchanteur, ainsi que les deux terrasses panoramiques avec vue sur la vallée et sur les Pyrénées. Un lieu très apaisant.

GÎTE HABAS €€

5, rue de Porteourat - **AGOS-VIDALOS**
✆ 05 62 97 12 30
www.gites-de-france-65.com
Gîtes de France. A partir de 65 € la nuit pour ce gîte pouvant accueillir 9 personnes. Label Tourisme & Handicap.

A l'entrée de la vallée des Gaves, au cœur du Lavedan, ce gîte s'impose à ceux qui souhaitent passer une semaine au plus proche de la nature, dans une ambiance conviviale et chaleureuse. La maison toute simple peut accueillir jusqu'à 9 personnes. Le propriétaire, est sensibilisé à l'accueil des personnes en situation de handicap mental et moteur (une chambre prévue au rez-de-chaussée). Lave-linge, lave-vaisselle, salon de jardin, barbecue sont prévus pour passer de vraies vacances loin des contingences. Les chemins de randonnées n'attendent que vous !

LA GRANGE DE THALIE €€

33, avenue Charles-de-Gaulle
✆ 06 08 66 68 33
www.lagrangedethalie.com
Compter de 90 € à 120 € pour une chambre double, petit déjeuner inclus.

Toit d'ardoise, grande verrière et murs de pierres se mêlent magnifiquement dans ce bâtiment majestueux. Les vastes chambres sont charmantes et tout en haut, à l'étage, la suite rouge Theou surplombe le parc, splendide, avec son petit salon et ses grands murs ocre. La chambre familiale peut accueillir jusqu'à cinq personnes. L'auberge est relevée de détails variés de décoration qui démontrent un goût certain. A l'extérieur, on profite de la piscine et du joli jardin. Le matin, le petit déjeuner sucré salé est une véritable découverte.

CHEZ PIERRE D'AGOS*** €€

5, avenue du Lavedan - **AGOS-VIDALOS**
✆ 05 62 97 05 07
www.hotel-chezpierredagos.com
Compter de 71 € à 86 € pour une chambre double, selon la saison. Petit déjeuner : 9,50 €.

Ce charmant hôtel familial, situé au pied de la Réserve Naturelle du Massif du Pibeste, est devenu un vaste caravansérail de 68 chambres. L'auberge est splendide, et outre son confort certain et ses chambres modernes, on aime les balcons qui offrent de merveilleuses vues sur les sommets enneigés. La piscine couverte l'hiver et chauffée toute l'année constitue un vrai plus. Même attention au restaurant qui propose des plats résolument terroir préparés avec des produits en provenance des meilleurs fournisseurs locaux. Au menu, foie gras, cèpes ou magret de canard.

HÔTEL DU GABIZOS** €€

33, avenue des Pyrénées
✆ 05 62 97 01 36
www.hoteldugabizos.fr
Compter de 60 à 65 € pour une chambre double, selon la saison. Petit déjeuner : 7,50 €.

La Villa « Gabizos » date d'une époque où l'on se faisait construire une maison de cure. Rachetée en 1939 par la famille Lacrampe, elle est transformée en hôtel, fidèle à son style flamboyant. Sa proximité avec les thermes en fait une adresse appréciée des curistes, ainsi que ses tarifs abordables. Mais il est aussi proche des plus beaux sites de la région. Les 23 chambres sont propres et claires et offrent une très belle vue sur les montagnes. On apprécie leur décoration conjuguant confort et bois. Et le restaurant propose une carte régionale de grande qualité.

AU PRIMEROSE HÔTEL** €€

23, rue de l'Yser ✆ 05 62 97 06 72
www.au-primerose-hotel.fr
Compter de 62 € à 77 € pour une chambre double. Petit déjeuner 6,90 € à 9,90 € selon formule, demi-pension 55 à 65 €.

Avec ses bannes et ses balcons roses, le Primerose tranche avec la verdure du parc thermal. Cet hôtel ouvert en 1955 s'adresse en particulier aux cyclistes qui s'aventurent sur les infranchissables cols des Pyrénées. Tout est fait pour les accueillir au mieux, avec des chambres confortables, des menus étudiés au restaurant (demi-pension possible), un local à vélo surveillé et un accès au spa tout proche «Le Jardin des Bains». Les clients moins sportifs sont également les bienvenus et Philippe, le propriétaire réserve un accueil chaleureux à chacun d'entre eux.

HÔTEL VILLA BON REPOS*** €€

13, avenue du Stade
✆ 05 62 97 01 49
www.bonrepos.com
A partir de 75 € pour une chambre double avec vue. Petit déjeuner : 11 €.

Situé au croisement de trois vallées, l'établissement est une authentique maison bigourdane de 1880, entièrement rénovée avec goût et modernité. L'emplacement privilégié de l'hôtel permet de profiter rapidement de randonnées à vélos, des thermes situés à 200 mètres et des animations nombreuses du centre-ville. Un grand jardin arboré et fleuri incite à la détente au bord de la piscine et du bain bouillonnant. Maryse Domec se fera un plaisir de vous indiquer les lieux inédits et inoubliables de la région, avec une gentillesse qui n'a d'égal que son amour du pays.

LA CABANE DU TRAPPEUR €€€

60 bis, avenue des Pyrénées - **AYZAC-OST**
✆ 05 62 97 91 07
www.pyreneesprestige.com
Compter 450 € pour deux personnes, en demi-pension et l'accès au parc pendant 2 jours.

Cet hébergement insolite est installé dans l'enclos des loups gris du Parc Animalier des Pyrénées. La cabane en rondins de bois diffuse un charme certain et rappelle le Grand Nord canadien. L'aménagement répond à un standing haut-de-gamme, pour un séjour original et luxueux. La terrasse semi couverte et vitrée permet d'admirer les loups du parc en toute sécurité. Parfois curieux comme vous, il leur arrive de venir jeter un coup d'œil pour voir qui les observent. Le parc vous propose également Le Refuge pour observer les loups noirs et La Tanière pour les ours.

CABANES PERCHÉES DES PYRÉNÉES €€€

Route de Silhen ✆ 06 69 24 70 70
www.cabanespercheesdespyrenees.fr

A partir de 245 € la nuit pour deux personnes avec petit déjeuner et spa. Panier repas 25 €/pers, panier apéro 10 €.

Un magnifique village de formidables cabanes dans les bois, perchées sur les hauteurs d'Argelès, surplombant la vallée des Gaves. Vous en avez 7 différentes, au choix pour 2, 4 ou 6 personnes, au pied des plus grands sites Pyrénéens. Vous y accédez par des passerelles, des escaliers, des échelles de corde, c'est selon ! De votre terrasse, adossé à la balustrade ou dans votre bain bouillonnant, admirez le panorama somptueux. Une aventure sauvage et romantique.

LE GÎTE DE LA CHATAIGNERAIE €€

6, chemin Peyrey
SALLES-ARGELÈS
✆ 05 62 97 17 84

945€ la semaine.

Entre Argelès-Gazost et Lourdes, une maison de montagne en pierre du XIXe siècle vous attend. Située dans le village de Salles-Argelès planté à 600 m d'altitude, l'endroit est idéal pour partir à l'assaut du Pibeste ou du mont de Gez. En été, vous pourrez déjeuner sous la treille ou sur la terrasse et profiter des chaises longues à l'ombre des hêtres et noisetiers. Coquettes avec leur mobilier ancien, les chambres sont spacieuses, les salles de bain équipées de baignoires pour l'hiver.

HÔTEL LE MIRAMONT*** €€€

44, avenue des Pyrénées
✆ 05 62 97 01 26
www.hotel-argeles-gazost.com/fr

Comptez 85 à 150€ pour une chambre double selon la saison et le type de chambre.

Le Miramont est un hôtel résolument moderne, d'architecture et de décoration pointues. Le 3 étoiles d'Argelès exhibe fièrement son originalité. Avec son allure de navire aux hublots et bastingages métalliques, il est attaché aux anneaux d'un parc paysager verdoyant. Les chambres aux teintes douces sont élégantes, spacieuses, confortables et bien équipées. L'offre des services est très large, l'accueil est chaleureux et le restaurant de l'hôtel propose une des meilleures tables de la vallée. Voici un port d'attache pyrénéen incontournable.

PIAZZETTA €

1, rue du Général Leclerc
✆ 06 79 62 62 73

Ouvert le mardi soir et du mercredi au samedi midi et soir. Pizza taille classique 7,50 à 15,50 €.

La Piazzetta est une belle adresse pour manger sur le pouce. Au cœur du village d'Argelès-Gazost, la spécialité de Naples fait courir dans l'air un doux parfum. A emporter, midi ou soir, les pizzas de cette petite gargote sont excellentes. La pâte fine est renommée dans tout le village. Les tailles variables sont pratiques pour une seule personne ou toute la famille : bambino, normale ou plaque de 40 x 60 cm. Nous vous conseillons la Bigourdan ou la Gave d'Azun, inspirées de la région. Pour compléter la carte, pâtes, paninis, burgers et desserts maison.

LA HOUNT D'ARTALENS €€€

1, rue de la fontaine
ARTALENS-SOUIN
✆ 06 64 33 88 32
www.la-hount.fr

Compter de 880 à 1 380 € la semaine, selon la saison, pour ce gîte de 8 personnes.

Le gîte, rénové superbement par ses propriétaires occupe une belle maison de pierres sèches et toit d'ardoises. Dans la pièce à vivre, la cheminée centrale plante le décor : les tons chauds sont privilégiés dans le salon et la cuisine, conférant une ambiance apaisante et chaleureuse. Les meubles modernes et anciens se côtoient harmonieusement. A l'extérieur aussi, « tout n'est qu'ordre et beauté », avec deux terrasses admirablement exposées, barbecue, terrain de pétanques, solarium et sauna installé dans une ancienne grange.

AUBERGE LE BOUIC €€

23, route du Hautacam
AYROS-ARBOUIX
✆ 05 62 97 92 53

Ouvert de 12h à 13h30, 19h à 21h. Fermé lundi en haute saison, plus mardi en basse saison. Compter 25 € pour un repas.

La terrasse de cette bâtisse bigourdane fait face aux montagnes du Val d'Azun. A l'intérieur, la grande salle où pierres et bouquets de fleurs sont rehaussés de rouge. La cuisine, subtil assemblage de produits du terroir et de traditions, est à l'image de la très réputée tarte Tatin au magret séché et sa tranche de foie gras. Vous pouvez également déguster la truite des Pyrénées au jurançon ou la délicieuse tarte aux myrtilles. Un restaurant authentique et typique de la région. Ne vous étonnez pas d'entendre parler patois aux tables voisines.

LES CIMES €€

1, place d'Ourout
✆ 05 62 97 00 10
www.hotel-lescimes.com
Ouvert tous les jours midi et soir. Compter 30 € pour un repas.

Installé dans le parc thermal d'Argelès-Gazost, l'Hôtel des Cimes ouvre son restaurant tous les jours, midi et soir. Il constitue une solution de repli parfaite lorsque les autres tables sont fermées. La cuisine est faite de fraîcheur et de traditions inspirée par la gastronomie locale. Foie gras, garbure, agneau de pays et magret de canard, figurent immanquablement à la carte. Les plats, servis copieusement, se dégustent dans la grande salle de restaurant baignée de lumière ou l'été sur la terrasse fleurie afin de profiter du panorama.

DES PETITS POIS SONT ROUGES €€

44, avenue des Pyrénées ✆ 05 62 97 01 26
www.hotel-argeles-gazost.com
Ouvert de 12h15 à 13h30 et de 19h30 à 20h45. Fermé le mercredi et en novembre. Menus de 18,50 à 35 €.

Dans un cadre contemporain, aux lignes architecturales Art déco, vous succomberez aux produits régionaux mis en valeur par la cuisine créative de Pierre Pucheu. Le cochon noir de Bigorre, le mouton AOC Barèges-Gavarnie, la truite ou les haricots tarbais sont à l'honneur. Les produits sont de saisons, la cuisine est raffinée. Le midi, l'ardoise du jour propose des menus à prix raisonnables pour cette qualité. Le dimanche l'excellent brunch est de mise. Une adresse à ne pas manquer.

AU FOND DU GOSIER €€

7, rue du capitaine Digoy
✆ 05 62 90 13 40
www.aufonddugosier.com
Ouvert du mardi au vendredi, midi et soir et le samedi soir. Réservation recommandée. Menus 30-37 €.

Au détour des bonnes tables, il arrive que l'une d'elles excelle et c'est le cas de celle-ci. Maître restaurateur, Benoît Lebon porte son art au sommet. Il ne travaille qu'avec des produits frais, locaux, issus des meilleurs producteurs et n'hésite jamais à puiser dans le bio. De ces délices, il fait des merveilles. Par générosité, ses mets sont toujours justes et inspirés. Il se dit artisan de la cuisine, tout est fait maison, sans concession. Muriel est l'atout sourire de cet établissement qui est une révélation, son accueil est comme la carte : lumineux.

LE NUMÉRO 3 €€

3, rue du Général Leclerc
✆ 05 62 42 68 54
www.lenumero3.fr
Ouvert du mardi au jeudi, dimanche, le midi ; vendredi et samedi, midi et soir. Compter 38 € pour un repas.

Le Numéro 3 est l'endroit parfait pour partager un moment de convivialité. Le restaurant vous propose trois ambiances : une cour animée et chaleureuse, une salle climatisée et une terrasse à la vue imprenable sur les montagnes. Côté cuisine, le chef s'amuse avec des salades inventives, des plats régionaux, mais aussi des classiques ou des plats originaux inspirés de la cuisine « du monde ». Il y en a donc pour tous les goûts ! Vous profitez également du bar avec sa carte généreuses de bières, de cocktails et de délicieuses glaces pour toute la famille.

LA TABLE D'AYZI €€

5, rue Pasteur
✆ 05 62 94 56 21
En haute saison du lundi au samedi midi et soir, dimanche midi. Menu du midi : 13 €.

La Table d'Ayzi, c'est l'histoire de deux agriculteurs, Alain et Yan Izans, fervents locavores, qui décident d'ouvrir leur propre restaurant. Avec Camille, ils ne travaillent que des produits issus de la ferme, sans aucun intermédiaire. Du steak haché au tournedos les viandes sont bio, la charcuterie artisanale, le foie gras maison, les légumes frais de Tarbes, le pain du boulanger du coin, le fromage de brebis de la vallée… Pas de chichis dans la présentation, mais des portions généreuses et des saveurs franches. L'ambiance est conviviale et le service efficace.

LA BUVETTE

14, place de la république
✆ 06 82 99 20 86
Ouvert du mardi au samedi de 9h à 2h.

Après une longue randonnée ou une promenade dans le village, La Buvette vous accueille sur sa petite terrasse pour un rafraîchissement. Unique bar de nuit d'Argelès-Gazost, le lieu est à la fois café le jour, bar de quartier et lieu de fête. Le patron vous accueille fort chaleureusement et très vite vous parlez avec les habitués ou les touristes de la terrasse. Plusieurs bières à la pression vous sont proposées, et une télé pour les matchs de sport complète l'offre. Un endroit où passer au moins une fois pour se sentir argelésien ou argelésienne !

MAISON LAGRUE

4, Place du Foirail
✆ 05 62 92 63 87
www.boulangerie-lagrue.com
Ouvert du mardi au samedi de 7h à 13h30 et de 15h15 à 19h, et le dimanche de 7h à 13h.

Sophie Miro a repris le flambeau de son père et son grand-père avec son mari Sébastien Lagrue dans cette boulangerie-pâtisserie existant depuis 1949. Cheffe pâtissière, ses spécialités sont la tourte bigourdane appelée pastis bigourdan, transmise par sa grand-mère ; le dessin sur pâte d'amande ; et la pâtisserie fine, de saison (avec diminution du sucre dans les gâteaux). Sébastien, chef boulanger, travaille avec des farines sélectionnées sur des pâtes en longue fermentation sur levain naturel. Il a remporté en 2019 la coupe du monde de la chocolatine à Toulouse.

COMPTOIR DES VIGNES

39, avenue Robert Coll
✆ 05 62 97 06 62
Ouvert du mardi au vendredi de 9h à 12h et de 15h30 à 19h. Le samedi ouverture à 9h30.

La maison Vignau forte de ses 70 ans d'existence met à disposition son savoir-faire pour guider les clients dans leurs choix entre vins régionaux et crus du monde entier. Certains ont pour origine la Californie, l'Italie, le Chili ou la Nouvelle-Zélande. Vous avez droit à un véritable tour du monde et à des conseils précieux, car le choix est très vaste. Mais en respectant la devise de la maison, « prenez votre temps et dégustez », vous ne vous perdrez pas dans cette mer d'arômes qui donnera à votre palais le goût du voyage !

LE JARDIN DES BAINS

27, avenue Adrien-Hébrard ✆ 05 62 97 03 24
www.lejardindesbains.com
Ouvert du lundi au vendredi de 15h à 19h et le week-end de 10h30 à 13h et de 15h à 20h en basse saison.

En plus des thermes, Argelès-Gazost s'est dotée d'un espace de soins qui invite au bien-être absolu. Dans les cabines, lumière tamisée, boiseries et mosaïques respirent le zen. On y reçoit des soins inspirés des 4 coins du monde : enveloppement au rassoul, gommage au bambou, massages parfumés à l'huile de tiaré. Certains soins peuvent être partagés en duo et d'autres sont spécifiquement conçus pour ces messieurs. L'impressionnante piscine balnéo est installée dans un bâtiment somptueux, entre Asie et Pyrénées. Une salle de sport pour compléter cet écrin de luxe.

THERMES D'ARGELES-GAZOST

27, avenue Adrien Hébrard
✆ 05 62 97 03 24
www.thermes-argeles.fr
Ouvert tous les jours de 6h30 à 13h30. Fermé de novembre à mars.

Les eaux d'Argelès-Gazost sont réputées pour leurs effets positifs sur les affections des voies respiratoires, les maladies lymphatiques et les problèmes veineux. L'imposante bâtisse de 1880 est tout à fait représentative d'une architecture thermale fin de siècle particulièrement flamboyante. Il suffit de pénétrer dans le hall de marbre rouge, gris et noir pour s'en convaincre. La cure combine les atouts d'une station thermale à ceux d'une station climatique. Possibilité de profiter des soins à la carte et de tarifs préférentiels au Jardin des bains.

ARCIZANS-AVANT

Niché sur son éperon, au pied du Pic du Cabaliros, Arcizans-Avant fait partie des villages de charme des Pyrénées, avec ses maisons de pierres sèches et toits d'ardoise. Ses habitants ont la réputation d'être aussi indépendants que prompts à la bagarre. Nombreuses furent leurs appartenances avant de rejoindre le canton d'Argelès en 1806. Ils ont notamment aidé le roi d'Aragon à s'emparer de Huesca avant de s'engager dans les combats des vicomtes du Lavedan. Mais l'histoire agitée du village est loin et ses habitants vous réserveront un accueil chaleureux dans leur commune devenue paisible au cœur de la magnifique province du Lavedan, écrin naturel.

CHÂTEAU DU PRINCE NOIR

8, rue du Château
✆ 05 62 97 02 79
prince.noir.free.fr
Compter dès 59 € en chambre double, petit déjeuner inclus ; semaine de 335 à 375 €. Fermé de novembre à avril.

Sur une butte, un peu à l'écart d'Arcizans-Avant, trône le Château du Prince Noir. Campé sur une moraine glaciaire, il comporte un donjon qui a certainement été bâti en 1120 et il doit son nom à Edward de Woodstock qui l'occupa lors de la guerre de Cent Ans. Situé au cœur des Pyrénées, à plus de 600 mètres d'altitude, ce bâtiment grandiose a traversé les siècles avant d'être restauré entre 1970 et 1972. Un travail de titan qui a redonné vie à ses ruines et, aujourd'hui, il présente une tour carrée massive à quatre niveaux ainsi qu'un corps de logis du XVIe siècle.

ÉGLISE DE L'ASSOMPTION SAINT-MARTIN

Entrée libre.

Au cœur du village, son clocher barlong à double impérial galbé et couvert d'ardoises vous interpellera. Magistral, il abrite quatre cloches pouvant atteindre 250 kg chacune au-dessus de l'ancien autel. De style roman, cette église de qualité architecturale exceptionnelle est consacrée à Saint-Martin. Cet édifice datant de 830, est inscrit au titre des monuments historiques en 1979. Elle fut entièrement restaurée au XVIIe siècle et la mairie l'entretient régulièrement.

CAMPING LES CHÂTAIGNIERS*** €€

6, rue Cap-deth-Vilatge ✆ 06 30 58 11 00

www.camping-les-chataigniers.com

Compter entre 16 € et 28 € pour un emplacement et 2 personnes. Personne supplémentaire entre 5 € et 7,80 €.

André et Sylvie vous accueillent avec bonne humeur et vous partage leur philosophie de vie, dans leur camping au calme, situé au cœur de 5 ha de verdure, avec vue panoramique splendide sur la vallée d'Argelès-Gazost. L'intimité est assurée par des arbustes qui séparent les emplacements de 160 m² minimum. Dans une ambiance familiale, vous pourrez profiter de la piscine et de l'aire de jeux (boulodrome, baby-foot…). Le camping est situé à proximité des chemins de randonnée et VTT.

AUBERGE LE CABALIROS** €€

16, rue de l'Eglise

✆ 05 62 97 04 31

www.auberge-cabaliros.com

De 70 € à 125 € pour une chambre double, selon la saison et la catégorie. Petit déjeuner : 10 €.

Au cœur du petit village de charme d'Arcizans, le Cabaliros a pris ses quartiers dans une ancienne ferme typique du Lavedan. Les 7 chambres sont aménagées dans le style montagnard privilégiant le bois. Notre préférée profite d'un balcon avec vue sur les pics environnants. La situation géographique vous permet d'effectuer de nombreuses randonnées au départ du Cabaliros. L'hiver, vous profitez de la cheminée de la salle à manger, lorsque l'été, vous vous restaurez sur la terrasse panoramique fleurie, avec la vue magnifique sur la vallée.

AUBERGE LE CABALIROS €€

16, rue de l'Eglise

✆ 05 62 97 04 31

www.auberge-cabaliros.com

Ouvert du jeudi au dimanche de 12h30 à 14h et de 19h30 à 21h. Fermé de novembre à janvier. Compter 50 € à la carte.

Francis Saint Martin vous propose une cuisine du terroir nourrie par sa gentillesse. Les mets sont à base de produits frais, relevés d'épices et d'herbes du jardin : foie gras de canard au parfum d'agrumes, ris de veau braisé à l'ancienne, émincé de magret de canard, sauce gingembre… Le vendredi soir (sur commande), la garbure bigourdane s'impose. Cette spécialité de la région se compose d'une soupe et d'un plat à base de confit de porc et de canard, de cou de canard farci, de haricots tarbais, carottes, navets, pommes de terre et choux.

CAMPING DU LAC**** €€

29, Camin d'Azun

✆ 05 62 97 01 88

www.camping-du-lac-pyrenees.com

Compter de 17 € à 35 € pour un emplacement pour 2 personnes et 4,60 € pour l'électricité (5A).

Le site paradisiaque du Camping du Lac vous plonge dans la nature. Les emplacements de plus de 100 m² permettent de planter la tente et de poser une grosse caravane. L'air vivifiant et le calme sont de mise dans ce site magnifique qui fait face aux montagnes. Vous pouvez profiter sans stress de la piscine et du spa, vous reposer dans la bibliothèque, et à proximité, randonner, faire de l'équitation, de la pêche, du VTT ou des sports nautiques. Situé stratégiquement, ce havre de paix est aussi propice aux activités variées pour occuper toute la famille.

RESTAURANT CHEZ PIERROT €€

30, Camin d'Azun

✆ 05 62 97 58 26

www.chezpierrotresto.blogspot.fr

Ouvert mercredi à dimanche, midi et soir. Compter 30 €.

Avant d'être bistro, chez Pierrot, c'est aussi et surtout un excellent bar-concert qui fait vivre culturellement Arcizans. Les amateurs de musique sont nombreux à se retrouver ici. Mais la bonne cuisine de terroir fait également partie de la programmation. Au menu, des produits soignés qui expriment avec franchise et bonheur le meilleur des Pyrénées. Pierrot a une pensée pour les végétariens, avec une assiette dédiée. Des instruments sont mis à disposition et vous pouvez vous lancer à tout moment dans un bœuf avec vos voisins. Une adresse authentique et joviale !

BARTRES

La commune de Bartrès, hameau de 527 habitants, perpétue la mémoire de Bernadette Soubirous. La sainte y a passé quelques mois, mise en nourrice chez Maries Laguës. La ferme Burg a conservé son style rustique, rien n'a été touché dans la chambre qu'occupait Bernadette. Dans l'église du village, le chœur datant de la fin du XVIIe siècle est conservé, ainsi que son magnifique lavoir. La bergerie où Bernadette gardait les moutons conserve l'atmosphère de l'époque (1856) et l'on a vraiment l'impression que la bergère va, à tout moment, déboucher encore du sentier avec ses agneaux… Bartrès fait partie de ces villages où le temps semble s'être arrêté.

LA FERME LAURENS €€

3, route d'Adé
✆ 05 62 44 34 96
www.lourdes-chambres-hotes.com
Chambre simple de 56 à 73 € ; chambre double de 59 à 75 €. Petit déjeuner inclus.

Au cœur du village, cette bâtisse du XVIIème siècle a conservé une activité agricole et c'est un vrai séjour à la ferme, rythmé par les travaux quotidien, dans lequel vous plongez. Le poulailler et le potager bordent le jardin et le charme irrésistible des pommiers opère immédiatement. Des vaches gasconnes et des blondes d'Aquitaine sont élevées par Daniel, qui vous accueille chaleureusement. Les chambres sont très confortables et le spa offre un moment détente idéal. Une navette est mise à disposition pour Lourdes et des chemins de randonnée partent de la ferme.

BEAUCENS ★

Beaucens est un village de 458 habitants à mi-chemin entre Lourdes et les stations de Barèges/La Mongie, Gavarnie, Cauterets et Luz. Tableau enchanteur où les paysages de montagne sont ponctués de ruisseaux et de moulins, il recèle sept lacs, dont le superbe lac des Gaves. L'histoire du village remonte à 960, lorsque la seigneurie de Béoucen entre dans le domaine des vicomtes du Lavedan. Au XIe siècle, ils se firent construire un château qui devint l'un des plus puissants de la Bigorre. Il faut dire que le village entre gave et montagnes s'y prête à merveille. Dominé par un promontoire dont la forme et la hauteur rassemblent les conditions idéales, le château émerge au-dessus des arbres et embrasse la vallée à 360°. Mais au fil des siècles, c'est le caractère querelleur de ses habitants qui marque l'histoire. Ces montagnards contestataires ont toujours vaillamment défendu leurs pâturages. Beaucens garde aujourd'hui des traces de ce passé flamboyant dont les pans de la chapelle du Bedouret, les tourelles du manoir de la Couhite et, évidemment, son magistral emblème : le donjon des Aigles. De nombreuses activités ludiques animent l'année, quelle que soit la saison. Les randonnées de moyenne montagne sont accessibles aisément et traversent de vertes étendues où les fleurs poussent à foison. Le village adhère à l'aire du Parc National des Pyrénées et recense deux sites Natura 2000 répertoriés pour la diversité de la faune et de la flore. Le lac Bleu Léviste notamment présente une nature caractéristique de la haute montagne pyrénéenne. Côté culture, Beaucens est la chasse gardée des artisans potiers.

© PHOVOIR

Vue d'ensemble de Beaucens.

DONJON DES AIGLES ★★

100, rue du Château

✆ 05 62 97 19 59

www.donjon-des-aigles.com

Haute saison ouvert tous les jours de 10h à 12h et de 14h30 à 18h30. Adulte : 15 €. Enfant de 5 à 11 ans : 9,50 €.

Sur son piton rocheux, dominant le village de Beaucens, cet ancien château féodal du XIe siècle vous accueille dans ses murs hantés désormais, par les seigneurs du ciel. Vous observerez dans ces murs chargés d'histoire l'une des plus grandes collections d'oiseaux de proie du monde entier : plus de 45 espèces présentes. La plupart des rapaces évoluent en liberté, ce qui permet de les voir au plus près, dans leur milieu naturel. Grâce à l'art délicat et habile des fauconniers, perpétué depuis le Moyen Âge, ces volatiles diurnes ou nocturnes vous livrent quelques-uns de leurs secrets. Aigles, vautours, buses, faucons, percnoptères, milans, hiboux et chouettes vous font la démonstration de leur habileté chaque après-midi, lors d'un magique spectacle musical. Enchanteur, il est riche en émotions, parfois fortes, puisque certains n'hésitent pas à vous frôler de leurs ailes. Les perroquets hauts en couleur, plus exotiques, descendent du ciel, libres, pour venir manger dans vos mains. Un très beau moment qui marquera longtemps les esprits des petits autant que des grands. Depuis de nombreuses années, le Donjon des Aigles s'attache aussi à la préservation des espèces et, la reproduction des rapaces fait partie de ses vocations. Pour éviter tout dérangement, les oiseaux sont installés dans un centre aménagé à l'écart du public près d'Argelès-Gazost. Si l'insémination artificielle est parfois utilisée, la méthode la plus couramment appliquée ici est celle de la fécondation naturelle et du prélèvement de la première ponte.

CHAMBRE D'HÔTES LAS VIGNES €

19, rue des Malapets

✆ 05 62 97 28 20

www.maison-lasvignes.com

Compter de 67 € à 70 € pour une chambre double, petit déjeuner compris.

Perchée sur les hauteurs de la station thermale de Beaucens, la maison « Las Vignes » offre une vue imprenable sur le donjon des Aigles, la vallée d'Argelès-Gazost et la chaîne des Pyrénées. Adrien et Aline, les propriétaires, vous y accueillent en toute convivialité. Les trois chambres sont décorées avec simplicité et chaleur, dans une atmosphère typique de maison de montagne. Le Cirque de Gavarnie, le Pont d'Espagne et les cols légendaires du Tour de France sont à proximité.

ETH BERYE PETIT €€

15, Route de Vielle

✆ 05 62 97 90 02

www.beryepetit.com

De 85 à 90 € pour une chambre double, petit déjeuner compris.

Intégrée dans un hameau typique, entourée de vertes prairies, Eth Berye Petit, « le petit verger », est une charmante chambre d'hôtes occupant une ancienne ferme de 1790. C'est dans ce cadre bucolique que Ione et Henri vous accueillent pour un séjour agréable : de grandes chambres claires, une pièce commune avec la cheminée, une belle terrasse abritée sous une tonnelle, un jardin potager impeccable l'été. Les propriétaires se mettent en cuisine les vendredi et samedi soir, de novembre à avril, et préparent de bons plats revigorants pour leurs hôtes.

AUBERGE DE L'ARRIOUTOU €€

Route de la station de Hautacam

HAUTACAM

✆ 05 62 97 11 32

Ouvert de 12h à 20h15 du jeudi au samedi, de 12h à 17h30 le mercredi et dimanche. Le week-end uniquement en hors saison.

Il faut grimper pour mériter ce cadre au sommet de la station du Hautacam. Mais la délicieuse cuisine au feu de bois en vaut la peine. En hiver, l'ancienne étable se transforme en salle-à-manger. Les bas-flancs ont été conservés, et offrent ainsi un peu d'intimité entre les tables. En été, les repas se prennent en terrasse et au jardin, bordés par un ruisseau. La garbure fait la réputation de l'auberge, dans sa version bigourdane avec viandes de porc et de canard. Les crêpes sucrées peuvent se déguster l'après midi face aux sommets.

LE PETIT COUASSERT €€

20, route de Vielle

✆ 05 62 97 90 25

www.lepetitcouassert.fr

Ouvert tous les jours midi et soir. Fermeture le mercredi hors vacances scolaires. Compter 31 € pour un repas.

Ce petit restaurant se trouve à l'entrée du hameau de Beaucens. Deux salles joliment décorées par Philippe et Lydia vous attendent. Boiseries, pierres, cheminée, poêle et comptoir sont d'origine. L'été, la terrasse fleurie abritée par une tonnelle, jouxte le potager et le verger. Vous apprécierez la cuisine de terroir du chef, élaborée avec des produits frais venant parfois directement du jardin. Le mouton AOC Barèges-Gavarnie est évidemment de la partie avec ses côtelettes grillées au thym. Pensez à réserver car l'établissement est, à juste titre, recherché.

CASTELNAU-RIVIÈRE-BASSE

Ce charmant village, à la pointe nord du département, mérite le détour. Des vestiges d'intérêt jalonnent ses rues : la porte de l'église des Pénitents bleus, l'ancienne tour de guet du château, le château de Montus, l'histoire est au rendez-vous. Fondé à la fin du XIIe siècle, il a toujours attiré les convoitises, et développe un caractère marchand où l'artisanat tient une place de choix, en 1780. De son passé riche, il garde un magnifique patrimoine, notamment une halle-arcade massive, l'église de Mazères et sa tour fortifiée, ou encore la fontaine de Gabaret. Côté nature, loutres et tortues cistudes d'Europe en font un site classé Natura 2000.

LA BELLE AUBERGE €

Route de Bordeaux
✆ 05 62 31 97 99

Ouvert du lundi au jeudi midi et soir, et le vendredi midi. Compter 12 € pour le menu du jour.

En pleine campagne, cette auberge est une belle surprise. Restaurant routier par excellence, il draine une clientèle de proximité mais aussi de voyageurs de passage. La qualité des plats et leurs petits prix ont bâti la réputation de cet établissement sans prétention. Le chef concocte chaque jour des menus très variés et complets, qui peuvent aussi bien mettre en avant un confit de canard ou un tajine de veau au citron. Que les plats soient teintés d'exotisme ou bien ancrés dans le terroir local, c'est toujours délicieux. Une adresse qui valorise le fait maison.

LA FERME TRENCALLI

Lieu-dit Trencalli ✆ 06 52 65 89 37
www.trencalli.fr

Ouvert toute l'année du mercredi au dimanche de 14h à 18h. 100 € pour 5 personnes pour l'escape-game.

C'est dans un cadre authentique, en pleine nature, que Morgane et Stéphane ont concocté un programme idéal pour une sortie familiale. Bordé par la forêt aux Cerfs, ceux-ci viennent vous saluer, accompagnés de daims et de wallabies bondissants. Vous pouvez visiter la ferme et rencontrer les poussins, paons, cochons et chèvres, ainsi qu'acheter les produits fermiers. Si vous aimez les sensations fortes, vous pouvez également réserver l'*aventure game* avec les tyroliennes, filets suspendus et autres réjouissances. Petits et grands seront comblés par cet endroit magique.

CHIS

Si Tarbes peut se targuer d'être la ville du cheval, Chis est sans conteste celle des centres équestres ! Cette jolie petite commune de seulement 313 habitants est en effet le royaume des professionnels et amateurs qui s'y sont regroupés avec succès. Des compétiteurs de haut niveau ont effectué leur premier galop ici et le village présente une très forte concentration de clubs équestres. Si vous aimez ce monde de selles et de trot, vous trouverez ici votre bonheur, nombre d'entre eux proposent des balades dans cette charmante partie du département, à mi-chemin entre la campagne et les bois, avec vue sur le massif des Pyrénées au loin.

CABANES PERCHÉES ET CABANE FLOTTANTE DE TRENCALLI €€

3, Lieu dit Trencalli ✆ 06 52 65 89 37
www.trencalli.fr

Maison des Hobbits, 160€/nuit et 320€/weekend. Cabanes perchées 360€/weekend, gîte 330€/weekend.

Au cœur de la campagne, dans le domaine Trencalli de 30 ha, vivent des daims, des cerfs, des wallabies et des animaux de la ferme. La maison des Hobbits, les deux cabanes perchées dans les chênes, la cabane flottante sur l'étang et le gîte, vous attendent dans la nature, au plus près des animaux de la ferme et du bois des cerfs.

Vous profitez de l'accès à la piscine naturelle, aux bains finlandais et bouillonnant. Et peut-être vous laisserez-vous tenter par l'*aventure game*.

EN PASSANT CHEZ NOUS €€

1, Placa Nousta Dauna
✆ 05 62 36 47 22

Chambre double de 70 à 105 €, petit-déjeuner compris.

Cette demeure bourgeoise du XVIIe siècle vous fait voyager dans le temps. Située à seulement 9 km de Tarbes, cette belle bâtisse vous accueille au calme, dans la nature. Au rez de chaussée, la vaste chambre, aux tons raffinés, est décorée avec charme et délicatesse. Vous profiterez de la baignoire sabot et de la vue sur le jardin. A l'étage, la suite familiale, aux couleurs éclatantes, vous offre un espace généreux et se décline en 2 chambres séparées. Un lieu apaisant où il fait bon vivre. Possibilité de louer aussi le gîte pour 5 personnes.

IBOS

Ibos ou le paradoxe d'une activité commerciale fourmillante à quelques mètres de la quiétude bucolique du village. Ce grand écart est pourtant possible et il signe l'une des particularités de cette commune périurbaine de Tarbes qui a su garder un caractère authentique tout en développant son économie. Magnifiée par la chaîne des Pyrénées qui déroule ses sommets à perte de vue, elle présente une architecture bigourdane et son imposante collégiale témoigne d'un passé florissant. Elle est également célèbre pour le méridien de Greenwich qui la traverse. La commune possède aussi un patrimoine naturel remarquable, drainée par divers cours d'eau.

CHOCOLAT PAILHASSON

6, rue de la Garounère

✆ 05 62 42 04 75

www.pyrenees-bonbons.fr

Du lundi au samedi de 10h à 12h et de 14h à 18h30.

Cette chocolaterie est la plus ancienne de France. En 1729, l'apothicaire Pailhasson fait venir des fèves de cacao de Bayonne et fonde sa chocolaterie. Avec l'avènement du thermalisme au XIXe siècle, la chocolaterie connaît un franc succès et les bonbons de chocolat régalent Napoléon III et sa cour, l'impératrice Eugénie et le pape Léon XIII. Dans cette boutique, vous découvrez de nombreuses spécialités telles que les cœurs des Pyrénées, les crottes d'isard ou bien les cailloux aux amandes. De quoi régaler les grands et les petits.

LA CHAUMIÈRE DU BOIS*** €€€

26, route de Pau ✆ 05 62 90 03 51

www.chaumieredubois.com

Chambre double de 65 à 89 €. Gîte étape : 95 €. Petit déjeuner 10 €.

Ambiance apaisante dans le silence du bois qui l'entoure. Dans cet environnement exceptionnel, la Chaumière du bois est charmante. Sous son toit de chaume, sa signature, vous sont proposés : le restaurant, qui revisite avec brio les plats régionaux ; l'hôtel, avec ses 22 chambres entièrement refaites. Avec une décoration contemporaine et design, elles sont toutes équipées de baignoire, télévision et wifi. Une terrasse en bois et une piscine permettent aussi de profiter de la beauté du site et du parc paysager, l'été. Une adresse à découvrir, proche de Tarbes.

LOU BIGOURDAN €

4, route de Pau

✆ 05 62 46 41 50

www.restaurant-lou-bigourdan.com

Du lundi au vendredi de 8h à 18h et le jeudi jusqu'à 23h.

Situé à deux pas du Parvis, Scène nationale Tarbes Pyrénées, et du centre commercial Le Méridien, le restaurant Lou Bigourdan vous accueille pour une cuisine du terroir de Bigorre. Ici les producteurs sont locaux et le circuit court est à l'honneur. Un carte très réduite et un menu du jour pensé en fonction des saisons vous font découvrir de nouvelles saveurs. Face aux sommets enneigés, la vaste terrasse permet de profiter du soleil l'été, et le jeudi soir, c'est afterwork, tapas et bar à vin. Il est également possible de privatiser le lieu.

JUNCALAS

À la sortie de Lourdes, vous remontez la pittoresque vallée de Castelleloubon, l'une des 7 vallées du Lavedan. Juncalas est une commune rurale de seulement 160 habitants. Au XIXe siècle, une industrie d'ardoise y prospérait et la vallée comptait pas moins de 25 ardoisières. Vous pouvez faire une halte à l'église Notre-Dame-de-l'Assomption, aux lavoirs, ou à la maison de la vallée qui vous renseignera sur le riche patrimoine alentour. Des routes étroites et forestières vous permettent d'accéder à de petits cols qui se succèdent pour déboucher dans la vallée de l'Adour. Une alternative pour ceux qui souhaitent découvrir la Bigorre profonde.

LAU-BALAGNAS

Au cœur du Lavedan, cette commune est née de la fusion de Lau et de Balagnas en 1848. Dans ses rues, un urbanisme très contemporain côtoie des bâtisses anciennes. Ce grand écart architectural qui s'étend de 1673 à 2017 n'en demeure pas moins harmonieux. La chapelle Sainte-Castère ne manquera pas de vous émouvoir, elle vaut le petit effort de montée car elle est le seul témoin du village disparu de Castet. La commune compte aussi de nombreuses fontaines dont on dit qu'elles sont le royaume des fées… En toile de fond, le massif du Pibeste veille sur les lieux, et les gaves de Pau et gorges de Cauterets, classées Natura 2000, valent le détour.

CAMPING DU LAVEDAN**** €€

44, route des Vallées
05 62 97 18 84
www.lavedan.com

Compter de 19 € à 55 € pour un emplacement avec eau et électricité pour 2 personnes. 8 € pour un adulte supplémentaire.

Au cœur des 7 vallées, la famille Dubie vous accueille chaleureusement dans son splendide camping faisant partie du réseau Yelloh Village. Chaque année de nouveaux services améliorent encore l'accueil ! En camping ou en location, vous serez au top du confort et de l'intimité. Ici, les vacances se passent en toute convivialité, et elles sont parfaites grâce aux installations modernes comme les trois toboggans à la piscine. Un espace de restauration complète les nombreux services proposées et les activités diverses et variées.

LA TRUITE DES PYRENEES

Route du Sailhet
05 62 97 02 05
www.latruitedespyrenees.fr

Ouvert du lundi au vendredi de 9h à 12h et de 15h à 18h ; le samedi de 9h à 12h.

La truite des Pyrénées fait la part belle à ce poisson de rivière, de son élevage, à sa dégustation. Le parc de loisirs, le Lutin Pêcheur, accueille petits et grands pour des parties de pêche. Le matériel est fourni gratuitement, il ne reste plus qu'à jeter le bouchon. La visite à la boutique conclut l'expérience. La traçabilité est claire depuis 50 ans dans cette entreprise familiale qui fournit un poisson de qualité. Velouté, miettes de truite, terrine, rillettes, les produits pleins d'originalité à découvrir sont nombreux. Il est possible de commander en ligne.

LOURDES ★★

Le monde entier connaît Lourdes, haut lieu de pèlerinage catholique. De mars à octobre, la cité paisible de 13 000 habitants, au pied des montagnes, change complètement de visage et accueille 6 millions de visiteurs. Ce sont les dix-huit apparitions de la Vierge que la jeune bergère Bernadette Soubirous dit avoir vues en 1858 qui ont changé à tout jamais la destinée de ce bourg. Les environs furent habités très tôt, comme en témoignent les chefs-d'œuvre d'art paléolithique. Le château fort est un incontournable et l'ascension du Pic du Jer avec le funiculaire, un doux moment familial, avant de se rafraichir dans le Gave de Pau ou le lac de Lourdes.

ANDRÉ LACOME SCULPTEUR

76, rue de la Grotte
05 62 94 27 39
www.lacomesculpteur.com

Ouvert du lundi au samedi de 10h à 12h et de 14h à 19h. Sur rendez-vous du 1er novembre au 31 mars.

Si André Lacôme est décédé en 2008, son souffle subsiste grâce à ses créations. Le talent de ce sculpteur, passé maître dans l'art religieux, est reconnu du Vatican au Secours catholique. Nombre de ses œuvres sont exposées dans des couvents, dans des églises ou chez des particuliers. Sa démarche se perpétue grâce à ses élèves, et à Daniel, son beau fils, qui prolongent la tradition. L'entreprise reste donc en famille, puisque la boutique est dorénavant tenue par sa fille Élisabeth. Elle vous propose de grandes sculptures et gravures originales de toutes inspirations, effectuées par la main de son père. Si ces œuvres magistrales ne sont pas à la portée de toutes les bourses, elle propose également de nombreux autres produits, plus petits et bon marché, tous fabriqués maison, à l'atelier. Comme souvenirs simples ou cadeaux faciles, l'on craque notamment pour les plaques en céramique, les porte-clés gravés sur du bronze ou sur de l'émail, et les médailles, sur lesquels l'on retrouve évidement les noms des saints patrons. Il est d'ailleurs possible de faire une commande d'une gravure d'un prénom spécifique d'un jour pour le lendemain. Les nombreux bijoux, chapelets et pendentifs en croix sont magnifiques et originaux. Enfin, vous y trouvez aussi une multitude de statuettes en bois, sculptées à l'atelier, sur des essences de la région comme le châtaignier, le merisier et le poirier. Une adresse à ne surtout pas manquer, pour garder de son passage à Lourdes ou de son pèlerinage un souvenir à la hauteur de son vécu.

LE BOIS DE LOURDES

Accès libre.

Se balader à pied ou enfourcher son vélo est une agréable façon de découvrir la forêt où Bernadette partait ramasser du bois mort. Le bois de Lourdes offre un large éventail de promenades balisées, de parcours sportifs, d'aires de jeu mais aussi de coins aménagés pour pique-niquer. En plein été, ce lieu est recherché pour trouver un peu de fraicheur à l'ombre de ses grands arbres. En partant des sanctuaires, empruntez la petite route en direction de la vallée de Batsurguère et ne ratez pas le discret embranchement qui vous conduira dans ce cadre paisible.

CHÂTEAU FORT MUSÉE PYRÉNÉEN ★★

25, rue du Fort
✆ 05 62 42 37 37
www.chateaufort-lourdes.fr
Ouvert de 10h à 19h en haute saison ; du mardi au dimanche de 10h à 18h en basse saison. Entrée : 7,50 €.

Dominant fièrement la ville, du haut de ses 144 marches, le château fort est un témoin majeur de l'histoire de la ville. Classé monument historique en 1995, il abrite le musée Pyrénéen. Fondé en 1921 par Louis et Margalide Le Bondidier, il présente la vie quotidienne dans les Pyrénées du XVIIIe au XXe siècle. Une salle sur la faune pyrénéenne permet de découvrir les animaux les plus emblématiques de la région, une autre abrite une magnifique collection de costumes provenant de l'Ariège à l'Aragon, une, plus insolite, de surjougs d'époque. Tour à tour résidence du comte de Bigorre, forteresse médiévale, prison royale et garnison, le château a été maintes fois remanié. Plusieurs éléments architecturaux défensifs témoignent de ce poste militaire de premier ordre comme le pont-levis, la citerne, la porte fortifiée avec sa herse et son assommoir, et le donjon. Son allure actuelle est donnée par trois lignes de défense successives ainsi que par les modifications apportées par Vauban en 1685 et le Génie militaire au XIXe. En suivant le chemin de ronde, vous atteindrez la Pointe du Cavalier Sud, plate-forme d'artillerie, qui offre un magnifique panorama sur la ville, le sanctuaire et les hauts sommets. Enfin, sur la terrasse, les enfants apprécieront le jardin botanique, et les maquettes, représentant l'habitat traditionnel et l'architecture religieuse. Les plus jeunes pourront résoudre des énigmes grâce aux fiches-jeux Randoland qui accompagnent le parcours.

LA FERME DU BON'AIR

Route de la forêt
✆ 06 74 68 09 25
www.lafermedubonair.fr
Ouvert le mercredi et le week-end de 11h à 18h ; tous les jours en été. Fermé de novembre à avril. Entrée : 7 €.

Les moutons à 4 cornes vous attendent à la Ferme du Bon'Air, avec 250 autres petits amis, tous plus craquants qu'insolites en Bigorre. Dans ce parc magnifique qui borde la lisière du Bois de Lourdes, se côtoient zébu nain, chèvres miniatures, vaches, poneys, wallaby, alpagas, paons et cochons d'Inde qui s'ébrouent gaiement dans de vastes enclos qui leur sont dédiés. A l'image de la vingtaine de races différentes de poules qui caquettent, les espèces les plus exotiques ont traversé les frontières de Hongrie et d'Italie pour se retrouver à Lourdes. C'est un vrai spectacle. Peu farouches, les animaux se pressent avec leurs bébés pour partager les caresses : autant dire que les enfants adorent cette ferme, où les naissances sont nombreuses. Les lapins courent en liberté avec un cochon nain de 30 kg et la volière est l'occasion d'admirer les précieux et rares faisans dorés et argentés. Marielle peut vous guider si vous le désirez et vous présenter les stars des animaux de la ferme et de la basse-cour. L'espace présente une aire de pique-nique très originale pour déjeuner au milieu des animaux, une aire de jeux et un circuit de kart à pédales. La Ferme du Bon'Air s'adresse aussi bien aux petits citadins qu'aux grands campagnards, et inversement... Elle est aussi ouverte aux groupes pour des sorties pédagogiques. Ici, le bon air frais des montagnes et le bonheur d'être au plus près des animaux se croisent. Vous pouvez être sûrs que vos chères têtes blondes reviendront des étoiles plein les yeux !

GROTTE DE MASSABIELLE ★★

Route de la Forêt
✆ 05 62 42 78 78
www.lourdes-infotourisme.com
Accès libre 24h/24.

La grotte de Massabielle est l'une des plus célèbres au monde. En effet c'est ici que la Vierge est apparue 18 fois à la jeune bergère Bernadette Soubirous. C'est ici aussi que la Vierge a indiqué la source miraculeuse à la sainte. Surmontée par le rocher de Massabielle, la grotte s'enfonce sur 9,50 mètres. La source se trouve au fond à gauche et elle alimente les bassins et piscines dans lesquels plongent les pèlerins en quête d'un miracle. La grotte aussi appelée Grotte des Apparitions, reçoit pas moins de 6 millions de visiteurs par an.

LA PROCESSION AUX FLAMBEAUX

1, avenue Monseigneur-Théas
www.lourdes-france.org
Tous les jours à 21h d'avril à octobre. Accès libre.

Chaque soir, alors que la nuit enveloppe Lourdes, des milliers de pèlerins se rassemblent dans la ville, marchent et chantent, flambeau à la main. De la grotte des Apparitions à l'esplanade de la basilique Notre-Dame-du-Rosaire, l'atmosphère est joyeuse et l'émotion, palpable. C'est le temps fort des pèlerinages. Que l'on soit participant ou simple spectateur, on est touché et ému par cette procession qui réunit des hommes et femmes des quatre coins du monde, croyants ou non.

Près du Pont Vieux, hôtels au bord du Gave de Pau - Lourdes.

LAC DE LOURDES

Chemin du Lac

Accès libre.

Seul lac glaciaire de basse altitude de la région, il est très agréable pour venir pique-niquer et prendre le soleil. Les 6 kilomètres de rives font la joie des promeneurs, joggeurs et cyclistes. Le tour du lac présente une superbe balade bucolique, accessible aux enfants. Les pêcheurs profitent de nombreuses espèces de poissons (perches, sandres, carpes, tanches, brochets, black-bass). En saison estivale, des activités nautiques telles que kayak, paddle, et bateau à pédales sont proposées ainsi que Lourdes Plage, un bassin flottant, sécurisé avec surveillance.

MAISON DU RISQUE SISMIQUE

59, avenue Francis-Lagardère

✆ 05 62 34 25 83

www.c-prim.org/la-maison-sismique/

Ouvert du mardi au vendredi (et 1er et 3ème samedi du mois), 9h30-12h30 et 14h-18h. Entrée gratuite. Visite guidée 5 €.

Savez-vous que la région de Lourdes est l'une des plus sismiques du pays ? Pour comprendre les tremblements de terre, vous pourrez ici utiliser plusieurs maquettes interactives illustrant les effets des séismes sur les bâtiments, observer des sismomètres et leurs enregistrements en direct, mais aussi ressentir un séisme sur un simulateur, avec des lunettes de réalité virtuelle. À l'extérieur, une exposition grandeur nature illustre les principes de construction parasismique.

MUSÉE DE CIRE ★

87, rue de la Grotte

✆ 05 62 94 33 74

www.musee-de-cire-lourdes.com

Ouvert lundi à dimanche de 9h30 à 11h45 et de 13h45 à 18h30 (mercredi et dimanche ouverture 10h). Entrée : 8,50 €.

Ce musée populaire permet de suivre les pas de Jésus et de la petite bergère de Bartrès, représentés en statues de cire d'abeille. La quasi totalité de la vie de Jésus, est née dans les ateliers du musée Grévin au XIXe siècle. Tous ces sujets en cire ont été créés pour l'Exposition Universelle de Paris en 1900. Depuis 2012, on y découvre la famille Soubirous au Cachot, ancienne prison où la famille de Bernadette séjourna. Et depuis l'année dernière, un policier de cette époque. C'est en quittant sa cellule que Bernadette se rend à la Grotte, lieu des apparitions.

MUSEE CHRISTHI

24, rue de la Grotte

✆ 05 62 42 25 65

Ouvert du lundi au samedi de 14h à 18h30. Fermé dimanche. Entrée : 4 €, gratuit pour les enfants - 12 ans.

Le Musée Christhi est un musée populaire avec pour thèmes principaux, l'imprimerie et l'instruction par l'image. Il revient sur l'évolution de la lithographie, de la calligraphie et de l'imagerie ancienne. Ici, l'on découvre des gravures sur bois, sur cuivre ou sur métal, et en creux ou en relief. Toutes les techniques des différentes impressions sont expliquées. Au premier étage, l'imagerie religieuse est à l'honneur, avec un catéchisme en 66 chromolithographies. Au second étage c'est l'imagerie populaire et profane qui est mise en avant. Vous y découvrez l'imagerie ancienne en dentelles, l'imagerie mortuaire, la photogravure avec des jeux, des cubes, des lotos et des chromos publicitaires. Cette partie est très didactique et convient tout à fait aux enfants, avec la reproduction d'une salle de classe d'avant 1920, ses cartes et ses mappes mondes magnifiques. Les parents y auront des souvenirs ! Vous pouvez aussi observer le matériel calligraphique d'époque : crayons, plumes, porte-plume, buvards. Pour prolonger la visite, un petit tour dans la boutique qui propose de la vaisselle - le musée détient son propre atelier de décors sur porcelaine -, des arts de la table, des tissus au mètre avec des impressions traditionnelles, des objets de calligraphie neufs ou chinés par le propriétaire. Un lieu de culture très intéressant et à moindre coût, qui convient parfaitement aux sorties familiales. L'accueil y est fort chaleureux et le propriétaire ne manquera pas de vous donner des conseils sur la région. A ne pas manquer !

MUSEE DU PETIT LOURDES

68, avenue Peyramale

✆ 05 62 94 24 36

www.musees-lourdes.com

Ouvert des Rameaux à fin octobre de 9h à 18h30. Entrée : 7,50 €

Depuis 1954, le musée du Petit Lourdes vous plonge dans les prémices de la cité mariale à travers une visite originale. Œuvre d'un artiste minutieux et passionné qui a consacré 25 ans de sa vie à cet ouvrage, le musée vous transporte en 1858, au cœur d'un Lourdes miniature entièrement reconstitué. Reproduit à partir de documents historiques, le vieux Lourdes s'étend sous vos yeux : les maisons en véritable maçonnerie, les moulins, les cours d'eau... Même les monuments d'époque et l'arrivée en gare du premier train à vapeur sont reproduit.

LE PIC DU JER ET SON FUNICULAIRE ★★

59, avenue Francis Lagardère
✆ 05 62 94 00 41
www.picdujer.com
Ouvert de 10h à 18h, de fin mars à début novembre (19h en été). Tarif : 12,50 € A/R.

La nuit, sa croix illuminée vous a peut-être interpellé au loin. À 1 000 m d'altitude, elle surplombe la ville et c'est souvent grâce à elle que l'on distingue le Pic du Jer. Depuis 1900, le funiculaire permet de le gravir, en toute sécurité. C'est un petit voyage dont le charme n'a pas d'égal. Avant de prendre place dans la cabine, regardez le sommet qui vous domine de sa splendeur. En quelques minutes vous serez tout en haut. Vous traversez deux tunnels. Quel que soit l'endroit où vous posez vos yeux, le spectacle est magnifique. Bientôt la terre se fait toute petite et le ciel plus près, après quelques secousses d'arrêt, vous descendez, prêt à savourer le plus beau panorama de Lourdes. En haut le conducteur se fera un plaisir de répondre à vos questions. La cité mariale s'étend à vos pieds, le Sanctuaire se distingue et lorsque le temps est sans nuages, Tarbes se profile au loin. La chaîne des Pyrénées s'étend avec une vue à 360° et le site est à couper le souffle. Un guide vous permet de visiter la grotte (40 min) bien fraîche. Un sentier botanique ponctue le chemin. Grâce aux fiches Randoland, l'heure est aussi aux jeux ! L'air est d'une pureté inouïe et les plus sportifs le savent bien : les pistes de VTT du Pic du Jer, mondialement réputées, sont ouvertes, dont une noire très technique exclusivement réservée aux initiés. C'est d'ailleurs ici-même que durant trois années consécutives une manche de la Coupe du monde de VTT a eu lieu. Sur place restaurant et buvette.

LA VOIE VERTE DES GAVES ★

✆ 05 62 97 00 25
www.pyrenees-cyclo.com/velo-de-route
Accès libre.

Située au pied des sommets et des grands cols, cette ancienne voie de chemin de fer, réhabilitée en piste cyclable, est royale pour découvrir la vallée d'Argelès-Gazost, de Lourdes à Pierrefitte-Nestalas sur 17 km. Longeant le gave de Pau, l'itinéraire facile, 100 % nature et labellisé « Tourisme & Handicap », est idéal pour la famille, les sportifs, vélos, rollers et piétons. Les nouveautés sont le parcours artistique avec quatre sites de *street art* et le parcours découverte : voyage en train avec Victor Hugo ou George Sand sur l'appli « Patrimoine en balade ».

SANCTUAIRE NOTRE-DAME-DE-LOURDES ★★★

1, avenue Monseigneur-Théas
✆ 05 62 42 78 78
www.lourdes-france.org
Accès libre. Tenue décente demandée. Procession aux flambeaux tous les soirs pendant la saison.

Ce site est véritablement unique. Ce n'est pas un lieu de retraite à proprement parler, mais plutôt un lieu de pèlerinage. Espace de foi, de mission et de rassemblement international. Ici, on appelle Sanctuaires, les espaces spirituels et cultuels de la ville : les Sanctuaires Notre-Dame de Lourdes. Ce territoire privé de 52 ha environne la grotte de Massabielle où la Vierge serait apparue en 1858 et par 18 fois, à Bernadette Soubirous. Enserrés dans une boucle du tumultueux Gave, au pied de la ville haute et de son château, les Sanctuaires sont ouverts tous les jours de l'année, 24h/24, même si la saison des pèlerinages de groupe se concentre d'avril à octobre. Lourdes est ambiance. Les boutiques, alignées à l'orée des Sanctuaires, débordent jusque sur les trottoirs de médailles à quelques centimes d'euros, de statuettes de la Vierge, de chapelets, de porte-clefs, de jolies petites bouteilles à remplir d'eau bénite... Convergeant vers les portes des Sanctuaires, vous observez ou vous mêlez au défilé des groupes, derrière leurs bannières de pèlerinage, et au défilé des hospitaliers bénévoles, avec leur uniforme à coiffe et couleur - du moins pour les femmes - poussant les malades dans ces voiturettes bleues typiques de Lourdes. Vous retiendrez le côté bon enfant et cosmopolite, comme une parenthèse atypique à l'heure de l'uniformisation. On sait que Lourdes, avec près de 200 hôtels et 33 000 lits, est la seconde ville hôtelière de France.

OFFICE DE TOURISME DE LOURDES

Place du Champ Commun
✆ 05 62 42 77 40
www.lourdes-infotourisme.com
Du lundi au samedi de 09h à 12h30 et de 14h à 18h. Tous les jours d'avril à octobre.

L'Office de tourisme et son architecture, magnifiée par le verre, vous accueillent toute l'année, au centre de la cité mariale. Une équipe vous conseille et vous guide dans la multitude d'offres d'hébergements, de restaurants, de musées, d'animations et de sites culturels et historiques de Lourdes. Si la Grotte du Sanctuaire est la plus connue, n'hésitez pas à solliciter cette dynamique équipe pour vous aiguiller dans des propositions plus insolites et originales.

LE PETIT TRAIN - LOURDES PASS

66, avenue Peyramale ✆ 06 81 86 72 68
www.lourdespass.fr
Circule des Rameaux (début avril) à fin octobre de 9h30 à 11h30 et de 13h30 à 18h10. Tarif : 8,50 €.

Circuler à Lourdes durant la saison des pèlerinages n'est pas chose aisée. Le Petit Train permet d'y remédier. Il sillonne la ville en effectuant un circuit de 7,5 kilomètres à travers les vieux quartiers, la ville haute et ses monuments. Son succès est tel qu'il existe désormais un ticket regroupant le train, le musée de Cire et le Petit Lourdes. Ce pass vous permet de rejoindre votre site en petit train. Vous serez accompagné par des commentaires très intéressants pendant la visite.

LA SAINTE FAMILLE €

11, rue Notre Dame
✆ 06 10 38 46 26
Compter 53 € pour une chambre double, petit déjeuner compris. Fermé de mi-décembre à mars (sauf vacances février).

Anciennement aumônière des hôpitaux, Myriam tout en disponibilité et gentillesse destine son hébergement aux touristes aussi bien qu'aux pèlerins. Les visiteurs empreints de spiritualité trouveront chez elle, le havre de paix qui leur sied. La maison, qui propose 4 chambres à petit prix et un joli jardin, accueille volontiers les personnes en retraite spirituelle, jusqu'à mettre un oratoire à leur disposition. À l'écoute, Myriam sait aussi se rendre disponible pour faire découvrir les sanctuaires à ses hôtes. L'adresse idéale pour découvrir Lourdes en douceur.

L'ARRAYADE** €€

18, impasse de l'Arrémissant - **GER**
✆ 05 62 94 17 73
www.arrayade.com
Compter 18 à 20 € pour 2 en camping ; de 280 € à 550 € la semaine pour un chalet. Locatifs ouverts toute l'année.

Ce camping est bordé par le gave de Pau. « La Voie Verte » offre un cadre idéal pour les amateurs de pêche et les sportifs. Les chalets avec terrasse et jardin privatif, sont tous indépendants, de plain pied, avec aménagements coquets et équipés tout confort. Les 16 grands emplacements de camping sont bien délimités par des haies et on aime les équipements dont ils disposent : sauna, bain bouillonnant mais aussi salle de fitness. La table d'hôtes proposée le soir puise dans la vingtaine de menus que Pierrette maîtrise parfaitement.

GRAND HÔTEL D'ANGLETERRE*** €€

4, rue Saint-Joseph ✆ 05 62 94 00 15
www.angleterrehotel.fr
Compter 90 € pour une chambre double, petit déjeuner inclus. Fermé de novembre à mars (sauf vacances scolaires).

Le Grand Hôtel d'Angleterre, c'est la subtile alliance du charme de style ancien et du confort moderne. Les propriétaires ont su conserver le cachet de ce bâtiment du XIXe. L'hôtel est dans la même famille depuis 3 générations, et vous apprécierez l'accueil chaleureux de Sylvie et Patrick. Les 56 chambres sont parfaitement équipées. Les salles à manger climatisées vous attendent pour savourer une cuisine traditionnelle (possibilité de demi-pension ou pension complète).

CAMPING LA BERGERIE

79, rue des Chênes - Lanne
✆ 05 62 45 40 05
www.camping-la-bergerie.com
Compter entre 21,50 € et 25,50 € pour 2 en emplacement en été. De 300 € à 710 € la semaine en bungalow selon la saison.

A mi-chemin entre Tarbes et Lourdes, ce camping est un bel îlot de dépaysement. Le village de Lanne est petit mais plein de charme : c'est là que les palmiers de La Bergerie ont élu domicile. Idéal pour les familles, il vous propose des emplacements vastes mais aussi un parc locatif de mobil-home et de bungalows toilés. Des animations sportives et culturelles rythment la saison estivale et les attractions sur place sont nombreuses : terrain multi-sports, piscine… Possibilité de restauration sur place. Une épicerie de dépannage complètent aussi l'offre.

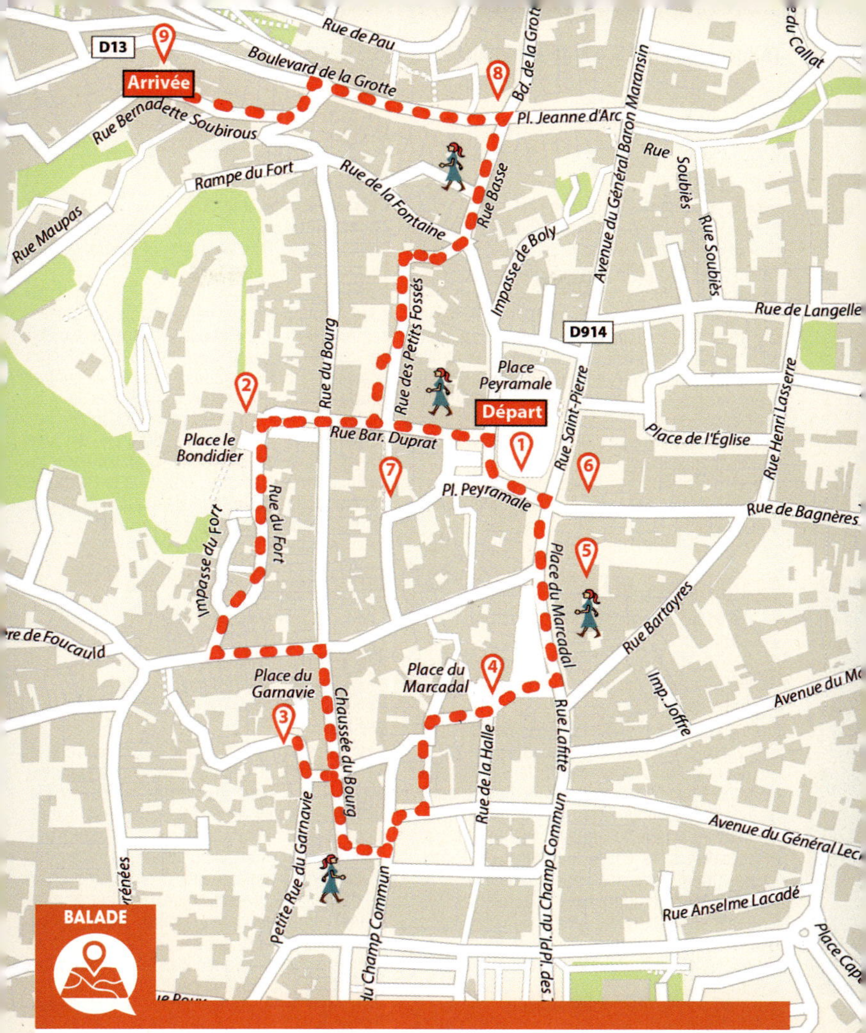

BALADE

LOURDES AVANT 1858

Le circuit part de la **place Peyramale (1)** où des fouilles ont révélé la présence d'une ville romaine. Partez à l'assaut des 144 marches du **château fort (2)** pour profiter du point de vue et découvrir le **musée des Pyrénées**. Depuis le parking du Château, empruntez la rue du Fort puis la rue de la Grotte sur votre droite. Prenez les escaliers qui vous mènent à la rue de Gavarnie et **à la tour du XIIIe siècle (3)**. Continuez tout droit et au bout de la rue du Foirail, prenez à gauche la **rue des Espenettes (4)**. Les portails des maisons témoignent d'une époque où le cheval occupait une place d'importance. Des escaliers descendent vers la **place du Marcadal (5)** où se tenait un marché. Fontaines et façades élégantes racontent l'histoire des notables de la ville, comme l'étonnante tour d'observation construite au **n°11 rue Saint-Pierre (6)**. Empruntez la rue de la Grotte sur votre gauche, puis à droite sur la rue des Petits Fossés. Au n°12 se trouve le **cachot (7)** où fut emprisonnée Bernadette Soubirous. Continuez tout droit. L'entrée nord de la ville se tenait au carrefour de la rue Basse et du boulevard de la Grotte. Remontez le boulevard jusqu'à la **rue Bernadette Soubirous (8)**. Au n°13, le **moulin de Boly (9)** a vu naître la jeune bergère. Aménagé en musée, cartes, documents et photographies reconstituent la vie de l'époque.

HÔTEL ACROPOLIS*** €€

5, boulevard de la Grotte
✆ 05 62 94 23 18
www.hotel-acropolis-lourdes.com
Compter de 49 € à 69 € pour une chambre double. Petit déjeuner 11 €. Fermeture annuelle à Noël.

Ce charmant hôtel de 3 étages ne manque pas de caractère. Un de ses principaux atouts est sans conteste sa situation idéale. A 250 m de la gare et 400 m des Sanctuaires, il est parfait pour un séjour au calme, à l'écart de la foule, mais proche des hauts lieux touristiques. L'hôtel a été entièrement réaménagé par Régis et ce sont désormais des chambres coquettes aux tons ardoise qui vous accueillent. On aime la terrasse verdoyante qui permet de se ressourcer auprès de la fontaine. Le petit déjeuner maison est servi à table par Lydie dans la grande salle-à-manger.

GRAND HÔTEL BELFRY**** €€€

66, rue de la Grotte ✆ 05 62 94 58 87
www.belfry.fr
Compter de 291 € à 524 € pour une chambre double, selon la catégorie et la saison, petit déjeuner et spa inclus.

Situé au pied du château cet écrin de luxe offre une vue enchanteresse sur la basilique, et les montagnes. Vous apprécierez le raffinement du style Napoléon III magnifiquement modernisé dans les suites et les chambres aux tons virginaux. La famille Leguide assure l'accueil et actualise sans cesse le confort de l'hôtel. Le spa mérite une mention spéciale avec la piscine encadrée de miroirs et les bains bouillonnants sur la terrasse, face aux Pyrénées. La restauration est assurée par l'ancien chef du Fouquet's, M.Raymond Nördin, qui enchantera vos papilles !

GRAND HÔTEL MODERNE**** €€€

21, avenue Bernadette-Soubirous
✆ 05 62 94 12 32 - www.grandhotelmoderne.com
Compter de 140 € à 190 € pour une chambre double. Petit déjeuner : 15 €.

Le Grand Hôtel Moderne était moderne lors de son ouverture en 1896. Il présente aujourd'hui un charme Belle Époque parfaitement conservé dans les parties communes. Colonnes en marbre, plafond en bois à caissons, parquet lambrissé rivalisent de lustre et de brillance. La patte ancienne est conservée dans les chambres avec des bergères, des soieries et des draperies d'une autre époque, le tout formant un ensemble fort élégant. Les chambres sont vastes et les salles de bain sont équipées de baignoires. Cet hôtel est aussi le plus proche du Sanctuaire.

HÔTEL ELISEO**** €€€

4, rue Reine Astrid
✆ 05 62 41 41 41
www.hoteleliseolourdes.fr
Compter de 94 à 170 € pour une chambre double, selon la saison. Petit déjeuner : 14 €. Fermé de mi-novembre à fin mars.

Inauguré en 2002, l'Eliseo affiche un style contemporain dès son hall d'entrée. Les parties communes sont lumineuses, claires, et le mobilier coloré s'accorde avec goût aux matières nobles des sols. Avec 204 chambres, au confort garanti avec ses 4 étoiles, il ne déçoit pas. Toutes sont insonorisées, vastes, chaleureuses et parfaitement équipées. Certaines ont une vue splendide qui s'étend du château médiéval au Sanctuaire. Au dernier étage, un toit-terrasse panoramique vous attend ainsi que le solarium. Le restaurant traditionnel complète l'offre.

HÔTEL PANORAMA**** €€€

11-13, rue Sainte-Marie
✆ 05 62 94 33 04
www.hotelpanoramalourdes.com
Compter de 89 € à 169 € pour une chambre double, selon la catégorie et la saison. Petit déjeuner : 15 €.

C'est l'hôtel 4 étoiles, le plus proche de l'entrée du Sanctuaire et ses grands balcons assurent une vue privilégiée sur le site de pèlerinage. Cette situation idéale est loin d'être le seul atout de ce magnifique établissement, à l'esprit très contemporain. Son ameublement design vous accueille dans l'entrée, avec des sièges dans un jeu de couleurs vives. La modernité est de mise et les teintes tendance (taupe, blanc, grège, rehaussés de vert émeraude, bleu canard et rouge sang) se retrouvent dans les chambres confortables et bien équipées.

L'AMI TOULOUSAIN €

18, rue de la Ribère
✆ 05 62 33 17 09
www.lamitoulousain.com
Ouvert du lundi au samedi midi et soir et dimanche midi. Menu unique à 13,90 €.

L'Ami Toulousain, c'est Frédéric, le patron, qui vous accueille très chaleureusement. Ici l'ambiance est bon enfant, les différentes tables parlent entre elles, l'ambiance est détendue. Le chef propose un menu unique, autour de la garbure, cette spécialité régionale. Pas de choix donc, mais un plat généreux et un petit prix au menu. Les desserts maison sont aussi appréciés. Côté décor, vous ne serez pas déçu, les tables en Formica marron et les soupières et assiettes à fleurs rappellent la maison et la vaisselle de la grand-mère. Une adresse atypique.

AUX ARMES DE BELGIQUE €

22-24, boulevard de la Grotte
✆ 05 62 42 03 70

Ouvert tous les jours de 11h à 23h d'avril à novembre ; le week-end de 11h à 14h en basse saison. Compter 20 €.

Difficile de résister à cet établissement situé en plein quartier historique, à deux pas des Sanctuaires. Il marie une décoration étonnante à une carte de qualité. Les produits frais en provenance du marché inspirent des suggestions du jour alléchantes : saucisse de Toulouse, agneau grillé, caille, brochette de magret, poulet fermier, truite des Pyrénées, porc noir de Bigorre... N'hésitez pas à accompagner votre repas avec la cuvée spéciale du Cap à Cap, un vin familial, que vous ne trouverez nulle part ailleurs et dont la gamme supérieure a été primée.

L'ALEXANDRA BY LE BON SENS €€

3, rue du fort
✆ 09 54 30 26 91

Ouvert du mercredi au dimanche de 12h à 14h30 et de 19h à 23h. Compter 26 € pour un repas.

Le restaurant L'Alexandra a été repris voici quelques mois par Marie-Line et Florian qui tiennent aussi la brasserie Le Passage en haut de la rue de la Grotte. Cette nouvelle adresse est une très belle surprise. L'équipe est accueillante et très efficace. Les assiettes sont excellemment présentées, délicates et colorées. La cuisine, fine et inventive, revisite les classiques en les sublimant, avec des produits d'excellence, frais et locaux. Une perle ! Vous y reviendrez assurément.

LE PASSAGE €

7, rue de la grotte
✆ 09 54 10 56 63

Ouvert du mardi au jeudi de 10h30 à minuit et vendredi, samedi de 10h30 à 2h.

Le Passage est le bar-restaurant prisé par la jeunesse de Lourdes. L'accueil est chaleureux, la cuisine simple et efficace, un menu du jour, bon marché, avec des recettes classiques mais bien réalisées, et une belle présentation. Dégustez par exemple le filet de mahi mahi (daurade), sauce napolitaine et potatoes ; ou l'émincé de veau, purée de petits pois. La carte des burgers, tapas et tartes flambées est aussi bien réalisée. Le soir, laissez-vous tenter par la carte des superbes cocktails, et le week-end par les concerts et DJ en soirées variées.

LE BELFRY €€

66, rue de la Grotte
✆ 05 62 94 58 87

Ouvert du mardi au samedi midi et soir. Compter 60 € pour un repas.

Ce restaurant gastronomique vaut le détour. Le chef Romain Fabry et son équipe proposent une cuisine raffinée, avec des produits frais et locaux, issus de circuits courts. La carte change régulièrement pour suivre les saisons. On peut y déguster par exemple les champignons des bois en persillade, espuma d'oignons doux ; la tourte de bœuf, foie gras, jus corsé ; ou encore l'agneau confit, compression de pomme de terre, harissa douce. Côté dessert, laissez-vous tenter par la tartelette caramel beurre salé, le diplomate ou par la profiterole du Belfry, la spécialité.

LES 100 CULOTTES €€

20, place du Champ-Commun
✆ 05 67 45 53 56
www.les100culottes.com

Ouvert du lundi au samedi de 8h à 2h. Compter 25 € pour un repas.

Ce bar à tapas et brasserie, est moderne et atypique. L'équipe qui vous accueille est dynamique. Le cadre combine ferronnerie, pierres et bois pour une offrir une ambiance originale. Côté carte, une cuisine inspirée et variée mène la danse : pavé de saumon sauce vierge avec petits légumes, burgers, escalope milanaise, souris d'agneau...avec une présentation contemporaine et étudiée. Versant tapas, même réussite : tartines avocat et truite des Pyrénées, chipirons à la plancha et chorizo grillé... Une adresse simple et efficace.

LE COMPTOIR €€

10, place Marcadal
✆ 05 62 94 28 88
www.lecomptoirlourdes.fr

Ouvert du mardi au dimanche de 7h à minuit. Compter 30 € pour un repas.

Linda vous accueille dans sa brasserie rénovée et agrandie récemment. Après avoir géré sur la même place des boutiques de prêt-à-porter haut de gamme, pendant des années, ses clients l'ont suivie dans son restaurant. Clientèle d'habitués donc, mais aussi touristes, pèlerins, tout le monde se croise au Comptoir. La carte est classique : salades, viandes, poke bowls, burgers, mais la cuisine est généreuse et très bien réalisée. Suggestions du jour pour compléter, et une belle carte des vins de la région. Une adresse à retenir, entre le centre-ville et le sanctuaire.

L'OCCITAN €€

25, rue Basse
✆ 05 62 94 52 53
Ouvert du lundi au samedi midi et soir et le dimanche midi. Compter 15 € pour un repas.

Ramesh tient cette petite brasserie traditionnelle qui compte sa clientèle d'habitués. Il perpétue la tradition des bons petits plats ménagers comme le faux-filet frites, filet mignon de porc purée, le tiramisu ou la poire rôtie. Il encanaille sa carte de propositions légères et créatives comme les tartines au fromage frais, radis, salade et œufs de saumon, de généreux burgers aux légumes croquants et des plats de cuisine fusion (française et asiatique). Tout est préparé maison et le menu varie au gré des saisons et du marché. A ne pas manquer !

LUNG TA €€

8, rue des 4 Frères Soulas
✆ 05 62 92 80 45
www.restaurantlungta.fr
Ouvert du lundi au dimanche midi et soir, sauf mardi et mercredi midi. Compter 20 € pour un repas.

Au Tibet, les lung ta sont des drapeaux de prières qui s'envolent au gré du vent. Jamyang vient du toit du monde et il en a rapporté toutes les saveurs. Peu connue, la cuisine tibétaine est une vraie surprise qui risque de vous lier à vie à ses petits plats délicats. Nous vous conseillons les soupes traditionnelles, les momos (chaussons fourrés à la viande, au fromage ou aux légumes), la then thuk aux pâtes fraîches et la tsam than à la farine d'orge grillée. Le tapioca au lait de coco, maïs et banane est un churru kharpo à tomber. Vous succomberez…

PIZZERIA DA MARCO €€

47, rue de la Grotte
✆ 05 62 94 03 59
www.damarco.fr
Ouvert du mardi au samedi de 12h à 14h et de 19h à 22h. Compter 30 € un repas.

La pizzeria Da Marco jouit d'une solide réputation pour la qualité de ses pizzas depuis 1979. Le restaurant avec son cadre convivial et cosy ne désemplit pas. Il faut dire que tout est bon. Le plus difficile est de choisir. Regardez faire le pizzaïolo et vous comprendrez. La qualité des produits est aussi au rendez-vous. La spéciale de la maison : tomate, mozza, poivrons, oignons, jambon blanc de Chez Sajous, chorizo de Chez Pardon, œuf, origan, huile d'olive. Parmi les blanches, on craque pour la Pyrénéenne avec la truite fumée des Pyrénées. Une adresse sûre !

CONFISERIE DES GAVES

14, avenue Maréchal-Foch
✆ 05 62 94 41 94
www.confiseriedesgaves.fr
Ouvert du lundi au vendredi de 8h à 18h en haute saison. Téléphoner avant de venir en basse saison.

Au fond de la petite impasse qui fait face à la mairie, vous pouvez visiter cette fabrique de confiseries. Alain Bourdet pratique la cuisson à l'ancienne dans des chaudrons en cuivre. Les effluves qui se dégagent du site éveillent la gourmandise. Les bonbons ont un enrobage au chocolat, aux amandes ou aux noisettes, d'autres puisent dans la nature avec des arômes à la violette, à la rose, à la myrtille ou au coquelicot. Le résultat fond sur la langue ou croque sous la dent, comme le Cailloux de Lourdes, la spécialité de la maison.

LA CURE GOURMANDE

28, avenue Bernadette-Soubirous
✆ 05 62 45 68 81
www.curegourmande.fr
Ouvert tous les jours de 10h à 19h30 des Rameaux à octobre ; du vendredi au lundi de 14h à 18h hors saison.

Ce magasin aux couleurs vives aux abords du Sanctuaire est un véritable régal pour les yeux. Les rayonnages débordent de bonbons, de gâteaux, de biscuits. La spécialité est le biscuit sablé et fourré fabriqué de façon traditionnelle en le relevant de pépites de chocolat, de fruits, ou de caramel. Les navettes simplement aromatisées de fleur d'oranger sont irrésistibles, mais elles sont concurrencées de près par les nougats et les caramels, en papillotes ou en carrés. Guimauves, amandes caramélisées, pâtes à tartiner bio et meringues complètent la gamme.

CHOCOLATS PAILHASSON

6, place Peyramale
✆ 05 62 42 01 31
www.chocolat-pailhasson.com
Ouvert du lundi au samedi de 10h30 à 12h30 et de 14h à 19h.

Cette chocolaterie est la plus ancienne de France. En 1729, l'apothicaire Pailhasson fait venir des fèves de cacao de Bayonne et fonde sa chocolaterie. Avec l'avènement du thermalisme au XIXe siècle, la chocolaterie connaît un franc succès et les bonbons de chocolat régalent Napoléon III et sa cour, l'impératrice Eugénie et le pape Léon XIII. Dans ce salon de thé, vous dégustez de nombreuses spécialités telles que les cœurs des Pyrénées, les crottes d'isard ou bien les cailloux aux amandes. Les puristes accompagnent ces gourmandises d'un bon chocolat chaud.

ET ? SINON

22, avenue Maransin
✆ 05 62 94 10 09
Ouvert le lundi de 15h à 19h et du mardi au samedi de 9h30 à 12h30 et de 14h à 19h.

Martine, alias MCV, vous propose un large éventail d'articles de maroquineries allant des ceintures aux sacs en passant par les chapeaux, les bijoux fantaisie et les parapluies. Sa comparse, Pascale, est spécialisée dans l'habillement et met en avant des marques prestigieuses comme Max Mara, Twinset, Kocca ou Liu Jo. Et ? Sinon, ce sont aussi des objets cadeaux pour les enfants et la maison, et de curieux objets en lévitation à découvrir. Vous trouverez sûrement votre bonheur, et des idées cadeaux originales. Lourdes possède désormais son concept store.

PALAIS DU ROSAIRE

64, boulevard de la Grotte
✆ 05 62 94 21 01
www.palaisdurosaire.com
Ouvert tous les jours de 10h à 19h. Fermeture annuelle en janvier.

Dans la multitude d'enseignes dédiées au pèlerinage, à Bernadette Soubirous et à la Vierge, le Palais du Rosaire fait office de référence, tant par la qualité des produits proposés que par le choix. Deux magasins vous attendent, dont un situé face à l'entrée du Sanctuaire. Depuis 1914, il assure la vente de souvenirs religieux : statues à l'effigie de la Vierge Marie ou de Bernadette de Soubirous, cierges, bougies, chapelets, bijoux, bouteilles et bidons à remplir avec l'eau de la grotte... Mais l'on y dégote aussi de nombreux articles sur le thème de la montagne.

LES HALLES

Place du Champ Commun
Ouvert tous les jours de 6h à 14h des Rameaux au 15 octobre et du lundi au samedi de 6h30 à 14h en basse saison.

Cette halle Baltard a retrouvé sa splendeur grâce à sa rénovation. Elle accueille des commerces de bouche qui assurent une atmosphère colorée et vivante en toute saison. Vous trouverez ici les meilleurs producteurs de la région. Ils se retrouvent sur les étals des maraîchers, des bouchers et charcutiers, des fromageries, du poissonnier, du rôtisseur... La brûlerie vous permet de prendre un petit café entre deux achats. Vous pouvez vous y installer après avoir acheté une tarte salée chez le traiteur ou un gâteau chez le pâtissier.

TARA SHOP

6, avenue Peyramale
✆ 06 11 56 20 40
Ouvert du lundi au dimanche de 9h à 23h

Un air british flotte sur l'avenue Peyramale. Le Tara Shop recèle beaucoup de petits trésors qui vous feront craquer. L'éventail des produits est très large et l'on resterait des heures à farfouiller ! Avec des chapeaux, des écharpes, du lainage des Pyrénées, des bérets, mais aussi des confiseries (pastilles à l'eau de Lourdes, cailloux du gave) et bien évidemment des souvenirs sous toutes leurs formes, les étals sont fastes. Votre hôte, vous accueillera de la plus agréable des manières et vous proposera bijoux, médailles, cierges, bénitiers, cartes postales...

MARCHÉ DE LOURDES

Place du Champ Commun
Marché tous les jours de 6h à 13h30 en haute saison, le jeudi et le samedi matin en basse saison.

En plus du marché permanent de la Halle, le grand parking est investi par les producteurs régionaux le jeudi et le samedi matin. Le jeudi est considéré comme le jour du grand marché, et les producteurs et camelots sont nombreux, assurant une ambiance animée et colorée. Les pains bio, légumes créoles, blettes, miels de montagne côtoient les bijoux, les sacs, les vêtements et la lingerie fine. Flâner sur le marché, c'est partir à la découverte des nombreuses spécialités locales comme la tourte aux myrtilles ou le gâteau à la broche.

L'UNIVERS DES CRÉATEURS ET L'ATELIER DE LILY

5, rue de la grotte
✆ 06 21 65 53 23
Ouvert le lundi de 14h30 à 19h ; du mardi au samedi de 9h30 à 12h et de 14h30 à 19h.

Cette adresse originale réunit deux enseignes. L'Univers des Créateurs, dédié aux produits artisanaux «made in Pyrénées». Pierre-André représente ainsi 14 artisans et artistes qui exposent ici peinture, musique, bijoux et détournements d'objets pour la décoration. L'Atelier de Lily, propose des retouches et de la réparation de vêtements. Lily vend et répare les machines à coudre. Vous pourrez aussi acheter des sacs et tabliers : toutes des pièces uniques, de la mercerie et de la laine.

COMPLEXE AQUATIQUE

19, Avenue Alexandre-Marqui
✆ 05 62 94 10 63
www.agglo-tlp.fr
Horaires variables à consulter en ligne. Entrée : 5,80 €. Réduction : 4 € pour les habitants de l'agglomération TLP.

Le Complexe aquatique a ouvert ses portes en 2015, avec un bassin de 25 mètres couvert, un bassin d'apprentissage, un bain bouillonnant, deux saunas et une zone de relaxation avec douches minérales et massantes. Le complexe est très complet et agréable. Aux beaux jours, les baigneurs prennent place sur le solarium ou dans le bassin extérieur qui est complété par un couloir de nage à contre-courant. De nombreuses activités aqualudiques sont aussi proposées. Une belle sortie familiale ou de quoi garder la forme pour les sportifs.

LOURDES PYRÉNÉES GOLF CLUB

Chemin du Lac ✆ 06 20 58 61 09
www.lpgc.fr
Ouvert de 8h à 18h en haute saison, de 9h à 17h30 en basse saison. 18-trous : 52 € (42 € en basse saison)

Inauguré en 1998, le golf est implanté sur un site vallonné entouré d'une forêt de sapins. Le parcours de 18 trous est d'une longueur de 5 600 m, plutôt sportif mais accessible à tous niveaux. Il faut compter 4 heures pour le réaliser. Sur le site de nombreux services sont mis à disposition : putting green, practice, location de chariots et voiturettes. Vous pouvez prendre des cours particuliers ponctuels et une initiation gratuite est prévue tous les 1er samedis du mois.

MADIRAN

Madiran vous accueille dans son paysage vallonné parcouru de vignes à perte de vue. Le village a offert son nom à l'une des appellations les plus intéressantes des Pyrénées. Tout ici rappelle le fameux nectar. Les domaines se succèdent et se visitent et les dégustations rythment les balades. Bordé de forêts de châtaigniers, le village est marqué par la période médiévale qui lui confère charme et caractère. Il est fier de son monastère, son prieuré classé, sa halle en bois et ses origines, qui remontent aux Romains. Vous profitez aussi de la belle église Sainte-Marie et de l'authentique lavoir. Madiran célèbre son vin chaque année, les 14 et 15 août.

EGLISE SAINT MARIE

rue de l'église
Ouverte tous les jours.

L'église Sainte-Marie du XIe siècle est une église catholique, typique de l'époque romane. La nef sans bas-côtés et les petites fenêtres sont des caractéristiques des églises gasconnes. Classée monument historique, elle est la seule église du département à posséder une crypte souterraine. On y trouve deux chapiteaux ornés. Le bénitier est une pièce unique avec son corbeau tenant dans son bec un pain, qui représente la parole de Dieu ordonnant aux oiseaux de nourrir les saints. En face de la maison des vins, vous ne pouvez la louper !

OEUIL DE BOUC €€

8, chemin de l'oeuil de bouc
✆ 06 33 03 29 44
Chambre double de 70 à 75 €. Petit déjeuner inclus. Animaux acceptés. Table d'hôtes sur réservation : 18 €.

Si vous voulez vous reposer dans un cadre calme, en lisière du village, prendre le soleil dans un jardin fleuri et vous baigner dans la piscine, alors cette chambre d'hôtes, située à côté de l'église du XIe siècle, est faite pour vous. Bob et Irma vous accueillent avec convivialité. La chambre est confortable et l'on vit avec les hôtes, qui partagent leurs espaces de vie. Le petit déjeuner copieux est fait de produits maison et la table d'hôtes offre un beau panorama de la région. Situé non loin de Marciac et de son festival, et de nombreux domaines vignobles.

LE PRIELLE €€

2, chemin de Prielle
✆ 05 62 31 78 39
www.leprielle.com
Compter de 450 € à 1 800 € pour un gîte de 4 à 8 personnes, selon la saison et 300 € pour un week-end.

Ce magnifique domaine est un site d'exception. Il propose 6 gîtes, lovés dans les anciennes granges et chai. A l'image des lieux, tous sont vastes et s'offrent le luxe de posséder leur jardin privatif. Joliment meublés dans un mélange de pièces traditionnelles et contemporaines, les logements jouent du bois pour magnifier la couleur. La piscine extérieure surplombe les vallons et offre un panorama superbe à savourer entre deux brassées au grand air. L'été, le Prielle est un îlot de bonheur ensoleillé, et l'hiver, les poêles à bois prennent le relais.

L'ADOURABLE AUBERGE €€

RD935 - SOUBLECAUSE

✆ 05 62 96 76 88

www.ladourableauberge.com

Compter de 400 € à 850 € pour un gîte, selon la capacité et la saison, et de 68 € à 95 € pour une nuit.

Au cœur du village de Soublecause, L'Adourable Auberge est un véritable havre de paix. Il fait bon séjourner dans l'un de ses hébergements, en formule de chambre d'hôtes ou en gîte. Les chambres, au confort moderne invitent à la détente. Vous vous prélassez aussi au bord de la piscine chauffée. Le petit déjeuner se prend sur la terrasse, au soleil. Anne-Michèle et Nicolas se mettent également en cuisine pour revisiter les spécialités du terroir et solliciter vos papilles. Une jolie adresse, complète par ses équipements et très agréable pour un séjour atypique.

L'ESTANQUET €

32, route du vignoble

✆ 05 62 94 52 43

www.lestanquetmadiran.fr

Ouvert le midi du lundi au samedi et le soir du jeudi au samedi. Comptez 18 € pour un repas.

L'Estanquet a changé de propriétaire et a été rénové. La décoration est sobre et élégante, la peinture couleur brique et les plantes vous font voyager. L'accueil de l'équipe est chaleureux et le service, efficace. Vos papilles se réveillent avec de nouvelles associations de saveurs, grâce à la cuisine fine, délicate et inventive. Le midi un menu simple, le soir la carte et les tapas, et vous profitez en été d'un barbecue tous les samedis. Le tout est complété par une belle carte des vins de la région. Un adresse à ne pas manquer.

CHAMPIGNONS DE MADIRAN

2, impasse de la Champignonnière

✆ 05 62 36 04 97

www.champignons-de-madiran.fr

Ouvert du lundi au jeudi de 9h à 12h et de 13h30 à 16h30, ainsi que le vendredi matin.

Si les champignons sont de Paris, la première ferme de France à les produire en bio est à Madiran ! Avec plus de 700 kilos par semaine, les travailleurs de cet établissement médico-social, pour les personnes en situation de handicap, ont les pouces verts ! Le premier à avoir mis les champignons de l'association ASEI à sa carte est le chef landais triple étoilé Michel Guérard. Cela rassure sur l'excellente qualité gustative de ces boutons de moisissure qui s'épanouissent sur un compost naturel, sans engrais chimiques, dans les caves naturellement maintenue à 17°.

CLOS FARDET

3, chemin de Beller

✆ 06 88 80 68 89

Ouvert du jeudi au samedi de 10h à 18h ou sur rendez-vous.

Le Clos Fardet est le plus ancien chai du village de Madiran, ce qui lui confère un petit supplément d'âme. En 1998, Pascal Savoret a repris les rênes de cette entreprise familiale. Il veille amoureusement sur le cuvon-pressoir de son arrière-grand-père, une rareté, introuvable ailleurs. Avec cet outil manuel de 1923, il continue de faire le principal de sa vinification. C'est d'ailleurs peut-être, le secret de ses crus qui séduisent et remportent régulièrement prix et médailles dans les concours agricoles. Le vigneron a ajouté le blanc à sa gamme en 2018.

CHEZ MADIRAN

39, route du vignoble

✆ 05 62 37 54 81

www.chezmadiran.fr

Ouvert du lundi au samedi de 10h à 19h.

Vanessa a repris l'ancienne boutique de ALTEMA, en gardant à la vente, les 20 vignerons indépendants de la région. Elle vous accueille chaleureusement pour vous faire déguster les cépages de Madiran, et vous rediriger vers les domaines qui vous correspondent. Vous pouvez également vous laisser tenter par une initiation yeux bandés, par le jeu de l'Orgue à odeurs, mais aussi louer des vélos électriques pour visiter les vignerons. Le magasin vous organise également des séjours pour le week-end, et expose des œuvres d'artistes du coin. Une très belle adresse.

MAISON DES VINS DE MADIRAN

4, rue de l'Eglise ✆ 06 89 78 36 27

www.madiran-story.fr

En été tous les jours de 10h à 13h et 14h à 18h. En basse saison, en semaine de 10h à 13h et 14h à 17h, sauf mercredi.

La Maison des Vins a élu domicile au Prieuré, une impressionnante bâtisse du village de Madiran. C'est ici qu'il faut venir s'initier aux subtilités des AOC Madiran et Pacherenc de Vic-Bilh. Vinothèque, échantillonnage des différents cépages, espace de dégustation, permettent de parcourir ce terroir. C'est un peu l'office de tourisme du vin, où l'accueil est chaleureux et professionnel. Ils peuvent également vous diriger vers les domaines qui correspondent à vos envies et à vos goûts.

MAUBOURGUET ★

Ville de fête, de rencontres, de saveurs et de partage, Maubourguet cultive son sens de l'accueil. Sa vie associative est dynamique : il s'y passe toujours quelque chose. Terre de rugby, de féria et de vaches landaises, elle compte de superbes arènes. Ses moulins hydrauliques témoignent d'une riche histoire et la commune a su conserver son cachet avec son église romane et ses nombreux lavoirs. Les constructions, qui datent des 5 derniers siècles font la part belle au galet. En effet, les origines de Maubourguet remontent à 5 000 ans et des fouilles minutieuses ont d'ailleurs permis au Musée archéologique de voir le jour. Le Dieu Océan vous y attend.

ÉGLISE SAINT-MARTIN ★

Place de l'Eglise

Ouvert toute l'année. Gratuit. Visite libre.

L'église de l'Assomption de Maubourguet, aussi appelée Saint-Martin, est un petit bijou d'art roman qui date du XIe siècle. Prieurale du monastère bénédictin de Saint-Martin-de Celle, 1e nom de la commune, elle a changé de vocable au cours du XVIIIe siècle. Suite à des recherches archéologiques, le site a montré des traces d'occupation plus anciennes : une basilique du VIe siècle, un édifice de l'époque gallo-romaine, et une église de l'époque carolingienne. Ce lieu chargé d'histoire est magnifique, tant par son riche passé que la magnificence de la bâtisse.

MUSÉE ARCHÉOLOGIQUE ★

140, allées Larbanès ✆ 05 62 96 39 09

www.coeursudouest-tourisme.com

Ouvert de mars à novembre, du lundi au vendredi de 9h30 à 12h30 et de 14h30 à 17h30. Entrée : 3 €, - 18 ans : gratuit.

De véritables trésors de la Préhistoire au Moyen Âge ont été découverts sur la commune de Maubourguet. Les 250 m² du musée remontent le temps à travers céramiques, poteries antiques, haches, bifaces, trésor monétaire, sarcophage et cloître médiéval. La pièce la plus prestigieuse est sans conteste l'incroyable mosaïque gallo-romaine du dieu Océan, héritage d'un savoir-faire artistique époustouflant. Véritable ode à la mythologie, ce décor a été découvert en 1979 dans le quartier de Saint-Girons. Un diaporama de 25 minutes et un livret retracent sa mise au jour.

LA SEIGNEURIE DE MAUBOURGUET

18, rue du Général de Gaulle

✆ 05 62 96 40 55

Ouvert de juin à septembre. Entrée : 5 €.

La Seigneurie est structurée en trois jardins, avec chacun leur charme respectif, leur originalité et leur ordonnance. Ce domaine est situé dans un périmètre de monument classé. La propriété date de 1825 et fut rachetée puis restaurée, par les propriétaires, en 1992. L'espace du parc fut repensé, redessiné et replanté. Le jardin offre aujourd'hui une végétation diversifiée par ses essences et certains végétaux surprennent par leur hauteur comme les 145 palmiers ! Une très belle visite.

OFFICE DE TOURISME DU COEUR SUD-OUEST

140, allée Larbanès

✆ 05 62 96 39 09

www.coeursudouest-tourisme.com

Du lundi au vendredi de 9h30 à 12h30 et de 14h30 à 17h30.

Les conseillères de cet office sont très dynamiques ! Elles ont à la fois un sourire chaleureux et un sens de l'accueil impeccable. C'est donc un plaisir d'y venir chercher des renseignements et des bons plans pour votre séjour. Terre de fêtes, de courses de vaches landaises, de gastronomie et d'art, Maubourguet est synonyme de bien-être et de culture. Vous trouverez des idées de week-end particulièrement originales, notamment dans les vignobles, avec des dégustations de vin.

DOMAINE LA CAMPAGNE €€

1448, route d'Auriebat

✆ 05 62 96 45 71

www.domainelacampagne.fr

Compter 80 € pour une chambre double, petit déjeuner compris.

Ce domaine agricole à la croisée des influences gersoises et pyrénéennes abrite une bâtisse bourgeoise du XIXe siècle, au caractère architectural imposant. Il offre deux belles chambres d'hôtes, idéales pour un séjour au calme. En rez-de-jardin, elles s'ouvrent sur une nature luxuriante et présentent des ambiances différentes. Esprit campagne chic et brocante pour l'une, ou colombages et clarté d'une déco plus moderne, pour l'autre. La salle commune d'allure paysanne a été décorée avec goût. A l'extérieur vous profitez de la piscine et du terrain de pétanque.

HÔTEL DE FRANCE €€

75, allée Larbanès
✆ 05 31 17 62 79
De 64 à 76 € pour une chambre double. Petit déjeuner : 8 €.

Situé idéalement, au centre du village, l'hôtel de France est un établissement familial. Des travaux de rafraîchissements viennent d'être effectués et les couleurs gris et violine modernisent l'accueil. Sobres et élégantes, les chambres sont agréables et calmes. Le petit déjeuner est très bon et peut être pris au jardin l'été. Les terrasses sont au nombre de deux, une à l'avant, et une l'arrière, patio fleuri et jardin. Elles servent aussi au restaurant du même nom. Vous profitez de la piscine l'été. Un bon point de départ pour visiter le charmant village.

RESTAURANT DE L'HÔTEL DE FRANCE €

75, allée Larbanes
✆ 05 31 17 62 79
Ouvert tous les jours midi et soir (sauf les lundi et samedi midi). Comptez 15 € pour un repas.

Le restaurant de l'hôtel de France est tenu par la même équipe. Sympathique et à l'écoute, vous serez entre de bonnes mains. La cuisine, au croisement des spécialités française et portugaise, est simple, franche et généreuse. Le patron vous propose des spécialités à la morue, et d'excellents hamburgers. La salle est agréable et l'été vous profitez de la terrasse à l'avant, au cœur du village, ou de la deuxième terrasse, à l'arrière du restaurant, au calme, au jardin.

LA TERRE'IN €

9, avenue des Pyrénées
✆ 05 62 96 07 57
Ouvert les vendredi, samedi et dimanche soir en basse saison ; tous les soirs en haute saison. Compter 22 €.

Ce restaurant à la décoration moderne est une adresse chaleureuse où il fait bon prendre place. Au cœur du village, profitez de la terrasse au calme. Chaque ingrédient est certifié maison et, lorsqu'il n'est pas issu des conserves familiales, il est directement récolté chez les petits producteurs environnants. Un gage de saveurs. Patrick, le chef, met vous mitonne des salades gourmandes, des burgers et des pizzas qui sont tous aussi généreux et préparés avec des produits frais. La pâte à pizza excellente. L'Italie n'est pas loin !

BALLOT-FLURIN APICULTEURS

75, place Lagardère
✆ 05 62 96 49 57
www.ballot-flurin.com
Ouvert du lundi au vendredi de 10h à 18h et le samedi de 10h à 13h. Une nuitée dans la chambre d'abeille : 20 €

Depuis 1976, Ballot-Flurin développe des produits de soin, beauté et hygiène issus de la ruche, 100% naturels et certifiés bio. Pionnière de l'apiculture bio et créatrice de l'Apiculture DOUCE®, l'entreprise est née d'une conviction : une belle nature favorise une belle humanité. Les préparations sont en vente à la boutique : spray à la propolis, baumes de soin, savons, crèmes, gelée royale, miels… Vous pouvez aussi profiter du spa et bientôt du soin dans la chambre d'abeille.

AU LOCAL EPICERIE

478, rue du Général-de-Gaulle
✆ 05 67 45 87 27
Ouvert du mardi au samedi de 7h30 à 12h30 et de 15h à 19h ; le dimanche de 7h30 à 12h30. Fermé lundi.

Clair et lumineux, ce magasin engagé tant par la qualité que par la provenance des produits distribués vous séduit d'emblée. L'accueil est vraiment chaleureux et les rayons débordent de produits bio ou issus du commerce équitable. La production locale et le circuit court sont privilégiés. Des chocolats aux fraises et asperges de Sombrun en passant par les produits de Ballot Flurin, la gamme Truite des Pyrénées, le safran, les charcuteries ou chips Adourées, cette épicerie est une magnifique vitrine d'un savoir-faire respectueux des saveurs authentiques.

MAISON DAUBA, ÉPICERIE FINE

30, rue du Maréchal-Joffre
✆ 05 81 75 65 42
Du mardi au samedi de 9h30 à 12h et de 14h à 18h30 (jeudi et samedi, fermeture 18h).

La Maison Dauba est une magnifique surprise. Le meilleur de la gastronomie sucrée est là avec : des délices locaux comme les cailloux du Gave, des chocolats inédits comme les perles pétillantes, mais aussi les favols, des confitures pour accompagner les fromages. Côté salé vous trouvez perles de vinaigre balsamique à la truffe, huiles rares, rillettes de la mer, veloutés de châtaignes, charcuterie et risottos… Les vins, bières et apéritifs audacieux se distinguent également.

RABASTENS-DE-BIGORRE ★

Quand l'ancienne bastide royale vous ouvre les portes de la Bigorre, vous y trouvez une atmosphère particulière. Avant de pénétrer dans ses rues typiques et larges, imaginez-la en 1306 : il n'y avait que des bois et des marécages. C'est pourtant ici que Guillaume de Rabastens, sénéchal, représentant du roi, décide de bâtir une cité à laquelle il donnera son nom et des armoiries. Sous cette impulsion, maisons en bois et pierres voient le jour ainsi qu'une vaste halle, un hôpital, six moulins ainsi qu'une église dédiée à Saint-Louis, un couvent pour les frères des Carmes et de puissantes fortifications. La première bastide bigourdane est magistrale.

ABBAYE DE SAINT-SEVER-DE-RUSTAN ✞

SAINT-SEVER-DE-RUSTAN ✆ 05 62 31 68 84
www.adour-madiran.fr

Ouvert du 1er juin au 30 septembre de 14h à 17h30, sur RV pour les groupes. Entrée 3,50 € (réduit 2,50 €).

Aux portes de la Bigorre, découvrez l'ancienne abbaye bénédictine, fondée autour de l'an 800. Sa prospérité a assuré le développement de ce qui devint, au fil des siècles, un bourg fortifié unique. Vous y trouverez une ambiance baroque, gothique ou encore classique qui comblera les amateurs d'histoire de l'art. Cet édifice classé Monument historique surprend, par une architecture qui tient davantage du palais que du monastère. Laissez-vous tenter par l'une des trois visites guidées.

SAINT-PÉ-DE-BIGORRE

En 1022, après sa guérison miraculeuse, le Duc de Gascogne fonda une abbaye dédiée à Saint-Pierre: Saint-Pé en bigourdan. Situé sur les chemins de Compostelle, le passage des pèlerins en fit un haut lieu de pèlerinage, développant ainsi la bourgade avec l'arrivée de nouveaux artisans. L'itinéraire de Saint-Pé suit celui des abbayes alentours. Aujourd'hui le charmant village, avec ses maisons du XVIe, sa place à arcades, et ses jardins en terrasse, est l'un des plus coquets du département. Au pied des montagnes et le long du Gave, profitez de son patrimoine naturel remarquable: les grottes de Bétharram, la réserve naturelle régionale du Pibeste-Aoulhet.

ABBAYE SAINT-PE-DE-BIGORRE ✞ ★

1, rue Mgr Laurence
www.saintpedebigorre-tourisme.com

Accès libre.

En 1022, le petit hameau de Saint-Pé-de-Bigorre se nommait alors Générès. Le duc Sanche Guillaume de Gascogne vient à y passer. Il est malade et s'y retrouve miraculeusement guéri. Il décide alors d'y fonder une abbaye bénédictine dédiée à Saint-Pierre. Celle-ci prend le nom de Saint-Pé-de-Génerès, puis Saint-Pé-de-Geyres avant de devenir Saint-Pé-de-Bigorre. Au XIIe siècle, les moines se firent construire un transept et un chœur à l'ouest. Elle prend rapidement de l'importance car elle est située sur un des quatre chemins de Compostelle qui franchissent à l'époque les Pyrénées. Le hameau devient un haut lieu de pèlerinage jusqu'au XIIIe siècle. Le monastère connaîtra par la suite une histoire mouvementée, notamment durant les guerres de Religion. L'occupation anglaise de la Gascogne au XIVe siècle limite alors le passage des pèlerins. Les Réformistes saccagent l'église en 1569 et le tremblement de terre de 1661 endommage sérieusement le monastère. Les bâtiments sont reconstruits à une échelle bien plus modeste entre 1676 et 1681. Le monastère est finalement abandonné après la Révolution. De l'église ne subsistent qu'une partie de la nef triple et deux absidioles orientées. L'abbaye est achetée en mai 2017 et devient la « Maison maronite de la Mère de la Miséricorde » ; une restauration commence. La municipalité et les différents acteurs locaux se sont unis pour commémorer ensemble, en 2022, les 1000 ans de la fondation de Saint-Pé-de-Bigorre.

GROTTES DE BETHARRAM ★★

Chemin Léon Ross
✆ 05 62 41 80 04
www.betharram.com

Ouvert de 10h à 18h en été ; de 9h à 12h et de 13h30 à 17h en basse saison. Fermé de novembre à avril. Entrée : 16,50 €.

Ces grottes sont parmi les plus belles d'Europe. Pour leur visite vous marchez, prenez le train et enfin, une barque. Découvertes en 1810, elles furent ouvertes au public dès 1903 et très vite électrifiées. Sur 2,8 km, c'est un monde magique de colonnes, de lac souterrain, de cloîtres, de rivière...et une impressionnante dénivellation de 80 m. La succession de salles riches en stalagmites et les immenses sculptures minérales sont merveilleuses. La visite se fait sur deux départements : vous entrez par les Pyrénées-Atlantiques et sortez par les Hautes-Pyrénées !

SAINT-SAVIN ★

Saint-Savin fait partie du Parc National des Pyrénées. A mi-chemin entre Lourdes et les stations de ski, son cadre de vie est exceptionnel. Le village se dresse fièrement au cœur des montagnes. Implanté sur un promontoire en balcon au-dessus des gaves, il est entouré des vallées du Lavedan. Haut-lieu de patrimoine, cet ancien castrum romain date du IVe siècle. Sa superbe église abbatiale du XIIe siècle ainsi que sa chapelle du XVIe siècle témoignent d'un long passé monastique. Ses maisons fortes ou à colombage, du Moyen-Âge, conservent leurs granges et poulaillers, et les fontaines, abreuvoirs et lavoir, lui offrent un charme pittoresque.

ANCIENNE ABBATIALE DE SAINT-SAVIN ★

9, place du Castet
www.saint-savin65.com

Ouvert d'avril à octobre de 9h à 17h et le dimanche de 14h30 à 18h. Entrée : 2,50 €.

L'abbaye bénédictine, fondée en 945, est placée sous l'égide des comtes de Bigorre. Elle rayonne de toute sa puissance au XIIe siècle et est classée aux Monuments Historiques dès 1840. D'origine espagnole, Saint-Savin est considéré comme un des premiers chrétiens à évangéliser le Lavedan. Cette abbatiale contient son sarcophage roman et constitue un chef-d'œuvre de symbolisme. En forme de croix, orientée vers l'Orient, elle est ornée de multiples sculptures allégoriques.

HÔTEL LES ROCHERS** €€

1, place du Castillou ✆ 05 62 97 09 52
www.lesrochers65400.com

Compter de 75 € à 80 € pour une chambre double. Petit déjeuner : 10 €. Table d'hôtes sur réservation (lun/mer/ven)

L'établissement jouit d'une position privilégiée au carrefour des stations de ski d'Hautacam, Cauterets, Gavarnie... Jane et John ont aménagé cet hôtel pour en faire un lieu de vie avec de vastes espaces communs et de petites parties plus intimes. Les chambres, spacieuses et confortables, marient le charme de l'ancien au contemporain. La table d'hôtes, les lundi, mercredi et vendredi, propose une cuisine traditionnelle et des plats régionaux dans une ambiance conviviale, mais aussi quelques spécialités méditerranéenne. Une belle adresse, teintée d'accent *british*.

LE VISCOS €€

1, rue Lamarque ✆ 05 62 97 02 28
www.hotel-leviscos.com

Ouvert du mardi au dimanche midi. Comptez 50 euros pour un repas.

Alexis Saint-Martin a repris la cuisine de son père, et continue à faire de chaque plat une œuvre de poésie.

Dans le Guide des Gourmands depuis peu, la table est considérée par de nombreux Hauts-Pyrénéens comme la meilleure de la région. L'inspiration du chef prend sa source auprès des producteurs du coin, qui s'échinent à respecter leurs bêtes ou leurs légumes. Le foie gras est accompagné d'un jus de canard, le carré de porc, de macaronis à la truffe. En dessert, laissez-vous tenter par le baba au rhum. La terrasse est exceptionnelle avec sa vue sur les sommets.

© PHOVOIR

Vue de Saint-Savin.

TARBES ★★

Les rues piétonnes et axes centraux de Tarbes se conjuguent en harmonie et si quatre fleurs ornent ses panneaux, ses parcs magnifiques en sont les principaux garants, comme le Jardin Massey. Ornées de palmiers et de trottoirs pavés, les rues vous réservent bien des surprises avec des édifices de diverses époques. L'architecture est remarquable avec ses façades, trompe-l'œil, galeries et marquises. La commune appartient à l'ancien comté de Bigorre, comté historique des Pyrénées françaises et de Gascogne. Située au pied des montagnes, elle est sur l'axe l'axe pyrénéen, qui va de l'Atlantique à la Méditerranée, non loin de la frontière franco-espagnole. Traversée par l'Adour et l'Echez, Tarbes offre de superbes bords d'eau pour de longues et plaisantes balades. Entre autres, le Caminadour, qui a été réaménagé, et randonner jusqu'aux lacs de Bours ou de Soues est ainsi possible du centre ville. Tarbes a aussi été une des pionnières dans la mise en place de la navette électrique. En été, le petit train et des balades en calèche sont proposées. La vie culturelle est animée avec plusieurs festivals comme Tarbes en Tango, Tarba en Canta et les fêtes de Tarbes, à ne manquer sous aucun prétexte. Toute l'année le Parvis, la scène nationale, propose une programmation riche et variée de spectacles vivants, concerts et pièces de théâtre. Mais Tarbes est aussi la ville du cheval et un détour par le Haras est presque inévitable. Pour les gourmands, la gastronomie locale est à l'honneur dans de nombreux restaurants, et pour flâner, les terrasses fleurissent à chaque coin de rue l'été.

LE CAMINADOUR

Berges de l'Adour

Accès libre.

Le Caminadour traverse la ville de Tarbes en suivant le fil de l'eau. Les berges ont été entièrement aménagées et sont adaptées aux personnes à mobilité réduite ainsi qu'aux joggeurs, cyclistes, randonneurs, flâneurs, et marcheurs en tout genre. Il permet de descendre jusqu'au lac de Soues, bien connu des pêcheurs, ou au contraire de remonter jusqu'au lac de Bours. Des panneaux pédagogiques et informatifs, et des tables d'orientation, présentent le site et le sentier. Le fil tumultueux de l'Adour et les arbres nous font vite oublier la ville.

LE CAMINITO

Petite rue Saint-Pierre

Accès libre. Fascicule explicatif à l'office de tourisme.

Le Festival international de Tango argentin a placé la ville de Tarbes au cœur de la discipline. En 2011, la mairie a tenu à sceller ce lien, entre la ville et la danse. Dans la petite rue Saint-Pierre, une peinture murale en trompe l'œil, de 31 sur 4,20 mètres évoque le quartier de la Boca, à l'embouchure du fleuve Riachuelo. Le Caminito, petit chemin, désigne aussi bien le quartier pauvre de Buenos Aires, qu'un célèbre tango composé en 1926. Cette fresque d'Alain Laborde raconte l'Argentine, du foot aux fleurs de ceibo, des tangueros à l'oiseau national du pays.

BALADES EN CALÈCHE

Jardin Massey ✆ 06 83 09 11 03

www.attelage.canalblog.com

Du 1er juillet au 31 août : départ de place Jean Jaurès ou du jardin Massey. Tarif : enfant 3 €, adulte 5 €.

Philippe Daunis fait partie des personnalités incontournables de Tarbes. Avec ses chevaux Cooper et César, il vous embarque à bord de sa calèche pour un tour de ville d'une heure qui s'effectue au départ de la place Jean Jaurès en été ou du jardin Massey. En hiver, Philippe est aussi présent les mercredi et dimanche et pendant les vacances. D'avril à octobre, il vous propose de pique-niquer dans sa calèche. Le déjeuner est préparé par un restaurateur tarbais et vous dégustez de délicieux magrets ou confits de canard et pommes sautées, en sillonnant la ville !

CENTRE CULTUREL DE LA GESPE

23, rue Paul-Cézanne

✆ 05 62 51 32 98

www.lagespe.com

Programmation et tarifs à consulter sur le site Internet.

Sur les murs extérieurs, Elvis étoilé et graffé, résume à lui seul l'esprit de ce site que les Tarbais appellent la Gespe. Si vous cherchez une salle où hip-hop et rock se côtoient, vous êtes à la bonne adresse. Lieu de résidence à ses heures, cette salle de concert, à la capacité de 1 000 places, est la seule scène de musique actuelle du département. Présentant aussi bien Groundation, Jane Birkin, que Ultra Vomit, la Gespe accueille tous les courants musicaux du métal à l'électro.

HARAS DE TARBES ★★

CHEMIN DE MAUHOURAT
✆ 06 32 44 87 13 - www.tarbes.fr
Visites horaires et tarifs consulter le site ou appeler. Tarif : 7 € (réduit : 5 €, enfant : 2 €)

Le cheval a toujours occupé une place essentielle dans cette ville de garnison. En 1806, Napoléon rétablit le Haras national de Tarbes et fait construire de nouvelles écuries. Inaugurées en 1810, elles sont d'abord destinées à fournir des montures pour l'armée. En 1835, le haras fournit 35 % des montures à la cavalerie légère. C'est ici qu'est née la race anglo-arabe, issue du cheval tarbais. Le haras est agrandi en 1832 puis en 1901. Après la Première Guerre mondiale, il réduit son activité : les chars remplacent les chevaux. Installés en plein centre-ville, les bâtiments du Haras national sont classés monuments historiques. Ils sont rachetés par la Mairie qui s'est attelée à d'importants travaux de restauration. Le site exceptionnel de 9 ha, gardé par des arbres bicentenaires, est ouvert au public. On note la présence de la Brigade Équestre Municipale, d'une Section Équestre Militaire et de deux artistes équestres en résidence. On peut y visiter les écuries de style Empire, la sellerie d'honneur ou encore la maréchalerie. Ce lieu abrite l'un des derniers manèges Ratouin et sa grande halle de 42 mètres. Si les architectes successifs ont tous apporté leurs modifications, bleu Bigorre sur les boiseries et marbre de Payolle demeurent intacts. Longtemps, les voitures d'attelage et collections historiques ont représenté de magnifiques témoignages. Visites guidées et visites à thème permettent de découvrir ce site exceptionnel.

▶ **Depuis 1995** le Festival Equestria investit le site en juillet. Infos : www.festivalequestria.com

GALERIE D'ART OMNIBUS

29, rue Bertand-Barrère
✆ 05 62 51 00 15
www.laboratoire-omnibus.over-blog.com
Ouvert du mercredi au samedi de 15h à 19h ou sur rendez-vous.

Peintures, sculptures, photos, vidéos, installations, toutes les démarches artistiques contemporaines sont les bienvenues dans cet espace. Amoureux des œuvres et de la création libre, vous trouverez en ces lieux une âme, de belles signatures, des esprits foisonnants et des visions actuelles. Hétéroclite et éclectique, la galerie associative a gagné ses galons par ses choix d'expositions sans concessions. Résidences théâtrales ou musicales ponctuent la saison. Les artistes présentent le fruit de leur travail à l'issue de ces temps créatifs.

TARBES – LOURDES – ADOUR MADIRAN

JARDIN MASSEY

Rue Massey
✆ 05 62 44 36 95
www.tarbes-tourisme.fr
Accès libre. Fermeture variable de 18h à 21h selon la saison.

Labellisé Jardin remarquable, vous découvrez les 50 000 plantes à massifs fleuris, et le qualifierez sûrement d'inoubliable. Véritable arche d'une nature à la fois luxuriante et apprivoisée, le Jardin Massey est à la fois le poumon de la ville et son cœur le plus précieux. Au milieu de ses pelouses vert tendre, serpentent des allées, bordées d'arbres séculaires. Ormes de Sibérie, séquoias géants, magnolias à grandes fleurs ou érables projettent leur ombre bienfaisante, depuis 150 ans pour certains. Deux lacs, et des ruisseaux courant sur des galets, attirent oiseaux et tortues. Les paons séduisent passants et paonnes de leurs plumes chatoyantes devant l'orangeraie à la très belle architecture. Un petit parc animalier avec des chèvres naines fait le bonheur des tout petits, qui s'amusent également avec l'aire de jeux qui leur est dédiée. Le kiosque à musique s'anime en été et le cloître de Saint-Sever de Rustan, dont les chapiteaux datent du XVe siècle, en font un site hors du temps. Créé au XIXe siècle par l'illustre botanique et horticulteur Placide Massey, il garde du directeur du parc du Trianon de Versailles, un romantisme précieux, qui s'exprime magnifiquement par la grande variété d'espèces et d'essences rares. À sa mort, il a légué ce jardin à l'anglaise de 114 870 m² et sa demeure, à la ville dont il était natif. Aménagé en parc public, le Jardin Massey abrite aussi le Musée international des hussards, bâtiment magnifique aux influences hispano-mauresques : un site majeur incontournable.

HAUTS DE MONTROUGE

Les Hauts de Montrouge - **NOGARO**
✆ 05 62 09 01 79
www.hautsdemontrouge.com
Ouvert du mardi au vendredi : 9h-12h et 14h-8h. Samedi : 9h-12h.

Les Hauts de Montrouge représentent fièrement la production vinicole dans la région de Nogaro. Cette cave coopérative rassemble 60 vignerons qui œuvrent depuis 1963 à valoriser leur terroir à travers côtes-de-gascogne, flocs et armagnacs. Les blancs sont à l'honneur avec pas moins de 14 cuvées différentes qui permettent de déguster en subtilité la richesse du terroir gascon et de ses cépages. La coopérative accueille des groupes. Enfin sachez que l'Armagnac VSOP Hauts de Montrouge a été récompensé par une médaille d'or aux Talents de l'Armagnac 2021 !

MUSÉE DE LA DÉPORTATION ET DE LA RÉSISTANCE ★

63, rue Georges-Lassalle
✆ 05 62 51 11 60
www.tarbes.fr
Du lundi au vendredi de 9h à 12h et de 14h à 17h. Entrée gratuite.

L'Association des Déportés et Internés a transformé cette ancienne école en musée. D'apparence modeste, il remplit parfaitement son devoir de mémoire à l'aide de pièces et documents d'époque. Le parcours des résistants et des déportés est raconté par ceux qui l'ont vécu. Les responsables de l'établissement proposent aussi une exposition sur les passeurs, ces hommes de l'ombre qui ont joué un rôle controversé, aidant ceux qui fuyaient le régime nazi à passer la frontière avec l'Espagne.

LAC DE L'ARRÊT-DARRÉ

LANSAC
Accès libre.

A 12 km à l'est de Tarbes, ce vaste lac de 110 hectares est enserré par les coteaux verdoyants et semble veillé par les pics grandioses des Pyrénées. Depuis le lac, la vue sur ces sommets est à couper le souffle. Il fait les délices des pêcheurs qui viennent y taquiner la carpe et le sandre, mais aussi des promeneurs du dimanche, qui profitent des berges bucoliques. Une aire de jeux est aménagée pour les petits et de nombreuses tables à pique-nique en font une destination de loisirs privilégiée pour les familles. Le site propose une balade inoubliable à Tarbes.

NOTRE-DAME-DE-LA-SÈDE

5, place du Général de Gaulle
✆ 05 62 93 08 75
Accès libre. Lundi : de 10h à 18h, mardi à vendredi : de 7h à 19h, samedi : de 7h à 22h, dimanche : de 8h à 19h.

Implantée au cœur de Tarbes, la cathédrale Notre-Dame-de-La-Sède est accessible par une petite place pavée qui contribue au charme intemporel de cet édifice, dont la base est d'architecture romane. Il subsiste deux absides du chœur de sa splendeur du XIIe siècle. Avec sa travée extérieure et sa nef gothique, elle est tout simplement magnifique malgré son aspect un peu rude. Un retable doré situé dans l'absidiole sud de la nef, une chapelle dédiée à la Vierge, et un autel majeur, surmonté d'un grand baldaquin baroque en marbre, méritent à eux seuls sa visite.

MUSÉE MASSEY - MUSÉE INTERNATIONAL DES HUSSARDS ★★

1, Rue Achille-Jubinal ✆ 05 62 44 36 95
www.musee-massey.com
Tous les jours sauf le lundi de 10h à 12h et de 14h à 18h30. Gratuit jusqu'à 18 ans. Adulte : 5 €.

La troupe d'élite des Hussards, objet de tous les fantasmes, demeure encore aujourd'hui fascinante. Si l'art a librement puisé dans les mythes de ce corps d'armée de cavalerie légère, il fallait un musée pour en saisir toute la complexité. Au cœur du Jardin Massey, le musée vous entraîne sur deux étages dans cet univers militaire où l'apparat flamboyant et rigoureux n'avait d'égal que la vertu combattante. Nés en Hongrie au XVIe siècle, le destin des Hussards n'en est pas moins étroitement lié à la ville de Tarbes et ses garnisons qui lui rendent hommage à travers une collection exceptionnelle, de plus de 15 000 objets puisés à travers le monde. La légende veut que ces guerriers ne descendaient pas de leurs chevaux pour dormir... En tout cas, ils vous tiendront bien éveillé dans ce musée, tant leur épopée est palpitante. Par ordre chronologique, on les suit de l'Ancien régime à la Seconde Guerre mondiale à travers les 34 pays foulés. La réputation internationale du musée réside dans la richesse de son exposition, agrémentée d'une collection iconographique de dessins et de peintures, de 130 mannequins et bustes, et de nombreux équipements spécifiques, qui relatent cette aventure, en la restituant dans son contexte historique. En parallèle, une magnifique collection des Beaux-arts avec une sélection d'œuvres européennes issues des écoles espagnoles, flamandes et italiennes : mythologie, paysage, nature morte et religion du XVe au XXe siècle vous attendent.

LE PARC BEL AIR

25, Chemin de l'Ormeau
Accès libre.

Ce havre de paix, totalement préservé, fait partie des sites verts qui font le charme de Tarbes. Calme et sérénité règnent au pied de l'immense cèdre du Liban qui supplante, de sa majesté, les autres arbres parfois centenaires, comme les tamaris. A l'origine rattaché à la Villa Bel-Air de 1860, sa surface a été réduite des deux tiers. Mais le parc n'en demeure pas moins l'un des principaux de la ville, avec une pelouse centrale face à la chaîne des Pyrénées. L'aire de jeux aménagée pour les enfants en fait aussi un lieu familial privilégié.

LE TRAIT VERT

30, avenue Saint-Exupéry
✆ 05 62 53 34 30
https://www.agglo-tlp.fr/
Accès libre.

Élaborés en collaboration avec l'Office national des forêts, 140 km de balades relient les 15 communes de Tarbes par 10 boucles de sentiers, balisées d'un trait vert. La plus petite fait 5 km et la plus sportive 20,5 km. Réservé aux piétons et cyclistes, le Trait vert dispose d'aires de stationnement pour pouvoir le parcourir en pointillés. Vous profitez des routes rurales, des rives d'un lac, vous vous enfoncez dans des forêts et grimpez le long des coteaux. Des panneaux explicatifs et équipements ludiques jalonnent aussi le parcours qui devient pédagogique.

CDTE HAUTES PYRENEES

BP 236
✆ 06 79 41 44 29
www.cdte65.fr
Informations sur le site internet.

L'association bénévole du Comité Départemental du Tourisme Équestre est chargée de promouvoir et d'organiser le tourisme à cheval en Hautes-Pyrénées. 1 500 kilomètres de sentiers équestres, sur plus de 150 itinéraires, sont mis à disposition des cavaliers par le département. Le CDTE 65 vous aide à organiser votre randonnée, tant dans le choix du circuit, qu'en vous renseignant sur les adresses spécialisées. Hébergements pour vous et votre monture, points de ravitaillement, artisans spécialisé (sellier, maréchal-ferrant...), vous aurez toutes les bonnes adresses.

MAIRIE DE TARBES

15, place Jean-Jaurès
✆ 05 62 44 38 38
www.tarbes.fr
Ouvert du lundi au jeudi de 8h15 à 12h15 et de 13h45 à 17h15 ; jusqu'à 16h15 le vendredi.

La mairie de Tarbes vous réserve toujours un excellent accueil dans ses locaux. Elle offre un site internet très complet qui peut, dans de nombreux cas, vous éviter le déplacement. Même si vous habitez Tarbes depuis des années, vous trouverez là un moyen rapide et efficace d'informations. Facile d'usage et clair, vous trouverez sans problème l'agenda des événements, les infos santé et environnementales... De la carte interactive aux actualités municipales, culturelles, sociales, économiques et sportives, vous saurez tout en quelques clics.

OFFICE DE TOURISME

3, cours Gambetta
✆ 05 62 51 30 31
www.tarbes-tourisme.fr/
Ouvert du lundi au vendredi de 9h30 à 12h30 et de 14h à 18h.

Le lieu est un partenaire privilégié pour découvrir la ville, mais aussi les grands événements qui rythment l'année. la ville bouge, crée et rayonne : le Festival de Polyphonies Tarba en Canta et les Fêtes de Tarbes en juin ; Équestria en juillet ou encore le Festival Tarbes en Tango en août... Sur place, n'oubliez pas de visiter la salle d'exposition car les artistes de la région sont mis à l'honneur, et les expositions sont toujours de grande qualité. L'office de tourisme peut aussi vous procurer des cartes détaillées des randonnées des environs.

AÉROPORT INTERNATIONAL DE TARBES-LOURDES-PYRÉNÉES

BP3, Route de l'aéroport
JUILLAN
✆ 05 62 32 92 22
www.tlp.aeroport.fr
Parking 750 places.

L'aéroport de Tarbes-Lourdes-Pyrénées est tout indiqué si vous vous rendez dans le sud du Gers comme au festival Jazz in Marciac. Air France assure une liaison avec Paris-Orly trois fois par jour. Cet aéroport est le deuxième plus grand de l'ancienne région Midi-Pyrénées. Par conséquent, vous y trouverez tous les services nécessaires à un atterrissage en douceur : restauration, bar, location de voiture, transports publics. L'aéroport dessert aussi de nombreuses destinations en Europe.

GARE SNCF DE TARBES

25, avenue Maréchal-Joffre ✆ 3635
www.oui.sncf.com
Ouverte du lundi au vendredi de 5h10 à 23h30, samedi de 5h45 à 23h30, dimanche de 7h à 23h30.

Véritable carrefour entre les montagnes, les côtes atlantiques et méditerranéennes, Tarbes et le département des Hautes-Pyrénées, jouissent d'un excellent emplacement qui draine un tourisme grandissant. La gare est bien desservie par le réseau ferré et le site connaît une grosse affluence lors des périodes saisonnières, hivernales ou estivales. Plusieurs TGV, Intercités et trains-couchettes permettent de relier Paris à Tarbes en passant par Pau et Bordeaux. Le réseau TER permet aussi de rejoindre certaines stations d'altitude et le Pays basque.

GIE TAXIS TARBAIS

20, place de Verdun
✆ 05 62 34 32 36
www.taxi-tarbes.com
Ouvert 7j/7, 24h/24. Trois stations : place Verdun, gare SNCF Tarbes et aéroport d'Ossun.

Un seul numéro de téléphone pour trois stations et 18 taxis agréés : les Taxis Tarbais facilitent la communication mais aussi vos déplacements, que ce soit en centre-ville ou pour rallier l'aéroport. Vous trouvez les stations principales au parking de la gare et sur la place Verdun. Ils s'occupent de vos bagages, travaillent de jour comme de nuit, à la carte, peuvent être à votre disposition permanente durant votre séjour... La flotte des véhicules est parfaitement entretenue et met à votre disposition des breaks, des berlines et des monospaces.

FERME MANAOU FONTAN €

18, rue Pasteur
BORDÈRES-SUR-L'ECHEZ
Chambre simple 42 €, chambre double 48 €, petit déjeuner compris.

La ferme Manaou Fontan est charmante et fleurie. Dépaysante, elle est située à seulement 6 km de la ville. L'unique vaste chambre est magnifiquement décorée, avec son parquet et ses poutres au plafond. Vous dormez dans un lit de ferme à l'ancienne et profitez d'un coin salon. Vous pouvez également accéder à la cuisine si besoin. L'été, le grand jardin vous accueille au calme, et le reste de l'année, la terrasse couverte permet de jouir de l'extérieur. Adresse très intéressante pour les randonneurs à cheval car elle accueille aussi vos chevaux, dans ses jolis prés.

CHATEAU D'ORLEIX €€

13 bis, rue des Platanes - **ORLEIX**
✆ 09 82 45 93 66
www.lechateaudorleix.com
Compter 80 € à 140 € pour une chambre double et 180 à 250 € pour une suite. Petit déjeuner 9,90 €.

Cette majestueuse demeure mérite amplement d'avoir été élu « Meilleure chambre d'hôtes » par une émission télé. Elle vous reçoit dans un cadre classique relevé d'une ambiance contemporaine. Cet habile mélange est apaisant et serein. Chaque chambre possède sa propre atmosphère : ultra-moderne avec lit rond et baignoire balnéo, ou au contraire, campagnarde avec parquets massifs et meubles d'époque. Vous profitez de la piscine chauffée, du spa (bains à remous, sauna et hammam) et de soins esthétiques. Le château reçoit aussi les groupes, séminaires et mariages.

LE CLOS GALAN €€

13, rue de la Baïse - **GALAN**
✆ 05 62 99 77 81
www.leclosgalan.com
Chambre simple à partir de 90 € ; double à partir de 95 € ; triple à partir de 130 €. Petit déjeuner inclus.

Dans cette ancienne ferme bigourdine traditionnelle datant de 1831 se cache un îlot de bien-être où la sérénité a pris place pour accueillir ses hôtes. La magnifique bâtisse abrite de vastes et très confortables chambres. Aux plafonds, les jeux de poutres colorées surplombent les magnifiques parquets en bois blond et les meubles sont distillés comme de véritables œuvres d'art. La cuisine simple, inspirée par vos hôtes, présente des produits frais et locaux ou issus du jardin. Une piscine extérieure et un bain bouillonnant complètent l'offre du gîte.

NEX HOTEL*** €€

4, Avenue des Forges
✆ 05 62 36 03 60 - www.lenexhotel.com
Compter de 67 € à 80 € pour une chambre double. Petit déjeuner : 11 €.

En parfaite symbiose avec le quartier, le Nex Hôtel joue avec talent des matériaux et technologies de pointe pour un résultat impeccable. Les 55 chambres modernes sont réparties sur trois étages. Couettes moelleuses et literie savamment choisie assurent des nuits reposantes. Rien ne manque, insonorisées et climatisées, toutes les chambres sont équipées de douches à l'italienne et de salle de bain où le luxe se décline dans le moindre détail. Un vrai coup de cœur ! Une belle adresse où le service est aussi efficace que le sourire est chaleureux.

LA CROIX BLANCHE** €€

8, rue Despourrins
✆ 05 62 44 13 13
www.hotel-lacroixblanche.fr
Chambre double 65 à 75 €. Gîte étape : 80 €. Petit-déjeuner 8,50 €.

Ce petit hôtel de charme est situé place Verdun, au cœur de la ville de Tarbes. Sa situation idéale vous permet d'accéder à toutes commodités, commerces, restaurants, centres administratifs et culturels. Datant des années 30, il est rénové en 2015. Ses chambres sont soignées et bien équipées. Vous profitez du petit déjeuner en buffet à volonté, et appréciez le sauna et la salle de sport, ses atouts incontestés. L'hôtel vous propose aussi un parking surveillé et couvert à 50 m, ainsi qu'une salle de réunion qui peut également servir en co-working.

LA GRANGE DU SUISSE €€

7, rue Aristide-Briand
OSSUN
✆ 05 62 32 73 40
Compter 70 € pour une chambre double (65 € à partir de 2 nuits), petit déjeuner compris.

A 10 minutes de l'aéroport, à 15 min de Tarbes et de Lourdes, cette fermette bigourdane est nichée au creux d'un charmant village. Vous aimerez sa décoration rustique et particulièrement soignée. Les sanitaires sont très agréables et nous avons particulièrement aimé le lavabo de la grand-mère ! L'extérieur est fort plaisant, avec son salon d'été, sa piscine, la pataugeoire pour les petits et l'aire de jeux avec trampoline pour les enfants. Véronique vous accueillera chaleureusement dans la maison de son grand-père. Vous y reviendrez !

FAST'HOTEL RELAIS €€

115, avenue François-Mitterrand
SÉMÉAC
✆ 05 62 38 96 30
www.fasthotel.com/
A partir de 52 € pour une chambre double. Petit déjeuner : 7,50 €.

Cet hôtel, un peu excentré, se trouve à la sortie de l'A64. Malgré cela vous profitez du calme, et des chambres claires, un peu petites, mais à la propreté impeccable. Idéal pour les courts séjours. Vous apprécierez les petits plus qui font le confort : climatisation, salle de bains avec baignoire, tablettes de rangement... Grâce aux bornes d'accès au parking et à l'établissement, vous jouissez d'une liberté totale de circulation à toute heure. Une mention spéciale pour le petit déjeuner : croissants et pain frais accompagnent un délicieux café, servi à volonté...

HÔTEL ECO LOGIS - ESPACE BELLEVUE PYRENEES €€

48, rue du 8-Mai
SÉMÉAC
✆ 05 62 36 22 30
www.hotel-eco-logis.fr
Compter 47 € à 51 € pour une chambre double selon la catégorie. Petit déjeuner : 8 € ou 12 €.

Son architecture contemporaine interpelle. Derrière les murs de bois, l'hôtel au charme très personnel, a l'esprit novateur. Sa conception bioclimatique naturelle garantit un confort sain. La déco prolonge cet esprit avec un mobilier choisi pour générer de l'espace. Dans le parc, canards, chevreaux et bassin avec cascade invitent à la détente. L'accueil de Jean-Louis et Stéphanie achève de donner un ton fort agréable. Possible accueil d'évènementiel, séminaires et mariages.

HOTEL FOCH*** €€

18, place Verdun
05 62 93 71 58
www.hotel-foch.eu

Compter 85 € pour une chambre double. Petit déjeuner : 9,80 €.

Petit bijou architectural, le Foch est l'un des plus beaux hôtels de la ville. Les chambres ont été refaites à neuf il y a 5 ans, dans le même esprit moderne et fonctionnel que les espaces communs. Le jeu de matières, l'élégance des meubles, l'éclairage étudié, les couleurs pimpantes donnent un nouveau souffle à cet hôtel historique installé sur la place principale Verdun. L'accueil est très professionnel, charmant et attentif. Les petits-déjeuners sont préparés avec des produits locaux : tourtes, fromage et yaourts des Pyrénées. Un vrai régal !

VILLA CORINA €€

13, route de Bordeaux
BORDÈRES-SUR-L'ECHEZ
05 62 35 28 89
www.villa-corina-evenementiel.com

À partir de 330 € pour la semaine.

Aux portes de la ville de Tarbes, voici un appartement enchanteur et atypique, situé au deuxième étage d'une charmante demeure de maître du XIXe siècle. Les combles sont investis pour proposer un appartement de belle facture mêlant l'ancien au moderne et laissant deviner la charpente. En extérieur, vous apprécierez le coin « zen » avec son spa et la salle de massage ainsi que le sauna. La piscine hors sol ajoute un soupçon de rafraîchissement et de délassement. La vue sur le parc donne déjà l'envie d'y repérer son propre coin de sérénité. Étape idéale.

LE REX HÔTEL**** €€€

10, cours Gambetta
05 62 54 44 44
www.lerexhotel.com

Compter de 99 € à 160 € pour une chambre double, selon la catégorie. Petit déjeuner 19 €.

Dans cet hôtel du centre-ville, luxe et design s'accordent pour un résultat très réussi. Les chambres sont spacieuses et confortables et vous invitent à un séjour d'exception. Certaines sont dotées d'une terrasse très agréable aux beaux jours. Les lits sont king size et haut de gamme, et les salles de bains sont séparées de la chambre par une paroi en verre. Un voilage occultant y est apposé pour préserver l'intimité. L'hôtel est parfait pour une clientèle professionnelle avec ses 5 salles de réunion, des salons et un patio aménagé.

SPA KINÉ LOUNGE €€

2, rue de l'Adour - **BAZET**
05 62 37 75 38
www.kine-lounge.com

À partir de 75 € pour un appartement 2 personnes.

Le lieu est pour le moins unique et le concept original. L'ancien château de Bazet accueille un institut de beauté et de massage ainsi que deux appartements pouvant accueillir de 2 à 4 personnes. Vous pourrez donc venir vous ressourcer le temps d'un week-end ou plus, dans un cadre exceptionnel aux volumes ébouriffants. Les appartements sont dotés de cuisines bien équipées. Dans un jeu de béton ciré, de murs en galets et en bois blond, les matières nobles habillent les lieux et les transforment en cocons accueillants. Le spa propose aussi des cures personnalisées.

LE TEMPS DES GOURMANDISES €

26, place Marcadieu
06 21 80 05 26

Ouvert tous les jours de 7h à 19h30 sauf le samedi. Compter 6,50 € pour un sandwich et un dessert.

Le temps des cerises ne dure qu'un instant mais celui des gourmandises, c'est toute l'année ! Cette excellente boulangerie-pâtisserie est également une adresse très agréable pour faire une pause déjeuner ou prendre un café. Pizzas, sandwichs, salades : les petits creux trouvent ici leur grand bonheur. Les desserts sont évidemment l'atout majeur du lieu qui propose tous les grands classiques comme le fraisier, le baba au rhum, les éclairs, mais aussi des glaces et autres surprises.

CAMINITO SAN PEDRO €

2, petite rue Saint-Pierre
05 62 34 04 75

Ouvert du jeudi au samedi de 12h à 14h et de 19h à 22h30. Compter 10 € pour un repas.

A Tarbes, l'Argentin le plus célèbre n'est pas Messi mais Horacio, le maestro du Caminito San Pedro. Plus chaleureux n'existe pas ! Situé dans une rue piétonne, il vous accueille dans une ambiance familiale. Le chef complète sans cesse sa gamme d'empanadas, ces petits chaussons fourrés à la viande, au fromage ou sucrés. N'oubliez pas de garder une petite faim pour le dessert. Les *postres* sont irrésistibles et pour la plupart sans gluten. Les gourmands fondront pour l'alfajor, deux biscuits à la farine de maïs et au citron, confiture de lait et noix de coco..

LA FERME DE LOUEY €

2, route de Juillan
LOUEY
✆ 07 49 26 08 68
www.lafermedelouey.eatbu.com
Ouvert du lundi au samedi de 9h à 18h30. Compter 16 € pour un repas.

Les générations se succèdent aux fourneaux depuis cinquante ans dans cette ancienne ferme. Le savoir-faire se retrouve dans les recettes solides qui rendent hommage aux traditions bigourdanes et qui suivent le fil des saisons. Poulet préparé à l'ancienne, canette rôtie, jardinière de petits légumes, pot-au-feu et soupes, croustade aux pommes rythment les choix du jour. Tout est évidemment fait maison et la cuisine variée est portée par un choix de produits rigoureusement sélectionnés. Une belle carte de vins locaux accompagne le tout. À ne pas manquer !

Ô P'TIT RESTAU €

115, avenue François Mitterand
SÉMÉAC
✆ 05 62 36 44 60
Ouvert du lundi au vendredi, midi et soir. Comptez 20 € pour un repas.

Ô P'tit Restau est le petit nouveau de Séméac. Situé à 10 minutes du centre de Tarbes, l'établissement s'est paré d'une décoration sobre et élégante et l'accueil est chaleureux. La carte aussi est efficace : des plats régionaux comme la salade bigourdane, le burger gascon, le confit de canard, mais aussi des pizzas et des pâtes. Le midi un menu simple est proposé à base de produits frais. La cuisine du terroir vous ravit les papilles, et tout est fait maison. L'été, vous profitez également de la terrasse et de son très joli bassin.

LE GRAND VERT €

2, rue du Grand-Vert
LALOUBÈRE
✆ 05 62 45 02 80
Ouvert du mardi au dimanche midi et du jeudi au dimanche soir. Compter 30 € pour un repas.

Le cadre est fabuleux : face au golf et à l'hippodrome, dans une salle climatisée. Georges mène sa barque avec bonheur et le sourire. Le midi, une formule simple et à petit prix, avec buffet de hors-d'œuvre, plat du jour (ou cœurs de canard, ou viande grillée) et dessert. Le soir, ce sont une carte d'entrées complète et variée, des volailles et des viandes (carré d'agneau entier ou steak tartare préparé avec de la bavette d'aloyau), des poissons (saint-jacques à la crème, par exemple), et des desserts pour toutes les envies. Une belle adresse.

LA PETITE MUSETTE €

2, rue des écoles
OURSBELILLE
✆ 05 62 31 29 79
www.lapetitemusette65.com
Ouvert du mardi au dimanche midi et le samedi soir. Comptez 20 € pour un repas.

L'ambiance de La Petite Musette est déjà dans son nom ! Ce restaurant dansant a deux belles pistes de danse, une à l'intérieur et une à l'extérieur, pour que vous puissiez danser toute l'année. Le samedi soir, c'est DJ disco et le midi accordéon et musette. La carte fait appel aux producteurs de la région et aux produits locaux, frais et de saison. La cuisine est simple et généreuse, et propose des classiques comme la blanquette de veau, le bœuf bourguignon… Vous pouvez retrouver le programme des bals du samedi soir sur le site Internet.

Le musée Massey à Tarbes.

LE TAJINIER €

11, avenue de Lourdes
ODOS
✆ 05 62 51 39 41
www.tajinier.fr
Ouvert tous les jours de 11h à 14h et de 18h à 22h. Compter 20 € pour un repas.

Cette escale installée au pied des montagnes vous offre le Maroc à Odos à petit prix. Le cadre s'inspire des tentes berbères, avec des tentures tapissant les murs et plafonds. Des palmiers en pot ici et là renforcent l'ambiance d'oasis. Le concept est simple : couscous et tajines en buffet central, à volonté. Les entrées et desserts orientaux complètent cette formule marocaine, servie avec des vins du Rif ou de l'Atlas. Vous pouvez aussi commander à emporter. Une adresse pour voyager rapidement et faire découvrir de nouvelles saveurs à vos papilles !

LE CONTRE-TEMPS €€

7, rue Abbé-Torné
✆ 05 67 45 48 89
Ouvert lundi et samedi soir, et de mardi à vendredi, midi et soir. Comptez 35 € un repas.

Le Contre-Temps est une valeur sûre. Son jeune chef, Christophe Larrouy, a déjà conquis, grâce à son talent, une place de choix dans la gastronomie de Tarbes. Il revisite la tradition à son idée, jouant de la qualité des produits frais et s'amusant des goûts et des saveurs. Le magret est fumé par ses soins et le foie gras, mariné au thym, est incroyable. Le résultat est un succès : sa carte est originale et personnelle, et son restaurant, plébiscité par les gourmets. Ajoutons pour compléter un accueil et un service impeccable.

BISTROT DE L'EUROPE €€

9, place de Verdun
✆ 05 62 93 00 58
Ouvert midi et soir du lundi au dimanche. Compter 30 € pour un repas.

Situé idéalement, en plein cœur de Tarbes, le Bistrot de l'Europe vient d'être rénové. Ce bel établissement de caractère, déploie dorénavant une décoration sobre et moderne qui mélange différents styles d'œuvres d'art. La carte basique, de réel style bistrot, est efficace avec de très bonnes pizzas dont certaines originales, des burgers, un menu simple le midi à base de produits frais, et des suggestions le week-end. Ne ratez surtout pas le brunch à volonté du dimanche : il est excellent, original et très complet. Un régal !

ETAL 36 €€

Place du marché Brauhauban
✆ 05 62 34 70 73
www.etal36-tarbes.fr
Ouvert du lundi au samedi de 7h à 2h et le dimanche de 8h à 2h. Compter 25 € pour un repas.

L'Etal 36 est une des adresses préférées des Tarbais de jour comme de nuit. Un café, un concert, un événement sportif, du petit déjeuner à l'apéro l'ambiance n'est jamais la même. La salle rappelle l'Espagne avec ses longues tables de bois. Côté terre ou mer, les plats sont délicats et créatifs, les tapas revisitent le genre avec brio et l'on craque pour presque tout : les burgers, le *healthy bowl*, le petit déjeuner, la carte des petites faims à toute heure… Le chef débride sa créativité dans la cuisine et nous appelle à y revenir très souvent !

LE COMPTOIR DU MARCHÉ €€

6, place du Marché Brauhauban
✆ 05 62 53 97 89
Ouvert du lundi au mercredi de 9h à 15h, du jeudi au dimanche toute la journée. Comptez 25 € pour un repas.

Au cœur de Tarbes, face à la halle Brauhauban, la formule du Comptoir est simple : un cadre moderne avec des airs de style indus, un accueil chaleureux doublé d'un service efficace, et une carte directement puisée dans les produits frais. Repas rapide à midi avec un menu du jour, au choix un plat ou un poke bowl. A l'apéro des planches originales autours d'un excellent vin. Vous l'avez compris, c'est un spot idéal où l'on aime se retrouver, tant pour le cadre que pour les saveurs sur les tables et pour le service très souriant.

LE FIL À LA PATTE €€

30, rue Georges-Lassalle
✆ 05 62 93 39 23
Ouvert du mardi au samedi de 12h à 13h30 et du jeudi au samedi de 19h30 à 21h30. Compter 33 € pour un repas.

André Sanchez est un chef inspiré qui compose sa carte au gré du marché et des saisons, avec des produits frais. Dans un cadre intimiste, à la fois soigné et chaleureux, de très belles propositions vous attendent, dont la spécialité maison, la caille désossée, confite à basse température. Le poisson provient du Pays basque, à l'image du merlu rôti à l'ail ventrèche du Pays. Les viandes sont élevées en Bigorre par un Meilleur Ouvrier de France. Les desserts sont du même niveau, avec une mention spéciale pour le mi-cuit au chocolat.

LES GALOPINS €€

8, avenue des Forges
✆ 05 62 31 67 98

Ouvert du lundi au samedi de 10h à 2h. Compter 20 € pour un repas.

Si vous cherchez une adresse branchée pour passer une soirée sympa dans un lieu qui ne transige pas sur l'excellence, réveillez le galopin qui est en vous. Deux axes marquent cet endroit à l'esprit indus. D'un côté le bar à bières où s'empilent 12 références à la pression, et 40 en bouteilles, et de nombreuses références de gin. De l'autre un restaurant à la cuisine traditionnelle élaborée à base de produits ultra-frais : entrecôte charolaise ou côte de bœuf XL, le désormais incontournable tataki de thon rouge... Les tapas sont aussi à l'honneur le jeudi soir.

LE GRILL €€

36, place Marcadieu
✆ 05 62 34 68 70

Ouvert du mardi au samedi de 12h à 14h et de 19h à 21h30. Compter 27 € pour un repas.

Cette adresse bien connue et appréciée à Tarbes donne directement sur la place du marché. Ici, l'on discute de tauromachie et de « muleta », les deux passions du patron, Christian Garcia. La cadre est un mélange de style espagnol et rustique avec ses banquettes rouges et ses poutres en bois. On revient pour la salade au mottin chaud (fromage de vache de pays), les classiques aiguillettes de canard, ou la pièce d'agneau grillée servie avec des haricots tarbais. Une carte de pizzas à emporter ou à consommer sur place assure de la variété.

LA MAMMA €€

7, avenue des Forges
✆ 05 62 31 82 87
www.mamma-tarbes.com

Ouvert tous les jours midi et soir. Compter 30 € pour un repas.

Parmi les tables italiennes de Tarbes, La Mamma a tout bon. On aime ses pizzas à la mie dense et bien soufflée, garnies de produits frais et de qualité, les assiettes de charcuterie servies avec des gressins XL, le beau choix de pâtes et de plats à base de veau. La carte et les saveurs fleurent bon l'Italie authentique... Le patron a veillé à ce que cette authenticité se reflète jusque sur la carte des vins qui propose une très belle sélection de crus transalpins. Gardez une petite place pour le tiramisu fait maison. Un délice !

CHEZ MARCEL €€

5, place de Verdun
✆ 05 62 56 99 31
www.chezmarceltarbes.fr/

Lundi à jeudi de 8h à 00h, vendredi et samedi de 8h à 02h, dimanche de 10h à 15h. Comptez 20 € plat + dessert.

La nouvelle adresse de Tarbes fait fureur. Située au cœur de la ville, cette brasserie chic vous accueille dans une ambiance conviviale. La décoration est soignée et moderne, et la cuisine, gourmande. Les burgers et bowls sont à l'honneur, et le soir, une multitude de tapas originales et revisitées feront le bonheur de vos papilles. Coffee shop en journée, vous mangez et profitez de la carte «à toute heure». Le soir, le bar avec scène ouverte vous accueille aussi pour des concerts. Pour compléter l'offre, le restaurant propose d'excellents brunchs le dimanche.

LE PETIT GOURMAND €€

62, avenue Bertrand-Barère
✆ 05 62 34 26 86
www.lepetitgourmand.eatbu.com/?lang=fr

Ouvert du mardi au vendredi de 12h à 13h30 et de 19h30 à 21h30 et le samedi soir. Compter 47 € à la carte, 26 € le menu.

Mathieu Espagnacq puise dans sa technicité pour faire vibrer avec talent les produits du marché. Les produits viennent des meilleurs producteurs de la région et les associations jouent tout autant sur les saveurs que les couleurs, comme ce gibier aux pois gourmands, cèpes et tomates du Gers. La créativité se retrouve dans les plats signatures : foie gras de canard mi-cuit maison, et sa compotée d'oignons au miel des Pyrénées ; émincé de magret de canard, sauce au beurre rouge et frites paysannes ; ou paris-brest au cœur coulant pur praliné.

LE PETIT TARBAIS €€

1, place Sainte-Thérèse
✆ 06 77 12 14 05

Ouvert du lundi au vendredi de 12h à 14h et du mercredi au samedi de 19h30 à 22h. Compter 20 € pour un repas.

Situé dans le quartier historique du Marcadieu, cette table de poche vous séduira par ses petits prix. Mickaël vous accueille chaleureusement dans son bistro, à l'agréable terrasse installée à l'ombre de l'église et de palmiers. Foie gras mi-cuit, jambon braisé au porto, entrecôte, magret de canard, les produits sont frais et les plats, généreux. Côté dessert, les prix riquiqui permettent de se faire vraiment plaisir en en prenant pourquoi pas deux : fondant au chocolat, crème brûlée... Une excellente adresse, avec un très bon rapport qualité/prix.

RESTAURANT DU LAC €€

33, Boulevard Joliot-Curi - **SOUES**

✆ 05 31 17 66 07

Ouvert du mardi au dimanche. Menus de 14,50 € à 18 € (midi). Formule à 30 € le soir.

Un restaurant bistronomique comme on les aime ! En salle, Pauline vous accueille, tandis que Jean-François œuvre en cuisine. A la carte, qui évolue au fil des saisons, des plats recherchés comme la panna cotta au potimarron, ou des gambas chorizo avec du riz à l'encre de seiche. Le restaurant propose aussi de la viande cuite au barbecue. L'équipe peut adapter ses plats en fonction des allergies ou intolérances. Pour couronner le tout, le service est irréprochable, et les soirs d'été, vous pourrez vous installer sur la belle terrasse avec vue sur le lac.

LE SHOWROOM GALLERY €€

9, route de Bordeaux - **BORDÈRES-SUR-L'ECHEZ**

✆ 05 62 36 48 87 - www.showroomgallery.fr

Ouvert de 11h à 20h mardi et mercredi, de 11h à 2h du jeudi au samedi. Compter 20 € pour un repas.

Le Showroom Gallery est avant tout un lieu où les amateurs d'objets vintage et de vieilles mécaniques peuvent acheter et vendre. Il s'accompagne d'un espace bar et restauration où tout le monde est bienvenu dans une atmosphère très 50's. Vous vous installez sur de vieux bidons d'huile de vidange reconvertis en tables et tabourets dans un cadre hangar de mécanicien, ou sur les canapés en cuir rouge magnifiques. Vélosolex et Fiat 500, auto-tamponneuses et flippers assurent une ambiance unique. Vous profitez aussi de la terrasse en été et des concerts le week-end.

LES PIZZAS DE CHARLOTTE €€

36, avenue Aristide-Briand ✆ 05 62 93 17 88

www.lespizzasdecharlotte.com

Ouvert tous les jours de 11h à 14h et de 17h à 22h. Compter entre 6 € et 17 € pour une pizza.

Son emblème rouge et blanc est très connu à Tarbes et les pizzas de Charlotte ont contribué à démocratiser cette spécialité italienne dans la région. Ici, on ne sert que des pizzas à emporter et il vaut mieux commander à l'avance. Une trentaine de valeurs sûres vous attendent, avec chaque année des nouveautés qui viennent enrichir les menus. Vous êtes dans le Sud-Ouest alors n'hésitez pas à goûter la pizza au magret et aux pommes, la Paysanne ou la Spéciale Charlotte et sa garniture de lardons, persillade, tomates et fromage de chèvre...

LES SINGES GOURMANDS €€

28-30, Avenue des Forges

✆ 05 62 93 60 83

Du lundi au samedi de 12h à 14h, et du mercredi au samedi de 19h à 22h. Comptez 20 € pour un déjeuner.

Malgré sa situation un peu excentrée, ce restaurant vaut le détour. Les singes gourmands vous accueille dans une décoration zen et végétale pour une ambiance relaxante. La cuisine se dévoile : saine, équilibrée et gourmande ! Vous découvrez de nouvelles saveurs et des associations originales. Les assiettes sont aussi jolies que savoureuses : pleines de couleurs et même de fleurs. Le tout à moindre coût, avec un accueil chaleureux et un service agréable. L'été, vous profitez également de la petite terrasse. Vous y reviendrez sûrement.

LE RENDEZ-VOUS €€

14, place de marché de Brauhauban

✆ 05 62 51 14 13

www.lerendezvous65.fr

Ouvert de mardi à jeudi de 9h à 19h et vendredi et samedi de 9h à 23h. Comptez 27 € pour un repas.

Le Rendez-vous est situé face au marché de la halle de Brauhauban, en plein centre de la ville. Installez-vous dans la salle aux couleurs chatoyantes ou sur la belle terrasse au soleil. L'accueil est souriant et le service est sympathique. La cuisine, faite maison, propose des plats classiques de brasserie et d'autres plus traditionnels (escalope de veau, lomo grillé, chipirons à la plancha, poisson du marché...). C'est aussi un salon de thé qui vous propose de merveilleux gâteaux et des tartes alléchantes, et un bar avec ses afterworks et ses tapas à l'apéro.

LA STATION €€

7, avenue des Forges

✆ 05 62 36 96 86

Ouvert du mardi au samedi de 18h à 2h. Compter 25 € pour un repas.

Le Repère a changé de mains pour devenir La Station. Le cadre, très chaleureux, a été relooké et l'accueil est convivial. Le rez-de-chaussée est réservé au bar et à la commande des tapas. A l'étage se situe la salle de restauration avec une véritable ambiance de station de ski. De type bistronomique, la cuisine est traditionnelle avec burger montagnard, côte à l'os, gambas à la plancha. Le chef travaille les produits de la région. À noter : les soirées à thème et les concerts. Une adresse qui promet de bons moments en famille ou entre amis.

TAJ MAHAL €€

13, rue du Maquis de Payolle
✆ 05 62 54 30 93
www.tajmahal-tarbes.fr
Ouvert tous les jours de 12h à 14h et de 19h à 22h30. Compter 15 € pour un repas.

Le Taj Mahal vous accueille à deux pas de la place du Foirail dans une ambiance de palais de l'Inde du nord. La carte est généreuse. Du côté des viandes la part belle est faite au poulet, à l'agneau et au bœuf. La variété des légumes, fruits, épices et aromates complète par ses couleurs et ses saveurs les grillades tandoori, des thalis et autres spécialités du Bengale, de Chennai ou de Pondichéry. Mention spéciale aux *naans*, ces pains indiens nature ou fourrés qu'il ne faut pas hésiter à goûter. En achetant à emporter vous profitez d'une réduction de 10 %.

LA TERRASSE GOURMANDE €€

13 bis, route de Lourdes
JUILLAN
✆ 05 62 45 15 45
www.laterrassegourmande.fr/
Ouvert du mardi au dimanche midi et soir. Comptez 27 € pour un repas.

La Terrasse Gourmande de Juillan est un restaurant fort agréable. Sa situation, entre Tarbes et l'aéroport, et dans la zone commerciale de Juillan, est pratique. Le service est efficace et le personnel sympathique et dynamique. Valérie et Cédric vous accueillent chaleureusement dans leur établissement décoré de bois, moderne et cosy. Nous vous conseillons la côte à l'os de porc noir de Bigorre de chez Pierre Sajous, le filet de truite des Pyrénées, sauce à l'oseille et riz pilaf ou encore le classique burger. Les menus sont aussi généreux.

YOU SUSHI €€

5, avenue du Marché Brauhauban
✆ 05 62 44 08 08
www.yousushi.fr
Ouvert du lundi au samedi de 11h à 14h30 et de 18h à 22h30 et le dimanche soir. Compter 30 € pour un repas.

Le restaurant spécialisé You Sushi offre une gamme incroyable de makis et de sashimis, préparés sur place. Le travail d'orfèvre est sublimé par une qualité de produits rigoureusement choisis. Le saumon vient des élevages d'Écosse, garantis sans antibiotiques, le thon profite du label «Friend of the Sea» qui garantit le respect des quotas de pêche, la sauce soja est allégée en sel et présentée dans un emballage 100 % recyclable. Pour certaines, les bouchées de riz sont osées : california roll au foie gras, poke bowls, maki figue et crevette...

L'AMBROISIE €€€

48, rue Abbé-Torné
✆ 05 62 93 09 34
Ouvert du mardi au dimanche midi et du mercredi au samedi soir. Compter 50 € pour un repas.

Table emblématique de Tarbes, elle a été reprise en 2020 par le chef britannique Matthew Bayliss et sa compagne Cassandra Potier. Le chef à peine trentenaire entend insuffler un vent de modernité aux grands classiques de la cuisine française, comme le lièvre à la royale. Les produits sont soigneusement choisis auprès des meilleurs artisans-producteurs de la région : porc noir de Bigorre, agneau des Pyrénées, truite de Lau-Balagnas... Les accords sont subtils et les présentations délicates comme pour ces gnocchis maison, févettes et chorizo sautés, et œuf parfait.

L'ARAGON, HÔTEL-RESTAURANT €€€

Route de Lourdes
JUILLAN
✆ 05 62 32 07 07
www.hotel-aragon.com
Ouvert du mardi au samedi, midi et soir. Compter 50 € pour un repas.

Reconnu par tous les guides gastronomiques, L'Aragon fait partie des bonnes tables du département. Le chef travaille les produits d'exception tels le homard breton ou le caviar, préparés de façon classique. Si la salle est agréable, la terrasse l'est encore plus, n'hésitez pas à venir aux beaux jours pour en profiter. L'Aragon compte une seconde table qui décline une cuisine bistro travaillée avec des produits frais venus du marché ou des meilleurs producteurs locaux.

LE MONOCLE €€€

1, avenue Bertrand Barère
✆ 05 62 34 29 29
Ouvert du lundi au samedi de 11h à 14h et de 19h30 à 22h. Compter 30 € pour un repas.

Symbole du raffinement et du chic, le Monocle est une véritable institution. Restaurant à l'ambiance feutrée et cosy, c'est d'abord son majestueux bar en bois laqué qui vous séduira. Attaché aux produits frais, le chef les revisite pour en faire une symphonie exquise qui suit les saisons. La pastilla de canard est un parmentier enveloppé, sublimé par un jus aux épices que nous vous conseillons mais vous trouverez également de belles propositions comme les aiguillettes accompagnés de foie frais et d'une sauce sucrée, ou le magret de canard.

© DR

© DR

© DR

RESTAURANT LE MARCADIEU €€

2, rue Jean-Pellet ✆ 05 62 96 87 62

Ouvert le midi du lundi au samedi et du jeudi au samedi soir. Compter 30 € pour un repas.

Le Marcadieu est un superbe établissement niché dans une des plus belles façades de la ville. Sa magnifique terrasse couverte vous transporte dans les années 1930. Dans ce cadre bistrot, les repas sont exquis. Depuis 19 ans, le Marcadieu est une référence qui comble les amoureux d'une cuisine authentique, uniquement travaillée avec des produits frais. Daube de joue de bœuf, navarin d'agneau ou poule farcie Henri IV, sont des spécialités maison comme on aime. Les propositions de poissons et de desserts sont dans la même lignée d'excellence.

© DR

© DR

BAR L'EUROPE

Place Verdun
✆ 05 62 93 00 58
Ouvert du lundi au dimanche de 7h30 à 2h.
L'Europe est situé en plein centre de Tarbes, près de la rue piétonne et des grands magasins. Cet établissement s'est forgé au fil des années une solide réputation. Unique et très original avec son éclairage et ses couleurs modulables, l'endroit est devenu le lieu incontournable pour toute génération. On peut y écouter du jazz et de la musique actuelle, et les soirées à thème y sont aussi fréquentes que variées. Nous vous recommandons la sélection de cafés et de thés, et pour plus tard dans la journée, la liste des fameux cocktails.

COULEUR CAFÉ

41, rue Brauhauban
✆ 05 62 93 52 63
Ouvert du mardi au samedi de 8h30 à 19h et le lundi à partir de midi.
A l'entrée de la rue piétonne, le Couleur Café est un salon de thé à la fois élégant et convivial. Vous y serez toujours bien accueilli et les en-cas salés et sucrés sont servis toute la journée. Quiche, croque-monsieur ou tortillas sont accompagnés de salade, et les pâtisseries changent tous les jours. Avec de la chance, vous aurez le bonheur de goûter au sabayon et à l'énorme tarte au citron, les deux grands classiques du lieu. La déco est chaleureuse, avec de larges fauteuils confortables bordeaux qui s'accordent aux boiseries pour une ambiance feutrée et cosy.

CAFÉ LA COLONNE

3, place Jean-Jaurès
✆ 09 66 98 16 97
Ouvert de 7h à 21h et le week-end jusqu'à 2h en été.
Ce café de caractère est sobre et efficace. Les citadins se plaisent à s'y retrouver chaque jour. Idéalement situé en cœur de ville, il offre deux terrasses : une couverte et chauffée en hiver et la seconde, entourée de palmiers, au bord de la place de la mairie. Dès les premiers rayons du soleil, elle est prise d'assaut. Au plus près des grands rendez-vous festifs, été comme hiver, c'est le spot de Tarbes pour ne rien manquer ! Les aficionados du sport s'y rassemblent aussi, autour de l'immense écran où se jouent les rencontres.

L'ECHOPPE DES GALOPINS

70, rue du Maréchal Foch
✆ 05 62 46 17 23
www.echoppedesgalopinstarbes.fr/
De lundi à mercredi de 9h30 à 22h et de jeudi à samedi de 9h30 à 23h.
Située en centre-ville, l'Échoppe des Galopins est une cave spécialisée dans la bière, avec plus de 300 références. Vous pouvez en déguster de nombreuses sur place, conseillées par les serveurs spécialistes en la matière. Le lieu fait également de la restauration le midi, une brasserie simple et savoureuse. Le soir, vous dégustez des planches de charcuteries et de fromages en écoutant un concert. De nombreux jeux sont à votre disposition et le lieu organise aussi des animations autour de la bière. Une belle adresse pour découvrir les spécificités de cette boisson.

LE CELTIC

1, rue de l'Harmonie
www.celticpub.fr
Ouvert de lundi à samedi de 17h à 02h.
Référence punk-rock du Grand Sud, cet antre dédié aux courants alternatifs ne jure que par l'excellence et l'originalité. La programmation annuelle de ses *live* est très attendue, n'hésitez pas à la suivre de près. La petite scène du Celtic accueille du punk, du ska, du rap, mais aussi de la poésie, du slam, ou du chant occitan. Très vivante, l'ambiance est soutenue par Jean-Louis qui vous accueille tous les soirs et vous offre également une belle carte de bière.
Sa décoration aux centaines d'affiches est aussi unique et vaut le coup d'œil.

LA GUINGUETTE DE L'ARSENAL

9, avenue des Forges
✆ 07 67 51 55 12
Ouvert du mardi au samedi de 18h à 2h.
La Guinguette de l'Arsenal, ce bar-restaurant champêtre est vite devenu un haut lieu des soirées tarbaises. L'ambiance festive et décontractée séduit une clientèle jeune qui apprécie les petits prix. Les soirées spéciales sont nombreuses et les animations débridées fréquentes. Les thèmes flower power, beer-pong ou afterwork rythment les soirées. Cocktails maisons, bières bon marché, poke bowls et carte de tapas permettent de passer une belle soirée.

LE MELTING POTES

7, avenue de la Marne

✆ 05 81 01 20 86

lemeltingpotes65.com

Lundi 14h-17h, mardi 10h30-17h30, mercredi 9h-17h, jeudi 8h30-17h30, vendredi 9h-22h.

Le café associatif de Tarbes vient de fêter ses 5 ans. Solidaire et citoyen, il vous accueille pour de la petite restauration le midi, des ateliers en journée, des évènements le soir (concert, théâtre, ciné-débat, lecture...) ou simplement pour un café et discuter. Dans ce lieu accueillant et chaleureux, vous trouvez aussi un frigo solidaire, un coin informatique, des livres de voyage, des jeux... Avec l'agrément jeunesse et éducation populaire, c'est un véritable modèle d'actions sociales et solidaires mais aussi culturelles, où il fait bon vivre !

LE MOULIN DE RONY

18 ter, route de Lourdes

JUILLAN

✆ 05 62 45 66 23

Ouvert du lundi au dimanche de 6h à 19h30 (fermé le mercredi), dimanche jusqu'à 19h.

Cette pâtisserie est une vraie bonne surprise. Le cadre est moderne, l'équipe accueillante. Rony sait revisiter avec succès les grands classiques des desserts. Vous pouvez ainsi profiter de ces classiques : le russe, l'éclair, le mille-feuille, le baba au rhum, mais aussi les tartes aux fruits et les gâteaux à la crème. Les spécialités de la maison sont la rose des sables (au chocolat) et le all black. Au rayon pains, l'excellence est la même et les spéciaux sont à découvrir comme la baguette aux sept céréales ou l'aztèque aux six graines.

PÂTISSERIE MAISON VALANTIN

1 bis, avenue Alsace Lorraine ✆ 05 62 36 50 84

www.maisonvalantin.fr

Ouvert du mardi au vendredi de 9h30 à 13h et de 14h30 à 19h, samedi de 9h30 à 19h, dimanche de 9h30 à 13h.

Philippe Valantin recherchait les grands crus de chocolat pour le plaisir de ses clients. Ses enfants ont repris la boutique et continuent son travail. Ils déclinent à l'envi ses anciennes créations comme la bigourdette, au parfum de Cointreau et d'armagnac et aux couleurs de la Bigorre, mais aussi le haricot tarbais, du chocolat blanc en forme de haricot au cœur de nougatine. Mais ils apportent également leurs idées et se sont spécialisés dans le russe, décliné en divers parfums.

TOURTIÈRE DE GASCOGNE

34, avenue de la Marne

✆ 05 62 51 16 96

Ouvert du mercredi au samedi de 8h30 à 12h30 et de 15h30 à 19h30, le dimanche de 8h30 à 13h.

Ici, seuls deux gâteaux se partagent les rayons du magasin. Vous êtes dans l'antre de la tourtière et de la croustade, incroyable édifice délicat fait de feuilles semblant s'enchevêtrer dans une ronde croustillante. Cette spécialité au cœur de pommes est un régal sucré typique du Sud-Ouest. Relevée d'un filet d'armagnac dans sa version classique, Jean-Claude s'amuse à revisiter la tourtière : à la crème d'amande, aux poires, aux pruneaux, à la framboise, au chocolat ou encore aux myrtilles... Un délice à savourer tiède. N'hésitez pas à commander à l'avance.

LES BEAUX JOURS

18, avenue de la Marne

✆ 05 62 34 44 69

Ouvert du mardi au samedi de 10h à 12h et de 14h à 19h.

Les Beaux Jours est la dernière librairie généraliste de Tarbes et c'est avec insistance que nous vous la conseillons. Le commerce de proximité prend ici tout son sens et vous avez l'assurance de bénéficier des conseils de vrais passionnés du livre. La librairie organise de nombreuses séances de dédicaces avec les écrivains. Florence, Émeline et Cyrille vous guideront à travers les collections de beaux livres sur la région, de littérature, de bandes dessinées, des livres sur les beaux-arts... Enthousiastes, ils vous feront découvrir de nombreuses références.

BIOCOOP TARBES OUEST

15, rue de la Garounère

✆ 05 62 46 35 05

www.biocoop-tarbes.com

Ouvert du lundi au samedi de 9h30 à 19h30.

Membre du réseau Biocoop, l'antenne de Tarbes propose les marques les plus réputées dans les rayons d'épicerie, les cosmétiques, les écoproduits d'entretien et même pour vos animaux de compagnie. Libre-service très complet, le rayon vrac a été agrandi devant son succès. Côté rayon frais, la production locale est favorisée. La viande, la charcuterie et le fromage à la coupe sont issus de l'agriculture biologique. Un partenariat étroit avec les producteurs locaux a été renforcé et le meilleur du terroir vous attend dans un site relooké.

LA FERME DE L'ENCLAVE

6, Chemin de Mazères - **GARDÈRES**
✆ 05 62 32 54 13
https://www.laferme-delenclave.fr
Boutique : ouverte du lundi au vendredi de 9h à 12h et de 14h à 18h. Le samedi : de 9h à 12h.

Depuis 1972, c'est à Gardères, que se fait l'élevage des cochons. Avec l'aide d'une équipe de passionnés, Cathy et Francis Curbet vous proposent toute l'année de la charcuterie de qualité, des conserves aux recettes familiales et de la viande fraîchement préparée à la ferme. Vous retrouverez ces produits dans la boutique de la ferme, ou sur les marchés de Tarbes et d'Argelès-Gazost. Un drive fermier en ligne est aussi disponible pour que vous puissiez commander. Sur rendez-vous, des visites à la ferme et des dégustations de charcuterie peuvent être organisées.

CAVES ROCH

5, rue du Maréchal-Foch
✆ 05 62 34 41 17
www.cavesroch.fr/
Ouvert du mardi au samedi de 9h30 à 12h30 et de 14h30 à 19h.

Historiquement, la famille Roche est sans conteste la plus épicurienne de Tarbes. Installée depuis 1835, sa connaissance des terroirs et des crus les plus fameux de la région est incontestée. Impossible de résister à cette jolie boutique où tous les nectars se pressent, les uns à côté des autres. Cette cave présente une très belle et très riche collection de vins régionaux, Madiran en tête ; mais aussi des crus de toute la France. La seconde spécialité de la maison est le whisky, avec un choix varié de références, tant dans les provenances que dans les prix.

BOUCHERIE CHEZ SYLVAIN

65, route de Bigorre
POUYASTRUC
✆ 05 62 33 24 61
Ouvert de 9h à 12h30 et de 15h à 19h, le samedi de 9h à 16h. Fermé le mercredi.

Sylvain a repris la boucherie-charcuterie de ses parents après une solide formation. La clientèle d'habitués signe une maison de qualité. Vous y trouvez une présentation à l'ancienne et des conseils éclairés : de la viande de pays et de la charcuterie, des volailles, de la viande de porc locale, des saucisses, des merguez et du chorizo à cuire maison, de l'agneau, mais aussi des fromages, des yaourts, des produits fermiers et du lait cru de la ferme, des plats cuisinés maison… Les viandes viennent en direct de chez le producteur, pour une traçabilité garantie.

COOPERATIVE DU HARICOT TARBAIS

4, chemin de Bastillac
✆ 05 62 34 76 76
www.haricot-tarbais.com
Ouvert de lundi à jeudi de 8h30 à 12h30 et de 14h à 18h, vendredi jusqu'à 17h.

Cette coopérative est la bonne adresse pour découvrir le haricot tarbais, petit joyau blanc réputé pour sa chair tendre, moins farineuse que les autres variétés, et pour sa peau très fine. Son ancêtre mexicain, ramené dans les cales de Christophe Colomb, a trouvé en Bigorre un climat et un sol favorables pour s'épanouir. Label Rouge et IGP défendent son appellation. La coopérative regroupe les producteurs du département et de voisins qui y livrent la totalité de leur production.

CAVES BAXELLERIE

8, rue Ramond
✆ 05 62 93 36 58
Ouvert du mardi au samedi de 8h à 19h.

Nichée, depuis le début du siècle dernier, dans quartier le plus ancien de Tarbes, cette cave propose un très grand choix de grands crus, de champagnes et d'armagnacs, mais également de vieux millésimes en bordeaux et bourgogne. Des découvertes de vins et d'apéritifs régionaux, qui, grâce aux conseils avisés de toute l'équipe, feront de vous un sommelier performant ! Cerise sur le gâteau, le lieu a gardé le décor charmant de la cave originelle. A voir sans modération… La livraison à domicile est également possible et gratuite.

LES DÉLICES DE L'ORIENT

72, rue Larrey
✆ 05 62 93 27 69
Ouvert du lundi au samedi de 10h à 19h30.

Cette boutique est une véritable épicerie, au sens premier du terme. Les épices sont présentées dans des sacs de jute et parfument tout l'espace. A leurs côtés, les légumes secs et les graines de couscous sont vendus en vrac. L'épicerie assure aussi un service de boucherie hallal, avec les viandes découpées devant vous par les mains expertes de Bachir. Ne manquez pas les délicieuses pâtisseries orientales faites maison, gorgées de miel et parfumées à la fleur d'oranger. Enfin, vous trouverez d'autres trésors, comme de la belle vaisselle, des plats à tajine…

L'ENVIE EN ROSE

LA FERME DE
L'Enclave

ÉLEVEUR ET PRODUCTEUR
DEPUIS 1974

6, Chemin de Mazères - 65320 Gardères (France)
✆ **05 6232 54 13** - laferme.delenclave@orange.fr
https://www.laferme-delenclave.fr

ÉPICERIE ARGENTINE CAMINITO SAN PEDRO

6, rue André-Fourcade
✆ 06 77 16 01 44
Ouvert du mardi au samedi de 16h à 20h.

Figure emblématique du restaurant Caminito San Pedro, Horacio prolonge le voyage sud-américain avec cette épicerie. Farines, *yerba mate*, l'irrésistible *dulce de leche*, confiture de lait à tomber ou sa version patate douce la rare *batata,* café issu du commerce équitable… l'Argentine se décline ici en mille saveurs. Une vingtaine de bières d'Argentine, du Chili ou de Bolivie vous y attendent ainsi que de nombreux vins. Une adresse très chaleureuse qu'on adore !

HALLE MARCADIEU

Place Marcadieu
✆ 05 62 44 38 38
Le jeudi de 7 h à 14h avec producteurs, artisans et camelotiers. Le dimanche, petit marché.

Avec sa charpente métallique et sa verrière, la halle est un bijou d'architecture de type Baltard. Lieu de rencontres entre montagnards et paysans du piémont, le « Marcadieu » a connu son apogée au XIXe siècle avec le commerce des chevaux et des mules vers l'Espagne. Sous la halle, place aux spécialités régionales et aux bons goûts du terroir avec les producteurs de toutes les vallées. Bouchers, charcutiers, confits, magrets, foie frais, légumes, fruits... du porc noir aux tourtes des Pyrénées, vous pouvez remplir cent paniers !

LA FERME DES PENDELLES

route de Pontacq
OSSUN
✆ 05 62 32 86 74
Lundi à mercredi de 9h à 17h, et jeudi, vendredi de 9h à 16h.

Si les Pyrénées-Atlantiques naissent au fond du jardin, la Ferme des Pendelles défend un savoir-faire gourmand puisé dans le terroir des Hautes-Pyrénées. Ici, on se fait fort de vendre de délicieuses tourtes nature, aux myrtilles, au citron ou aux pépites de chocolat, et des gâteaux à la broche, cuits au feu de bois devant la cheminée. Des merveilles faites maison. Outre ces plaisirs sucrés, vous trouverez aussi des haricots tarbais préparés. Vous ne trouverez pas plus typiques que ces bocaux enrubannés dans leur couvercle à carreau rouge et blanc.

MAISON LIESTA

10, rue du Régiment de Bigorre
✆ 05 62 93 12 52
www.maisonliesta.fr
Ouvert du lundi au vendredi de 8h à 13h30 et de 16h à 19h. Le samedi de 8h à 19h.

La Maison Liesta est bien plus qu'une charcuterie de qualité. Synonyme de l'excellence et du bon goût depuis 75 ans, l'établissement cultive un savoir-faire qui s'est transmis sur 3 générations de passionnés. Elle perpétue le meilleur de la tradition et des spécialités du Sud-Ouest. Le porc noir de Bigorre entre dans la composition des charcuteries, canard et oie deviennent des spécialités cuisinées, les cèpes sont conservés à l'huile... En vitrine et dans les rayons, ce ne sont pas moins de 400 références qui vous attendent. La référence charcutière à Tarbes.

GALERIE VALERA

2, place du Foirail
✆ 05 81 75 31 69
www.galerievalera.fr
Ouvert du mardi au samedi de 9h à 12h et de 14h à 18h.

Proche du quartier Marcadieu, la galerie accueille des peintres du Midi comme Mangelatte, Guillou ou Cadene qui y ont leurs quartiers. Laissez donc votre curiosité vous mener à la découverte de ces artistes dont vous pourrez, bien entendu, acquérir les œuvres si vous le souhaitez. Vous trouvez aussi sur le site internet de la galerie les tableaux des peintres régionaux exposés de façon temporaire ou permanente. Vous plongez dans le patrimoine artistique de la région et pourrez vous construire éventuellement une belle collection.

NECTAR TORRÉFACTION

19, place Marcadieu
✆ 05 62 44 19 44
www.nectartorrefaction.fr
Ouvert du mardi au vendredi de 9h à 18h et le samedi de 9h à 16h.

Dans cette jolie boutique, les nectars sont divins. Si vous aimez le café d'exception et le vrai chocolat à l'ancienne, ne manquez pas d'y prendre place. Éric vous offre les plus grands crus servis dans un cadre Art déco - Art nouveau. Vous embarquez pour un voyage sensoriel du fameux Yellow Bourbon du Brésil aux délicieux nectars bio et équitables du Honduras. La carte comprend 90 références de thés et tisanes issus de tous les continents et une belle gamme de chocolats d'Equateur. Le lieu fait épicerie fine, vous y trouvez des produits locaux et artisanaux.

PRODUITS DE TERROIRS

3 bis, rue Jean Pellet

✆ 05 62 44 39 65

Ouvert du lundi au samedi de 9h30 à 19h.

De la richesse du terroir, Gisèle et Alain ont pris le meilleur et condensé dans les rayons très fournis de ce petit magasin tous les trésors gourmands que le département peut compter. Conserves et produits frais se distinguent, sélectionnés parmi les meilleurs producteurs. Pacherenc et madiran, miel des Pyrénées, gâteau à la broche, foie gras, volaille, agneau, porc noir, haricots tarbais, condiments, confits, garbures et même quelques spécialités du Pays Basque forment un enchantement des yeux et des papilles. A offrir en corbeille-cadeau.

XAVIER BERGER CHOCOLATIER

7, rue Maréchal-Foch

✆ 05 62 37 19 77

www.xavier-berger.com

Ouvert du mardi au samedi de 9h30 à 12h30 et de 13h45 à 19h.

Xavier Berger est issu d'une lignée d'artisans glaciers et pâtissiers. Premier prix bonbon au Chocolate Master, ce jeune Tarbais est un créateur respectueux du produit, inspiré, créatif et n'hésitant jamais à bousculer les codes pour imposer les siens. Il fait naître des mariages épicés, des unions fruitées, une douceur pralinée... Gingembre, spéculoos, thé ou sésame rehaussent la pureté du cacao. Artisan mais aussi artiste, Xavier sculpte aussi des escarpins, des nounours...

AÉRODROME DE TARBES-LALOUBÈRE

impasse de l'aviation - **LALOUBÈRE**

✆ 05 62 93 22 16

www.aerobigorre.org

Ouvert mardi, jeudi et vendredi de 14h à 17h30 et mercredi de 9h à 12h et de 14h à 17h30.

Le petit aérodrome de Tarbes-Laloubère accueille l'Aéroclub de Bigorre. Là, vous pourrez vous initier au vol à voile, passer votre licence de pilotage d'ULM ou de bi-moteur. L'aéroclub organise également des vols découverte à bord de son DR400 ou son TB9 Sonata. Idéal pour les amateurs qui souhaiteraient passer leur brevet de pilote. Vous pouvez tester avant de voler. Vous pouvez également louer un appareil si vous avez déjà votre brevet sans oublier votre certificat médical.

GOLF DES TUMULUS

1, rue du Bois

LALOUBÈRE

✆ 05 62 45 14 50

www.golf-tumulus.com

Ouvert tous les jours de 9h à 19h. Compter 59 € pour un parcours 18-trous.

Ce parcours de golf a été conçu par un fada de la petite balle blanche ! Dans les années 1980, Charles de Ginestet dessine un premier parcours de golf 9-trous au milieu de l'hippodrome. Cinq ans plus tard, il récidive sur sa propriété agricole. Fort de son succès, il agrandit le parcours en 1990 pour le transformer en 18-trous. C'est désormais Yves, son fils, qui préside à la destinée de ce parcours privé fort de 650 licenciés. Il faut compter deux heures pour le faire et sa carte se joue en 70 coups. Vous pourrez profiter ensuite du restaurant de la propriété.

YEP YEP PARACHUTISME

Impasse de l'Aviation

LALOUBÈRE

✆ 06 14 39 80 09

www.yepyep.fr

Compter 280 € pour un baptême de l'air en tandem, 345 € en hélicoptère.

Amateur de sensations fortes voici un club chaleureux où essayer le parachutisme. Découvrez les Pyrénées au plus près et survolez le relief durant 20 minutes, comme le Pic du Midi et le Montaigu. Durant la chute libre et le pilotage du parachute vous effectuerez des panoramiques afin de découvrir villes et villages du piémont béarnais et bigourdan. L'encadrement est assuré par des professionnels diplômés d'Etat. Pensez à vous équiper de vêtements confortables et de chaussures basses de sport adaptés à la saison et à la pratique du saut en parachute.

TOSTAT

Sur la rive droite de l'Adour, Tostat possède le charme des villages où l'histoire et les histoires se racontent. Dans le passé, ses habitants étaient réputés pour leur fort esprit d'indépendance et le peu de respect qu'ils avaient envers les prêtres. Les archives ont mis en lumière une discorde étonnante sur le partage non équitable du pain bénit en 1848. L'on retient aussi Jean-Marie Dalies, qui exerça, comme le tout premier instituteur de la République en 1791. La petite église Saint-Martin qui affiche un cœur baroque des plus étonnants et le château de Tostat du XVIIIe siècle, construit pour les barons de Bazillac, méritent le détour.

VIC-EN-BIGORRE ★

Nichée entre deux coteaux, Vic-en-Bigorre, de nature et d'architecture préservées, est une terre d'histoire au passé flamboyant. Au Moyen Âge, elle se développe grâce à l'agriculture. Les hôtels particuliers témoignent de la richesse économique et l'église romane Saint-Martin contient de véritables joyaux. L'Adour a façonné sa situation particulière et lui a offert les galets que l'on retrouve dans la plupart des constructions. Si l'hôtel de ville est l'un des bâtiments phares du patrimoine, la halle de Jean-Jacques Latour de 1862, est le point central de la commune et accueille les samedis matin un des marchés les plus dynamiques du département.

LE RÉVERBÈRE €€

29, boulevard d'Alsace
✆ 05 62 96 78 16
www.hotellereverbere.fr
Ouvert du lundi au vendredi midi et soir et samedi et dimanche midi. Compter 37 € pour un repas.

La table du Réverbère fait partie des plus réputées dans la région. Xavier Spadiliero compose ses plats comme un peintre puiserait dans sa palette de couleurs : il veille à associer les saveurs pour un résultat maîtrisé. Détenteur du label Cuisinerie gourmande, le restaurant garantit 100 % de produits frais dont 90% issus des petits producteurs locaux. On y mange les spécialités phares du département comme le porc noir de Bigorre, la canette fermière, les haricots tarbais, la poule noire d'Astarac ou encore la truite des Pyrénées.

HÔTEL LES 3B €€

8, route des Pyrénées
NOUILHAN
✆ 05 62 96 79 78
www.hoteldes3b.fr
Compter entre 65 € et 80 € pour une chambre double selon la catégorie. Petit déjeuner : 7 €.

L'établissement a gardé un caractère affirmé de son passé d'ancienne ferme. Sept chambres vous sont proposées et toutes affichent des petits plus qui font la différence : que vous choisissiez celle avec terrasse, cheminée ou mezzanine, le confort est au rendez-vous. Soignées grâce à un cadre raffiné et modernes par leurs équipements, elles donnent envie de prolonger le séjour. Le site possède une âme chaleureuse irrésistible et la vue dégagée s'étend loin sur la campagne environnante. Cet hôtel est idéal pour une étape de charme sur la route du Val d'Adour.

LE TIVOLI €€

6, place Gambetta
✆ 05 62 96 70 39
www.hotel-restaurant-tivoli.com
Ouvert du mardi au dimanche midi (sauf jeudi soir). Compter 40 € pour un repas.

En été, vous profiterez de la terrasse et du jardin joliment fleuri et en hiver de l'établissement de style Art déco. Pierre a su conserver le talent insufflé par son père en cuisine. Traditionnelles, les propositions sont relevées de produits nobles comme ce ris de veau au foie frais, la palombe rôtie garnie aux cèpes ou cette côte de veau aux girolles. Et pour finir en douceur, nous vous conseillons le soufflé au chocolat ou les figues rôties à la cannelle. La cave garde entre ses murs des flacons de millésimes anciens qui accompagneront au mieux votre choix.

RESTAURANT LES 3 B €€

8, route des Pyrénées - **NOUILHAN**
✆ 05 62 96 79 78
www.hoteldes3b.fr
Ouvert en semaine midi et soir, les vendredi, samedi soir et dimanche midi. Compter entre 21 € et 34 € pour un repas.

Sylvie et Laurent Carrère Laas vous accueillent chaleureusement. Membre des Tables du Lys Bigourdan, Laurent propose une cuisine créative axée sur les plats régionaux. Il utilise des produits frais et locaux, et élaborent avec son équipe leurs suggestions en fonction du marché. Si le canard et le bœuf du label Saveurs Pyrénéennes ont une place de choix, on apprécie le pavé d'agneau confit et rôti en croûte ainsi que le veau tradition accompagné d'une sauce épices et miel. Les desserts méritent une mention spéciale. À ne pas manquer.

PISCINE LOUIS FOURCADE

Avenue de Pau ✆ 05 62 96 81 53
www.adour-madiran.fr
Horaires en fonction des saisons. En été, du 2 juillet au 4 septembre : tous les jours de 11h30 à 19h30. Entrée : 4 €.

Animations quotidiennes comme aquagym et aquabike, solarium, club de natation, snack-bar ; cette piscine est vraiment l'atout fraîcheur du Val d'Adour. Le complexe est superbe et complètement inattendu dans cette verdoyante campagne. Le bassin intérieur et ses couloirs de nage sont équipés de banquettes à bulles, cols de cygne et jets massants. Un espace détente avec douches massantes, sauna et hammam vous attendent dans la zone de relaxation. À l'extérieur, bassin chauffé, deux toboggans, une aire de jeux et des tables de pique-nique complètent le tout.

PYRÉNÉES - VALLÉES DES GAVES ET AURE LOURON

Nombreux sont ceux qui vous diront qu'en pénétrant dans les vallées des Gaves, d'Aure et du Louron, ce sont les portes du paradis qui s'ouvrent à vous. Dans ce coin reculé des Pyrénées, entre plaine et Espagne, ce sont des pics à plus de 3 000 mètres d'altitude qui veillent sur vous. Les panoramas grandioses s'égrènent au fil de vos randonnées, ascensions ou descentes... à ski. C'est entre ces vallées que se cache le Parc national des Pyrénées, à la faune et à la flore préservées. C'est ici aussi que l'Unesco a sacré le Cirque de Gavarnie comme patrimoine naturel remarquable. Les vallées abritent des domaines skiables très prisés par les familles pour leurs tarifs abordables et pour leur authenticité : Luz-Ardiden, Saint-Lary-Soulan, Gavarnie... Ces villages, loin de s'être transformés en usine à skieurs, ont su conserver une part d'authenticité et de charme qui font la réputation des Pyrénées en hiver.

Pyrénées – Vallées des gaves et Aure Louron
Rés. Nat. Massif du Pibeste-Aoulhet
D821
Ayzac-Ost
Argelès-Gazost
Arras-en-Lavedan
D13
AUCUN
ARRENS-MARSOUS
D913
PIERREFITTE-NESTALAS
Soulom
D920
VISCOS
SALIGOS
CAUTERETS
LUZ ARDIDEN
Sazos
ESQUIÈZE-SÈRE
Esterre
LUZ-SAINT-SAUVEUR
BARÈGES
La Mongie
D918
Parc National des Pyrénées
Réserve Naturelle Néouvielle
D921
GAVARNIE-GÈDRE
PIAU ENGALY
D173
D929
Asté
Beaudéan
D935
ARAGNOUET
Lortet
D26
Hèches
Rebouc
SARRANCOLIN
D75
D113
ARREAU
JÉZEAU
Cadéac-les-Bains
ANCIZAN
BORDÈRES-LOURON
D618
Guchen
Réserve Naturelle Aulon
Avajan
Vielle-Aure
Vignec
Bourisp
SAINT-LARY-SOULAN
VAL LOURON
Loudenvielle
ESPAGNE

PAGES

ARREAU ★

Très jolie étape sur la route des Cols, ce village est situé à 703 m d'altitude. Ses 850 habitants font vivre les lieux enchanteurs où la chaîne des sommets se dessine en toile de fond. Chacune de vos balades et randonnées, devient un véritable paysage de carte postale, avec les forêts emplies de cerfs et sangliers, les prairies où paissent les vaches, et les estives parsemées de blanches brebis. Les maisons pittoresques dévoilent d'incroyables façades de marbre rose, des galeries et des portes typiques, et les ruelles pavées, sont fleuries avec le même délice que les ponts traversant la Neste. Le site garde de beaux vestiges de son riche passé.

OFFICE DE TOURISME COMMUNAUTAIRE D'AURE-LOURON

Château des Nestes ✆ 05 62 98 63 15
www.pyrenees2vallees.com
Ouvert du lundi au vendredi de 9h à 12h et de 14h à 18h.

Le bureau d'information d'Arreau est installé dans le magnifique Château des Nestes. Il mérite d'y faire un tour uniquement pour cette raison. Vous y trouverez toutes les informations et la documentation nécessaires pour un séjour réussi en Vallée d'Aure. L'Office de tourisme vend également les cartes de randonnées de la région, ainsi que les forfaits de remontées mécaniques des quatre stations de ski environnantes : Peyragudes, Val Louron, Piau-Engaly et Saint-Lary.

LES AIGLES D'AURE ★

Chemin du Calvaire ✆ 05 62 40 10 35
www.aigles-daure.com
Ouvert du dimanche au vendredi à partir de 14h30, spectacle à 15h30. Adulte : 10,50 €. Enfant de 5 à 12 ans : 6,50 €.

Une trentaine d'espèces diurnes et nocturnes sont présentes dans cette superbe volerie, au cadre authentique et sauvage. Aigles, hiboux, vautours, corbeaux... Pour les admirer en plein vol, ne manquez pas le spectacle. Les animateurs orchestrent une symphonie où faucons, buses, milans, pies bleues à bec rouge, et même percnoptère d'Egypte ont la vedette. Dans le ballet final, le sublime aigle bleu du Chili les rejoint. Vous pouvez également tenter l'expérience en faisant un stage de fauconnerie d'une demi-journée ou d'une journée, une expérience inoubliable !

CAMPING INTERNATIONAL LE REFUGE** €€

RD 929
✆ 05 62 98 63 34
www.camping-international-pyrenees.com
Compter 17,10 € pour un emplacement pour 2 personnes avec électricité.

Dans ce camping situé au bord de la rivière, au col d'Aspin, vous séjournerez dans un environnement préservé à 850 mètres d'altitude. Les 100 mobil-homes sont répartis sur 3 ha auxquels s'ajoutent 21 emplacements pour tentes ou caravanes. Calme, grands espaces et activités (ping-pong, volley, pétanque) sont au rendez-vous, et l'été, vous pouvez vous restaurer sur place. La piscine est un autre atout du site comme la proximité de la rivière qui ravira les pêcheurs et les baigneurs.

MUSÉE DES CAGOTS

Château des Nestes
✆ 05 62 98 63 15
www.pyrenees2vallees.com
Ouvert du lundi au samedi, de 9h à 12h et de 14h à 18h. Gratuit.

Fondé par le professeur Raymond Fourasté, ce musée retrace l'histoire des cagots, à travers de nombreux témoignages et documents d'époque. Mais qui étaient-ils donc ? Dans un Moyen Âge superstitieux, c'était une population reléguée, sous cette appellation, au rang de paria. Accusés de tous les maux, notamment de la propagation de maladies telle que la peste, les cagots vivaient en marge de la société. Ce site, implanté dans le château des Nestes, est unique en France et s'avère une visite à la fois enrichissante, passionnante, pour un véritable devoir de mémoire.

LES HELIANTHEMES €€

1, route de la Vallée-d'Aure - **GUCHEN**
✆ 05 62 39 90 88
www.leshelianthemes.com
Chambre simple de 55 € à 65 €, chambre double de 75 € à 80 €, chambre triple de 100 € à 115 €. Petit déjeuner inclus.

Evelyne et Alain vous réservent un accueil des plus chaleureux, aux doux accents de la montagne. Bien présente ici, celle-ci vous assure un panorama d'exception, que vous pourrez savourer de votre chambre car toutes s'ouvrent sur le Parc des Pyrénées et la Réserve du Néouvielle. Décorées avec soin et douillettes, elles sont toutes équipées de salles de bains avec douche balnéo. La table d'hôtes d'Alain, de cuisine régionale, est une valeur sûre et l'on se régale à chaque fois. Pour se détendre, on profite des espaces communs bien pensés.

HÔTEL D'ANGLETERRE*** €€

18, Route de Luchon
✆ 05 62 98 63 30
www.hotel-angleterre-arreau.com

Compter de 95 à 155 € pour une chambre double, selon la catégorie et la saison. Petit déjeuner : 14 €.

Chargé d'histoire, cet ancien relais de poste vieux de trois siècles fut une étape privilégiée du comte Henry Russel. Ce dandy a alimenté la vogue du romantisme montagnard, contribuant au prestige de l'établissement. La famille Aubiban a su en préserver le cachet malgré d'importants travaux de rénovation en 2013. Le confort des chambres se savoure dans l'intimité de leurs espaces épurés, propices au calme et la détente. Le magnifique parc arboré et fleuri est fort agréable l'été, période à laquelle la piscine ajoute aussi à cette très belle adresse.

HÔTEL DU VAL D'AURE €€

3, chemin du Val d'Aure - **CADÉAC**
✆ 05 62 98 60 63
http://hotel-valdaure.com/

Compter 71 € pour une chambre double, 132 € en demi-pension. Petit déjeuner : 9 €.

Le village de Cadéac offre une tranquillité inégalable et c'est ce calme qui vous séduira. Trois hectares verdoyants entourent l'établissement construit sur d'anciens thermes romains. Les chambres simples, toutes différentes, sont décorées de façon personnalisée. Pourvues d'un balcon, elles offrent une vue inoubliable sur les montagnes. Les terrasses, joliment agencées, sont parfaites en été, pour profiter de la demi-pension généreuse aux plats du terroir. Confit de canard, garbure, gâteau à la broche, les assiettes sont 100 % pyrénéennes et suivent les saisons.

RELAIS DES ARYELETS €€

Place du village
AULON
✆ 05 62 39 95 59
www.aubergedesaryelets.com/

A partir de 50 € pour une chambre double. Petit-déjeuner : 10 €.

Julien et Frédérique ont depuis peu agrandi leur établissement et ont ouvert le Relais des Aryelets. Bienvenue dans un charmant village, typique du pays d'Aure. La nature vous entoure et vous pourrez l'admirer de vos fenêtres. Les chambres sont refaites à neuf dans des tons doux et chaleureux. Le mobilier de rotin donne une touche d'exotisme. Les lits très confortables et le calme environnant vous feront passer de douces nuits. Vous prenez le petit-déjeuner, excellent, dans la salle du restaurants. N'hésitez pas à vous y attarder, l'auberge est divine !

ARBIZON LOC €€

40, route de la Vallée-d'Aure
GUCHEN
✆ 05 62 39 90 03
www.arbizonloc.com

Compter entre 459 € et 1 410 € selon la saison, selon l'appartement, de 4 à 12 personnes.

Jean-Pierre, en ouvrant les portes d'Arbizon Loc, avait pour seul désir, d'offrir un lieu de vacances avec le même confort qu'à la maison. Les chambres sont fermées pour une indépendance optimale, les lits sont grands et les banquettes convertibles sont choisies pour assurer un sommeil bienfaiteur. Les cuisines sont très bien équipées avec de grandes marques d'électroménager. Ces appartements de standing prévus pour 4 à 12 personnes jouissent d'un environnement rare, qu'il est bon de savourer... surtout à des tarifs aussi raisonnables.

Arreau, au bord de la Neste d'Aure.

LE GYPAETE €

1, grande rue
05 62 40 12 55
Ouvert de vendredi au mardi, de 11h30 à 14h et de 18h30 à 22h et tous les jours l'été. Compter 16 € pour un repas.

Le Gypaete, au cœur du village, est un nouveau restaurant qui vaut le détour. A la carte, quelques plats, des salades, des pizzas, des burgers et les desserts. Tout est fait maison. Ici, on privilégie les circuits courts et locaux, avec des aliments frais dont 90 % au moins sont transformés en cuisine. Côté salle, la décoration fait la part belle au bois et au métal, et l'été, profitez de l'agréable terrasse, et mangez les pieds dans l'herbe, au bord de l'eau ! Vous pouvez aussi commander à emporter. Une adresse franche et généreuse qui fait du bien.

AUBERGE DES ARYELETS €€

Place du Village - **AULON**
05 62 39 95 59
www.aubergedesaryelets.com
Ouvert du mercredi au dimanche de 12h15 à 13h30 et de 19h15 à 21h, et tous les jours l'été. Compter 38 € pour un repas.

Julien et Fred ont repris l'Auberge des Aryelets pour en faire l'une des tables les plus divines de la vallée. A la carte tous les plats sont alléchants. Les produits régionaux sont mariés à des saveurs exotiques comme pour la mosaïque de truite bio, vinaigrette thaï et condiment petit pois, roquette, wasabi. La créativité débridée du chef se révèle dans les mariages de saveurs étonnants, et dans les présentations poétiques des assiettes. Un régal. Depuis peu, vous pouvez dormir à l'étage, au Relais des Aryelets, où le confort et le petit-déjeuner sont excellents.

LA CRÊPE D'AURE €€

19, Grande Rue
05 62 98 61 00
www.restaurant-lacrepedaure.fr
Ouvert du jeudi au lundi, midi et soir. Tous les jours en haute saison. Compter 25 € pour un repas.

Ce restaurant n'est plus à présenter. Cela fait 40 ans que Jean-Michel réinvente sa carte au fil des saisons, et propose bien plus que des crêpes. Ce chef créatif s'inspire du marché pour offrir le meilleur d'une cuisine traditionnelle fidèle aux spécialités régionales. Garbure royale avec confit de canard, que l'on retrouve également dans le généreux cassoulet maison, l'assiette gourmande avec magret et brochettes de cœurs de canard. Le terroir s'élargit avec la salade gasconne et des propositions de poissons, sans oublier les galettes et les crêpes, généreuses.

RESTAURANT DE L'ARBIZON €€

4, route de Jezeau 05 62 98 64 35
Ouvert tous les jours midi et soir pendant les vacances scolaires. Fermé lundi, et jeudi, dimanche soir en hors saison.

À la tête de l'établissement, Laetitia vous reçoit dans une ambiance chaleureuse. On apprécie la déco design soignée et l'accueil est parfait. Ici, les produits frais rythment les menus et les propositions sont de beaux hommages au terroir comme le magret, version émincé ou farci au foie gras. La fondue traditionnelle est une bonne idée et les hamburgers maison régalent les audacieux. Frites maison et petits légumes accompagnent au choix ces assiettes généreuses. Pour finir en douceur, le moelleux au chocolat ou le flan au caramel à l'ancienne vous raviront.

L'AUGUSTIN

32, route du Luchon
05 62 98 07 58
www.sas-laugustin.eatbu.com/?lang=fr
Ouvert tous les jours de 7h30 à 2h.

En face de la mairie, ce bar à bières, qui fait aussi brasserie, est un endroit plein de vie. Toujours ouvert, il propose un large choix de bières dont celles de la brasserie du village, sert du bon vin, et réalise vos cocktails. Côté cuisine, un plat du jour le midi en fonction du marché et des saisons, et des planches de charcuterie et fromages le soir. La décoration fleure bon la montagne avec le bois et les pierres aux murs. L'hiver, mangez près de la cheminée au coin du feu, et l'été profitez de la grande terrasse. Parfois des concerts s'invitent à la fête.

BRASSERIE L'AOUCATAISE

3, place de la gare
06 31 94 11 18
www.laoucataise.fr
Points de vente sur site.

La brasserie l'Aoucataise s'est établie à Arreau, au cœur du pays des Neste, dès 2012. Christian Arzur est un brasseur passionné. C'est sa passion, plus particulièrement de la bière artisanale qui l'a lancé. Au début, il ne s'agissait que d'un complément d'activité mais ses débuts prometteurs en ont fait une véritable entité. Aujourd'hui, il dirige la fabrication qui a atteint 250 hl et crée les nouvelles recettes. En 2017 une nouvelle gamme labellisée Agriculture Biologique voit le jour. Sa bière est distribuée notamment au magasin Pyrène à Arreau.

ARRENS-MARSOUS ★

De la vallée du Val d'Azun, comme un véritable jardin suspendu, il est le dernier village et c'est certainement un des plus jolis du département. Issu du mariage logique entre les communes d'Arrens et de Marsous, qu'un petit kilomètre et demi séparait, ce lieu de montagne culmine à 875 mètres d'altitude. En son cœur, vous trouverez une tranquillité verdoyante et fleurie, vous êtes aux portes du Parc national des Pyrénées. Bercé par le murmure du Gave d'Arrens, le village est traversé par une eau transparente et fougueuse qui a engendré des ponts de carte postale pleins de charme. Les maisons typiquement bigourdanes forment un urbanisme préservé et vous ne trouverez aucun immeuble de plus de trois étages. Sur certaines façades, on distingue encore clairement les fours où se cuisait le pain d'antan et les amoureux des belles pierres en auront plein les yeux. Une architecture affirmée, à admirer notamment sur les deux églises qui datent de 1200 et de 1750. Si elles révèlent de vrais trésors, elles n'en éclipsent pas l'incroyable chapelle dorée qui domine le village sur son piton rocheux. Elle doit son surnom à ses décorations murales dorées à la feuille et présente un plafond bleu étoilé impressionnant. Merveille au sol de schiste brut, elle semble posée sur du granit massif et est d'une beauté exceptionnelle. Si vous désirez flâner dans ces rues, n'ayez crainte, la circulation est aisée, été comme hiver, les routes étant parfaitement déneigées. Une halte s'impose dans ce village typique au doux climat qui mène aux cols du Soulor et d'Aubisque, les sommets mythiques du Tour de France.

MOULIN MUSEE

ARCIZANS-DESSUS

✆ 05 62 97 52 54

Ouvert juillet et août de 15h à 19h. Fermé le vendredi. Gratuit.

Un grand pan de l'histoire de ce village est abrité par les moulins d'Arcizans-Dessus. Au nombre de 22, ils étaient plus d'une centaine dans le passé. Ils se succèdent le long d'un petit ruisseau traversant le village. Le premier d'entre eux, un petit moulin à eau entièrement restauré, se visite et permet de comprendre le travail des artisans de l'époque. Utilisés à l'origine pour moudre maïs, orge, blé, millet et sarrasin pour les familles du Val d'Azun, la plupart ont récemment fait l'objet d'une rénovation et trois d'entre eux sont désormais des gîtes ruraux.

MUSEE MONTAGNARD DU LAVEDAN ★

29, route d'Azun

AUCUN

✆ 05 62 97 12 03

Visite guidée tous les jours à 17h en juillet et août. Sur réservation le reste de l'année. Entrée : 4 €.

Créé en 1963 par André Fourcade, ce musée retrace la vie quotidienne des hommes et des femmes de la montagne grâce à une collection exceptionnelle d'outils et d'objets. Installé dans des bâtiments du XVIe siècle, cet ensemble de pièces liées à l'artisanat local, l'agriculture et la transhumance, forme un témoignage recelant de véritables trésors. Montre de berger à cadran solaire, piège à taupe, bassinoire, peigne à carder de 1727 font partie des objets rares et incongrus.

NORDIC PARK

Col de Couraduque

AUCUN

✆ 05 62 97 42 18

Ouvert du 1er décembre au 6 mars de 9h à 17h, jusqu'à 16h en décembre. Entrée : 10 €.

La philosophie du Nordic Park est simple : royaume de la glisse mais version bouts de chou. Ce parc de loisirs de neige leur est réservé et tout est pensé pour leur faire découvrir la luge, le ski de fond et le ski alpin en sécurité. Le parc comprend deux pistes de descente douce, une piste «skier cross» avec bosses et virages relevés, une piste de luge et une piste bébé-luge pour les tout petits. Un espace est réservé à l'école de Ski pour un apprentissage tout en douceur avec les moniteurs, et il est même possible de participer à la construction d'igloos !

OFFICE DE TOURISME DU VAL D'AZUN

Place du val d'Azun

✆ 05 62 97 49 49

Ouvert du lundi au samedi de 9h à 12h et de 14h à 17h ; en haute saison le dimanche de 9h à 12h.

La nature farouchement préservée du Val d'Azun en fait une destination exceptionnelle toute l'année. Ses 8 villages typiques sont bordés par le Parc national des Pyrénées. Ici faune et flore s'épanouissent dans un éden merveilleux. Le Val d'Azun est la vallée du pastoralisme, du ski et de la randonnée, du parapente et du trail avec un réseau dédié. Les agents d'accueil du bureau d'information vous guideront dans ces multiples idées de découverte.

CAMPING L'IDÉAL*** €

Route du Val d'Azun - **ARRAS-EN-LAVEDAN**
✆ 05 62 97 03 13
www.camping-ideal-pyrenees.com
Compter 18 € pour 2 personnes et un véhicule ; 3,50 € pour l'électricité. Camping de juin à septembre.

Tout près des montagnes, à 2 km d'Argelès-Gazost, vous êtes à proximité des grands cols pyrénéens. Le panorama est exceptionnel. A l'Idéal, vous serez en pleine verdure et au calme, loin des grands axes. Les emplacements sont vastes et l'intimité assurée. La piscine extérieure, avec pataugeoire et les jeux pour enfants, assurent des vacances agréables en famille. En été, du pain frais vous attend tout les jours, pour un petit déjeuner gourmand. Si vous avez besoin de plus, le village d'Arras-en-Lavedan et ses commerces n'est qu'à quelques encablures.

GITE ANDRIOU €€

ARRAS-EN-LAVEDAN
✆ 05 62 97 10 91
www.gite-andriou.com
Compter de 550 € à 900 € pour la semaine. 7 personnes.

Au cœur du val d'Azun, offrant un magnifique panorama sur la montagne environnante, le gîte Andriou occupe une élégante maison du XIXe siècle à 650 mètres d'altitude. Pour un séjour au calme, dans un écrin de nature, il offre de parfaits atouts. Avec ses 170 m² et ses trois chambres pouvant accueillir jusqu'à 7 personnes, vous avez la place de vous isoler si besoin est. La maison est entourée de terrasses bordées de massifs fleuris en été. A proximité, les possibilités de randonnées sont nombreuses à pied en été ou en ski de fond sous la neige l'hiver.

CAMPING AZUN NATURE**** €€

1, route des Poueyes - **AUCUN** ✆ 05 62 97 45 05
www.camping-azun-nature.com
Compter entre 14 € et 22 € pour un emplacement, un véhicule et 2 personnes. Camping de mai à octobre.

Ce camping moderne et dynamique a su s'intégrer dans son environnement exceptionnel grâce à une volonté de ne pas dénaturer le site. On apprécie les larges emplacements et le terrain agrandi avec désormais de larges allées et des sanitaires flambant neufs. Les chalets isolés et chauffés sont parfaits pour un séjour hivernal. De nouveaux chalets en bois se fondent dans la nature et sont extrêmement confortables. Lieu de départ de nombreuses randonnées, à 15 min du Parc National des Pyrénées. Les propriétaires sont adeptes de rando et vous aiguillent dans vos choix.

HOTEL LE PICORS*** €€

6, rue du Picors
AUCUN
✆ 05 62 97 40 90
www.picors.fr
À partir de 59 € pour une chambre double, selon la catégorie et la saison. Petit déjeuner : 12,50 €.

Cet établissement a changé de propriétaire. La décoration est montagnarde, tout en bois. Les chambres sont bien équipées avec bain, TV et wifi gratuit, bureau et armoire. L'été, la vue sur les montagnes, de la terrasse où vous pouvez prendre votre petit déjeuner, est à couper le souffle. Au cœur de ce cadre splendide, vous profiterez des multiples équipements de loisirs tels que tennis, mini-golf, terrain de volley et panier de basket. Une belle piscine couverte, un sauna et un bain bouillonnant vous détendent après les randonnées des alentours.

LES GERBES**** €€

Quartier Les Gerbes
ARRAS-EN-LAVEDAN
✆ 06 35 24 44 40
www.pyrenees-chambres-hotes.com
Compter entre 84 € et 129 € pour une chambre double, petit déjeuner compris.

Il règne ici une ambiance chaleureuse, typique des traditions pyrénéennes. Le mobilier moderne se marie harmonieusement à la rusticité de cette demeure bigourdane du XVIIe siècle. En été, vous profitez de la belle terrasse avec vue sur les montagnes et sur la vallée, et du bain bouillonnant extérieur. En hiver, les soirées se déroulent au coin du poêle. Les chambres sous les combles sont astucieusement aménagées, décorées avec goût, avec douche installée dans un coin de la pièce. Le petit-déjeuner et la table d'hôtes sont excellents. A tester.

MAISON SEMPE €€

3, rue Marque Dessus
✆ 05 62 97 41 75
www.maisonsempe.fr
Chambre simple 70 € ; chambre double 80 € ; suite 140 €. Petit déjeuner et taxe inclus.

Au cœur du village, Sylvie et Jean-Paul vous accueillent chaleureusement dans leur maison bigourdane du XVIIe pour un séjour de charme. La maison, élégante, et les cinq vastes chambres sont décorées avec beaucoup de goût. Sur la terrasse, vous pourrez déguster le petit déjeuner en regardant les sommets enneigés. Les délicieux petits plats de Sylvie, préparés avec des produits bio et locaux, sont d'inspiration régionale ou de « cuisine du monde ». Ces deux éducateurs spécialisés sont très à l'aise pour adapter le séjour des personnes en situation de handicap.

PYRÉNÉES NATURA**** €€

Route du Lac - **ESTAING** ✆ 05 62 97 45 44
www.camping-pyrenees-natura.com

Compter entre 19,40 € et 49,20 € pour un emplacement, un véhicule et 2 personnes. Forfait 10 € pour les randonneurs.

Conscient de l'environnement préservé dans lequel il se trouve, ce camping poursuit ses efforts afin de minimiser son impact sur la nature. Vous êtes en bordure du Parc national et les nombreuses plantations font partie des atouts du site. Christine, Lionel et Marie ont souhaité porter l'accent sur l'authenticité montagnarde, et le confort n'en est pas moins au rendez-vous. Si vous avez de la chance, votre séjour coïncidera avec la période de transhumance, synonyme de fête dans le village et au camping. En été, concert les mardi soir et massages sur réservation.

LES TERRES NERES €€

Lieu-dit Garcie - **AUCUN** ✆ 06 76 82 40 56
www.gitealamontagne.com

Compter 850 à 1490 € pour une semaine, selon la saison pour le gîte de 9 personnes et 280 à 400 € pour le petit gîte.

Ce gîte aux volumes exceptionnels est planté dans un parc de 8 500 m². Entre ses murs de pierre et de chaux une reconstitution des années 1800 émerveille. Ses meubles d'époque lui confèrent une âme unique : armoires anciennes, cheminée avec four à pain et niche à sel intégrée au cantou [banquettes dans la cheminée]. En outre, vous y trouvez le confort contemporain [TV, lave-vaisselle]. Gwenaëlle, votre hôte, est accompagnatrice en montagne et connait tout de la flore et de la faune locales. Un bain nordique extérieur vous détend dans la nature, écologiquement.

LE CHALET D'ATHALINE €€€

45, chemin de Sentantony
BUN
✆ 05 62 94 86 69
www.chalet-athaline.fr

Compter entre 600 € et 850 € pour une semaine. 5 personnes.

Au pied des crêtes de Pan, à 800 m du village de Bun et niché dans la montagne, vous arrivez au chalet d'Athaline. Nathalie a créé un univers douillet traversé de diverses essences de bois qui contribuent à la chaleur d'une ambiance accueillante. Les deux chambres sont bien agencées et très joliment décorées dans un style chalet modernisé. Un coin spa avec bain bouillonnant et sauna permet de se détendre complètement après une journée de randonnée dans le parc national des Pyrénées ou de ski sur l'un des domaines très proches.

L'APISTOMAQUE €€

12, route d'Azun
✆ 05 62 42 05 89
www.apistomaque.com

Ouvert mardi à samedi de 7h30 à 15h et de 16h30 à 22h30, dimanche de 8h à 15h. Compter 28 € pour un repas.

Du bon son à déguster en live, une ambiance de fête comme on les aime, des petits plats maison qui mettent en avant les produits locaux, un service au top, une carte de bières atypiques et un cadre sans fausse note : la partition de L'Apistomaque est la bonne. Ce bar-restaurant est un des établissements phares de la vallée, et sa programmation estivale de concerts est presque aussi attendue que sa carte. Coloré, vitaminé et d'un caractère affirmé, le lieu est séduisant au possible. Assiettes paysannes, plats roboratifs, burgers maison... tout y est !

LES SAVEURS D'AZUN €€

Route de Soulor - **ARCIZANS-DESSUS**
✆ 05 62 92 24 80
www.auberge-des-moulins.com

Ouvert du mercredi au dimanche de 12 à 14h, et de 19 à 21h. Compter 38 € pour un repas.

Coup de cœur pour cet établissement de charme qui allie une cuisine inspirée et créative, un accueil chaleureux et une des plus belles terrasses des Hautes-Pyrénées. Elle offre une vue imprenable sur le Pic du Midi et le Hautacam. En à peine deux ans, le chef a réussi à faire résonner l'écho de la qualité de sa cuisine au-delà de la vallée. Le cochon de lait fond sous sa croûte, la lotte est sublimée par deux crèmes à l'ail et aux poivrons... Les desserts confirment son talent : tiramisu à base de violettes ou de lavande, suprême de mousse au chocolat, fraisier...

L'ABBADIALE

Rue de Gabizos
ARRAS-EN-LAVEDAN
✆ 06 31 51 09 04
www.abbadiale.fr

Ouvert du lundi au samedi de 14h à 18h.

L'Abbadiale est une association créée en 2006, consacrée à la promotion de l'artisanat d'art en Val d'Azun. Ancienne abbatiale, puis presbytère, ce bâtiment chargé d'histoire accueille deux lieux d'exposition, permanente et temporaire. Vous découvrez le travail de créateurs de tout horizon. Sculpture, verre, peinture, vitrail, céramique, autant de disciplines mêlant leurs matières pour faire surgir émotions et questionnements. Des cours, ateliers et stages sont souvent organisés autour de multiples thématiques. Le lieu accueille aussi des artistes en résidence.

LA GRANGE ART ET MONTAGNE

rue du Val d'Azun - **ARRAS-EN-LAVEDAN**
✆ 05 62 97 27 41
www.grange-art-montagne.com
Ouvert du lundi au samedi de 9h à 12h30 et de 15h à 19h30.

A 10 minutes d'Argelès-Gazost, Marie-Christine et Stéphane sont heureux de vous recevoir dans leur conserverie traditionnelle. Ils vous expliquent leurs recettes, puisées dans un répertoire gourmand tourné vers le canard. Confits, foies gras, cou farci, magret farci, cassoulet, garbure vous mettront l'eau à la bouche. Si vous souhaitez faire plaisir à vos amis, des coffrets gourmands sont proposés. Vous pouvez en faire envoyer à domicile. Vous retrouvez ces produits en vente à Argelès.

LE KAIRN

route du val d'azun - **ARRAS-EN-LAVEDAN**
✆ 05 62 42 10 63
www.lekairn.fr
Ouvert du vendredi au lundi de 11h à 20h30, et tous les jours en été.

Karine Depeyre, la créatrice de cette librairie-bistro, joue sur le charme insolite du lieu. Côté librairie on retrouve plus de 6 000 titres sur 120 m^2. La sélection est tournée vers les cultures du monde et propose des ouvrages variés au-delà des grands classiques ou des nouveautés. Le Kairn cherche également à mettre en avant les acteurs culturels locaux par de nombreuses animations : dédicaces, rencontres, lectures, résidences d'artistes... En cuisine, ce sont des salades, tartines, et assiettes gourmandes à base de produits bio qui attendent les lecteurs.

A BOUT D'AILE - COMME UN OISEAU

39, route d'Azun - **AUCUN**
✆ 05 62 97 47 63
www.commeunoiseau.com
Compter 120 à 160 € pour un cours de 4h, et 60 à 90 € pour un baptême.

L'école de parapente créée en 1998 permet de découvrir le vol libre, en stages ou en biplace, sur un des sites des Pyrénées les mieux abrités du vent. Selon la météo, vous pourrez survoler le Val d'Azun, la vallée d'Argeles-Gazost ou Hautacam. Pilote débutant (initiation), volant (perfectionnement), confirmé (cross) ou bien en formation qualification biplace, vous profitez en toute sécurité des 23 ans d'expérience du vol montagne de Ludovic Villacres, qui défie les oiseaux depuis 1992.

FERME EQUESTRE DE BERNICAZE

10, chemin de Bernicaze - **ARRAS-EN-LAVEDAN**
✆ 05 62 97 53 69
Compter 25 € pour 2 heures de randonnée. Ouvert d'avril à septembre et sur réservation le reste de l'année.

La ferme de Bernicaze propose de découvrir la région à cheval. Toutes les montures sont nées et élevées à la ferme et s'avèrent particulièrement adaptées au terrain. Adeline accompagne ces sorties de 2 ou 3 heures où vue panoramique et sentiers forestiers vous enchanteront. Des sorties à la journée ou des randonnée de plusieurs jours, au cœur des Pyrénées (Gavarnie, Parc national...), sont également possibles. Des stages sont organisés pour les enfants dès 8 ans.

ANCIZAN

Vous culminez déjà à 2 800 mètres, au pied de l'Arbizon. Ancizan y dévoile ses charmes et sa rudesse de caractère. Village typique, il offre une magnifique zone pastorale vallonnée et présente un charme verdoyant délicat. Sous Henri II, le site était un important centre drapier où siégeait la corporation des tisserands de la vallée d'Aure. De ce passé, il reste de remarquables demeures aux portes et linteaux sculptés, et l'église, dotée d'une façade néoclassique et d'un clocher roman, abritant une scène de mise au tombeau classée. Ancizan a aussi connu des heures sombres en 1953 avec la crue de l'Erabat qui a partiellement détruit nombre d'habitations.

MUSÉE DE LA CIDRERIE

2, rue de l'Arbizon
✆ 05 62 39 97 61
www.cidrerie-ancizan.fr
Ouvert du mardi et dimanche de 14h à 18h30. Entrée : 5,50 €.

Sur ces terres auroises le cidre sec est chez lui. Le fameux poumado est produit dans cette cidrerie tout comme la cizana, qui peuvent être dégustés au tonneau. La cidrerie d'Ancizan c'est un chai de production, un musée, une boutique et un restaurant typique du Sud-Ouest. La vieille ferme vous fait découvrir les méthodes de fabrication des jus, cidres et liqueurs : films, outils anciens, rôle des abeilles... C'est à la fois passionnant et instructif. Autant de clés permettant de mieux savourer le trop méconnu poumado, avant de déguster de bons plats au restaurant.

LES 2 CALECHES €€

15, rue Salcedo
✆ 05 62 49 10 10
www.les2caleches.com

Compter 90 € la chambre double, 1 590 à 2 990 € la semaine pour le gîte. Petit déjeuner : 9 €.

Cette maison de caractère abrite cinq vastes chambres d'hôtes. La pierre, le bois et l'ardoise s'y mêlent avec beaucoup de charme, sur 300 m². Cheminée et bar, murs lambrissés, éclairage étudié, pans de galets, les éléments nobles forment un ensemble harmonieux. Vous pouvez opter pour une chambre (toutes ont une baignoire ou une grande douche à l'italienne) ou louer le chalet si vous êtes plus nombreux. Le salon et la terrasse avec vue sont très agréables, vous pourrez y prendre le petit déjeuner très gourmand. Un spa avec sauna est aussi mis à votre disposition.

CHALET LA FILATURE €

2, rue du 15 août 1953
✆ 06 31 84 29 12
www.georges.balse.pagesperso-orange.fr

Compter entre 11 € et 14 € la nuit par personne, 18 € si nuit unique. Chalet pouvant accueillir 35 personnes.

Ce chalet aménagé en gîte a pris ses quartiers dans une ancienne filature. Cela explique ses dimensions hors normes. Il comprend 7 lits doubles, 21 lits simples et 8 salles de bain. Georges Balse ouvre son chalet pour un minimum de 5 personnes, pour une nuit ou plus longtemps. Vous pouvez donc y venir en famille restreinte ou avec tous vos amis. Les vastes espaces communs sont aussi prévus pour accueillir du monde. La salle à manger profite d'une très belle vue sur la montagne, tout comme la terrasse qui devient un endroit privilégié en été.

ARAGNOUET

Aragnouet se niche au cœur de la vallée d'Aure, au croisement de plusieurs lieux et infrastructures notables. Elle est reliée à l'Espagne par le tunnel transfrontalier, percé en 1976. Elle est aussi toute proche du poumon économique de la commune : la station de sports d'hiver de Piau-Engaly. Celle-ci a une période d'ouverture parmi les plus étendues des Pyrénées avec enneigement naturel sur toute la durée. Mais, surtout, le village se situe à quelques encablures du Parc national des Pyrénées et de la réserve naturelle nationale de Néouvielle. Quant à l'architecture, ne manquez pas la chapelle Notre-Dame-de-l'Assomption-du-Plan, classée Monument historique.

LE NID DU GYPAETE €

Route d'Eget-village
✆ 05 62 40 94 57
www.nid-gypaete.com

Compter 96 € pour une chambre double. Petit-déjeuner inclus. Personne supplémentaire : 30 €.

Dans une grange du XIXe siècle, Nicole vous accueille chaleureusement. En fond de vallée, la maison a une vue sur trois sommets et le calme est bienfaiteur. Trois chambres confortables vous attendent dans un joli mélange de modernité et d'ancien, les pierres et le bois sont à l'honneur. Au petit-déjeuner, vous serez séduit par le quatre-quarts au beurre salé (votre hôte est bretonne), mais aussi par les pancakes faits devant vous ! Dans le salon des boissons, livres et jeux à disposition, et la cuisine pour les repas. Un bain bouillonnant extérieur vous détendra.

GÎTE ESPACE ET MONTAGNE €€

Hameau de Fabian ✆ 05 62 39 67 95
giraudeaueric.wixsite.com/monsite

Compter entre 850 € et 1 150 € selon la saison. Capacité de 12 personnes.

Le petit hameau de Fabian se trouve à 10 min du parc national des Pyrénées, sur un terrain de plus de 300 m². Ici, la nature est reine. Ce gîte peut accueillir jusqu'à 10 personnes et si la décoration demeure très sobre, il possède tout le confort moderne. Parfaitement équipé, des salles de bains à la cuisine, il ne manque rien (sèche-linge, télévision, chaîne hi-fi). Le vaste jardin permet de prendre ses repas dehors aux beaux jours. En hiver, on apprécie ce gîte pour sa proximité avec les stations de Saint-Lary et Piau-Engaly.

HÔTEL DES 4 OURS*** €€

Station de Piau-Engaly
✆ 05 62 40 78 00
www.hotel-4ours-piau.com

A partir de 130 € pour une chambre double l'hiver, à partir de 59 € l'été. Petit déjeuner : 10 € (enfant 5 €).

Posé au pied des pistes, l'hôtel a été entièrement rénové récemment pour le plus grand plaisir de ses habitués. Ode au bon goût et à la modernité, l'architecture de caractère vous séduira bien dès le seuil franchi. La clarté est ici une constante qui illumine le panorama magnifique. Les chambres sont dans le même esprit, à la fois cosy et lumineuses grâce à des terrasses privatives et leurs baies vitrées. Le restaurant propose une cuisine régionale, avec demi-pension ou pension complète possibles. Une adresse que nous vous conseillons vivement.

BARÈGES ★

Barèges ne connut pas la même histoire que ses stations thermales voisines. La découverte de vertus curatives des eaux est due aux bergers, qui avaient remarqué que leurs brebis, malades ou blessées, allaient instinctivement se baigner dans les eaux chaudes et sulfureuses. Aujourd'hui, ce versant ouest du col du Tourmalet, est un haut lieu des plaisirs de la glisse. Le village garde son visage de montagne car les infrastructures touristiques s'y intègrent avec respect. Quant au spa Cieléo, il perpétue le plaisir du bien-être. La vie pastorale reprend ses droits l'été, et c'est à pied, à vélo, VTT ou en parapente que l'on explore les alentours.

BUREAU D'INFORMATION TOURISTIQUE DE BARÈGES

Place Urbain-Cazaux ✆ 05 62 92 16 00
www.valleesdegavarnie.com

Ouvert tous les jours (hiver et été) de 9h à 12h et de 14h à 18h (basse saison : de lundi à vendredi 9h-12h et 14h-17h).

Barèges fait désormais partie de l'agence touristique des vallées de Gavarnie et dans son Office de tourisme, vous trouverez toute la documentation liée à ce grand territoire. Hiver comme été, les animations et les possibilités de découverte sont nombreuses. Les conseillères en séjour sauront vous présenter les bons plans vous permettant de passer de superbes vacances. Vous trouverez également toutes les cartes, plans et topos nécessaires à vos randonnées à pied ou en raquettes.

CENTRE DE LOISIRS DE L'HELIOS

39, route Labatsus
✆ 06 88 88 06 11

Centre ouvert pendant les vacances scolaires. Piscine : en été de 13h30 à 19h30. Entrée : 3,50 € adulte et 4 € enfant.

Ce centre de loisirs propose des activités sur le thème de la neige et de la vie à la montagne. Entre l'initiation au ski, la construction d'igloos, les jeux de neige, les jeux manuels et créatifs, l'observation de la nature, la découverte de la vie pastorale, les enfants ont de quoi se divertir agréablement durant les vacances. En été, la piscine prend le relais avec des activités ludiques telles que du rafting, de l'accrobranche ou des randonnées. La piscine extérieure est chauffée.

HENRI NOGUE - GUIDE DE MONTAGNE

Village
SERS
✆ 05 62 92 69 73

Renseignements et tarifs par téléphone ou sur place.

De la raquette à la grimpe à 3 000 mètres, Henri Nogué, guide de haute montagne, vous emmène partout et en toute saison, selon votre niveau bien sûr. L'engagement se fait de la promenade d'une demi-journée à la randonnée sportive de plusieurs jours. Ski en hors-piste, ascensions en hivernale sur les pics de France et d'Espagne, ski de randonnée, et via ferrata, canyoning, parapente en biplace, Henri pratique la montagne sous toutes ses formes et en toute saison.

Pistes enneigées - Domaine skiable de Barèges.

GÎTE ETH CLUQUET €

Lieu-dit Saint-Justin
SERS
✆ 06 84 41 13 44
Compter 1 400 € la semaine et 220 € la nuit. Pour 12 personnes.

Le gîte est situé sur une grande aire naturelle où vous pouvez planter les tentes : le dépaysement est au rendez-vous. Dans les hauteurs magnifiques de Sers, le gîte de randonnée est parfaitement équipé, décoré avec goût dans un pur style montagnard. Il est moderne et très agréable avec le salon où crépite le feu dans la cheminée. Avec ses deux chambres doubles et un dortoir pour 8, cette ancienne grange diffuse un charme indéniable. Le gîte est depuis peu proposé à la location dans sa globalité uniquement. Repas possibles à la crêperie voisine.

LA GRANGE AU BOIS €

Route du Tourmalet
VIELLA
✆ 05 62 92 93 84
www.lagrangeaubois.fr
Chambre double de 48 € à 56 €. Petit-déjeuner : 9 €. Lit supplémentaire : à partir de 22 €.

Au milieu des prés et des bois, sous le col du Tourmalet, avec un équipement collectif tout confort garantissant à la fois la convivialité et l'indépendance, le gîte cumule les atouts. Chaque chambre est parfaitement entretenue et possède une salle de bains et des toilettes privées. L'accueil est très chaleureux et votre hôte met tout son cœur dans la préparation des petits déjeuners et repas. Terrasse avec tables, toboggan, ping-pong et un solarium ou cheminée, bibliothèque et bar : à l'intérieur comme à l'extérieur, le lieu est aussi parfait que l'accueil.

LA MONTAGNE FLEURIE*** €

21, rue Ramond
✆ 05 62 92 68 50
www.montagnefleurie.fr
Compter entre 86 € et 92 € pour une chambre double, petit déjeuner inclus. Fermé du 8 octobre au 15 décembre.

Installée dans une authentique maison bigourdane du XVIIIe siècle, la Montagne Fleurie se situe à 50 mètres des thermes. Baigné dans une ambiance d'époque, avec parquet Versailles en noyer, mobilier précieux en chêne, l'hôtel offre un décor imprégné d'histoire et une ambiance feutrée emplie d'élégance. Les chambres respirent le repos et la tranquillité, la salle à manger permet de se restaurer d'une cuisine de terroir (menu du jour uniquement), et le service est particulièrement bienveillant. L'artiste Henri de Toulouse-Lautrec y séjourna de 1877 à 1879.

CAMPING LA RIBÈRE*** €€

30, route de Labatsus ✆ 05 62 92 69 01
www.laribere.fr
Compter 16 € pour un emplacement 2 personnes et un véhicule. Camping fermé de novembre à avril, locations toute l'année.

Si vous recherchez un vrai camping de montagne où l'esprit nature est doublé d'un confort parfait, ce camping est fait pour vous. Au pied du Tourmalet, le cadre est fabuleux, bordé par une forêt centenaire, ombragé par les sommets, vous êtes à 1 200 m d'altitude. C'est dans cet environnement de pierres et bosquets fleuris que Marjoleine vous accueille. Une salle commune est aménagée pour les randonneurs. Des chalets de bois récents étoffent l'offre, déjà composée de mobil-homes. Parfaitement équipés, ils sont une solution de charme, en hiver comme en été.

ESLIAS €€

Hameau les Cabannes
VIELLA
✆ 05 62 92 84 58
www.chez-laporte.com
Compter entre 500 et 1 100 € pour la semaine.

Premières neiges. Voilà la signification en patois d'Eslias. Jocelyne et Marcel Laporte sont les propriétaires de cette exploitation agricole, sur la route du col du Tourmalet. Que ce soient les chambres ou les espaces communs, la décoration est soignée et agréable. Parfois, vous sentirez même craquer le vieux plancher sous vos pas lourds au retour d'une bonne randonnée. La maison chaleureuse n'est pas le seul atout du gîte : le décors et les alentours sont aussi magnifiques. Vous pouvez randonner à pied ou à vélo au départ de la maison.

LES GENTIANES €€

Patrick Theil - **VIELLA** ✆ 06 73 83 08 05
www.chambres-hotes-tourmalet.com
Compter 72 € pour une chambre double, petit déjeuner inclus. Fermé en novembre. Table d'hôtes 21 €.

Le charmant village de Viella surplombe la vallée de Luz-Saint-Sauveur. C'est dans ce cadre enchanteur que la maison d'hôtes Les Gentianes a élu domicile. Dans un décor parfait de chalet de montagne, les chambres situées en mezzanines et récemment rénovées, offrent une vue exceptionnelle sur l'Ardiden et le château Sainte-Marie. Le salon vous accueille pour la lecture et la détente. Vous serez reçu avec chaleur et pourrez visiter la ferme de Patrick, berger passionné. L'auberge vous propose des plats régionaux avec des produits issus directement de la ferme.

LE BASTAN €

Route du Tourmalet
✆ 05 62 92 67 73
Ouvert de 9h à 17h, jusqu'à 18h en été. Fermé d'octobre à décembre et de mi-avril à fin mai. Compter 25 € pour un repas.

Au beau milieu des montagnes, ce restaurant qui culmine à 1 740 m d'altitude est l'endroit idéal pour faire une pause gourmande dans un cadre exceptionnel. L'hiver, on y accède à ski et en été par un chemin tortueux. Kitrie Lacoume, la chaleureuse gérante, propose des formules à base de produits frais, sélectionnés auprès des artisans locaux. En hiver, les solides produits du terroir prennent place sur un buffet. En été civet d'agneau, garbure, confit de canard, magret, tarte aux myrtilles sont directement servis à table. Une adresse authentique.

AUBERGE DU LIENZ - CHEZ LOUISETTE €€

Route forestière du Lienz
✆ 05 62 92 67 17
wwww.chezlouisettebareges.com
Ouvert tous les jours midi et soir sauf lundi soir en haute saison. Compter 30 € pour un repas.

Au cœur de la forêt de Barèges, une auberge familiale concocte pour les skieurs, les randonneurs ou les curieux affamés, des plats authentiques. Chauffé par une grande cheminée centrale, cet établissement d'altitude pittoresque, tenu par l'infatigable Louisette, est une adresse sans égal. Personnage haut en couleur et en générosité, Louisette incarne l'âme pyrénéenne. Sa cuisine est à son image, élaborée à partir de produits du terroir. Tout est fait maison, sauf les croissants !

RESTAURANT LA BERGERIE - CHEZ ROSETTE €

Village
SERS
✆ 05 62 92 84 32
Ouvert tous les jours midi et soir pendant les vacances scolaires. Compter 35 € pour un repas.

C'est à la Bergerie qu'il faut se rendre pour goûter à la véritable garbure pyrénéenne. Si Rosette l'a portée au sommet, c'est aujourd'hui Marie-Laure qui perpétue la recette familiale. Ici, elle est préparée avec du jarret de porc et est servie en soupe ou en plat unique dans des assiettes fumantes. L'été, vous pourrez vous installer sur la terrasse qui donne sur le plateau de Bolou et le massif de l'Ardiden ; et l'hiver près de la cheminée dans la salle-à-manger rustique.

AUBERGE LA COUQUELLE €€

5, route du Tourmalet
✆ 05 62 92 68 15
Ouvert tous les jours midi et soir en saison, tous les soirs sauf lundi en hors saison. Compter 30 € pour un repas.

Au pied du Tourmalet, une ancienne grange construite il y a deux siècles accueille une auberge de charme. Les braserades sont servies au coin de la cheminée. Vous cuisez vous-même agneau, bœuf ou magret, sur un lit de braise déposé à votre table. Vous pouvez également opter pour des créations plus originales, comme le magret entier sauce caramel de Jurançon. Le repas se conclut avec la myrtillade. Annie et Arnaud vous réserveront toujours un excellent accueil et perpétuent la tradition de l'auberge rustique comme on l'aime. Réservations conseillées.

AUBERGE DE VIELLA €€

VIELLA
✆ 05 62 92 85 14
www.chambres-hotes-tourmalet.com
Ouvert tous les jours midi et soir. Fermé le lundi hors vacances scolaires. Compter 30 € pour un repas.

Face à la chaîne des Pyrénées, le massif de l'Ardiden, et en contrebas, le château Sainte-Marie. L'auberge, vieille maison familiale, s'est installée dans ce lieu magique. La salle de restaurant a été entièrement décorée de bois blond. Les grillades d'agneau AOC Barèges-Gavarnie font la réputation de la maison. Le cochon est un autre point fort : pâtés, graisserons, charcuterie, tout est garanti maison. En dessert, le pain au lait avec œufs de la ferme au bain-marie est une spécialité à découvrir. Devant le succès des menus généreux, il est prudent de réserver.

LE BISTROT €€

45, rue Ramond
✆ 05 62 91 54 78
www.lebistrotbareges.com
Ouvert midi et soir, sauf le mardi. Fermeture d'octobre à mi-décembre et avril-mai. Compter 30 € le midi, 40 € le soir.

Le Bistrot vous accueille dans une ambiance contemporaine, respectueuse de l'esprit montagne. On vient y grignoter des tapas de grande qualité ou des créations maison bien plus solides. La spécialité, la viande cuite à la braise : du magret à la côte de bœuf, elle s'imprègne d'une saveur délicieusement fumée. Côté dessert, vous n'échapperez pas à la mandarine travaillée ici avec le chocolat dans une création originale. Sur toute la carte, l'inspiration est là et le goût aussi. 60 références de vin soigneusement sélectionnées complètent cette très belle cuisine.

LA BODEGUITA €€

11, rue de Labatsus

✆ 06 73 29 72 98

Ouvert tous les jours de midi à 21h. Fermé d'avril à mi-juin et de mi-septembre à fin novembre.

A l'entrée du village de Barèges, la Bodeguita vous attend pour vous offrir une cuisine traditionnelle. Les plats montagnards se succèdent sur la courte carte : tartiflette, raclette, fondue, entrecôte, auxquels s'ajoutent de belles galettes bretonnes. Le cadre rustique fait plus penser à un chalet d'alpage qu'à une auberge pyrénéenne, mais l'on s'y sent très bien. Autre atout, le service assuré en continu permet de se restaurer à toute heure et donc de craquer pour une assiette de charcuterie ou un plat plus roboratif au retour des pistes.

LA FERME SAINT-JUSTIN €€

SERS ✆ 05 62 92 96 36

www.ferme-saint-justin.com

Ouvert de 10h à 20h en été. Fermé le matin en semaine en mai, juin et septembre. Compter 15 € pour un repas.

La Ferme Saint-Justin est une halte bien connue des randonneurs qui peuvent y bivouaquer. Il faut marcher 700 mètres à flanc de montagne au départ de Barèges pour l'atteindre. La balade est facile, en revanche, en fin de journée, pensez à vous munir d'une lampe de poche pour la descente. Vous vous attablez face aux montagnes pour déguster de délicieuses galettes et crêpes. Jean-Louis et Gwenaëlle vous renseignent sur les marches des environs. Une très bonne adresse, en pleine nature, pour se recharger. Depuis peu un gîte pour 8 à 12 personnes est aussi à louer.

LE VIN 4 €€

24, rue Ramond

✆ 05 62 45 21 84

Ouvert midi et soir. Fermé le lundi hors vacances scolaires. Compter 25 € pour un repas.

Les caisses en bois des murs vous donnent le ton des 50 références de crus proposées dans cet établissement chaleureux. Le coin salon et les fauteuils Voltaire incitent à prolonger le plaisir et à découvrir des vins venus des 4 coins de France et du monde. Les ardoises de fromages, charcuterie, foie gras, rendent hommage aux meilleurs producteurs de la région. Au restaurant, les plats travaillés sont très convaincants, de la truite gravlax à la tartiflette façon Toy. Les desserts à base de Carambar ou de fraises Tagada sont délicieusement régressifs.

CENTRE ÉQUESTRE DU LIENZ

Plateau du Lienz

✆ 06 43 75 85 10

www.cheval-pyrenees.com

Ouvert tous les jours sur réservation, en juillet et août. Compter 35 € pour 2 heures de balade.

Séverine, guide et monitrice équestre, propose des sorties adaptées à tout âge et au niveau des cavaliers dans les montagnes environnantes. Le matin les chevaux, poneys et ânes redescendent des pâturages où ils ont passé la nuit à brouter l'herbe fraîche. La découverte du plateau du Lienz est parfaite pour tous, cavaliers débutants ou confirmés prennent tous du plaisir. A 1 550 m d'altitude, pensez à téléphoner pour vérifier la météo, il se peut que le temps soit couvert dans la vallée et au beau fixe dans les estives. Balades d'une, deux ou trois heures.

CIELÉO SPA

1, Rue Ramond

✆ 05 62 92 68 02

www.cieleo-bareges.com

Ouvert tous les jours 15h30-19h30 en été, du lundi au samedi 15h30-19h hors vacances. 12 € l'heure, 17 € les deux.

En bordure du Parc National des Pyrénées la station thermale la plus haute de France est destinée au traitement des affections liées à la rhumatologie et aux voies respiratoires. C'est aussi un spa où se faire chouchouter est un pur bonheur. La piscine toute en courbes, banquettes à bulles, geysers et jets est installée sous une coupole tapissée d'étoiles. Un étage du centre est réservé à la détente et aux soins apaisants, relaxants ou vivifiants selon votre envie. Massage californien, hawaïen, japonais, ou aux pierres chaudes font partie du programme.

LES THERMES DE BARÈGES-BARZUN

1, rue Ramond

✆ 05 62 92 68 02

www.cieleo-bareges.com

Cures possibles de début mai à fin octobre.

Les eaux sulfurées sodiques de l'établissement thermal de Barèges ont des vertus thérapeutiques connues depuis le XVIIe siècle. La station a été bâtie sur deux sources assurant le traitement d'affections liées aux voies respiratoires mais aussi à la rhumatologie. La sphère ORL est l'autre axe fort de l'établissement qui, de par son altitude à 1 250 mètres, est un site sans pollution ni acariens. Des activités complémentaires comme la marche adaptée renforcent les bienfaits de la cure.

GRAND TOURMALET - PORTE DE BARÈGES

2, place Urbain-Cazaux
✆ 05 62 92 16 00
www.valleesdegavarnie.com
Compter 47 € pour le forfait 1 jour, 58 € pour le pass journalier Tourmalet + Pic du Midi.

Le domaine du Grand Tourmalet a la particularité d'être composé des deux versants du col : côté est, la Mongie et côté ouest Barèges. En son cœur, le majestueux pic du Midi. Ces trois espaces forment le plus grand domaine skiable des Pyrénées. Il comprend plus de 100 kilomètres skiables répartis en 62 pistes, 28 remontées mécaniques et plus de 300 canons à neige, afin d'assurer l'enneigement optimal tout au long de la saison. Outre le ski alpin ou nordique, les activités sont multiples : ski de rando, promenades en raquettes, balade en dameuse, chiens de traineaux, parapente... Le plateau de Lienz, juste au-dessus du village de Barèges, offre un bel espace nordique de 18 kilomètres dont une partie en forêt, magique, sous les sapins enneigés. C'est ici aussi que de magnifiques balades en raquettes sont possibles avec des boucles adaptées à tous les niveaux. Les balades en traîneaux à chiens sont un autre point fort du lieu. Après une courte initiation, vous serez amené à conduire seul le traîneau et diriger les huskies. Les pistes barégeoises, comme celles du col de l'Ayré, ne manquent pas non plus de charme. Sur ce versant, les loisirs sont nombreux. Les jardins d'enfants, l'École de ski française, un système d'initiation au ski et de garderie pour les tout-petits en font une destination familiale idéale.

Des forfaits spéciaux permettent de combiner la station de Tourmalet-Barèges avec celle du Pic du Midi ou de s'octroyer une journée au ski et un accès au spa Cieléo.

BORDÈRES-LOURON

Avec la station de Peyragudes, le complexe Balnéa, le magnifique lac de Génos-Loudenvielle et ses petits villages intacts, la vallée du Louron est l'une des plus belles de la région. Située au cœur des Pyrénées, sur une vingtaine de kilomètres, son patrimoine naturel a été parfaitement préservé. Territoire vert qui se couvre d'or blanc en hiver, du pic d'Hourgade à celui d'Estos, les panoramas sont à couper le souffle. C'est d'ailleurs un des meilleurs sites de vol libre du département. Dotée d'une riche culture artisanale et gourmande, cette vallée fait le bonheur des touristes, pénétrant l'un des plus beaux terrains de jeu des Hautes-Pyrénées.

L'ARIXO

3, rue du Pic des Gourgs Blancs - **LOUDENVIELLE**
✆ 05 62 99 68 02
www.loudenvielle.fr
Projections mercredi, samedi soir et dimanche après-midi. Séance : 6 €.

Cette vieille ferme restaurée a été réaménagée en salle de cinéma et en espace muséographique. Il consacre deux salles à la vallée du Louron. Une est dédiée au milieu montagnard et à l'habitat, et l'autre au patrimoine, avec des diaporamas, bornes tactiles permettant de visiter la vallée à plusieurs époques, et maquette de la vallée. L'Arixo accueille également des expositions temporaires, des débats, des spectacles, des soirées contées... Le lieu devient cinéma d'auteur mercredi, samedi et dimanche avec une programmation calée sur les sorties actuelles.

LUDIC PARK

2, chemin Caillaouas - **LOUDENVIELLE**
✆ 05 62 99 95 25
Ouvert de 10h à 19h en juillet et août, et les week-ends en juin et septembre. Tarif : 9 € l'heure, 14 € les deux.

Le Ludic Park, tout près de la piscine Ludeo, s'adresse avant tout aux enfants. Les structures gonflables et châteaux mous permettent aux petits de 3 ans à 14 ans de s'amuser pendant une heure ou plus. Dune géante, trampoline et mini-parcours aventure avec tyrolienne, lianes, ballons et filets, ici ça saute, ça court, ça tombe et tout le monde rit aux éclats. En cas de forte chaleur, les jeux sont arrosés afin que tout le monde reste au frais. Des sorties en quad sont proposées aux adultes (permis B obligatoire) ainsi que des randonnées VTT.

LE MOULIN DE SAOUSSAS ★

cheminde Saoussas
LOUDENVIELLE
✆ 05 62 99 96 40
Ouvert de 10h30 à 12h et de 16h à 18h30 l'été. Visites toute l'année sur rendez-vous. Entrée : 4 €.

Ce moulin a été construit après la Révolution afin de subvenir aux besoins des habitants de la vallée. Actionné par la force hydraulique, il fonctionne jusqu'en 1937 lorsqu'une crue de la Neste détruit la prise d'eau. Reconstitué, sa meule conservée, il a repris du service en 1996 et assure la production artisanale de farine bio. Vous pouvez assister à une démonstration et visiter l'écomusée et l'ancienne scierie hydraulique, elle aussi admirablement reconstituée. Des produits de la ferme comme le fromage de brebis et des produits régionaux y sont en vente.

LA TOUR DU CHÂTEAU DE GENOS

GÉNOS

Ouvert tous les jours. Gratuit.

Pendant les IXe et Xe siècles, la vallée du Louron fut pillée par les bandes sarrasines. Les tours de guet furent bâties à cette époque pour résister aux attaques des Maures, incluses dans un château ou entourées d'une simple enceinte. Celle-ci, construite sur un étranglement de la vallée, surveillait le sud et prévenait les autres tours du danger. Il existerait un passage souterrain la reliant à la tour Moulor. Dominant le lac, elle est facilement accessible par un sentier entretenu.

OFFICE DE TOURISME DE LA VALLÉE DU LOURON

12, chemin de Cazalis - **LOUDENVIELLE**

✆ 05 62 99 95 35

www.vallee-du-louron.com

Ouvert du lundi au samedi de 9h à 12h et de 15h à 18h ; le dimanche matin pendant les congés scolaires.

Pour un séjour réussi dans la vallée du Louron, n'hésitez à pousser les portes de cet Office de tourisme. Eté comme hiver, le bureau de Loudenvielle vous renseigne sur le riche patrimoine du village, mais aussi sur tout le Louron. Des meilleurs endroits à visiter aux fêtes phares comme celles des estives en juillet, rien ne sera passé sous silence. Le ski est bien présent sur le domaine très familial du Val Louron ou celui de l'ultramoderne Peyragudes.

TÉLÉCABINE SKYVALL

38, D 25

LOUDENVIELLE

✆ 05 62 99 69 99

Accessible de 8h15 à 18h. Tarif : 8 € l'aller et 12 € l'aller-retour.

Skyvall est la nouvelle télécabine reliant Peyragudes à Loudenvielle. Elle permet d'accéder rapidement aux pied des pistes et désormais la voiture n'est plus nécessaire pour atteindre la station. Moins de 10 minutes sont nécessaires pour effectuer le trajet en cabine de 10 places. Vous profitez de panoramas somptueux, sans stress ! La montée peut être combinée avec un passage en télésiège. La proposition s'avère bien futée également en été pour rejoindre les sommets et les départs de nombreuses randonnées, à effectuer à pied ou en VTT.

AUBERGE DE GERM** €€

Le Village

GERM

✆ 05 62 40 03 97

www.auberge-de-germ.fr

Compter 95 € pour une chambre double. Petit déjeuner : 11 €.

A plus de 1300 m d'altitude, au bout des ruelles d'un village qui a su préserver son authenticité, se trouve une auberge familiale et accueillante. Véritable balcon donnant sur la vallée, le départ du GR10 se trouve de l'autre côté du pont qui enjambe le torrent. Christophe Mellier et sa compagne vous y attendent et sauront vous conseiller sur les belles sorties à faire dans les alentours. Les chambres sont calmes, propres et confortables, équipées de la télévision et d'une salle de douche. La station de Peyragude, Loudenvielle et Balnéa se trouvent à 10 min.

HÔTEL MERCURE PEYRAGUDES LOUDENVIELLE**** €€

Chemin du Rioutor - **LOUDENVIELLE**

✆ 05 36 30 30 30

www.mercurepeyragudes.fr

Compter entre 190 € et 500 € pour une chambre double. Petit déjeuner : 18 €.

L'hôtel affiche une architecture de style pyrénéen avec la pierre de taille, le bois et l'ardoise. Les chambres, chaleureuses, sont pensées comme des cabanes de montagne. Un bar, deux espaces de restauration, une piscine extérieure chauffée toute l'année, un espace détente (bain bouillonnant, sauna, salle de sport) font partie des services compris dans le prix des chambres. Vous trouverez également un spa géré par Nuxe et un club enfants pendant les vacances scolaires.

LES NOISETIERS €€

2, chemin des Noisetiers

LOUDENVIELLE

✆ 06 20 70 12 40

www.noisetiers-pyrenees.com

Compter 90 € ou 95 € pour une chambre double, petit déjeuner inclus.

Laurence et sa famille vous ouvrent la porte de leur maison bigourdane, pleine de charme, dans un cadre joliment champêtre. Très bien rénovés, les lieux conservent l'empreinte de leurs origines, remontant au XVIIIe siècle. Deux chambres s'ouvrent sur le panorama exceptionnel des sommets pyrénéens. Un salon vous est ouvert et des tables sont mises à votre disposition dans l'agréable parc, ainsi qu'un barbecue. Les solides petits-déjeuners, préparés par Laurence, vous donneront des forces pour vos randonnées ou vos journées de ski.

PENE BLANCHE***** €€

9, chemin Mainette
LOUDENVIELLE
✆ 05 62 99 68 85
Compter entre 15 € et 28 € pour un emplacement, un véhicule et 2 personnes.

Face au lac et proche des commerces, la Pene Blanche offre une vue imprenable sur les montagnes et la vallée. Ce camping est particulièrement chaleureux et son cadre exceptionnel en fait une destination de choix. Il propose de vastes emplacements verdoyants garantissant l'intimité, et des mobil-homes tout confort de 2 à 3 chambres. Le camping vit toute l'année et l'ambiance y est conviviale en toute saison. En été, de nombreuses animations ludiques rythment les semaines. Vous pourrez aussi profiter des bain japonais, bain nordique et sauna.

RÉSIDENCE NÉMÉA LA SOULANE €€

Chemin du Lac Hameau d'Aranvielle
LOUDENVIELLE
✆ 05 57 26 99 31
www.residence-nemea.com
Compter entre 275 € et 545 € pour une semaine pour un studio 2 personnes.

La résidence La Soulane, du groupe Néméa, propose des appartements du studio 2 personnes au T4 pouvant accueillir de 2 à 8 personnes. La décoration gaie et moderne conserve un esprit montagne séduisant. La résidence est implantée sur l'un des plus beaux sites du département, enchanteur quelle que soit la saison. En été, c'est un écrin de verdure, propice aux sports de plein air, et en hiver, lorsque la neige parsème les alentours, l'heure est aux sports de glisse.

RÉSIDENCE LES BALCONS DU SOLEIL €€

Versant Peyresourde - **PEYRAGUDES**
✆ 05 62 99 62 81
Compter entre 189 € et 700 € par semaine pour un studio de 2 à 4 personnes.

La résidence est située à l'entrée de la station de Peyragudes. Elle bénéficie d'un ensoleillement optimal (exposition sud) et d'une vue panoramique sur la station, la vallée et les sommets environnants. Les appartements, sont équipés d'un coin cuisine, salle de bains ou douche, et d'un balcon. Location possible du linge, d'une télévision ou d'un lit bébé. Solution pratique et bon marché pour la famille. Vous pourrez aussi profiter de la piscine extérieure, du sauna et du hammam.

VACANCÉOLE « LES JARDINS DE BALNEA »*** €€

3, chemin de Rioutor - **LOUDENVIELLE**
✆ 04 79 75 75 20
www.vacanceole.com
A partir de 130 € la nuit pour un studio 4 personnes.

Dans un cadre arboré, cette magnifique résidence de tourisme s'intègre parfaitement à l'architecture pyrénéenne de Loudenvielle. Cinq bâtiments la composent pour une offre totale de 69 appartements aménagés. Chaque centimètre carré des studios est exploité, l'aspect pratique est de mise. Les appartements sont plus grands et aérés. La décoration est sobre et efficace. Très bien située, la résidence est parfaite pour passer ses journées en nature et se détendre ensuite au centre Balnéa.

AU RÊVE DE CIMES €€

✆ 05 62 39 43 02
www.aurevedecimes.fr
Compter entre 650 € et 950 € pour une semaine pour 6 à 8 personnes.

Le Rêve de Cîmes abrite deux gîtes, un dans la grange et l'autre dans la bergerie, aux capacités de 6 à 8 personnes. Les deux sont magnifiquement restaurés et meublés, avec des finitions de grande qualité. Coussins et plaids viennent égayer le bois très présent. Le petit déjeuner et les repas peuvent être commandés si vous le désirez (à partir de 6). Le propriétaire, Fabrice, est également guide de montagne. Il peut vous recommander des randonnées en fonction de votre état de forme et de leur niveau de difficulté, et vous accompagner pour des sorties à la carte.

AUBERGE DE GERM €€

Le Village
GERM
✆ 05 62 40 03 97
www.auberge-de-germ.fr
Ouvert midi et soir, sauf le dimanche soir et le lundi. Compter 30 € pour un repas.

Pour un repas d'exception, l'Auberge de Germ est la référence de la vallée. Implantée dans un cadre magnifique, l'auberge exsude le charme pyrénéen. Christophe Mellier, respectueux d'une cuisine faite maison, travaille uniquement des produits frais et fait preuve d'une inspiration débordante. Portée par son talent, la carte est un rendez-vous avec des plats comme la garbure, l'agneau du pays, et l'axoa de veau façon cibourienne. Côté sucré, le gâteau basque est divin. On aime cette cuisine familiale d'excellence, basée sur le plaisir de régaler ses convives.

L'AUBERGE DU CHÂTEAU €€

Place de la mairie - **GÉNOS**
✆ 05 62 40 92 02
www.aubergeduchateau.fr

Ouvert midi et soir en saison et du mercredi au dimanche midi en basse saison. Compter 40 € pour un repas.

L'Auberge du Château est une très jolie escale, emplie du charme typique des bâtisses de la vallée. Elle a vu le jour dans une ancienne bergerie, de bois et de pierres, magnifiquement restaurée. Les grillades au feu de bois sont la spécialité de l'établissement et côtelettes d'agneau, côtes de veau, magrets, de première qualité, investissent le plateau dégustation. La carte offre d'autres possibilités comme la garbure, la fondue, le menu hivernal… Un menu du jour est également proposé. Le régal n'a d'égal que l'accueil, une bonne adresse.

LA TABLE DE SAOUSSAS €€

Chemin de Saoussas
LOUDENVIELLE
✆ 05 62 99 96 40

Ouvert midi et soir sauf dimanche soir et lundi. Compter 35 € pour un repas.

Voilà un excellent établissement qui dès les beaux jours ouvre sa terrasse avec vue sur les sommets et le moulin. L'hiver, les viandes sont mijotées en cassoulet, bœuf bourguignon ou garbure. L'été, n'hésitez pas à laisser la truite meunière s'immiscer dans vos filets. Catherine veille à proposer des recettes élaborées exclusivement à partir de produits frais et soigneusement sélectionnés. Le canard provient d'un élevage landais médaillé d'or, les viandes locales paissent sur les flancs des pics et l'agneau est issu d'une des plus fameuses boucheries de l'Aragon.

CHEZ MANU €€

Télésiège Le Sérias Station de peyragudes - **GERM**
✆ 05 62 40 51 26
www.chezmanu-peyragudes.com

Ouvert midi et soir en saison. Compter 25 € pour un repas.

Chez Manu fait partie des bonnes adresses de Peyragudes. Sa terrasse est posée au pied des pistes. Elle attire les skieurs en quête d'une pause au soleil. Pour ceux qui souhaitent prendre le temps, le restaurant propose des grillades, plats gratinés, pâtes et les incontournables fondues et raclettes. En cas de mauvais temps, l'on se replie dans la salle aux airs de brasserie. Il est aussi possible de commander des pizzas à emporter directement depuis le télésiège ! Incontournable l'hiver, cette adresse est aussi pratique l'été, au retour des grandes randonnées.

CHEZ LILY

Le Village
GERM
✆ 05 62 39 23 03
www.lilygerm.com

Ouvert en juillet, août, du mardi au samedi de 16h à 23h.

Si vous voyagez en été, ne loupez pas ce merveilleux bar à vin et tapas. Les produits sont locaux et viennent tous de petits producteurs de la région. L'ambiance est très chaleureuse, et il n'est pas rare de discuter avec son voisin. L'établissement est aussi un véritable pôle culturel et social. Les spectacles, projections de films, conférences, animations et concerts sont nombreux et de très grande qualité. Les habitants attendent impatiemment la programmation de l'été. Ce lieu magique vous donnera envie de rester à Germ !

RESTAURANT BALNÉA €€

Génos
LOUDENVIELLE
✆ 05 62 49 19 26
www.balnea.fr/le_restaurant

Ouvert tous les jours le midi. Compter 25 € pour un repas.

Le centre de Balnéa a son propre restaurant. Le site, face à la montagne, magnifique avec ses voûtes et sa rotonde, est aussi fabuleux que ses menus. Vous êtes certain d'y bien manger, et les végétariens sont aussi comblés par plusieurs propositions comme le risotto ou les lasagnes de légumes. La cuisine du chef est aussi surprenante qu'inventive, comme en témoigne l'étonnant menu vitalité. Mais il sait aussi puiser dans le répertoire traditionnel des viandes et poissons qui arborent des saveurs généreuses, portées par la carte régulièrement renouvelée.

MARCHÉ D'ETE DE GENOS

Centre du village
GÉNOS
✆ 05 62 99 95 35

Le mercredi de 16h à 19h, pendant l'été.

Ce marché estival est une belle occasion de voir le soleil décliner sur une scène de vie des plus charmantes. Les producteurs de la vallée se retrouvent les mercredis après-midi dans le centre du village pour proposer leurs produits des plus authentiques. Fromages du Louron, miel, safran, savons et même pétillant à la framboise traduisent le résultat combiné d'une nature généreuse et d'un savoir-faire des producteurs, à l'origine d'une gastronomie généreuse et savoureuse. En été, marché le mardi après-midi à Loudenvielle et le dimanche matin à Bordères-Louron.

LE RUCHER DE MALOU

10, rue Notre Dame
✆ 06 19 63 15 71
Ouvert tous les jours en été de 16h à 19h.

Malou, une apicultrice passionnée s'occupe avec amour de ses abeilles qui butinent les fleurs sauvages des estives de Bordères-Louron. Elle en tire non seulement un miel au goût incomparable, mais aussi des confitures bio au miel, du pain d'épice, et du nougat noir. Malou s'occupe également depuis peu de plusieurs poules qui vous fourniront des œufs frais. N'hésitez pas à faire un détour, cette visite le vaut vraiment, tant par la qualité des produits gourmands que ce que l'on y apprend. Vous pouvez également retrouver Malou au marché d'Arreau le jeudi matin.

SAVONNERIE DES HADETS

Rue Campeyroux - **VIELLE-LOURON**
✆ 06 84 50 03 82
www.savonnerie-du-louron.fr
Ouvert le lundi, mercredi et vendredi de 15h30 à 18h30 en saison. Sur rendez-vous hors vacances scolaires.

Dans le Louron, seuls les enfants des fées connaissent le secret des bienfaits des fleurs de la montagne. Ici, on les appelle les hadets et un soir de pleine lune, ils les ont dévoilés à Cathy ! Elle a repris ces formules magiques pour en faire ses savons uniques. Elle n'utilise ni parabène, ni détergent, et suit le procédé traditionnel de saponification à froid. Les matières premières sont soigneusement sélectionnées. Miel, lait de chèvre, beurre de karité, orange douce sont mariés aux fleurs ou au safran, pour devenir des petits cubes de douceur et de couleurs.

ÉCOLE DE PARAPENTE DE VAL LOURON

7, route du Louron - **ADERVIELLE-POUCHERGUES**
✆ 05 62 99 63 32
www.epvl.fr
Vols d'avril à novembre. Compter 90 € pour un vol découverte.

Avec ses montagnes qui font le dos rond et offrent des aires de décollage parfaites, il semble que la vallée du Louron ait été forgée pour la pratique du vol libre. L'équipe d'EPLV, des professionnels très expérimentés, vous présentera tous les paramètres qui contribuent à une sécurité optimale et surtout, ils vous encadreront pour profiter pleinement de cette activité, pour voler en douceur, au-dessus des paysages fabuleux. Possibilité d'effectuer des formations plus poussées.

ESPACE NORDIQUE DE PEYRAGUDES

PEYRAGUDES
Accès depuis Peyresourde-Balestas ou par la D618, sous le col de Peyresourde côté Loudenvielle.

L'espace nordique de Peyragudes permet de pratiquer plusieurs activités. Le ski de fond, sur 15 kilomètres de pistes tracées et balisées incluant 3 circuits verts, 2 circuits bleus et 2 rouges, essentiellement dans la forêt de Balestas. Les balades en raquettes se font sur trois boucles damées et balisées, dont une en forêt. Les promenades en traîneaux tirés par des chiens, sont organisées sur la prairie de Balestas par Sherpa, école de conduite d'attelage de chiens de traîneaux.

LAC DE GENOS

GÉNOS
Renseignements sur les activités nautiques au 06 08 16 42 30.

Véritable miroir de la vallée, le lac de Génos Loudenvielle sait mettre en valeur la beauté de la nature environnante. D'une superficie de 32 hectares, on y pratique de nombreuses activités aquatiques comme la planche à voile, le bateau à pédales, la voile, la pêche, le kayak, ou encore le paddle. 80 kilomètres de sentiers pédestres et 30 kilomètres de sentiers pour VTT serpentent à proximité. Les berges sont aussi le point d'atterrissage des parapentes et deltaplanes. Les villages de Génos, Loudenvielle et le hameau d'Aranvielle sont les points de chute idéaux.

LUDÉO

À côté du centre Balnéa
GÉNOS
✆ 05 62 49 19 21
www.balnea.fr
Ouvert de 11h à 19h en juillet et août. Entrée : 7 €.

Entre Balnéo et le Lac de Génos, Ludéo est un espace aquatique ludique qui propose 1 toboggan de 70 mètres, un Pentaglisse à 5 pistes, une piscine chauffée de 25 m, une pataugeoire pour les petits et un spa extérieur. Si vous avez oublié la bouée du petit, pas de panique, on vous prêtera culottes baby-swimmer et brassards ! Avec ses pelouses pour poser la serviette, les tables à pique-nique et la buvette, on peut s'y installer toute la journée. Il est également possible de prendre des cours de natation dispensés par des maîtres-nageurs diplômés d'Etat.

SHERPA

Quartier Prairie de Balestas - **LOUDENVIELLE**
✆ 05 62 39 33 08
www.sherpa-chien-traineau.fr
Compter 150 € pour 30 min en traineau (4 personnes max.). Visite du parc à chien d'avril à décembre : 7 €.

Victime de son succès, il est nécessaire de réserver très en avance sa sortie en traîneau. Tracté par 10 à 12 huskys parfaitement entraînés et moyennant quelques explications, vous pouvez vous initier au rôle de musher. Vous verrez que conduire un traîneau n'est pas de tout repos ! Les enfants peuvent aussi s'initier dès 10 ans à la patinette, un petit traîneau tiré par deux chiens. Le parc propose aussi le bivouac nordique, les raquettes... Il se visite en été, période où vous découvrez le Cani'trott, un engin tout-terrain à trois roues, tirés par les chiens.

STATION DE PEYRAGUDES

GERM
✆ 05 62 99 62 34
https://www.n-py.com/fr/peyragudes

La station de Peyragudes est vite devenue l'une des stations phares des Hautes-Pyrénées, grâce à des équipements modernes et un site naturel de toute beauté. La jeune demoiselle a célébré ses 30 ans en 2018. Les 51 pistes de ski alpin déroulent leurs pentes entre 1 600 m et 2 400 m d'altitude. Même les mauvaises années, vous êtes sûr de pouvoir chausser les skis car l'enneigement est garanti par 260 canons à neige. De nombreuses activités et animations sont prévues dans les villages au pied des pistes, permettant de profiter de la montagne sous tous ses aspects.

VIREVOLTE

Place des Badalans - **LOUDENVIELLE**
✆ 05 62 99 61 31
www.virevolte.net
Ouvert tous les jours selon les conditions météo. Baptème de parapente : 90 €.

Virevolte vous propose de parcourir la vallée du Louron en prenant de la hauteur. Vous volerez au-dessus de différents sites (vallée d'Aure, vallée du Louron, Saint-Lary, Luchon, Campan etc...) en fonction des conditions météorologiques. Les débutants ont toute leur place avec des baptêmes de parapente en biplace et des stages d'initiation, et ce, dès 4 ans. En été, de nombreuses activités nature sont proposées dans ces cadres magnifiques : canyoning, trottinette de montagne, sortie en eaux vives, tir à l'arc ou randonnée. Il y en a pour toutes les envies.

CENTRE BALNEA

Centre Balnéa
GÉNOS
✆ 05 62 49 19 19
www.balnea.fr
Entrée adulte de 19 € à 21 € en très haute saison. Tarif enfants de 4 € à 15,50 €. Pass famille de 50 € à 61 €.

Dans le beau site de la vallée du Louron, près du lac de Génos-Loudenvielle, Balnéa est un lieu idéal pour se ressourcer, entre soins relaxants et bassins en plein air. Un magnifique dôme de verre s'ouvre sur les montagnes et le ciel des Pyrénées, vous pouvez ainsi vous détendre en admirant la nature environnante. Ce temple dessert cinq bains évoquant des civilisations lointaines. Bains incas, romains, amérindiens, japonais et tibétains, ces espaces déclinent les gammes du bien-être pour toute la famille, dans un univers à la fois zen, ludique et raffiné.

© BALNEA

© BALNEA

CAUTERETS ★★★

Juché à 967 m d'altitude, Cauterets est une belle bourgade alanguie dans un vallon solitaire. Du fond de sa vallée où se précipitent torrents glacés et d'où jaillissent des sources d'eau chaude à 55 °C des roches granitiques, ce village doit son nom à ce paradoxe entre le chaud (caut) et le froid (ret). Cette station thermale est reconnue depuis le XVIe siècle, alors que Marguerite de Navarre, sœur de François Ier, y vient en cortège pour prendre les eaux. En 1766, la construction d'une route carrossable va faire naître l'âge d'or de Cauterets qui verra défiler au cours du XIXe siècle des personnalités comme François-René de Chateaubriand, George Sand, Gustave Flaubert ou Victor Hugo. La venue de ces mondains transformera le paysage autour d'eux, ainsi que le visage du village : aménagements de promenades, points de vue dégagés, architecture originale comme en témoignent les hauts immeubles de style haussmanien en pierre de taille. Avec l'eau s'ajoute l'or blanc. Cauterets devient dans les années 60 une station de sports d'hiver très complète. Un espace de ski alpin, un autre dédié au ski de fond, des sentiers de randonnée adaptés à la pratique de la raquette et de nombreuses infrastructures orientées vers le loisir au village permettent de passer des vacances hivernales actives. L'été, la magie continue d'opérer au Pont d'Espagne, un des grands sites des Hautes-Pyrénées où règne en maître le seigneur des lieux, le massif du Vignemale. Si vous êtes gourmand, n'hésitez pas à vous rendre dans l'une des nombreuses boutiques où se fabriquent, de façon artisanale, d'excellents berlingots.

LE CIRQUE ET LES CRÊTES DU LYS ★★

✆ 06 62 92 50 50

Accessible de début juillet à fin août de 9h30 à 17h15. Pass piéton : 15 €.

Avec un sommet culminant à 2 400 mètres d'altitude, on côtoie les plus beaux géants pyrénéens avec une vue panoramique sur le Pic du Midi de Bigorre, le Vignemale, le Péguère et le Balaïtous. Reconnu pour son enneigement généreux et ses multiples randonnées, le Cirque du Lys séduit chaque année de multiples visiteurs par la beauté de ses paysages, en toute saison. En été, le GR10 marque une randonnée qui vous mène jusqu'au col d'Ilhéou, en surplomb des crêtes du Lys. En plus de la vallée qui se dévoile, vous trouverez un lac et le refuge d'Ilhous, dont la cascade du même nom est légendaire. Cette excursion vous permettra de rencontrer les randonneurs et les pêcheurs mais également les charmants « habitants » du site grandiose : vautours-chasseurs et marmottes vous observeront du coin de l'œil. Les randonneurs les plus hardis entameront la grimpe depuis Cauterets. Il faut compter 5 heures pour s'affranchir des 1 400 mètres de dénivelé. Un combiné télécabine + télésiège au départ de Cambasque, permet au contraire de grimper sans effort et de redescendre en 2 heures 45. Dans ce royaume des VTT, vous trouverez un Bike Park, ouvert à tous et à tous les styles. Depuis lequel, avec un dénivelé de 1 500 m, vous pouvez rejoindre le village : un spot unique dans les Pyrénées et un dépaysement total. L'hiver, le domaine alpin ouvre ses 36 km de pistes et son Freestyle Park aux skieurs débutants et amateurs de sensations fortes qui peuvent s'amuser selon leur niveau.

LE PONT D'ESPAGNE ★★★

Voiture ou navette, puis à pied ou en télécabine.

✆ 05 62 92 13 00

www.cauterets.com

Accessible toute l'année en voiture, en hiver prévoir équipements. Parking payant. Service de navette depuis Cauterets.

A 7 km de Cauterets, le Pont d'Espagne est un des grands sites d'Occitanie. Il doit son nom à l'ancien itinéraire muletier sur lequel il se trouve. Au cœur du Parc National, c'est un point de départ vers les cascades du gave de Gaube, le lac de Gaube ou le plateau de Cayan dans la vallée du Marcadau. Au sein de ce site naturel exceptionnel, le Vignemale dévoile ses neiges éternelles dans un cadre incomparable. Accessible en voiture toute l'année, le pont d'Espagne est également apprécié en hiver pour la luge, la raquette, le ski de fond.

OFFICE DE LA MONTAGNE

Place de la Mairie

✆ 05 62 91 02 83

www.cauterets.com

Ouvert de 9h à 12h30 et de 16h à 19h en haute saison ; le week-end de 15h à 19h en basse saison.

Vous êtes reçu avec gentillesse, et surtout avec efficacité. Férus des sommets, les hôtes et hôtesses pourront vous aider au mieux à préparer vos sorties. Une carte 3D avec les itinéraires, la géolocalisation et un maximum d'informations autour de la montagne cauterésienne vous attendent sur le site. Promenades en raquettes, balades autour du village, trek, randonnées, ski, sports de glisse et de neige : du Pont d'Espagne au Lys en passant par la cascade de glace, le lac de Gaube ou encore la vallée du Lutour ou du Marcadau, vous saurez tout.

LAC DE GAUBE ★★★

✆ 05 62 92 50 50
www.cauterets.com
Accès libre. GR 10 depuis le parking de Pont d'Espagne. Tarif : 7 €. Télésiège de Gaube : 15 €.

© JACQUES.MOISSONNIÉ - XILOPIX

Le lac de Gaube est l'un des plus beaux de la chaîne pyrénéenne. Au pied du Pic de Vignemale (3 298 m), situé à 1 725 m d'altitude, il est facile d'accès et attire donc beaucoup de monde pour une simple promenade ou un pique-nique en famille. Accessible à tous, les plus réfractaires à la marche empruntent le télésiège de Gaube pour y parvenir. S'ensuit une quinzaine de minutes de marche sur un sentier plat. Les autres empruntent le GR10 pour une randonnée d'1h15 environ. Les photographes immortalisent ses eaux limpides ou glacées où miroite ce géant.

OFFICE DU TOURISME

Place Foch
✆ 05 62 92 50 50
www.cauterets.com/loffice-de-tourisme
Ouvert du lundi au samedi de 9h à 12h et de 14h à 18h. Fermé le dimanche.

L'office de tourisme de Cauteret a été réaménagé. Le hall, accueillant, chaleureux et pratique, vous permet de trouver rapidement toutes les informations dont vous avez besoin. L'équipe est souriante et efficace. Vous pourrez vous faire conseiller sur les promenades, les randonnées et les activités du village. On vous oriente en fonction de vos envies, de votre temps de séjour et de votre forme physique. Vous trouverez également tous les prospectus de la région, comme les activités, les restaurants et les hébergements, pour organiser vos vacances.

LA BALAGUERE €€

Hameau de Cancéru
✆ 05 62 92 91 85
Compter entre 55 € et 85 € pour une chambre double, petit déjeuner inclus.

Le hameau de Cancéru se trouve à un petit kilomètre du centre de Cauterets. C'est dans ce petit coin de paradis, entouré des montagnes, que se trouve la Balaguère, une belle bâtisse avec deux chambres d'hôtes. Les chambres sont grandes, confortables et récemment refaites avec une belle vue sur les monts environnants. Le petit déjeuner généreux est un véritable régal. En plus des chambres, la propriétaire des lieux vous propose deux gîtes à la location. Ceux-ci peuvent accueillir chacun 4 personnes. Possibilité de privatiser le bain bouillonnant.

LE CABALIROS*** €€

93, avenue du Mamelon Vert
✆ 05 62 92 55 36
www.camping-cabaliros.com
Entre 18,90 € et 20,90 € pour un emplacement électrifié, un véhicule et 2 personnes. Camping ouvert de juin à septembre.

Le Camping du Cabaliros, vous accueille, entre rivière et forêt, dans un cadre pastoral exceptionnel. Fanny et Fred mettent à votre disposition une grande salle commune, en plus de beaux emplacements, de chalets, mobil-homes et caravanes avec vue sur les sommets. Dotée d'une cheminée qui réchauffe les froides soirées d'hiver, elle compte également une bibliothèque et le wifi. L'endroit est idéal pour croiser les autres clients et faire de belles rencontres. Des jeux pour les enfants sont également prévus. Un lieu idéal à quelques minutes du village.

HÔTEL ASTÉRIDES-SACCA*** €€

9, boulevard Latapie-Flurin ✆ 05 62 92 50 02
www.cauterets-asterides-sacca.com/
A partir de 90 € pour une chambre double. Petit déjeuner : 11 €.

Situé dans l'une des rues historiques de Cauterets, avec ses immeubles qui rappellent les fastes du thermalisme au XIXe siècle, l'hôtel Astérides-Sacca affiche fièrement ses trois étoiles. Ce charmant hôtel vous accueille été comme hiver. Ses chambres donnent l'agréable impression de dormir dans un chalet de montagne. Elles sont confortables et la décoration est fort élégante. L'ambiance feutrée du restaurant Le 11 semble sortie tout droit de la Belle Époque, nous vous conseillons de vous y arrêter également pour dîner après une belle randonnée.

HÔTEL LES EDELWEISS** €€

7, boulevard Latapie-Flurin
✆ 05 62 92 52 75
www.edelweiss-hotel.fr
Compter entre 76 € et 88 € pour une chambre double. Petit déjeuner : 10 €.

L'endroit est aussi calme que l'accueil est chaleureux. Situé dans la plus jolie rue de la ville, où l'architecture des bâtiments témoigne du faste d'antan, cet hôtel cossu est très central. Skieurs et amateurs de sports d'hiver n'ont que 300 mètres à parcourir pour rejoindre la télécabine qui conduit à la station de ski du Lys. Les chambres affichent une superficie exceptionnelle. Elles sont toutes communicantes, afin de faciliter les séjours en famille. Modernes et tout confort, elles sont joliment décorées dans des couleurs douces.

HÔTEL-RÉSIDENCE LE LYS*** €€

2, Rue de la Féria
✆ 05 62 92 11 11
www.hotelresidencelelys.com
Compter entre 80 € et 130 € pour une chambre double. Petit déjeuner : 10 €.

En couple ou en famille, vous trouverez nécessairement la formule qui vous convient dans cet établissement. Le Lys c'est un hôtel proposant des chambres tout confort, mais aussi une résidence hôtelière avec des appartements accueillant jusqu'à 5 personnes. Les établissements font face aux remontées mécaniques et se trouvent à proximité des pistes de ski, mais également des thermes. Moderne, sans dénaturer l'esprit typique de Cauterets, le Lys s'inscrit parmi ses belles adresses.

HÔTELLERIE DU PONT D'ESPAGNE €€

Quartier du Pont d'Espagne
✆ 05 62 92 54 10
www.hotel-du-pont-despagne.fr
Compter 64 € pour une chambre double. Petit déjeuner : 8 €.

L'établissement est mythique, tant par sa situation que par la vue qu'il offre. Installé dans le Parc national des Pyrénées, vous profitez d'un superbe panorama sur les cascades et les sommets. L'ambiance est rustique et authentique, les salles de bains sont à l'étage et se partagent, comme les sanitaires ou la salle de télévision. Un endroit chaleureux permettant les rencontres. Sur place, un restaurant de caractère proposant garbure, truite, confit de canard permet de se régaler.

LES RUISSEAUX €€

Route de Pierrefitte
✆ 05 62 92 28 02
www.lesruisseaux.com
Compter 75 à 95 € pour une chambre double, petit déjeuner inclus.

Cinq chambres vous attendent aux Ruisseaux, dans cette maison de pleine montagne, posée sur les flancs boisés du Cabaliros. La spacieuse bâtisse date du début du XXe siècle et s'en dégage une ambiance familiale joliment aménagée de meubles typiques. Un studio pour deux personnes avec cuisine est également disponible. La table d'hôte d'exception est menée par Enguéran, qui maîtrise les spécialités locales et concocte des repas d'anthologie. Avec Margot, ils vous conseillent volontiers sur les activités et les randonnées à faire dans le coin.

HÔTEL LE LION D'OR*** €€€

12, rue Richelieu
✆ 05 62 92 52 87
www.liondor.eu
Compter entre 100 € et 168 € pour une chambre double. Petit déjeuner : 14 €.

Avec ses deux entrées, l'une à quelques pas du centre-ville, l'autre face aux Thermes César, il est difficile de faire plus central. Datant du XIXe siècle, cette bâtisse allie passé prestigieux et confort moderne. Depuis quatre générations, soit 103 ans, la famille Lasserre-Morel est aux commandes et y assure un accueil chaleureux. Les chambres, toutes différentes et personnalisées, aux noms évocateurs de balades au milieu des fleurs et à l'ombre des sommets promettent des nuits sereines dans un cadre romantique. Au restaurant, le menu change tous les jours.

RÉSIDENCE LECHÊNE €

8, rue de Verdun ✆ 05 62 92 59 83
www.lechenedesmontagnes.com
Compter entre 90 € la nuit pour un appartement de 4 à 8 personnes, 60 € à partir de la troisième nuit consécutive.

Loin des hébergements sans âme, vous trouverez ici un vrai contact humain qui fait du bien. La Résidence Lechêne fait partie des bons plans accessibles et sympathiques. Au cœur du village, c'est une belle maison de 1880 qui vous ouvre ses portes. Rénovée durant 30 ans, elle est tout confort, mais dans le respect de son histoire. Parquet marqueté et meubles contemporains aux tons chauds s'harmonisent parfaitement. Jean-Louis, le propriétaire, est guide de montagne et pourra vous donner de précieux conseils sur les balades et randonnées à effectuer dans la région.

DOMAINE DE PYRÈNE*** €€

49, avenue du Mamelon-Vert
✆ 05 62 92 12 12 - www.domainedepyrene.fr
A partir de 480 € par personne pour une semaine en pension complète.

Ce village-club de vacances est situé aux portes du Parc national des Pyrénées. Il fait partie du réseau Cap France qui a bâti son succès sur la formule « tout compris ». Ses prestations particulièrement soignées et son cadre exceptionnel devraient vous séduire. Sur place, vous trouverez un espace balnéo-ludique avec deux bassins ainsi qu'un sauna et un hammam. Les loisirs sont nombreux avec la station de ski l'hiver et l'été place aux sports nature avec volley, randonnées, pétanque, sports d'eaux vives, escalade, via ferrata et canyoning.

L'ARAGON €

1, rue de Belfort
✆ 05 62 92 54 94
Ouvert tous les jours en continu.

L'Aragon est au cœur de Cauterets. Ouvert toute la journée, vous pouvez prendre un café, déjeuner, diner, prendre un verre, voir un concert... C'est un des rares établissements qui ouvre à l'année, et fait donc vivre le village. Le midi un menu unique, simple et bon, fait de produits de la région. Le soir c'est pizzas, sur place ou à emporter. Régulièrement, le bar organise des concerts sur la scène de l'établissement, toujours prête à recevoir de nouveaux groupes. Enfin la télé rassemble aussi les sportifs les jours de match. Un lieu multi-casquettes !

CAFE DU PONT €

5, avenue des Deux Ponts
SOULOM
✆ 06 61 68 23 14
Ouvert tous les jours en continu. Comptez 14,50 € un repas.

Le Café du Pont est bar et restaurant le midi. La cuisine traditionnelle française est simple et généreuse. Le menu unique, à base de produits frais, revisite les classiques de votre enfance comme la côte de porc à la crème, le gratin de légumes du soleil, ou encore le confit de canard avec pommes sautées. Côté sucré l'on se régale avec le fraisier maison ou le moelleux au chocolat. L'ambiance est conviviale et chaleureuse, vous jouez au flipper, aux fléchettes ou au billard. Le café organise des soirées à thèmes, concerts et diffuse également les matchs de sport.

LA HALTE €

4, rue de Verdun

✆ 06 08 67 52 17

Ouvert tous les soirs en saison. Comptez 18 € un repas.

Anciennement food-truck aventureux, La Halte s'est sédentarisée à Cauterets et offre au village une nouvelle pizzeria. Ici, les pizzas sont artisanales, la pâte est pétrie et étalée à la main, et toutes les préparations sont faites maison. Les produits sont frais et si possible locaux. Des pizzas excellentes, qui fleurent bon l'Italie… Pour ne rien gâcher, la décoration est chaleureuse, grâce au bois, et l'accueil est souriant et sympathique. Tout cela pour des prix raisonnables, de multiples raisons pour ne pas se priver !

LE BILLOT €€

2, rue du Général Castelnau

✆ 05 62 91 95 48

Ouvert tous les jours de 17h30 à 02h.

Un billot de boucher patiné par les ans fait office de comptoir dans ce lieu original et cosy. Ambiance assurée au bar où Laurent, féru de musique, est aussi exigeant pour le son que pour la qualité de ses produits. Vous dégustez du bon vin et une planche de charcuteries ou fromages à l'apéritif. Le calme de la salle à manger est propice à la dégustation de savoureuses raclettes, tartiflettes… Vous l'aurez compris, la convivialité et le goût des bonnes choses sont au rendez-vous chez ce couple fort sympathique et dynamique.

LA PIQUE LONGUE €

8, rue de Belfort

✆ 06 26 23 27 76

Ouvert tous les jours de 16h à 23h, en saison.

La Pique Longue a déménagé un peu pus haut dans la même rue. Ne manquez pas cette adresse si vous passez à Cauterets ! Clémentine, un personnage haut en couleur, vous accueillera à bras ouverts dans son établissement. Restaurant et bar à tapas, cette adresse est un régal. Les tapas salés et sucrés sont excellents, originaux et généreux. Du salé au sucré on ne sait plus s'arrêter ! Un belle carte des vins de région, complètent cette cuisine authentique. L'ambiance, chaleureuse et joyeuse, nous donne envie d'y repasser tous les soirs…

LA FERME BASQUE €€

Route du Cambasque

✆ 05 62 92 54 32

www.fermebasque.com

Ouvert du mardi au dimanche midi ; tous les jours pendant les vacances scolaires. Compter 30 € pour un repas.

Dès 1750, des bergers venant du Pays Basque, faisaient transhumer leur troupeaux à Cauterets. Cet endroit fut alors baptisé le Camp basque et la ferme lui doit son nom. De buvette d'altitude en 1928, elle développe aujourd'hui trois activités : la production de produits fermiers, leur vente dans une boutique et un restaurant. Accrochée à flanc de montagne, à 1 200 mètres d'altitude, sa terrasse surplombe le village et la vue panoramique est superbe. Tous les plats, soupes, garbure, cassoulet, pâté, terrine de porc noir… sont à base de produits maison. Un délice.

BAR-RESTAURANT Ô REGENT €€

5, place Maréchal-Foch

✆ 05 62 92 50 10

www.hotel-le-regent.blogspot.com/

Fermé en mai et octobre.

Dans ce restaurant situé au plus près des montagnes, il se dégage une atmosphère paisible, propice à la détente. La terrasse donne sur la rue et l'ambiance est à la farniente. L'établissement est refait à neuf, mêlant le bois à des touches plus modernes. Philippe, concocte des plats traditionnels et régionaux comme le porc noir de Bigorre, l'agneau des Pyrénées mais aussi des poissons, comme le merlu ou la sole. Du côté des gourmandises, impossible de passer à côté des profiteroles. Le soir, une belle carte de tapas vous permet aussi de grignoter pendant l'apéro.

L'ASSIETTE GOURMANDE €€

7, rue Richelieu

✆ 05 62 92 60 50

Ouvert midi et soir ; fermé le jeudi en hiver. Compter 22 € pour un repas.

Cathy vous accueille depuis 1989 dans son restaurant, avec sa gentillesse, son sourire et ses spécialités de montagne. Sa cuisine repose sur des produits frais et de qualité, rigoureusement sélectionnés. La maison se fait une spécialité du fondu : raclette au Mont d'Or, camembert rôti, tartiflette, fondue au Jurançon et même fondue au chocolat. Possible de commander des demi-portions pour que tout le monde profite du même repas. En hiver, vous profitez du cadre montagnard particulièrement chaleureux, tandis qu'une belle terrasse prend le relais en été.

RESTAURANT LA CASCADE €€

Quartier Raillère Cascade de Lutour
✆ 05 62 92 50 03
Ouvert tous les jours, le midi. Compter 30 € pour un repas.

La superbe terrasse de ce restaurant est implantée dans un décor de carte postale, montagneux et verdoyant, et offre une vue imprenable sur la cascade du Lutour. Vous serez séduit par le cadre naturel mais aussi par la cuisine régionale savoureuse. Au menu, foie mi-cuit, magret aux myrtilles, salade Cascade avec rillettes de truite et truite fumée... Les propositions sont délicieuses et variées. L'on aime aussi la très généreuse assiette du randonneur au jambon de pays, ventrèche grillée, pâté, saucisson, œufs frits, salade et frites maison...

RESTAURANT LAU TANT'HIC €€

rue de Belfort ✆ 05 62 92 02 14
Ouvert mercredi et jeudi le soir, vendredi et samedi midi et soir et dimanche midi. Compter 28 € pour un repas.

En plein cœur de Cauterets, Lau Tant'Hic est un élégant restaurant traditionnel qui s'est forgé une réputation de table raffinée. Dans son ambiance conviviale mais aussi cosy, l'atmosphère tamisée, il propose des menus traditionnels et des plats hauts en saveurs : viandes d'alpages, truite de Lau-Balagnas... La carte reflète la variété et la finesse de la gastronomie des Hautes-Pyrénées. L'adresse est courue, il est fortement conseillé de réserver. Pour y accéder, il faut prendre à gauche en entrant de la galerie commerciale.

BERLINGOT MARINETTE

6, avenue du Mamelon Vert
✆ 05 62 92 53 07
www.cauterets-berlingot-marinette.com
Ouvert tous les jours de 9h à 19h. Démonstration de fabrication tous les jours.

Au Berlingot Marinette, toute la saveur des bonbons d'autrefois se décline à travers des recettes fruitées ou chocolatées qui font le bonheur des petits et des grands. Dans la boutique, vous découvrirez pas moins de 25 parfums : du cassis à la réglisse, en passant par la sève de pin, la châtaigne, le cola ou encore le caramel au beurre salé : on ne sait où donner de la tête ! La « crotte d'isard » est une confiserie qu'Eric vous fera découvrir ! Cette amande enrobée de chocolat s'inscrit parfaitement dans les douceurs pour lesquelles on court, effectivement !

CAFE LE COMMERCE

8, avenue du Général Leclerc
✆ 06 89 13 72 56
www.cafelecommerce.eatbu.com/?lang=fr
Ouvert tous les jours en continu. Fermé le mercredi en intersaison. Fermeture annuelle en mai.

Dans une rue parallèle aux rues principales, plus calme, vous découvrez ce bar très sympathique. Vous pouvez profiter du soleil sur la grande terrasse qui vient d'être refaite à neuve. Le café du Commerce vous reçoit pour vous prélasser dans la journée autour d'une boisson chaude, ou pour profiter de sa belle carte de bières et de ses tapas le soir. L'établissement organise également parfois des concerts. L'ambiance est chaleureuse et joyeuse, la preuve en est la devise du bar : «puisses-tu toujours avoir du rire pour nous réjouir» !

Cauterets en hiver.

CONFISERIE AUX DELICES

Place George Clémenceau
✆ 05 62 92 07 08
www.berlingots.com
Ouvert tous les jours de 9h à 12h30 et de 14h30 à 19h30 en haute saison.

Eric Lestable représente la troisième génération de confiseurs à Cauterets. Il a conservé la méthode traditionnelle et travaille entièrement à la main. Il vous invite dans son atelier à assister à la fabrication de ses berlingots. La réussite de ces bonbons tient à un équilibre délicat entre le mélange eau, sucre et sirop de glucose parfumé. Une fois cuit, le mélange est versé sur une table de marbre pour refroidissement et découpe. Les autres spécialités sont les crottes d'isard, le cabrotin, le délice ou encore la boule-de-neige… Des délices !

A LA REINE MARGOT

2, avenue du Mamelon Vert
✆ 05 62 92 58 67
Ouvert tous les jours de 9h à 19h en saison ; fermé le dimanche en basse saison.

La fabrication des berlingots est ici totalement artisanale et les ingrédients qui les composent 100 % naturels. Plusieurs fois par jour, la maître des lieux fabrique les fameux bonbons sous vos yeux et vous permet de goûter gratuitement à ces délices. Plus de 40 parfums sont disponibles : chocolat, thym-sauge-romarin, miel, nougat-pistache, verveine, lavande, noix de coco, coquelicot, menthe à l'angélique, caramel-amandes, abricot-mandarine, fruit de la passion... La boutique « La Reine Margot » propose également d'autres friandises locales ou faites maison.

LA TABLE DU BOULANGER

5, rue de Belfort
✆ 05 62 92 52 59
Ouvert tous les jours de 7h30 à 13h et de 16h à 20h ; fermé le lundi en basse saison.

Certes, la boulangerie offre un large choix de pains aux farines diverses et variées, mais pas uniquement. Au fond de la boutique, se niche un salon de thé, meublé de façon exquise. L'hiver, la cheminée donne à l'endroit une ambiance chaleureuse et conviviale. S'asseoir sur les confortables banquettes devant un thé au parfum délicat ou un chocolat à l'ancienne, agrémenté d'une crêpe au sucre ou de tourte aux myrtilles, devient un véritable moment de plaisir. Vous pouvez aussi y déguster un excellent petit déjeuner avec les bonnes viennoiseries de la boutique.

LA CAVE SEPET

6, place Bordenave
✆ 05 62 92 51 03
www.caves-sepet.fr
Ouvert du lundi au vendredi de 9h à 12h et de 15h15 à 19h15, et le samedi matin.

Louis Sepet fonde la maison en 1912. La maison prospéra pendant des décennies et aujourd'hui l'adresse fait partie des incontournables des virées shopping à Cauterets. Il souhaite mettre en valeur les vins et les produits régionaux auprès des touristes qui s'intéressent sérieusement aux Pyrénées. La cave propose une très belle sélection de vins français ainsi que des produits d'épicerie fine. Vous y retrouverez la bière locale Excelsa. La Cave Sepet livre aussi bien les professionnels que les particuliers à Cauterets et dans les vallées voisines.

L'OURSON

7, place Georges-Clémenceau
✆ 05 62 92 51 12
Ouvert tous les jours de 9h à 12h30 et de 15h à 19h.

L'Ourson est LA boutique de souvenirs à Cauterets ! Situé en plein cœur de la ville, le lieu est idéal pour dégoter des petits cadeaux typiquement locaux. Poterie artisanale, linge de maison, bougeoirs, photophores, peluche, objets en bois et en cuivre, vaisselle, vous trouverez forcément votre bonheur dans cette boutique. L'Ourson commercialise également des chocolats artisanaux et des berlingots et vous propose de visiter la fabrique sur rendez-vous. Vous serez toujours accueillis chaleureusement et avec le sourire dans cet immense chalet.

LE PANIER DE LA MARMOTTE

19, rue de Belfort
✆ 05 62 97 57 81
Ouvert mardi et dimanche de 9h à 13h, les autres jours de 9h à 13h et de 16h à 19h30.

L'accueil et la bonne humeur de Patricia illumine la boutique où le meilleur du département est en rayon. C'est un festival gourmand avec des produits locaux issus des artisans et éleveurs pyrénéens. Côté épicerie fine : truite des Pyrénées, foie gras, porc noir de Bigorre, berlingots, bonbons cauterésiens, chocolats, confitures, compotes sans sucre, marrons… Au rayon frais, vous trouverez des volailles, du poisson et des produits laitiers. Cette très jolie boutique garnit également ses rayons d'objets de décoration, de souvenirs et de livres pour enfants.

LE PAVILLON DES ABEILLES

23 bis, avenue du Mamelon-Vert
✆ 05 62 92 50 66
www.ballot-flurin.com
Ouvert du lundi au samedi de 10h30 à 12h30 et de 14h30 à 19h ; tous les jours en été.

Découvrez le Pavillon des Abeilles, cœur historique de Ballot-Flurin et son concept unique d'Apiculture Douce® fondé sur le respect commun du bien-être des abeilles, de la nature et de l'Homme. Vous trouverez sur place l'ensemble de leurs préparations 100 % bio et faites maison : gelée royale française, propolis brute, pollen polyfloral, miels rares… Ballot-Flurin, c'est aussi des soins cosmétiques toujours élaborés à partir du travail des abeilles : shampoings, savons, crèmes. La boutique propose également des ateliers où vous apprendrez à fabriquer des bougies.

LE PETIT BOUCHON

Avenue du Général-Leclerc ✆ 05 62 42 20 12
www.caves-sepet.fr
Ouvert du mardi au samedi de 9h à 12h30 et de 16h à 19h30 et le dimanche matin ; tous les jours en haute saison.

Le Petit Bouchon appartient aux caves Sepet. Cette magnifique boutique au décor rustique et authentique propose des vins et spiritueux et des produits d'épicerie fine. Vous y serez toujours très bien accueillis, judicieusement conseillés et vous trouverez des bouteilles et des crus régionaux de qualité comme le Madiran, le Jurançon, le Saint-Mont, les côtes de Gascogne, le Buzet… La cave propose également des produits très locaux comme le Mûrançon, un apéritif à base de jurançon et de crème de mûre, ou la Bigourdale, une bière brassée à Arcizans-Avant.

PYRÉNÉES SAVEURS

4, rue de Belfort
✆ 06 42 52 82 45
Ouvert tous les jours de 9h30 à 12h30 et de 16h à 19h30.

A Cauterets, les produits de terroir ont trouvé leur terre promise. Chez Kiki, créateur de la boutique Pyrénées Saveurs, on trouvera aussi bien charcuteries et saucissons du pays que fromages fermiers au lait cru de la vallée. Notre amoureux du goût confectionne lui-même ses gâteaux à la broche. Ajoutez à cela la vente de conserves et confitures artisanales, et vous avez un bel aperçu de l'ensemble. N'oublions pas le miel des Pyrénées issu du rucher paternel ainsi que un apéritif artisanal à la recette mystérieuse à découvrir sur place.

LES BAINS DU ROCHER

Avenue du Docteur-Domer ✆ 05 62 92 14 20
www.bains-rocher.fr
Ouvert du lundi au vendredi de 14h à 19h30, samedi de 10h à 12h45 et 14h à 20h, dimanche jusqu'à 18h. Pass 2h : 19 €.

Les Bains du Rocher est un spa thermal alimenté par les eaux naturellement chaudes de Cauterets. Pour vous relaxer, un hammam, un sauna et une salle de chromothérapie forment une offre complète, sans oublier les soins cocooning de l'institut. Cols de cygne, nage à contre-courant, jets massants, lits et banquettes à bulles animent le bassin intérieur et la lagune extérieure de 200 m² ouverte hiver comme été. Le Spa Café permet de s'octroyer une pause gourmande dans ce cadre enchanteur. Voilà un espace bien-être incontournable, à l'architecture très réussie.

CAMINANDO

28, route de Bordes
✆ 06 43 67 27 44
www.caminando-pyrenees.com
Toute l'année. Du lundi au vendredi de 9h à 12h et de 15h à 18h, samedi de 9h à 12h.

Caminando, c'est une équipe dynamique qui vous fait partager ses passions et joies de la montagne à travers divers loisirs hivernaux et estivaux. Ils vous font découvrir les beaux endroits de la région de Cauterets. Les groupes sont de 12 personnes maximum et les activités respectent différents critères de difficulté, afin que chacun puisse profiter pleinement. Randonnée, VTT, alpinisme, canyoning, via ferrata, escalade, spéléo, il y en a pour tous les goûts ! Les tarifs comprennent l'encadrement par un accompagnateur diplômé d'État, l'assurance et le transport.

CAUTERETS BIKE PARK

✆ 05 62 93 12 05
www.cauterets.com
Ouvert tous les jours en juillet et août de 9h30 à 17h. Pass Bikepark : 19 € adulte, 16 € enfant.

La télécabine du Lys et le télésiège de la Barbat vous mèneront au sommet du Cirque du Lys. Vous pourrez alors vous en donner à cœur joie pour entreprendre la descente en VTT sur 1 000 mètres de dénivelé. Cinq pistes aménagées de plusieurs difficultés permettent aux vététistes de s'adonner à leur passion. Une piste d'initiation pour les débutants est complétée par des pistes bleues et des pistes rouges, plus difficiles. Le cadre est incroyable et vaut la peine de profiter des incroyables panoramas. Vous êtes au cœur de l'un des plus beaux Bike Park de France.

DOMAINE DU CIRQUE DU LYS

Accès par la télécabine du Lys (12 minutes de montée). ✆ 05 62 92 13 00

www.cauterets.com

Ouvert de décembre à avril et en juillet-août. A partir de 36 € pour un forfait journalier. En été, 12,50 € le pass.

Les responsables de la station de Cauterets se sont fixés un objectif ambitieux : « être le premier domaine skiable ouvert et le dernier fermé des Hautes-Pyrénées ». Pour relever le défi, l'enneigement généreux et le fréquent ensoleillement du Cirque sont de précieux atouts. Mais au-delà de ses ressources naturelles, la station revoit ses aménagements. Son *Freestyle park* avec boxes, rails et kicks est considéré comme l'un des dix meilleurs *parks* en France et est labellisé Oakley. L'été, profitez du site avec ses nombreuses randonnées, le Bikepark et le restaurant.

DOMAINE DU PONT D'ESPAGNE

A 7 km du village.

✆ 05 62 92 13 00

www.cauterets.com

Ouvert de décembre à mars et en été. Forfait : 11 € par jour. Parking : 7 €.

Ce domaine est un site d'exception principalement consacré aux loisirs nordiques. La forêt tapisse la vallée et cache des pistes de ski de fond. Les 5 circuits déroulent leurs rails sur 36 km. Les amateurs peuvent s'initier au biathlon sur un pas de tir aménagé, à partir de 8 ans. Des itinéraires sont prévus pour les randonneurs en raquette. En été, les randonnées sont nombreuses avec des difficultés variables. Le lac de Gaube et la cascade du pont d'Espagne sont inévitables.

ECOLE DE SKI FRANÇAIS - CAUTERETS

2, Rue de la Raillère

✆ 05 62 92 58 16

www.esf-cauterets.com

Tarifs sur demande. A partir de 39 € pour un cours collectif.

Sous la direction de Patrick Levêque, l'E.S.F. propose le plaisir en liberté grâce à des leçons particulières, le plaisir partagé avec des cours collectifs, le plaisir retrouvé sur des raquettes ou en ski de fond, le plaisir des performances : passage des étoiles et des chamois. Tout cela sur le domaine du Cirque du Lys pour le ski alpin, et du pont d'Espagne pour le ski de fond, les raquettes et le ski alpin. Les plus petits se retrouvent au Club Piou Piou sur un terrain aménagé.

NO LIMITS

5, esplanade des Oeufs

✆ 05 62 92 00 61

www.nolimitshop.com

Ouvert du mardi au samedi de 10h à 12h30 et de 15h à 19h, tous les jours en haute saison.

No Limits est spécialisé dans l'achat ou la location de matériel d'altitude. Pour le ski, le snowboard, la randonnée, ou l'escalade, vous aurez besoin des conseils avisés de ces professionnels pour vous lancer à l'assaut des montagnes. Le blouson de ski, les chaussures, le casque doivent être particulièrement adapté à chacun. Régulièrement toutes les nouveautés et produits dernier cri sont présentés afin de ravir l'appétit féroce des passionnés. Le cœur de la montagne, c'est surtout le ski, mais le magasin offre aussi une gamme dédiée au skate.

LES THERMES DE CAUTERETS

avenue du Docteur-Domer

✆ 06 80 96 17 32

www.viaferratacauterets.com

Ouvert de novembre à février et de juin à octobre.

A Cauterets, l'on sait encore plus qu'ailleurs, que l'eau est vitale. Le célèbre village de montagne est réputé pour son savoir-faire en matière de thermalisme : ses eaux naturellement chaudes soufrées, renforcées par un climat tonique et vivifiant, offrent un complément de santé. La renommée du village remonte au XIXe siècle, époque où Victor Hugo, Alfred de Vigny, George Sand ou encore Chateaubriand sont venus dans cette vallée pyrénéenne soigner leurs maux. Depuis, l'établissement thermal accueille chaque année environ 6 000 curistes. La remise en santé se fait dans un cadre propice à la détente et dans cet environnement reposant, où l'air pur est incomparable, vous bénéficiez de cure en voies respiratoires-ORL et en rhumatologie, adultes et enfants, mais aussi de plus spécifiques axées sur la fibromyalgie ou la nouvelle cure Pleine Santé pour préserver le capital santé et mieux vieillir. Application de boue, bain avec aérobain et hydromassage, douche à jets ou affusion, piscine hydrojets… De la cure de boisson au bain nasal en passant par les aérosols individuels soniques et manosoniques ou la rééducation respiratoire individuelle, la prise en charge est adaptée aux troubles. Les thermes de Cauterets se répartissent en deux établissements : les thermes de César pour l'ORL, les voies respiratoires et la rhumatologie, les thermes des Griffons étant uniquement dédiés à cette dernière (établissement situé à 1,5 km du centre-ville et desservi par une navette gratuite pour les curistes).

VIA FERRATA DES ALIAS

route de Pierrefitte ✆ 06 80 96 17 32
www.viaferratacauterets.com
Ouvert tous les jours en juillet, août de 9h à 19h30, et les week-ends en mai et juin. Compter 27 € pour la via ferrata.

Albert Fita, vous propose de découvrir la montagne sous un autre angle en empruntant des sentiers collés à la paroi rocheuse. Pénétrez dans le grandiose et impressionnant monde vertical de la Via Ferrata des Alias. A mi-chemin entre escalade et randonnée, l'activité vous permet d'apprivoiser le vide. Sur des échelons métalliques et des tyroliennes de 60 et 120 m, vous traverserez les itinéraires dans une ambiance sportive alternant chemins naturels. Avec un équipement spécifique et le professionnalisme des guides, vous pourrez vous évader en toute sécurité.

LE YOGA DES ABEILLES

23 bis, avenue du Mamelon-Vert
✆ 05 62 92 50 66
www.ballot-flurin.com
Stage de 2 ou 3 jours de juillet à septembre.

Les apiculteurs Ballot-Flurin vous invitent à une expérience étonnante. Durant un stage de 2 à 3 jours, la relaxation de l'esprit et la détoxification sont au centre de l'enseignement. Dans les ruchers de Lahitte-Toupière, vous approchez les abeilles sans protection. Pendant ce moment de communion, vous touchez les insectes et eux, pourront vous «lécher» pendant de longues minutes. Cette expérience émotionnelle vous aidera à transcender vos peurs. Il est aussi possible de faire un soin énergisant de 50 minutes en s'allongeant dans une «chambre d'abeille».

GAVARNIE-GÈDRE ★

C'est peu dire de Gavarnie qu'il s'agit d'un lieu unique. Les superlatifs vous manquent à coup sûr devant la grandeur et la beauté naturelle de ce site majestueux. À 1 375 m d'altitude, le village est le plus haut du département, une altitude exceptionnelle car rares sont les villages au-dessus des 1 000 m d'altitude. A l'extrémité du Pays Toy (composée des trois vallées, Luz, Barèges et Gavarnie), Gavarnie a toujours été un lieu de passage entre la Bigorre et l'Aragon, en Espagne. De bergers et paysans, les habitants sont devenus guides de randonnée et de haute-montagne et moniteurs de ski. Il est loin le temps où Gavarnie ne vivait que de la clientèle thermale. Ici, les ascensions sont nettement moins mondaines. Ancien hameau de Luz, Gavarnie devient commune en 1842 et n'est accessible par une route qu'en 1864. Le village fut jadis occupé par les Templiers qui y construisirent une église et un hôpital. Aujourd'hui, Gavarnie est un site de montagne exceptionnel, tant l'hiver que l'été. Le cirque de Gavarnie, classé depuis 1941 et inscrit depuis 1997 au patrimoine mondial de l'Unesco, attire chaque année plus d'un million de curieux, qui viennent à ses pieds réaliser la grandeur de ces montagnes. Également ancré dans le Parc national des Pyrénées, faut-il rappeler que c'est un « Grand site Midi-Pyrénées » ? Allez-vous mesurer à sa muraille, vous comprendrez alors que les mots ne peuvent atteindre sa hauteur. En saison, les voitures particulières ne peuvent pas stationner dans le haut du village, réservé aux piétons. Elles sont invitées à se garer sur les parkings à l'entrée du village.

ESQUIÈZE-SÈRE

Esquièze-Sère est né en 1846 de la fusion des villes d'Esquièze et de Sère. La commune, perchée à 700 m d'altitude, est située dans la vallée du gave de Gavarnie, et vit en grande partie du tourisme de la montagne et thermal. La population de 500 habitants augmente considérablement lors des périodes saisonnières. Ses nombreux hébergements et commerces contribuent à rendre incontournable ce village du pays Toy, au carrefour des vallées d'Argelès, de Gavarnie et de Barèges, et aux pieds des stations de Luz-Ardiden, du Grand Tourmalet et de Gèdre-Gavarnie. Esquièze-Sère possède quelques sites notables comme ses deux églises des XIe et XVIIe siècles.

LE CIRQUE D'ESTAUBE ★★

Accès libre. Compter 3 heures 30 A/R.

Dominé par le Grand Astazou qui s'élance à 3 071 mètres, le cirque naturel d'Estaubé est enserré entre ses deux illustres voisins, le cirque de Gavarnie et de Troumouse. C'est le cirque le plus sauvage et il est pourtant facile d'accès. Depuis le lac des Gloriettes, on chemine le long du gave d'Estaubé, en suivant les eaux bleu-vert. Très peu de dénivelé, mais des marmottes, des izards, et une nature resplendissante. Le but est d'atteindre le Pla d'Ailhet. En 3 heures 30 environ vous avez parcouru l'aller-retour de ce site enchanteur.

LA BRÈCHE DE ROLAND ★★

Parcours de haute montagne réservé aux personnes accompagnées d'un professionnel.

© LUKASZ JANYST - ADOBE STOCK

Située à 2 807 m d'altitude, c'est un site mythique des Pyrénées qui a inspiré de nombreuses légendes. Cette spectaculaire trouée naturelle est une entaille haute de 100 m et large de 40 m, qui séparent les parois rocheuses de Gavarnie en deux. Sa beauté et son aspect surnaturel ont fait de ce lieu un des plus célèbres du département. Il marque la frontière entre la France et l'Espagne mais aussi, la limite entre le parc national des Pyrénées, le parc national d'Ordesa, et du mont Perdu. Pour l'atteindre, il faut être sportif car le parcours est exigeant.

LE CIRQUE DE TROUMOUSE ★★★

Accès libre. Randonnée de 2h30 aller-retour environ.

Moins connu que le cirque de Gavarnie, le cirque de Troumouse est moins vertical, mais plus vaste et impose un certain respect avec ses 11 kilomètres de circonférence. Vous pouvez vous y rendre en petit train. Du parking, suivez le sentier de la cabane de la Vierge et au fur et à mesure de la marche, vous découvrirez des pics, des petits lacs, mais aussi de nombreux troupeaux de brebis et de vaches, la tradition pastorale y demeurant forte. En un peu plus d'une heure, vous atteignez le site et au fond, les lacs des Aires. La vue y est véritablement fabuleuse.

LE JARDIN BOTANIQUE

Lieu-dit Guillamat
✆ 06 12 55 04 37
www.la-grange-de-noel.com
Ouvert de juin à fin septembre, visite sur demande. Tarif : 8 €.

A 75 mètres du village, Noël ouvre son jardin botanique aux visiteurs. Celui-ci rassemble près de 80 % du biotope des Pyrénées. Face au belvédère, la vue vous laissera sans voix. Une telle toile de fond rend la visite magique. Celle-ci se déroule à travers 9 espaces différenciés, accompagnés de panneaux informatifs sur le biotope et d'identification des végétaux. La balade, méditative, permet une reconnexion forte à la nature et à son rythme. Orchidées, iris, bosquets colorés et odorants, le spectacle est partout. Au coucher du soleil, le jardin semble s'embraser.

MILLARIS - MUSÉE DECOUVERTE ★

Place de la Bergère
✆ 05 62 92 35 25
www.valleesdegavarnie.com
Ouvert tout l'année. Du lundi au samedi de 9h à 12h et de 14h à 18h. Gratuit.

Selon la légende un berger nommé Millaris aurait trouvé quelque chose de blanc dans la montagne, l'aurait jeté en l'air et la neige aurait commencé à tomber sur les Pyrénées. Vous découvrez de manière ludique, l'histoire des hommes et des paysages grandioses de Gavarnie-Gèdre. 5 personnages et 5 espaces scénographiés détaillent le patrimoine mondial, l'agriculture, le pastoralisme, la vie en montagne, l'utilisation de l'eau, les traditions, à travers notamment une frise chronologique.

OFFICE DE TOURISME DE GAVARNIE

Le Village
✆ 05 62 92 49 10
www.valleesdegavarnie.com
Ouvert du lundi au samedi de 9h à 12h et de 14h à 18h.

Inscrit au Patrimoine mondial de l'Unesco depuis 1997, le site de Gavarnie-Gèdre est un véritable paradis pour les adeptes des paysages d'exception. L'Office de Tourisme tient à votre disposition toutes les informations utiles et pratiques pour le découvrir sous toutes ses coutures. Vous trouverez également de nombreuses idées de randonnées et promenades, ainsi que les coordonnées des guides qui peuvent vous accompagner dans vos expéditions, quel que soit votre niveau.

© SASHA64F - ADOBE STOCK

LE CIRQUE DE GAVARNIE ET SA GRANDE CASCADE ★★★★

www.valleesdegavarnie.com

Ouvert toute l'année. 1h30 de marche jusqu'à l'hôtellerie du cirque. En hiver et au printemps risque d'avalanche.

Les trois cirques glaciaires de la vallée, Gavarnie, Estaubé et Troumouse, font partie du site franco-espagnol Pyrénées-mont Perdu inscrit en 1997 sur la liste du Patrimoine mondial par l'UNESCO. De ces trois joyaux, celui de Gavarnie est le plus célèbre. Fleuron du département, il est au nombre des sites les plus spectaculaires et les plus touristiques du pays. Effectivement, sa splendeur coupe le souffle et ses volumes impressionnent : 6,5 km de circonférence, une paroi haute de 1 500 m, et en son centre, comme un cœur impétueux, de 427 m de hauteur, jaillit l'une des plus grandes cascades d'Europe. Ce décor somptueux est le résultat de mouvements géologiques. Gavarnie règne en véritable monument qui s'étend sur 30 000 ha de paysages, de richesses naturelles et de biodiversité. Il est inscrit et sur la liste verte de la Commission des aires protégées. Suscitant l'admiration depuis plusieurs siècles, le site fut source de nombreuses légendes, garde ses mystères et inspire de longue date les artistes, passionne les scientifiques et séduit les amoureux de la montagne, défie les grimpeurs qui ont exploré cette muraille de pierre, haut lieu du Pyrénéisme. Lorsque Victor Hugo s'y rendit, il s'extasia : «c'est le *colosseum* de la nature, c'est Gavarnie ! » La randonnée classique jusqu'au début du cirque dure 3h, mais si vous montez jusqu'à la cascade, comptez 4h. Il est possible de prolonger le plaisir et de bifurquer vers de nombreuses autres randonnées.

HÔTEL DU TAILLON** €€

Rue Principale

✆ 05 62 92 48 20

www.hotelletaillon.com

Compter entre 90 € et 97 € pour une chambre double, petit déjeuner inclus.

Le Taillon est un Pic qui culmine à 3 000 m. L'hôtel-restaurant qui porte son nom est une adresse à l'ambiance montagnarde dont les plus belles chambres s'ouvrent sur le cirque de Gavarnie. L'établissement est en longueur et les autres ont aussi une jolie vue sur l'église du village. Les chambres sont agréables avec une décoration en tons lumineux. Une brasserie assure un service en continu, avec des crêpes salées, des pizzas ou des salades. Le soir, la restauration traditionnelle prend le relais, proposant une cuisine de terroir savoureuse.

BAR-BRASSERIE LA CHAUMIÈRE €

Route du Cirque

✆ 05 62 92 48 08

Ouvert tous les jours le midi, de janvier à octobre. Compter 15 € pour un repas.

Le restaurant-chambres d'hôtes La Chaumière offre un cadre naturel authentique, dans cette maisonnette ancienne, qui plaît pour de nombreuses raisons. L'excellent rapport qualité-prix arrive en tête. Grâce à une cuisine maison Anne-Marie assure également un service de brasserie simple, mais délicieux : omelette aux lardons, assiette de charcuterie et tartes aux myrtilles sont impeccables. Avec seulement 2 chambres, il faut s'y prendre tôt pour réserver.

TIPIS INDIENS €€

100 m après l'église du village de Gèdre, prendre à droite direction Plateau de Saugué sur 2,5 km. Sur votre gauche, panneau Tipi. ✆ 06 15 41 33 29

www.tipis-indiens.com

Ouvert de mai à septembre. Tipi 4 personnes à partir de 490 € la semaine, 125 € la nuitée.

Le camping autrement. Un panorama d'exception et des tipis amérindiens, habitations écologiques et saines, perchés à 1 300 m d'altitude, face au Cirque de Gavarnie. A l'intérieur, lits, canapé, rangement, électricité, vous attendent. À disposition, en dehors, douches et WC communs. L'environnement naturel ainsi que les balançoires et les toboggans séduiront vos petits Sioux. Posez vos montres, coupez vos portables et vivez à l'heure indienne dans un total dépaysement. Même les allergiques au camping apprécieront ce retour à la nature.

LE CAMPBIEILH €

Face à l'église

✆ 06 83 71 63 04

www.lecampbieilh.fr

Ouvert tous les jours de 8h à 19h. Menu unique : 22 €.

Valérie et Laurent vous accueillent avec le sourire dans leur brasserie, vieille de plus d'un siècle, Le Campbieilh. Véritables passionnés de leur métier et de leur région, soyez sûr qu'ils vous prépareront des plats savoureux comme la tranche de gigot d'agneau, la salade géante ou l'assiette du montagnard. Que ce soit pour vous désaltérer en rentrant de randonnée, pour déguster une véritable garbure, une salade composée ou l'un des nombreux autres plats proposés au menu par vos hôtes, vous ne serez pas déçu. Le Campbieilh dispose aussi de chambres d'hôtes.

HÔTEL-CLUB LE VIGNEMALE €€€

Chemin du Cirque ✆ 05 62 92 40 00

www.hotel-vignemale.com

Compter 150 € pour une chambre double. Petit déjeuner : 8 €.

L'hôtel du Vignemale fait partie de ces hôtels mythiques des Pyrénées. La simplicité est de mise et le spectacle est à l'extérieur, en prise directe avec le cirque de Gavarnie. Derrière sa façade austère en pierre et ses volets marron se cachent des chambres lambrissées de bois blond. Salon de thé et bar sont deux endroits cosy où se réfugier en hiver, au coin d'un feu craquant. N'hésitez pas à solliciter Danielle pour des balades inoubliables au cirque car les propriétaires gèrent également un centre équestre. Vous apercevrez peut-être les montures dans le parc.

AUBERGE DE LA MUNIA €€

✆ 05 62 92 48 39

www.aubergedelamunia.com

Ouvert tous les jours midi et soir. Fermé le mercredi hors saison. Menu unique le soir à 21 €.

L'établissement offre un cadre bucolique incomparable, au pied de la chapelle Notre-Dame d'Héas. Grâce à des produits frais et des plats faits maison, Soizic propose une excellente cuisine du terroir, généreuse et variée. L'omelette aux cèpes, la salade de truite fumée des Pyrénées, l'axoa de veau et le civet d'agneau sont particulièrement séduisants. Les gourmands fondront avec le nougat glacé, ou la brioche perdue au caramel au beurre salé. Quatre chambres simples et confortables sont proposées, ainsi que deux yourtes mongoles plantées dans le jardin.

LAKOTA €€

Place de la Bergère
✆ 05 62 31 15 76
Ouvert du mardi au dimanche et de 11h30 à 21h30 en saison. Comptez 20 € pour un repas.

La Lakota vous attend sur l'agréable place Bergère à Gèdre. Dans un style montagnard, le plafond en bois est magnifique et la décoration très chaleureuse. L'accueil l'est tout autant et Valérie vous reçoit tout sourire dans son établissement familial et convivial. Oliver est à la cuisine et vous concocte des plats de saison, des galettes excellentes et des pizzas et burgers maison. La carte des vins est intéressante et pointue, et les desserts sont alléchants ! En saison, vous pouvez aussi venir vous y réchauffer ou vous désaltérer l'après-midi.

AU PETIT MARCHE

Place de la Bergère
✆ 05 62 45 35 14
Ouvert tous les jours de 8h à 19h en saison.

Le Petit Marché est polyvalent, comme son voisin Chez Tonin. Ce bar-café fait aussi épicerie ! Vous pouvez donc venir faire vos courses alimentaires, pour profiter ensuite de la terrasse de cet établissement, avec une boisson chaude pour vous réchauffer l'hiver, ou une bière artisanale de la région. Pour compléter son offre l'on vous propose également à emporter, des pizzas. L'accueil est chaleureux et sympathique. Le petit-déjeuner est aussi pratique et bon marché. La diversité de l'offre est donc ici complète pour toute la journée.

CHEZ TONIN

Place de la Bergère
✆ 06 86 99 22 43
Horaires variables en fonction des saisons.

Ce bar-café fait aussi boutique de souvenirs et de produits régionaux. Idéale pour prendre un vin chaud au retour du ski ou une boisson fraîche l'été sur la terrasse ensoleillée. Chez Tonin propose aussi de la petite restauration, sandwichs, plateaux de charcuteries ou fromages, mais aussi des douceurs : gaufres, crêpes et tarte aux myrtilles. La boutique offre un large choix de produits régionaux : confitures, gâteaux, tisanes, conserves et plats préparés, et de quoi faire des cadeaux et rapporter des souvenirs (cartes postales, peluches...). Un lieu polyvalent.

CENTRALE HYDROELECTRIQUE DE PRAGNERES

Route de Gavarnie
✆ 07 85 36 89 09
Visites guidées sur RDV sur le site internet www.valleesdegavarnie.com. Adulte : 10 €. Prévoir des chaussures fermées.

© EDF

Découvrez le patrimoine industriel des Vallées de Gavarnie et pénétrez au sein de la plus puissante centrale hydroélectrique des Pyrénées. Laissez-vous conter son histoire et vivez une expérience unique et immersive grâce à la réalité virtuelle. Montez dans le téléphérique pour rejoindre la station de pompage à 1700 m d'altitude, envolez-vous grâce à l'hélicoptère au-dessus des barrages d'Ossoue et de Cap de Long, découvrez le principe de la «cueillette de l'eau». Sensations assurées !

ALTIGLISS

Village
✆ 05 62 92 48 29
Ouvert tous les jours en haute saison de 9h à 19h (hiver et été). Fermé en novembre.

Cette boutique vous proposera la vente et la location d'équipement et de matériel de montagne. L'accueil de la famille Ramanoel est particulièrement agréable. L'espace est réduit, mais vous y trouverez l'essentiel des chaussures, sacs à dos, vêtements, accessoires, utiles pour toutes les saisons et à des prix très raisonnables. En hiver, vous y louez votre matériel de ski, luge, ou raquettes, pour profiter à plein temps des sports d'hiver. Le plaisir et le rendez-vous des amoureux de la montagne. En complément, quelques souvenirs pour petits et grands.

LA TANIÈRE DE L'OURS

Route de Gavarnie
✆ 05 62 92 49 11
Ouvert tous les jours de 10h à 19h30 l'été. De 14h à 19h sauf le mardi, d'avril à octobre, vacances de Noël, de février.

En franchissant le seuil de la porte, vous aurez l'impression de pénétrer dans la maison de Boucle d'Or. Elle recèle des trésors locaux insoupçonnés pour les gourmets et les amoureux de l'artisanat rural : vous serez séduit par cette jolie chaumière boisée. Tout respire l'authenticité et la simplicité. De très belles peaux de chèvres, moutons et rennes ornent le sol. Vous serez émerveillé par les étagères en bois remplies d'objets de décoration artisanaux et locaux (assiettes, poteries, plateaux, tableaux) et de produits locaux (liqueur, fromages, confitures…).

ASSOCIATION DES LOUEURS DE MONTURES DE GAVARNIE

Location au centre du village
✆ 06 33 44 51 03
www.valleesdegavarnie.com
Ouvert de Pâques à la Toussaint de 9h à 17h.

Quatre propriétaires de chevaux et d'ânes se sont regroupés en association pour vous faire découvrir les alentours de Gavarnie. C'est sûrement l'adresse de balades à cheval la plus sympa que vous trouverez dans le coin. Plusieurs formules s'offrent à vous, de la promenade découverte à une plus longue qui vous permet de rejoindre la cascade ou de pique-niquer. Mais attention, vous ne pouvez pas visiter le parc national des Pyrénées, car les animaux y sont interdits.

CASCADE DE GLACE

Grande cascade au cœur du Cirque de Gavarnie
✆ 06 83 31 08 16
www.valleesdegavarnie.com
Le bureau des guides vous fournira les coordonnées des guides spécialisés. À partir de 70 €/pers (3 à 6 personnes).

En hiver, la plus grande cascade d'Europe, celle du Cirque de Gavarnie, gèle. Le spectacle est saisissant et pour les accros de la grimpe c'est le top départ de sensations fortes ! Longue de 427 m, cette cascade constitue l'un des plus célèbres spots d'escalade de cascade de glace des Pyrénées et les meilleurs glaciéristes s'y attaquent chaque année. Pour des expériences inoubliables à vivre, des stages et des sorties encadrés par des professionnels sont proposés jusqu'à la mi-mars. Au programme : draperies, grands murs, vires et pentes neigeuses.

CLUB ÉQUESTRE DU VIGNEMALE - CHRISTIAN SOULÈRE

Chemin du Cirque
✆ 06 89 22 96 65
www.cheval-gavarnie.com
Ouvert tous les jours de mai à octobre. A partir de 20 €.

Accompagnateur de Tourisme Equestre (ATE), Christian vous attend pour vous faire découvrir les sentiers du Cirque de Gavarnie en toute sécurité. Ses chevaux, de race Mérens sont parfaitement éduqués et adaptés. Le mérens est originaire de la Haute Vallée de l'Ariège, dans les Pyrénées. Agile, pas trop grand et d'un pied sûr, c'est le cheval polyvalent par excellence, un expert de la randonnée. Il a puisé ses qualités dans la montagne : rustique, il supporte bien le climat de Gavarnie.

DOMAINE SKIABLE DE GAVARNIE-GÈDRE

✆ 05 62 92 48 05
www.ski-gavarnie.com
Ouvert de 9h à 17h de Noël à mi-mars. Forfait journalier : 29 €.

L'endroit est prestigieux, composé de paysages à couper le souffle avec des sommets de 3 000 m ou encore la célèbre Brèche de Roland. Ce domaine skiable vous permet de vivre à fond les sports d'hiver, dans le site hors du commun qu'est le cirque de Gavarnie. Dans ce décor grandiose, 28 pistes tous niveaux vous attendent, dont la plus longue verte des Pyrénées et ses six kilomètres de descente en pente douce. Elle part du plus haut point de la station et vous mène jusqu'en bas.

PATINOIRE COUVERTE GAVARNIE-GÈDRE

Au village de Gèdre
✆ 05 62 92 49 61
www.valleesdegavarnie.com
Ouverte tous les jours en juillet, août et de décembre à mars. Entrée : 7 €

À 1 000 mètres d'altitude, Gèdre ne manque ni de ressources ni d'activités. L'une des plus appréciées, est sans conteste, la patinoire. Sa piste de glace de 495 mètres carrés est idéale et le toit en bois offre une vraie ambiance de montagne. De larges baies vitrées vous entourent pour profiter de la vue, tout en patinant. Derrière le bureau d'information, ce site, chouchou des petits comme des grands, est couvert, afin de se livrer au plaisir de la glisse été comme hiver.

JÉZEAU

Ce petit village, d'une centaine d'habitants, est situé au-dessus d'Arreau, à 700 m d'altitude. Cette ancienne seigneurie a connu les affres d'un incendie qui ravagea une grande partie du village en 1530. Les habitants ont su reconstruire un village charmant qui lui permet de faire partie des villages remarquables du Pays d'Art et d'Histoire, des vallées d'Aure et du Louron. Ses fermes des XVIe et XVIIe siècles sont splendides, ses maisons à galeries aussi. Protégés par les montagnes, nombreux sont les sentiers à serpenter et sont, pour beaucoup encore, des chemins d'estive. Le village est également réputé pour la qualité de ses pommes à cidre !

LUZ-SAINT-SAUVEUR ★★

Au cœur des Pyrénées, la vallée de Luz-Saint-Sauveur est celle des sites d'exception comme le pont d'Espagne ou le majestueux Cirque de Gavarnie. Typique du pays Toy, à 750 m, le village est l'un des plus charmants qu'offre la montagne. Cerné de panoramas à couper le souffle, le village est l'une des portes d'entrée du Parc national des Pyrénées. Ces paysages romantiques ont inspiré les poètes les plus illustres, comme Georges Sand, ou Victor Hugo, qui ébloui par la ville en 1843, écrira que « trois grands rayons de jour y entrent par les trois embrasures des trois montagnes. Ce bourg, ils l'ont nommé Lumière, Luz ». Le patrimoine ici est splendide, lié à la grande Histoire et aux personnages illustres comme Napoléon III. Des vestiges du château Sainte-Marie à l'église aux murailles fortifiées des Templiers du XIIe siècle, en passant par les petits lavoirs qui jalonnent ses ruelles, tout n'est qu'enchantement. Pourtant la ville de lumière n'a pas toujours bénéficié de la clémence de la nature. Sa position au confluent des Gaves de Gavarnie et du Bastan lui a valu de nombreuses inondations. Elle a également connu des tremblements de terre, dont le plus terrible en 1660, fut ressenti à plus de 400 kilomètres. Pittoresque, Luz s'est développée avec la découverte de l'eau naturellement chaude qui a engendré la construction des thermes au XVIe siècle. Sur le Pont Napoléon qui enjambe le Gave de Gavarnie, vous pourrez voir le profond canyon creusé par la rivière et y sauter à l'élastique. Bien évidemment, en hiver c'est la station familiale de Luz-Ardiden qui est au centre de toutes les attentions !

LA CHAPELLE IMPÉRIALE DE SAINT-SAUVEUR

avenue de l'Impératrice Eugénie
✆ 05 62 92 30 30
www.luz.org

Hors événements religieux, chapelle ouverte de mai à octobre, suivant les expositions programmées. Entrée libre.

Vous ne pouvez ignorer cette chapelle, dans le quartier thermal. Son architecture se fait l'écho d'autres édifices. Elle a été commandée sur ordre de Napoléon III et si sa facture est belle sans être exceptionnelle, elle conserve sa vocation religieuse et n'en est pas moins un véritable site culturel devenu incontournable. Ce lieu dédié à l'art, aux expositions, aux concerts et aux lectures a une âme incroyable qui donne à cette programmation éclectique un cadre magistral.

CHÂTEAU DE SAINTE-MARIE ★

À Esterre
www.luz.org

Ouvert toute l'année. Accès libre, uniquement à pieds. Aucun niveau de difficulté.

Direction le château de Sainte-Marie, pour prendre de l'altitude. Vous êtes environ à 630 m et vous dominez les villages de Luz-Saint-Sauveur, Esquièze-Sère et Esterre. Le panorama est aussi célèbre que ses pierres. S'il ne subsiste que deux solides tours de défense, une tour ronde et un donjon carré, ces vestiges demeurent fort imposants. Ils racontent mieux que mille mots ce qu'était l'époque médiévale dans le pays Toy. Vous pouvez y accéder via Luz, Esquièze ou Esterre et uniquement à pied. La balade est belle et l'histoire la mérite !

ÉGLISE FORTIFIÉE DES TEMPLIERS ★

8, place de la Comporte
✆ 05 62 92 30 30

Ouvert de juin à octobre, de 16h à 18h30. Entrée libre.

Bâtie à la fin du XIIe siècle, elle nommée des Templiers, bien qu'ayant été construite par la famille de Saint-André, qui la dédia à cet apôtre. Cette église est l'une des rares fortifiées, en parfait état de conservation. En son cœur, des statues des XIIe et XVIIe siècles et des tableaux des XVIe et XVIIe siècles, des armes et des objets d'époque. À droite de l'autel, vous trouverez un musée et un trésor. Une partie provient des personnages célèbres venus prendre les eaux à Luz.

MAISON DU PARC NATIONAL

24, place Saint-Clément
✆ 05 62 92 38 38
www.maisondelavallee.org
Ouvert toute l'année.

Sur place, une riche documentation est également à votre disposition. Ces grands espaces sont accessibles à tous par des sentiers balisés, mais si vous désirez les découvrir à travers les yeux d'un professionnel de la nature, n'hésitez pas à anticiper vos sorties estivales avec un des guides du parc. Pour aller plus loin, des films sur le patrimoine naturel du parc sont projetés à la demande, dans l'incroyable salle des voûtes du site. Profitez aussi ici de la boutique de souvenirs, du cinéma, de la médiathèque, d'expositions et de spectacles.

AUBERGE DE JEUNESSE LES CASCADES €

17, rue Sainte-Barbe
✆ 05 62 92 94 14
http://www.gites-refuges.com
Compter 20 € pour une nuit en dortoir. Petit déjeuner : 5 €.

Ce gîte d'étape, situé sur le GR10, au cœur du vieux Luz, est aussi une auberge de jeunesse. Au calme, il accueille régulièrement des groupes, des familles et des classes vertes ou de neige. Les chambres comprennent 2, 4, 6 ou 8 lits. Les sanitaires collectifs sont à l'écart des chambres. Pour rencontrer les randonneurs, une belle salle commune avec cheminée réunit les hôtes. Henri vous fait alors découvrir ses talents culinaires. En hiver la demi-pension est obligatoire.

PONT NAPOLÉON ★

Sur la route de Luz-Saint-Sauveur à Gavarnie.
Accès libre.

L'ouvrage magistral a été édifié entre 1859 et 1861 en lame de schiste. La balustrade en fonte pèse à elle seule 24 t. Il est devenu l'un des hauts lieux où pratiquer le saut à l'élastique en Hautes-Pyrénées. À 90 m au-dessus du vide, le pont Napoléon enjambe le gave de Gavarnie d'une seule arche. Il fut construit sous Napoléon III et la légende prétend qu'il serait un cadeau de l'impératrice Eugénie pour remercier la vallée et son eau, de la guérison de sa stérilité. Elle se rendait régulièrement en cure dans ce coin de paradis.

CAMPING DES CASCADES*** €€

Rue Sainte-Barbe ✆ 05 62 92 85 85
www.camping-luz.com
Compter entre 20 € et 29 € pour un emplacement, 2 personnes et un véhicule. Electricité 6A : 6 €.

De grand confort et avec des équipements modernes, le camping des Cascades a décroché une troisième étoile en 2018. En pleine nature et à quelques encablures du centre-ville, ce camping affiche une situation idéale. Cathy veille à cet environnement remarquable et les allées fleuries ont un charme dépaysant. Il est parfait en toute saison, déployé en terrasses, les emplacements sont bien ombragés l'été et ensoleillés l'hiver après la chute des feuilles. En tente ou en mobil-home tout confort, vous disposez d'une magnifique piscine aux accès sécurisés.

OFFICE DE TOURISME DE LUZ-SAINT-SAUVEUR

8, place du 8-Mai ✆ 05 62 92 30 30
www.luz.org
Ouvert de 9h à 19h et dimanche de 10h à 12h30 et de 16h à 19h, en été. Horaires variables en basse saison.

L'office de tourisme de Luz-Saint-Sauveur est un lieu d'information et de documentation essentiel. Les conseillères en séjour ont un rôle polyvalent allant des disponibilités des hébergements jusqu'à la vente de forfaits de ski de Luz-Adiden : ici vous pouvez créer vos séjours à la carte. L'Office de tourisme promeut entre autres la foire aux côtelettes qui se tient en septembre ou le festival de musique, Jazz à Luz en juillet, ainsi que de nombreuses attractions sportives.

AU CLOS DES ARTS €€

2, rue de l'Art
✆ 05 62 92 97 75
www.chambresdhotes.org
Chambre simple de 65 € à 70 € ; chambre double de 75 € à 85 € ; chambre triple de 85 € à 95 €. Petit déjeuner inclus.

Bienvenue dans la maison principale, qui dispose de vastes chambres d'hôtes, avec des lits à baldaquin et des poêles pour l'hiver. On aime la vue sur les toits, le château et l'église des Templiers ! Le petit-déjeuner continental est soigné avec pain frais bio, confitures aux saveurs locales, miel des montagnes et produits du terroir. Situé au tout dernier étage, un appartement en location, avec cuisine, tout confort, idéal pour les familles. Une maison rénovée abrite aussi deux gîtes indépendants et sa dépendance peut être également être louée en formule gîte.

© CAMPING TOY

© CAMPING TOY

© CAMPING TOY

CAMPING TOY•• €

17, place du 8-mai ✆ 05 62 92 86 85
www.camping-toy.com
Compter 5,50 € pour un emplacement et un véhicule, 5,50 € par personne et 6 € pour l'électricité 6A.

Le camping Toy fait partie de ces lieux qui ont su garder leur véritable âme. Cocon de quiétude où l'on entend seulement le ruissellement du Bastan, la volonté des propriétaires est de «maintenir un site calme». Dans un esprit 100 % camping, les tentes, caravanes et camping-cars se dressent dans un havre de paix en plein cœur du centre-ville. Les sanitaires sont propres et un bloc est adapté aux personnes à mobilité. Eté comme hiver, Pierre et Magalie vous reçoivent et vous renseignent sur les meilleures balades à faire et les meilleures tables à expérimenter.

© CAMPING TOY

© CAMPI

GÎTE SAINTE-BARBE**** €€

Quartier Sainte-Barbe
✆ 05 62 92 85 85
www.camping-luz.fr

Compter entre 1 500 € et 1 800 € pour une semaine, selon la saison. Capacité de 12 personnes.

Ce lieu très agréable est aussi beau que confortable. Ancienne maison bigourdane, elle a été entièrement rénovée avec des matériaux de qualité et beaucoup de goût. Les 4 chambres affichent une décoration épurée et chaleureuse dans les tons gris souris, rehaussés de rideaux et coussins colorés. Côté cuisine, vous ne manquez de rien : grille-pain, lave-vaisselle, tout y est. Une salle de bains moderne avec douche à l'italienne est prévue à chaque étage. En supplément, vous profitez de la piscine du camping, ainsi que du parking, tout cela à 50 mètres.

HOTEL DES CIMES** €€

3, place du Marché
✆ 05 62 92 82 03
www.hotel-luz.com

Compter entre 64 € et 69 € pour une chambre double. Petit déjeuner : 9,50 €.

Ce petit hôtel 2 étoiles ressemble à un refuge empli de douceur. Les 11 chambres ont toutes été rénovées avec goût et simplicité. Les murs sont lambrissés de pin odorant dans l'esprit «montagne», et les peintures sont aux couleurs de la nature. L'hôtel tend vers une gestion écologique, avec un petit-déjeuner buffet de produits locaux et bio, des savons bio pour les clients et des produits d'entretien écologiques pour le ménage. Une salle commune conviviale est prévue pour les randonneurs. La réception se trouve quelques mètres plus loin, à l'hôtel des Templiers.

HÔTEL RESTAURANT ARDIDEN** €€

20, avenue de l'Impératrice-Eugénie
✆ 05 62 92 81 80
www.hotelardiden.com

Compter entre 65 € et 86 € pour une chambre double. Petit déjeuner : 9,50 €.

A 150 mètres des établissements thermal et centre balnéo, l'hôtel accolé au flanc de la montagne, constitue un camp de base idéal pour votre séjour. Les chambres sont spacieuses, dans des tons chauds et pastel. Elles font cohabiter mobilier ancien et moderne, et ont des balcons offrant une magnifique vue sur la montagne environnante. L'établissement possède également un parc aménagé pour les enfants. Vous êtes au départ de nombreuses randonnées dans la vallée.

ROULOTTES MONTAGNE €€

16, hameau Les Astes
✆ 06 85 64 83 55
www.roulottes-montagne.com

Ouvert toute l'année. Pendant les vacances, la semaine : 520 €. Sinon 2 nuits minimum, 90 €/nuit.

Deux magnifiques roulottes sculptées, décorées, confortables avec une kitchenette, un coin salon, une vaste salle de bains et un grand lit dans l'alcôve avec sa fenêtre. Un coup de cœur pour ces deux roulottes tsiganes de couleurs vives posées à flanc de montagne, dans un écrin de sommets, avec vue plongeant sur la vallée. Une terrasse vous permet de profiter du soleil en été et sous la neige (avec chauffage), la féerie est exceptionnelle. Vous avez tout ce qu'il faut pour passer un très agréable séjour. Gwenaëlle assure un accueil parfait : un bonheur !

SOUM DE L'ASE €€

GRUST ✆ 05 62 92 34 79
www.gite-soum-de-l-ases.fr

Compter 21 € par personne et par nuit, 1 980 € la semaine. Petit-déjeuner : 10 €. Capacité de 15 personnes.

Au cœur du Pays Toy, à 9 km de la station de ski de Luz-Ardiden, le Soum de l'Ase est un confortable gîte d'étape aménagé sur 2 niveaux. C'est une ancienne grange du village de Grust. Claudine vous accueille et met à votre disposition 5 chambres qui ont une très belle vue sur la vallée de Luz, avec salle de bains et toilettes. Claudine vous assure un hébergement de qualité afin de profiter pleinement des nombreuses activités possibles : randonnée (le GR10 est tout proche), ski, montagne, pêche, tourisme culturel, flânerie. Le gîte peut être loué intégralement.

LES TEMPLIERS*** €€

6, place de la Comporte
✆ 05 62 92 81 52
www.hotel-luz.com

Compter entre 79 € et 98 € la nuit. Petit déjeuner 9,50 €.

Vous êtes au cœur du tranquille quartier historique de Luz, au calme. Le plus petit hôtel de la vallée des Gaves offre un accueil proche d'une chambre d'hôtes. Ici, l'ambiance traditionnelle est préservée, la décoration conserve les vieilles portes et boiseries authentiques. Les chambres sont rénovées régulièrement par Sian, qui en protège le charme. Certaines offrent une vue sur l'église des Templiers. Le petit-déjeuner est préparé avec des produits locaux et bio. L'été, ouvre un bar à vin, avec de bons crus naturels et bio, accompagnés d'excellentes tapas.

CHALET DOUMET €€

2, Impasse du Calihour
✆ 06 24 62 15 98
www.luzappartementspyrenees.com
Comptez 70 € à 150 € la nuit pour un appartement de 2 à 6 personnes.

Dans ce vaste chalet, de beaux appartements pour deux à six personnes, modernes et confortables, vous attendent. Laura et Timothée, vos hôtes, ont un sens aigu du design et de la décoration : un esprit industriel magnifiquement réussi se glisse dans vos logements. Les 4 appartements sont déclinés dans des esprits différents : codes couleurs, canapés aux lignes étudiées, tables et chaises en métal ou en bois, éclairages de caractère... L'équipement est également haut de gamme et des parkings fermés sont à votre disposition. Tout cela avec des prix légers.

LES REMPARTS €

2, place des Remparts
✆ 05 62 92 81 70
www.les-remparts.fr
Compter entre 68 € et 78 € pour une chambre double, minimum de deux nuitées.

Les Remparts oscillent entre l'intimité de la chambre d'hôte et les services de l'hôtel. Annie et Christophe vous y accueillent avec chaleur. Ces lieux donnent sur l'église fortifiée des Templiers. Les chambres sont meublées de pièces uniques, chinées, inventées, relookées. On y retrouve les matériaux de la vallée, l'ardoise, les galets et roches du gave ou encore du bois brut. De la très contemporaine et immaculée chambre blanche à la grange qui joue des cordages jusque dans le ciel de lit, toutes sont pensées comme des îlots hors du temps.

RÉSIDENCE LE CHILI €€

37, avenue Impératrice Eugénie
✆ 05 62 92 80 24
www.appart-chili-luz.com
Compter de 320 € à 500 € pour un studio 2 personnes pour la semaine.

Cette résidence propose des studios et appartements pouvant accueillir de 1 à 8 personnes. Près du Parc National des Pyrénées, la nature s'offre à vous et l'hiver, vous avez trois stations de ski à proximité. Vous profitez de la salle de gym et du sauna, tout comme le salon-TV équipé d'une grosse cheminée qui permet de se détendre à l'intérieur, les jours de mauvais temps. La résidence est entourée d'un parc aménagé avec des jeux pour les enfants, mais aussi des barbecues et tables de pique-nique. L'été, découvrez le minigolf et la pêche à la truite !

LA TERRASSE €€

21, place du 8 Mai
✆ 05 62 92 82 25
Ouvert tous les jours de 7h à 23h en saison. Fermé le soir en novembre. Compter 20 € pour un repas.

Le lieu est au carrefour de l'animation luzéenne. Ce vaste et lumineux salon de thé-bar-brasserie a été entièrement rénové. Vous aurez la possibilité d'y prendre des repas avec une formule plaisante et rapide. En haute saison, un service de snacking est assuré en dehors des horaires des repas : tartes, glaces maison, croustades ou viennoiseries accompagnent le chocolat chaud «de retour des pistes». Un menu «spécial cycliste» avec pâtes et salade a même été pensé pour ceux que la raideur des cols avoisinants ne décourage pas.

Vue générale de Luz-Saint-Sauveur.

CHEZ ALEX €€

64, avenue Saint-Sauveur
✆ 05 62 94 52 50

Ouvert du lundi au vendredi le soir, et samedi et dimanche midi et soir. Compter 25 € pour un repas.

L'accueil de cet établissement est très sympathique et l'équipe jeune vous prend en charge efficacement, sous la houlette de Patrick. Grande terrasse, plafond avec poutres et ambiance cosy, le site a tout pour plaire. À la carte, du bon, du local, du terroir… et du copieux. Entrecôte, côte de veau du pays, côtelettes d'agneau de la vallée, truite des Pyrénées… On se régale. Burgers XXL, pizzas, raclette et fondues s'invitent également à la carte. Les desserts classiques (tiramisu, profiteroles) permettent de finir le repas en beauté.

LE BASQUETOY €€€

7, rue d'Ossun
✆ 05 62 91 68 72

Ouvert du vendredi au mardi de 12h à 13h15 et de 19h à 20h30, sauf samedi midi. Comptez 37 € pour un repas.

Le Basquetoy est une belle découverte. Cuisine française et traditionnelle, faite à base de produits frais, elle est sublimée par son chef. Les assiettes sont magnifiquement présentées et les papilles sont impressionnées par la justesse et la finesse de cette belle cuisine. On a envie de revenir pour tout goûter ! La carte évolue avec les saisons et les vins sont très bien sélectionnés. Profitez également de la salle joliment décorée et du service chaleureux et bienveillant pour passer une soirée parfaite dans cet établissement dans lequel vous reviendrez !

L'ATELIER €€

12, avenue Saint-Sauveur
✆ 05 62 92 85 22
www.latelier-luz.com

Ouvert tous les soirs en haute saison. De mercredi à dimanche soir en basse saison. Compter 35 € pour un repas.

Le restaurant est situé dans l'ancien atelier de couture du père de Bruno et il a su en garder l'âme en rénovant les lieux. En terrasse, c'est la vue sur la chaîne des Pyrénées qui accompagne votre repas tandis qu'à l'intérieur vous savourez une ambiance « comme à la maison ». Le chef s'est formé auprès des plus grands comme Philippe Arambide. C'est donc une cuisine élaborée et inventive, qui enrichit le terroir local que vous dégusterez : foie gras au naturel, agneau du pays, carbonnade de porc fermier, gravlax de truite des Pyrénées.

L'EPICURIEN

5, place du marché
✆ 05 62 33 42 57

Ouvert tous les jours de 17h30 à 23h.

Cela fait deux ans que le pub l'Épicurien s'est installé sur la place du marché. Spécialisé dans la bière, le whisky, et le vin, il offre une belle carte de ces trois boissons à déguster. Vous êtes bien conseillés pour choisir de nouvelles références. L'on peut accompagner ces boissons d'une planche de charcuterie ou de fromage, ou bien d'un croque monsieur maison à partager. L'établissement propose aussi de temps en temps des concerts, dans un style rock et métal. On fête aussi ici, comme tout pub qui se respecte, la Saint Patrick !

HÔTEL RESTAURANT ARDIDEN €€

20, avenue de l'Impératrice-Eugénie
✆ 05 62 92 81 80 - www.hotelardiden.com

Ouvert midi et soir en haute saison et le soir uniquement en hiver. Compter 27 € pour un repas.

Avec sa jolie façade, l'hôtel Ardiden ne passe pas inaperçu. Cela fait 4 générations que la famille Dhoudain bichonne curistes, sportifs et familles avec sa cuisine régionale généreuse. Véritable institution à Luz-Saint-Sauveur, ce restaurant offre une cuisine traditionnelle et gourmande. Le poisson tient une belle place, avec de la truite, en carpaccio, du bar ou du saumon en saison. La viande aussi trouve sa place avec le magret de canard, les côtes de mouton au thym, aux poivres ou aux cèpes, le confit de canard maison notamment.

CHEZ PIF

1, avenue de Saint-Sauveur
✆ 05 62 42 57 04

Ouvert du jeudi au lundi de 12h à 14h et de 19h à 21h.

L'océan à la montagne ? C'est possible ! Grâce à ce nouveau bar de Luz-Saint-Sauveur, Chez Pif. Manger des huîtres au pays de Toy, est désormais chose aisée. Ces magnifiques coquillages proviennent d'Hossegor, en direct du producteur. Vous pouvez également déguster des bulots, crevettes et autres crustacés selon les arrivages. Une belle carte des vins accompagne ces produits de la mer. Le cadre est convivial et chaleureux, et l'accueil souriant. Profitez de la petite terrasse en été. Vous pouvez également commander des plateaux à emporter.

© LA TASCA

© LA TASCA

© LA TASCA

LA TASCA €€

17, place Saint-Clément ✆ 05 62 92 96 22
www.latasca-luz.fr

Ouvert tous les jours midi et soir. Fermé mercredi et dimanche en basse saison. Compter 20 € pour un repas.

Installés à Luz-Saint-Sauveur depuis plusieurs années, Paul et Nina, gèrent une des tables les plus conviviales du village. Le décor montagnard mêle le lambris et la pierre. Dans une ambiance décontractée, on déguste une cuisine locale relevée de spécialités montagnardes à partager telles que «le Reblochard rustique» ou le «Reblochèvre montagnard». La carte est aussi variée que complète. Elle présente aussi des salades, des plats classiques et de nombreux tapas pour l'apéro. Le midi, profitez de la formule qui permet de se faire plaisir à petit prix.

© LA TASCA

© LA TASCA

BRASSERIE DU PAYS TOY

Au village de Sassis
✆ 05 62 41 45 13
www.brasserie-paystoy.com
Ouvert du lundi au mercredi de 9h à 18h, jusqu'à 20h du jeudi au samedi.

Quand le pays Toy décide de devenir une terre de bières, il le fait sans concession. Le style est anglais, l'eau provient de la vallée, le savoir-faire artisanal et l'environnement incroyable. Le nom des cuvées s'inspire des grands sites : cuvée du col du Tourmalet, du pic du Midi, du Cirque de Gavarnie... Ambrée, brune, blanche et l'étonnante IPA forment la base. Des brassins spéciaux : les bières de Noël ou de printemps viennent régulièrement agrandir les troupes. Vous dégustez une bière au bar joliment décoré ou sur la terrasse face au gave de Gavarnie.

MARCHÉS DE LUZ SAINT SAUVEUR

Dans le vieux Luz
Le lundi de 8h à 13h et marché des producteurs en été le vendredi à partir de 17h.

Incontournable, le marché de Luz-Saint-Sauveur est un lieu de vie où chacun apprécie les bons produits des étals. Le lundi, jour de marché, l'animation des ruelles autour de la place fortifiée est à son comble. Vous trouverez ici des fruits et des légumes, des stands avec les fameux crus de madiran et pacherenc, des gâteaux, mais aussi des traiteurs, des fromages, des olives... Le marché estival du vendredi est une rencontre avec les producteurs et les artisans de la vallée.

MIELLERIE DU PAYS TOY

14, rue d'Ossun-Prolongée
✆ 06 73 71 60 94
Visite de la miellerie sur rendez-vous, le jeudi soir. Boutique ouverte pendant l'été, du mardi au jeudi après-midi.

Jean a choisi le pays Toy pour élever ses abeilles et deux sites bien spécifiques abritent ses ruches : un à Lourdes pour la production de miel de châtaigniers et les autres dans la vallée de Luz pour quatre miels typiques : miels de bruyère, de fleurs sauvages de montagne, de tilleul et de rhododendron. L'apiculteur fait visiter sa miellerie. De la ruche à la mise en pot, vous apprendrez tout sur le circuit du miel. C'est instructif et ludique, grâce à l'exposition d'une ruche visible à travers une vitre. Retrouvez Jean sur les marchés de Luz, lundi et vendredi.

LUZ TYROLINE

Route de Gavarnie
✆ 05 62 42 16 88
www.luztyroline.com
Horaires variables en fonction des saisons.
Tarif : 45 €, dégressif en fonction du nombre de personnes.

Sur 2 km, le plus fou des circuits, aux paysages uniques et insolites. Au cœur des falaises et des gorges, 16 tyroliennes de 40 à 260 m de long, 4 ponts népalais et 11 vias ferratas. Le site est fabuleux et y évoluer de cette façon offre des souvenirs absolument uniques. En deux heures environ vous en prenez plein les yeux, le gave de Pau en toile de fond et ses cascades surmontées par des vasques fantastiques. Certaines gorges sont inaccessibles par un autre biais. Laurent et son équipe assurent l'encadrement, vous êtes accompagné d'un patrouilleur.

LUZEA

31, avenue Impératrice-Eugénie
✆ 05 62 92 81 58
www.luzea.fr
Ouvert tous les jours de 15h à 19h30. Entrée : 18 €.

Situé sur les bords du gave de Pau, la vue en balcon sur les gorges y est magistrale. Luzéa est une étape de bien-être et de remise en forme dans un superbe centre de balnéothérapie de style napoléonien. Des colonnes et un sol en marbre gris campent le décor et le mobilier contemporain apporte une touche de caractère dans ce lieu typique. En plus de la piscine à jets, des saunas, des bains bouillonnants, d'un hammam à l'esprit oriental, des banquettes de marbre chauffées, la qualité et la diversité des soins de corps, de visage, des massages, vous éblouira.

LES THERMES DE LUZ-SAINT-SAUVEUR

31, avenue de l'Impératrice-Eugénie
✆ 05 62 92 81 58
www.thermesdeluz.fr
Ouvert d'avril à octobre.

Les thermes sont magnifiquement intégrés dans l'environnement majestueux du pays Toy, près de la source de forage de la Duchesse de Berry, dont l'eau jaillit de la terre à 33 °C. Naturellement chaude, l'eau est alcaline, sulfatée, bicarbonatée avec présence de silicates, de calcium, de potassium, de chlorures et de sodium. Les cures sont reconnues pour le traitement des problèmes circulatoires, veineux et lymphatiques, des affections ORL, ainsi que des problèmes gynécologiques.

LUZ-ARDIDEN ★

Luz-Ardiden est une station de sports d'hiver située sur la commune de Luz-Saint-Sauveur. Elle est composée de deux secteurs interconnectés, Béderet et Aulian. Avec trois versants et 28 pistes, la station est équipée de remontées modernes qui vous hissent rapidement à 2 500 mètres. Les pistes sont nombreuses et certaines suffisamment techniques pour les plus exigeants. Les débutants ont 5 pistes aménagées avec remontées adaptées, et les plus jeunes, un jardin d'enfant protégé. Les amateurs de surf, profitent du snowpark, et les moniteurs de ski proposent un hors piste de 1 250 m de dénivelé. Une navette régulière rejoint Luz-Saint-Sauveur à la station.

ECOLE DU SKI FRANCAIS

1, place du 8 mai
✆ 05 62 92 86 99
www.esf-luzardiden.fr/
Cours en groupe à partir de 39 €, cours particulier à partir de 44 €.

Pour les plus petits, l'apprentissage du ski se fera par le jeu et dans la bonne humeur avec le club mini piou. Des cours collectifs et individuels sont possibles à partir de 4 ans. Les plus grands peuvent suivre ces cours collectifs et à la fin du séjour, passer les tests. Les adultes pourront aussi être tentés par le ski de rando ou le hors-piste de Bernazaou, avec un dénivelé de 1 250 m. L'École propose également du handiski : une formule d'enseignement individualisé et adapté, certains moniteurs parlant la langue des signes.

PIAU-ENGALY ★

Situé sur la commune d'Aragnouet, non loin du tunnel de Bielsa, et à 15 kilomètres de l'Espagne, Piau-Engaly est un domaine skiable prisé des familles. La plus haute station des Pyrénées culmine au-dessus des nuages, à 1 860 mètres. Ski alpin, ski nordique, espaces free ride, balades en raquettes et en traîneaux à chiens rythment les saisons hivernales. L'été, la montagne dévoile un charme différent et ce superbe territoire s'avère parfait pour la pratique du trail. Un nouvel espace en accès libre en haute montagne est ouvert avec un camp de base aux portes du Parc national. Les vététistes se donnent aussi rendez-vous, dans la forêt de Couéou.

OFFICE DE TOURISME DE PIAU-ENGALY

A 92 km de Tarbes et 170 km de Toulouse.
✆ 05 62 39 61 69
www.piau-engaly.com
Ouvert du lundi au dimanche, de 9h à 12h et de 13h à 17h. Fermé le week-end en basse saison.

L'Office de tourisme de Piau-Engaly s'inscrit dans une démarche environnementale qui inclut le moins de déchets papier possible. Vous trouverez donc l'essentiel des informations sur le site Internet. Vous pouvez réserver votre hébergement, des activités comme la balade en raquettes, découvrir le programme des animations, vous inscrire aux baptêmes de traîneau à chiens, cascade de glace... L'été, randonnées, producteurs de miel et de fromages, parcours suspendu assurent l'animation.

HÔTEL DES 4 OURS*** €€

Station de Piau-Engaly ✆ 05 62 40 78 00
www.hotel-4ours-piau.com/
A partir de 130 € pour une chambre double l'hiver et de 59 € pour une chambre double l'été. Petit-déjeuner : 10 €.

Au pied des pistes, l'hôtel des 4 Ours a été entièrement rénové en 2015 pour le plus grand plaisir de ses habitués. Le bon goût et la modernité se mêlent à l'architecture de caractère qui vous séduira. La clarté est ici une constance, qui illumine les espaces communs et les chambres. Le panorama magnifique peut être observé des chambres cosy, avec balcons, ou grandes baies vitrées. Vous êtes au calme et l'établissement propose un parking gratuit. Des commerces et quelques restaurants se trouvent à proximité. Pratique et bon marché pour les vacances en famille.

CENTRE BALNEO EDENEO

✆ 05 62 39 61 69
Ouvert de décembre à avril et en juillet, août. Horaires variables sur site internet. Entrée 2 heures : 16 €.

De verre et de zinc, l'architecture incroyable de ce centre balnéo oscille entre rondeur et aspérités. Les larges baies vitrées découvrent un panorama à 360°, les pieds dans l'eau, les yeux sur les sommets, rendez-vous avec la magie. A l'intérieur, un bassin de 130 m² vous attend avec ses jets hydromassants, bains bouillonnants, lits à bulles, cols-de-cygne, banquettes chauffantes, puits d'eau froide... Le hammam calme les tensions musculaires engendrées par le ski ou la rando. Retrouvez aussi les activités aquadouce, aquabike, aquatonic, bébés nageurs.

PIERREFITTE-NESTALAS ★

A la croisée des vallées de Luz et de Cauterets, ce village du Lavedan culmine à 480 m d'altitude. Il fut l'une des cinq chapelles rattachées à la « Villa Bencus » au IVe siècle, plus connue aujourd'hui sous le nom de Saint-Savin. À cette époque, Aemelius, précepteur du fils de l'empereur Constantin y demeurait. La commune tient son nom définitif de la fusion de deux bourgs en 1901. Avec ses cours d'eau, Pierrefitte-Nestalas affiche un charme typique de la vallée et jouit d'une situation géographique unique menant au Pont d'Espagne, à Gavarnie ou à Cauterets. L'église romane fortifiée est inscrite aux Monuments historiques depuis 1942.

SALIGOS

Perché sur un piton, dans le bassin de l'Adour, le petit village de Saligos surplombe l'entrée de la vallée de Luz-Saint-Sauveur. Il apparait pour la première fois sur un cartulaire de Bigorre en 1313. L'église Saint-Pierre-et-Saint-Paul, de style roman, date du XIIe siècle. A chevet semi-circulaire, elle possède un remarquable retable datant de la fin du XVIIIe siècle, et une piéta du XVIe siècle. Le village compte d'autres belles architectures qui valent le détour comme l'église Saint-Michel de Vizos et le lavoir de Vizos. L'ancienne école est désormais devenue le fournil d'un boulanger bio. Le village ne compte que 119 habitations.

VOIE VERTE DES GAVES ET CHEMIN DES VOYAGEURS

Accès libre toute l'année. Gratuit.

Depuis Pierrefitte-Nestalas partent deux chemins de balades remarquables labellisés Tourisme et Handicap. La voie verte, de 18 km est pratiquement sans dénivelé et permet de se rendre à Lourdes en passant par Argelès-Gazost, Saint-Savin, Lau-Balagnas... Elle est accessible aux promeneurs, cyclistes et rollers. La seconde de 9,5 km suit le tracé de l'ancienne voie de chemin de fer jusqu'à Cauterets. Avec plus de dénivelé, elle est plus difficile et convient aux randonneurs et sportifs.

SARRANCOLIN

A 7 km au nord d'Arreau, Sarrancolin est le premier village à s'ouvrir sur la très belle Vallée d'Aure. Vieille cité médiévale dont les origines remontent aux environs de 70 av. J.-C., Sarrancolin possède une forte histoire marquée par l'industrie du marbre. Sous Louis XIV, le site était le lieu d'embarquement du marbre royal, utilisé à Versailles ou au Petit Trianon. D'un charme particulier, le vieux quartier de Sarrancolin s'étire autour des rues Nègre et Royale. Les points de vue du Pla de la Peyre et de la crête des Coqs dévoilent un superbe panorama jusqu'au plateau de Lannemezan : n'hésitez pas à prendre le temps de le découvrir.

CAMPING LARBEY**** €€

Route de Cauterets

✆ 05 62 92 74 61

www.camping-de-larbey.com

Compter entre 5 € et 7 € pour un emplacement, 5,50 € à 7,50 € pour un adulte, 3 € à 4 € pour un enfant.

Au camping de Larbey, vous êtes sur le balcon de la vallée, entouré des magnifiques sommets. Les vastes emplacements prévus pour les tentes sont en palier. Le camping s'adresse aussi aux vacanciers appréciant le confort des mobil-homes. Ceux-ci forment un petit village exquis où les terrasses rivalisent de charme. La piscine chauffée, ouverte en été, vous permet de vous délasser, en profitant de la vue fabuleuse. Laure sait assurer une belle ambiance et des animations estivales qui font de cette adresse une de nos préférées.

LA FILATURE DE LAINE

9, rue Saint Quitterie

✆ 05 62 98 77 21

www.lafilaturelaine.com

Ouvert lundi, mardi, jeudi et vendredi de 15h à 18h. Entrée : 5 €.

La filature de laine, vous fait remonter le temps. Cette vénérable institution est la dernière des Hautes-Pyrénées avec des machines centenaires en fonctionnement. Cet artisanat nécessite une habileté incroyable et les bases de ce travail minutieux sont transmises de génération en génération. Chantal perpétue la tradition et vous dévoile tous les secrets de transformation de la laine en fil. Une boutique attenante permet de faire le plein de vêtements et produits tricotés main, dans le respect de l'environnement et des animaux, par Chantal et d'autres tricoteuses.

CAFÉ-RESTAURANT DE FRANCE €€

16, route de Nestes
✆ 05 62 98 78 83
www.cafe-restaurant-de-france.fr/

Ouvert tous les jours toute la journée, sauf mercredi soir hors vacances scolaires. Compter 27 € pour un repas.

Vous apprécierez cette adresse sympa tant par l'esprit que par la cuisine. Ici, les spécialités régionales sont à l'honneur. Le Restaurant de France propose une cuisine traditionnelle dans un cadre de caractère où le bois est aussi chaleureux que l'équipe de Bruno Lionne. Si l'été une terrasse couverte vous permet de déguster les petits plats du chef face à la place principale, l'hiver c'est au coin de la cheminée que vous goûterez à une excellente garbure.

SAINT-LARY-SOULAN ★

Le village de Saint-Lary-Soulan se situe dans la vallée d'Aure qui s'engouffre le long de la rivière Neste d'Aure jusqu'à l'Espagne. Etape du chemin de Saint Jacques de Compostelle, Saint-Lary-Soulan est une fusion des communes de Saint Lary et de Soulan qui date de 1963. On retrouve une ambiance conviviale dans les rues, les boutiques, les bars, les restaurants, les discothèques de ce village qui vit au rythme des saisons hivernales et estivales. Large et préservée, la vallée d'Aure bénéficie d'un climat privilégié, largement ensoleillé. Saint-Lary a connu un développement rapide à l'après-guerre avec la construction des grands barrages hydroélectriques d'altitude et la création d'un domaine skiable en 1957. La station s'est d'abord développée sur le secteur du Pla d'Adet qui concentre à lui seul près d'un tiers des hébergements de la station. Le Pla est directement relié au cœur du village par les remontées mécaniques. Avec la construction de la route d'accès et la fusion avec Soulan, un second pied de piste a vu le jour près du hameau d'Espiaube. Le domaine skiable fait partie des plus vastes des Pyrénées, s'étendant sur plusieurs versants à la toponymie variée. Parfois en haute montagne, parfois en forêt, la diversité d'exposition permet de skier par toutes les conditions météo. Aux beaux jours, les cyclistes partent à l'assaut des cols de légende dans la roue du Tour de France, les randonneurs parcourent les sentiers d'estives, les parapentes survolent le village du Patou. Ce chien des Pyrénées, chargé de veiller autrefois à la sécurité du troupeau, est devenu l'emblème attachant de Saint-Lary.

CENTRALE HYDROÉLECTRIQUE DE SAINT-LARY

Parc Benoît Fourneyron
✆ 05 62 39 50 00
www.saintlary.com

Visites guidées en été du mardi au jeudi, à 10h, 14h ou 16h sur réservation. En juin le jeudi sur réservation. Gratuit.

À Saint-Lary, cette centrale hydroélectrique d'EDF ouvre ses portes au public dans le cadre du développement du tourisme industriel qui génère de plus en plus de visiteurs. Sa visite est instructive et passionnante. Comment cette eau des montagnes nous fournit-elle de l'électricité ? Une exposition avec des panneaux ludiques et de belles photos d'illustrations donnent les réponses à cette question légitime. Le rôle et le fonctionnement d'une centrale hydraulique vous sont également dévoilés de façon détaillée au moyen de vidéo, de maquettes animées et enfin par l'observation directe des turbines. Immergé dans l'ambiance de salle des machines, vous comprendrez mieux le travail et le rôle des divers intervenants sur le site. Y sont également expliqué le rôle très important de régulation du débit des rivières, grâce aux variations de niveau d'eau dans les retenues artificielle, afin de prévenir les risques d'inondation en aval à la suite de fortes précipitations de pluie ou de fonte rapide des neiges. La visite permet également d'apprécier le travail titanesque de construction d'une telle centrale, dans un milieu compliqué et peu accessible. Enfin, sont également décrits les nombreux autres équipements hydrauliques présents tout au long des vallée d'Aure et du Louron : prises d'eau, retenues, autres centrales. Les intervenants qui participent à cette visite guidée sont non seulement passionnés et instruits, mais ils savent vulgariser leurs contenus pour les visiteurs.

Maisons de Saint-Lary-Soulan.

LE MOULIN DE LA MOUSQUERE

SAILHAN

✆ 06 72 31 03 90

www.mairie-sailhan.fr

Ouvert en juillet, août, tous les jours, de 15h à 18h. Entrée : 4 €.

En 1692, ce moulin est vendu aux communes de Sailhan et d'Estensan. Il est loué à des meuniers dont le dernier cesse son activité en 1960. Le moulin est réhabilité en 2000 après de longues années de travaux. C'est désormais l'Association des amis du moulin qui le fait vivre. Remontant probablement au XIIe siècle, ce moulin est précieux. On peut y contempler les anciennes meules et des outils, comprendre son fonctionnement et la fabrication de la mouture de céréales.

MUSÉE DE LA MINE

Route du Pla d'Adet - **VIELLE-AURE**

✆ 05 62 39 46 19

www.saintlary.com

Ouvert de 10h à 12h et de 14h à 19h en été, jusqu'à 17h en hiver. Sur réservation hors saison. Entrée : 7,50 €.

Le site d'extraction de manganèse voit son dernier mineur pénétrer dans ses boyaux sombres en 1923. Il est désormais ouvert au public et après de nombreuses réhabilitations, ses galeries vous accueillent pour une expérience hors du commun. Vous y découvrirez une authentique mine de montagne avec des extérieurs préservés et aménagés et un parcours mis en scène par un superbe jeu de sons et lumières. La visite se poursuit dans la partie musée où sont exposées des collections d'objets et de documents d'époque, des gravures, des témoignages...

LE PIC DU NEOUVIELLE

Accès libre. Randonnée avec un guide recommandée.

Son nom vient du patois, de *Nèu,* la neige et de *vielha,* qui veut dire, vieille. C'est donc le sommet de la « vieille neige ». Avec ses 3 091 m, le massif du Néouvielle fait partie du cercle fermé des « 3 000 pyrénéens ». Son sommet pointu et enneigé toute l'année, se reflète dans les eaux limpides du lac de Néouvielle. Son ascension fait partie du graal des montagnards amateurs de sommets. Contactez le bureau des guides de Saint-Lary si vous souhaitez entreprendre cette randonnée de 5h30, inoubliable mais très difficile, avec ses 9,31 km et 900 m de dénivelé.

RÉSERVE NATURELLE DE NÉOUVIELLE

✆ 05 62 39 40 91

www.reserves-naturelles.org

Accès libre.

Le massif du Néouvielle est un espace naturel montagnard unique, d'une grande originalité bioclimatique. Ses richesses floristiques et faunistiques, ses lacs et ses paysages font depuis longtemps l'objet d'une attention toute particulière. Ici la nature dépasse les bornes : les pins à crochets battent des records de longévité et d'altitude ! Fondée en 1936, c'est l'une des plus anciennes réserves naturelles de France. On a recensé sur ce territoire plus de 570 espèces d'algues et plus de 70 lacs (Aumar, Aubert, Orédon, Cap de Long...) marquant le paysage de leurs eaux limpides. Les amoureux de la nature et de la biodiversité sont ici au paradis, de nombreuses randonnées sont possibles et le tour du Néouvielle se fait de refuge en refuge. Le massif dispose de 5 refuges gardés permettant des itinérances. Pour préserver la beauté du site, mais aussi pour en faciliter la découverte, des aménagements ont été entrepris (accueil, parking, sentiers, toilettes...). Vous pouvez non seulement effectuer le tour du Néouvielle en allant de refuge en refuge mais aussi tenter l'ascension du pic du Néouvielle, 3 091 m, un sommet panoramique accessible en 6 heures de marche. Les crampons sont parfois nécessaires et la montée est difficile en terme de dénivelé. La prudence reste de rigueur et l'accompagnement d'un professionnel est quoi qu'il en soit conseillé pour les novices. Des randonnées pédestres ou en raquettes sont d'ailleurs proposées par les guides locaux tout au long de l'année.

BUREAU D'INFORMATIONS DU PLA D'ADET

Gare supérieure du téléphérique

✆ 05 62 98 45 93

www.saintlary.com

Ouvert tous les jours de 8h30 à 17h30 en saison hivernale. Horaires variables le reste de l'année.

Situé au premier étage de la gare du téléphérique, il est le lieu incontournable pour découvrir tous les plaisirs de la montagne. Pour ne rien manquer des activités autour et en dehors de la station, nous vous conseillons vivement de contacter ce bureau d'information. Idéal pour ceux qui logent au Pla d'Adet, vous y trouverez des brochures avec les différents prestataires, le plan des pistes, le programme des animations, le guide de la station, et un accès wifi très pratique.

MAIRIE DE SAILHAN

Place Bertrand Menvielle
SAILHAN
✆ 05 62 39 51 13
www.mairie-sailhan.fr
Ouvert le vendredi de 9h à 12h.

Non loin de Saint-Lary, ce petit village de montagne a su conserver son caractère authentique. Étalé sur un large plateau, il est dominé par les pics majestueux de l'Arbizon et du Lustou. Avec ses maisons en pierres et galets coiffées de tuiles d'ardoise, il diffuse néanmoins un charme typique des villages de la vallée d'Aure. L'origine de Sailhan remonte à l'époque romaine et selon son architecture, le village existait certainement au Moyen-Âge. Son château a disparu, mais il était bâti sur un promontoire «saillant» sur la vallée.

OFFICE DE TOURISME D'AURE-LOURON - VIELLE-AURE

9, place de la fontaine
VIELLE-AURE
✆ 05 62 39 50 00
www.aure-louron.fr

Ouvert du lundi au samedi de 9h à 12h et de 14h à 18h ; tous les jours en été.

Ici, le point fort du patrimoine est naturel, la star, c'est sans conteste la réserve du Néouvielle. D'Arreau à Bordères-Louron, vous saurez tout des bons plans que cette magnifique région des Pyrénées offre, tant au niveau des activités que des hébergements. Si vous préférez les beaux bâtiments, la chapelle d'Agos et l'église sont à voir. Côté culture, on se rapproche des traditions avec le musée du Pastoralisme d'Azet mais surtout celui des Mines de Vielle-Aure.

AQUASCOPE

Promenade du Bernet
VIELLE-AURE
✆ 05 62 39 40 74

Le lundi, mardi, jeudi et vendredi de 8h30 à 12h et de 13h30 à 16h30. Gratuit.

Non, H_2O n'est pas une molécule aussi simple qu'on le croit ! Sur la station d'épuration de Vielle-Aure, le Siahva vous renseigne sur les cycles d'épuration des eaux usées. Le processus est expliqué grâce à une maquette animée de 6 m de long : réception des eaux, décantation, traitement biologique, recyclage des boues et retour à la nature. Puis, la visite prévoit la diffusion d'une vidéo ludique et interactive qui révélera aux grands comme aux petits les mystères de l'eau, grâce à une collaboration avec le Futuroscope de Poitiers.

ESPACE EDF SAINT-LARY

Parc Benoît Fourneyron
✆ 05 62 39 50 00

Appeler pour les horaires de visite. Gratuit.

Les Pyrénées ont été aménagées dès le début du XXe siècle, les barrages étant destinés tant à réguler le débit des torrents qu'à produire de l'électricité. La plate-forme en surplomb de la salle des machines permet une immersion complète dans le quotidien des exploitants. Dans cette centrale hydroélectrique, les films et les maquettes rendent la visite attrayante et ludique. Enfin, des expositions temporaires d'artistes locaux complètent l'offre culturelle de cet espace découverte. Le site est labellisé Tourisme et Handicap, avec des animations adaptées.

LA COUETTE DE BIEOU €

La Couette de Biéou - **CAMPARAN**
✆ 05 62 39 41 10

Compter de 55 € à 60 € pour une chambre double, petit déjeuner inclus. Fermé en avril, octobre et novembre.

Le charme de la montagne version rurale s'exprime ici au mieux. Sur un versant de montagne, à l'entrée du petit village de Camparan, la belle ferme familiale de Marie-Thérèse et Bernard Moreilhon accueille les visiteurs par une belle cour de ferme dallée, qui donne le ton. Des fenêtres et du balcon, on découvre le splendide panorama des montagnes. A la disposition des hôtes, les trois chambres très confortables et parfaitement restaurées, comprennent salle d'eau et WC privatifs. Marie-Thérèse est la reine des gâteaux et elle prépare de copieux petits-déjeuners.

LE REFUGE DE BASTAN €

✆ 05 62 98 48 80
www.refugedebastan.fr

Ouvert en saison d'été. Comptez 22 € la nuitée.

Le Refuge est situé à côté des lacs du Bastanet, dans la Réserve du Néouvielle. Accueil très chaleureux pour ce refuge perdu dans les montagnes où vous arrivez en randonnant à pied du lac d'Oregon. La vue est incroyable et la nature grandiose. Vous dormez dans le dortoir, ou dans une grande tente avec lits superposés. Les sanitaires sont sommaires et écologiques. Point de rencontre des randonneurs, vous pouvez aussi vous y arrêtez quelques jours pour profiter des lacs et randonnées alentour. Attention à respecter les consignes de la réserve.

LA BERGERIE €€

Village
AZET
✆ 05 62 39 49 49
www.labergerie-azet.fr

Compter 60 € pour une chambre double, petit déjeuner inclus.

Cette jolie pension domine le village de Saint-Lary qui s'étale à vos pieds, et la vue sur les vallées de l'Aure et du Louron est tout simplement magnifique. Elle a pris place dans une ancienne bergerie à 1 172 mètres d'altitude très exactement. Le bâtiment de pierres sèches et au toit d'ardoises se fond dans un ravissant hameau. Autre atout de charme, vous n'êtes qu'à quelques minutes de la station du Val Louron. Les chambres sont claires et confortables et équipées de 6 couchages pour les plus grandes, afin de pouvoir accueillir toute la famille.

© OFFICE DE TOURISME DE SAINT LARY

© OFFICE DE TOURISME DE SAINT LARY

© OFFICE DE TOURISME DE SAINT LARY

OFFICE DE TOURISME DE SAINT-LARY

37, rue Vincent-Mir ✆ 05 62 39 50 81
www.saintlary.com

Ouvert de 9h à 19h en été et hiver ; du lundi au samedi de 9h à 12h et de 14h à 18h en basse saison.

Au cœur du village, ce point d'information est complet, tout est mis à votre disposition pour vous faire découvrir les activités et loisirs à faire, été comme hiver. Les équipes de l'office de tourisme de Saint-Lary vous offrent un accueil très chaleureux et sont efficaces. En toute convivialité, on prend ici le temps de vous conseiller sur la nature et les richesses de la vallée. La station de Saint-Lary est l'une des plus prisées des Pyrénées. Un passage ici est incontournable.

© OFFICE DE TOURISME DE SAINT LARY

© OFFICE DE TOURISME DE SAINT LARY

CAMPING LE RIOUMAJOU**** €€

Chemin le Bernet - **BOURISP** ✆ 05 62 39 48 32
www.camping-le-rioumajou.com
Compter entre 16,80 € et 25,70 € pour un emplacement, 2 personnes, un véhicule et 2A.

Près du Parc national et de la Réserve naturelle du Néouvielle, au cœur de la vallée d'Aure, ce camping en pleine nature est bordé par une rivière. Très calme et verdoyant, il propose des emplacements bien délimités avec de nombreuses haies et équipés de points électriques et d'eau collectifs. Les équipements sont très nombreux puisque le bâtiment central héberge la laverie, la salle de séchage et de repassage, la salle de jeux avec ping-pong, baby-foot, flippers et billard. La piscine est chauffée et les petits ont même une pataugeoire à leur disposition.

HÔTEL AURELIA** €€

31, chemin de Saint-Lary - **VIELLE-AURE**
✆ 05 62 39 56 90
www.hotel-aurelia.com
Compter entre 66 € et 88 € pour une chambre double, selon la catégorie et la saison. Petit déjeuner : 9,80 €.

Cet hôtel de charme, est situé à quelques minutes du centre et à 600 mètres de la station de ski. En hiver des navettes vous amènent à la télécabine. Les chambres sont chaleureuses et confortables. La piscine extérieure chauffée en été et la salle de fitness sont pratiques pour se dépenser. L'hôtel possède aussi un parking privé, un local à vélo et à ski. Catherine et Ludovic, en professionnels du tourisme, sont toujours prêts à vous conseiller dans l'organisation de vos activités sportives ou bucoliques, nombreuses dans les vallées et montagnes environnantes.

HÔTEL ET RÉSIDENCE LES ARCHES*** €€

15, avenue des Thermes
✆ 05 62 49 10 10
www.hotel-les-arches.com
A partir de 60 € pour une chambre double et de 320 € la semaine en appartement 2-4 personnes. Petit déjeuner : 12 €.

L'hôtel idéalement situé au pied de la télécabine dispose de 30 chambres. La décoration est constamment remise au goût du jour, le mobilier et les couleurs étudiées leur confèrent un air contemporain, tandis que les salles de bain ont été refaites récemment. Nicolas, le gérant, veille à votre confort et votre bien-être et s'assure de la parfaite tenue de son établissement. La résidence de 25 appartements partage le même esprit de confort et d'élégance.

HÔTEL LA NESTE DE JADE*** €€

route de Vignec - **VIGNEC**
✆ 05 62 39 42 79
www.hotelnestedejade.com
Compter 100 € pour une chambre double. Petit déjeuner : 12 €.

L'esprit de montagne est ici soigneusement entretenu et développé. Le Neste de Jade fait la part belle au bois, tant en façade que dans les 19 chambres, dans une volonté de démarche éco-responsable. Les services sont nombreux pour les sports d'hiver (local à ski gardé, vente de forfaits à la réception) et l'été (piscine extérieure chauffée, information sur les randonnées, massages sur réservation). Les chambres sont magnifiques et chaleureuses, en lambris dorés. Une bonne adresse.

PIERRE & VACANCES - LES RIVES DE L'AURE €€

10, rue de la Piscine
✆ 05 62 99 59 59
www.pierreetvacances.com
Tarifs et renseignements auprès de la centrale de réservation.

La résidence récente, dispose d'appartements confortables et chaleureux pour un séjour agréable. Chaque appartement possède un balcon, une terrasse ou une loggia pour profiter de la vue. Profitez également de la piscine en extérieur et du parking. Quelques-uns des logements sont également équipés bébés, pour profiter d'un séjour totalement familial. Côté bons plans : plus vous réservez tôt, moins c'est cher, jusqu'à - 30 % sur votre séjour d'une semaine en réservant à l'avance !

LE RELAIS DE L'EMPEREUR €€

Chemin de Saounte - **SAILHAN** ✆ 05 62 40 09 18
www.lerelaisdelempereur.com
Compter entre 60 € et 130 € pour une chambre double, selon la chambre et la saison, petit déjeuner inclus.

Fabienne et Bruno vous accueillent chaleureusement dans une splendide maison du XVIe siècle. Les chambres ont été décorées avec beaucoup de goût, alliant le bois brut et la pierre de Néouvielle. L'une d'entre elles possède sa propre cheminée. Elles sont toutes équipées d'une douche à l'italienne avec un joli carrelage. Le petit déjeuner est inclus dans le prix de la chambre, mais aussi le goûter, offert vers 17h, avec ses gâteaux maison. L'accès à l'espace sauna, aux senteurs d'eucalyptus et à la douche à jets est également inclus pour votre plus grand plaisir !

RESIDENCE LAGRANGE PRESTIGE €€

Résidence Le Clos Saint-Hilaire - **VIELLE-AURE**
✆ 0892 160 500
www.vacances-lagrange.com
Tarifs sur demande auprès de la centrale de réservation. Studios et appartements de 2 à 8 personnes.

Lagrange Prestige possède une offre originale et unique dans les Hautes-Pyrénées, sur les communes de Saint-Lary et de Vielle-Aure, à moins de 1 000 m du centre-ville. Entre le Domaine de l'Ardoisière, le Clos Saint-Hilaire ou les Chalets de l'Adet, il s'agit d'un complexe de plusieurs bâtiments de tradition pyrénéenne et de chalets, qui disposent de tous les équipements nécessaires pour des vacances réussies : espace balnéo, piscine chauffée couverte, équipements sportifs...

LA SAPINIERE*** €€

Station de ski Espiaube
✆ 05 62 98 14 08
Compter entre 130 € et 250 € pour une chambre double, selon la saison, petit déjeuner inclus.

La Sapinière a été entièrement rénovée, *exit* l'hôtel vieillot qui fleurait bon les années 60. Avec seulement 10 chambres, c'est un esprit familial et intime qui évolue ici. L'hôtel offre désormais de belles chambres faisant, du plancher au plafond, la part belle au bois. Les murs sont lambrissés et jouent sur les nuances et les reliefs pour créer un habillage des plus chaleureux. Le petit déjeuner est servi sous forme de buffet dans la salle à manger de l'auberge et met en avant l'excellent savoir-faire des producteurs locaux. Une adresse fort sympathique.

CAMPING ARTIGUETTE SAINT-JACQUES** €

Route du Pla d'Adet - **VIGNEC**
✆ 05 62 39 52 24
www.camping-artiguette.fr
Compter 12,94 € pour un emplacement, 2 personnes et un véhicule. Adulte supplémentaire : 3,90 €.

Vous profiterez ici d'un calme ressourçant mais surtout d'une vue à 360 degrés sur les montagnes. Situé à 1 km de la station de Saint-Lary-Soulan, il fait bon s'arrêter dans ce camping pour faire le plein de nature. L'Artiguette privilégie une ambiance familiale avec la quiétude pour mot d'ordre. Les enfants peuvent profiter de jeux extérieurs. Avec ses allées goudronnées, une propreté parfaite et des sanitaires aménagés pour les personnes en situation de handicap, le site est parfait.

VILLAGE VAL NEIGE €€

Route du Pla d'Adet
VIGNEC
✆ 05 62 39 45 91
www.villagevalneige.com
Compter entre 385 € et 995 € par semaine pour un gîte de 4 à 7 personnes, selon la saison.

Implanté dans une des plus belles régions des Pyrénées, à la croisée des chemins des stations de Saint-Lary-Soulan, Piau-Engaly, Peyragudes et Val-Louron, le Village Val Neige est idéal pour passer un séjour de qualité à la montagne. Au Village de Gîtes, on peut séjourner à n'importe quelle saison pour profiter des plaisirs de la nature et de toutes sortes d'activités : sports d'eaux vives, balades, rando et VTT en été, ski ou raquettes pour l'hiver. Les gîtes sont lumineux et bien agencés, avec un équipement suffisant pour des vacances légères.

HOTEL MIR*** €€€

25, rue Vincent-Mir
✆ 05 62 39 40 46
www.hotelmir.fr
Compter entre 73 € et 180 € pour une chambre double, selon la saison. Petit déjeuner : 12 €.

Ancré au cœur de Saint-Lary, l'Hôtel Mir bénéficie d'un emplacement idéal. Suite à sa rénovation complète, La Pergola a changé de nom. A 200 mètres du téléphérique de la station et quelques minutes des Thermes, il offre un confort douillet et contemporain très séduisant. Les belles chambres sont pourvues d'un balcon ou d'une terrasse afin de profiter de la vue saisissante sur les cimes et le jardin paysager. Le restaurant gastronomique, avec sa cuisine subtile aux accents régionaux, fait également partie des références incontournables de Saint-Lary.

L'APPART DE LARY**** €€€

2, rue de Soulan
✆ 06 86 91 38 28
www.lappartdelary.fr
Ouvert à l'année. Comptez 900 à 1 990 € par semaine pour 6 personnes. Trois nuits minimum.

Dans une résidence de standing, au cœur de St-Lary, la situation de cet appartement de 80 m² est exceptionnelle : accès direct aux pistes avec le téléphérique, et commerces au pied de la résidence. Un cocon tout confort et chaleureux avec une cuisine équipée, un grand salon, 3 chambres, et une salle de bain avec douche hydromassante et baignoire balnéo. Le balcon offre une vue panoramique sur les montagnes et la vallée d'Aure. Que ce soit pour un séjour sportif, détente, été comme hiver avec une multitude d'activités, vous n'aurez qu'une envie : y revenir !

RESTAURANT LA CAS'A TOM €€

29, rue des Fougères ✆ 05 62 39 97 82
Ouvert midi et soir en saison. Fermé en mai et juin et de septembre à décembre. Compter 35 € pour un repas.

Établissement aux dimensions hors normes, la Cas'a Tom permet toutes les audaces et démultiplie les ambiances. La première salle avec ses tables hautes est idéale pour déguster tapas et bon vin. La deuxième salle propose une ambiance cosy réchauffée par la cheminée. Le jardin d'hiver, décline un espace à l'esprit industriel et moderne face aux montagnes. L'été, profitez du menu du soir sur la belle terrasse. La cuisine est à la hauteur des lieux, traditionnelle et goûteuse : joue de porc confite, planche du boucher, chipirons à l'espagnole… Excellent.

RÉSIDENCE VIGNEC VILLAGE*** €€

Rue Principale - **VIGNEC**
✆ 05 62 39 95 86
www.vignec-village.fr
Compter entre 371 € et 728 € la semaine pour un appartement de 2 à 4 personnes.

Voisin de Saint-Lary-Soulan, Vignec est un petit village authentique. C'est dans cet endroit calme et préservé que se trouve cette résidence de standing à l'architecture respectueuse de l'environnement. Dans un cadre idyllique, les appartements proposés à la location sont à la fois lumineux et propres, parfaitement équipés, et leur mobilier moderne assure un séjour aussi confortable qu'agréable. Certains possèdent une terrasse et tous profitent d'une vue sur la nature environnante.

CRÊPERIE LE BILITIS €

23, rue Vincent Mir
✆ 05 62 39 45 99
Ouvert tous les jours de 10h à 20h en haute saison. Compter 18 € pour un repas.

Avec sa déco tout bois et son ambiance chalet, le Bilitis est une adresse très prisée, non seulement des touristes, mais également des locaux, qui s'y bousculent en basse saison. Les petits prix proposés par cette sympathique crêperie constituent bien sûr un atout de l'établissement. Vous pourrez picorer des crêpes bien sûr, salées et sucrées, mais aussi des salades copieuses et de plats plus traditionnels. Le personnel peut parfois se montrer débordé par l'arrivée massive des clients, il faut alors patienter ou tenter sa chance ailleurs.

LE CAFE SAINT-GERMAIS €

Place de l'Eglise
VIGNEC
✆ 05 62 39 33 45
Ouvert midi et soir en haute saison. Fermé lundi, mardi en basse saison, fermé en novembre. Compter 25 € pour un repas.

Cet adorable petit chalet tout en pierres sur la très jolie place du village de Vignec, puise son nom dans le ruisseau qui lui fait face. Jean-Christophe et Christophe, dits Grand Tof et Petit Tof, vous accueillent avec le sourire et une joie de vivre. Ils ne sont pas avares en conseils concernant les plus belles balades à faire. Le programme se termine invariablement par une suggestion de collation roborative sur leur terrasse après la balade. En cas de mauvais temps, il faut se replier dans la minuscule salle, aménagée de confortables fauteuils.

LA FLAMBÉE AUROISE €

20 bis, rue des Fougères
✆ 05 62 39 45 35
www.laflambeeauroise.fr
Ouvert tous les jours de 12h à 14h et de 19h à 22h. Compter 18 € pour un repas.

Depuis 30 ans, la Flambée Auroise sert des repas plantureux dans une ambiance chalet des plus chaleureuse. Les amoureux du bois s'ébaubiront devant la très belle charpente de l'établissement. Les grillades sont à l'honneur, que ce soit du lomo, une entrecôte charnue et fondante ou du magret. Les fous de viande préfèrent la parillada, mélange de gourmand. La carte, très variée, propose aussi des galettes, pour certaines très originales, comme celle au poulet et guacamole qui vous mène jusqu'au Mexique, ou de belles salades composées.

L'ALMARITA €€

25, chemin de Saint-Lary
VIELLE-AURE
✆ 09 82 50 15 18

Ouvert tous les jours midi et soir en haute saison. Horaires variables en basse saison. Compter 26 € pour un repas.

Réhaussée par un cadre piquant, mêlant les couleurs vives, les tables hautes en bois et d'élégants tabourets de bar, L'Almarita diffuse une vraie bonne ambiance. La carte, affichée sur une ardoise, varie régulièrement. Joliment présentées, les assiettes sont savoureuses, et composées de produits venant dans la mesure du possible des vallées avoisinantes. Ici point de garbure ou de magrets grillés, mais des plats enjoués comme cet œuf cocotte aux légumes, cette aumônière de confit de canard et son jus au porto ou le pain perdu régressif à souhait.

CHEZ LULU €€

SAILHAN
✆ 05 62 39 40 89

Ouvert du mardi au samedi midi et soir et le dimanche de 9h à 16h. Compter 23 € pour un repas.

Situé à 1,5 km seulement de Saint-Lary-Soulan, le restaurant Chez Lulu mérite le petit détour par le village de Sailhan. Vous apprécierez les poutres apparentes, la cheminée en pierre, les tables en bois qui forment un cadre rustique, de cette ancienne grange restaurée avec goût. On y retrouve avec bonheur une carte traditionnelle concoctée par Roland : truite, ragoût de mouton aux haricots blancs, salade paysanne, coq au vin, magret grillé, bœuf bourguignon, poulet basquaise… le tout à des prix très doux. L'été, vous profitez de sa jolie terrasse ombragée.

LA GRANGE €€

Route d'Autun-Saint-Lary
✆ 05 62 40 07 14

Ouvert midi et soir en haute saison ; fermé le mardi et mercredi en basse saison. Compter 46 € pour un repas.

Dans une ancienne grange magnifiquement restaurée, vous accueille cette table élégante et raffinée. Prenez place au pied de la grande cheminée, sous les poutres apparentes. Les menus et la carte subliment les produits du pays, comme les haricots tarbais, la truite d'Oô, le chèvre de Gouaux, l'agneau de la vallée ou le porc noir de Bigorre. Les recettes très travaillées échafaudent des plats subtils comme ce nem au confit de canard et gambas, foie gras poêlé. Laissez vous surprendre par les mariages étonnants proposés par le chef Nicolas Aubiban.

IZARD CAFÉ CENTRAL €€

59-61, rue Vincent-Mir
✆ 05 62 39 53 74
www.izardcafe.fr

Ouvert tous les jours de 10h à 2h ; fermé lundi et mardi hors saison. Compter 38 € pour un repas.

Connu localement sous son acronyme d'ICC, l'Izard Café Central multiplie les ambiances et les concepts pour recevoir en continu habitués et touristes de passage. Le bar est le lieu de repli incontournable en soirée, avec de nombreux concerts organisés en saison. La salle, très élégante, diffuse une atmosphère intimiste et légèrement baroque. Le chef propose une carte savoureuse, faite de burgers, de salades, de poissons et de viandes grillées. Les desserts ne sont pas oubliés, notamment avec les profiteroles et le tiramisu tout deux faits maison et gourmands.

LA MANGEOIRE €€

18, rue de Soulan
✆ 05 62 99 50 00
www.mercuresensoria.fr

Ouvert tous les jours, le soir, en été. Comptez 40 € pour un repas.

Le restaurant de l'hôtel Mercure se trouve en plein centre ville, dans l'hôtel, juste à côté des Thermes de Sensoria et du centre Thermoludique Sensoria Rio. Il vous propose une cuisine raffinée élaborée à partir de produits frais et de saison. Le chef sublime les produits locaux et emblématiques du territoire. Il se réinvente en permanence pour concocter des assiettes gourmandes aux subtiles saveurs pyrénéennes et exotiques, comme ce filet mignon de cochon rôti au miel et thym ou cette salade de langoustines, sauce orange et vanille.

LE PIC ASSIETTE €€

Quartier Pradet
GUCHAN
✆ 05 62 39 96 24
www.picassiette.fr

Ouvert midi et soir en saison ; horaires variables hors saison. Compter 45 € pour un repas.

Ici un mélange détonnant : Cathy et Jean-Paul mêlent en cuisine leur terre d'accueil pyrénéenne et leurs origines charentaises. C'est l'un des seuls endroits de la vallée où se régaler de moules préparées marinières ou en mouclade. Côté montagne, les côtelettes d'agneau cuites à la plancha et le porc noir de Bigorre ne sont pas en reste. La carte des vins est riche de madiran, côtes de gascogne, et de vin de l'île de Ré dans ses 3 couleurs. Décor bois, pierres et tons pastel. En hiver, un bon feu dans la cheminée accompagne chaleureusement votre repas.

LA FERME VIGNÉCOISE

RD 813, Quartier Arreclots - **VIGNEC**
✆ 05 62 39 48 09 - www.lavignecoise.com
Ouvert du lundi au samedi de 9h à 12h et de 14h à 19h (jusque 18h le lundi).

La Ferme Vignécoise est à la fois élevage, atelier de transformation et conserverie. Visiter la maison Coustalat à Vignec c'est découvrir les véritables produits du terroir in situ. Ici, le porc noir de Bigorre s'ébroue dans la nature pour être transformé en terrines, saucissons, ventrèches, jambons, confits... Tous les produits sont mis en vente à la boutique aux côtés de plats cuisinés comme la garbure ou la daube ou des spécialités de canard gras venues du Gers voisins. Tout est excellent et vous ne repartirez pas d'ici sans quelques bocaux souvenirs.

LE COUCARIL

3, rue de Soulan
✆ 05 62 39 51 93
Ouvert tous les jours de 10h à 19h en haute saison. Compter 14,50 € pour un repas.

Dans ce lieu magique, les formes, les meubles, les couleurs, le cadre et les senteurs se mêlent comme dans un rêve. Salon de thé, confiseur, chocolatier, glacier aux 18 parfums mais aussi restaurant et crêperie, c'est l'antre de tous les plaisirs. En été les pâtes et les salades accompagnent le poulet ou le porc noir, l'hiver une soupe et les galettes au sarrasin, dont les fameuses au chèvre, ou, au boudin noir et pommes, enchantent les gourmands. La farandole des desserts est formée par quarante pâtisseries : de la gaufre au pain perdu en passant par les crêpes.

LE FOURNIL

29, rue des Fougères
✆ 05 62 39 18 08
Ouvert du mercredi au lundi de 7h30 à 12h30 et de 16h à 19h30. En continu en saison.

Karine et Évelyne ont eu la bonne idée d'installer un distributeur de pain frais accessible 24h/24, avec trois types de pains différents en vente. Cette boulangerie de caractère vous propose un large choix de pains avec des gammes variées comme le multi-céréales, le complet, la miche, la baguette grand siècle ou le pain du berger.... Côté pâtisseries, les gâteaux sont à tomber : forêt noire, tartes aux fruits dont l'incontournable aux myrtilles, fraisiers, gâteau basque, sans oublier quelques spécialités locales comme le gâteau à la broche ou le béret noir.

PYRÉNÉES - VALLÉES DES GAVES ET AURE LOURON

IZARD CAFÉ CENTRAL

59-61, rue Vincent-Mir
© 05 62 39 53 74
www.izardcafe.fr
Ouvert tous les jours de 10h à 2h.
Dans sa version bar, l'ICC est le rendez-vous branché de la station. Corinne Boitier et Fred ont voulu miser sur la convivialité et la bonne ambiance. Une formule gagnante où toutes les générations se retrouvent, notamment lors des apéritifs à thème où les tapas sont rois. Les cocktails sont la spécialité de la maison et près de 400 personnes peuvent faire la fête dans une ambiance lounge qui séduit assurément. Les événements sont nombreux pendant la saison : concours, soirées déguisées, concerts et soirées dansantes animent les nuits.

KINITO

57, Rue Vincent-Mir
© 05 62 39 49 36
Ouvert tous les jours. Horaires variables selon les saisons.
Au Kinito, on retrouve l'ambiance typique de ces pubs anglais avec les sets en éponge des marques de bière sur le comptoir et la déco en bois sombre. Les amateurs de la « petite mousse » pourront déguster les plus grandes marques de bières irlandaises et écossaises, de la blonde à la brune, accompagnées de quelques tapas. Le whisky a aussi sa place avec près de 60 références à déguster avec modération. C'est l'endroit où se retrouver en cas de rencontre sportive d'importance, car les matches de foot ou de rugby sont retransmis sur deux écrans géants.

LA CAVE A VIN

9, rue de Soulan
Ouvert de 10h à 12h30 et de 16h30 à 19h30 tous les jours en saisons.
Frère et sœur tiennent cette magnifique cave à vin et épicerie dans le centre ville. L'accueil est très chaleureux et tout sourire. Vous serez très bien conseillé. Vous trouverez au-delà des crus de la région et autres vins, des bières locales, des rhum arrangés, mais aussi, de la charcuterie et du fromage de petits producteurs de la vallée, des conserves, des plats préparés, et encore des tisanes et délices sucrés. Une vraie belle découverte, cette boutique authentique ravira tous les gourmands et connaisseurs. Une deuxième adresse vient d'ouvrir dans la même rue.

LES FLOCONS PYRÉNÉENS

14, rue Vincent-Mir
© 05 62 40 09 61
www.lesfloconspyreneens.com
Ouvert de 9h à 12h et de 14h à 19h et dimanche de 9h à 12h.
Cette maison familiale où travaillent frère et sœur main dans la main, vous fera redécouvrir le vrai goût du chocolat. Cet artisan chocolatier vous propose notamment une spécialité qui vous fera fondre : venez déguster le fameux flocon ! Ce fin praliné au chocolat noir, enrobé de meringue tendre en dit long sur le savoir-faire de Dino. Ici, les associations inédites sont séduisantes : le béret bigourdan, une ganache relevée d'alcool à la myrtille et d'une pointe de piment d'Espelette ; les perles d'Aure à la pulpe de myrtilles et chocolat au lait...

AD'HOC PYRENEES

Route de Bourisp
VIELLE-AURE
© 05 62 39 46 81
www.adhoc-pyrenees.fr
Ouvert de 10h à 12h30 et de 15h à 19h.
Ad'Hoc est une véritable agence de référence pour les loisirs et les sports de montagne. Elle propose un nombre incroyable d'activités à pratiquer dans les montagnes des Pyrénées. Avec pour terrain de jeux la vallée du Louron et Saint-Lary-Soulan, la palette d'activités proposée ne laissera personne indifférent et ce, été comme hiver. Dès le printemps, les sports d'eaux vives prennent le relais avec hot-dog ou rafting, entre autres, et on aime les activités trottinette et VTT ! Toute l'année les randonnées sont au programme, classiques ou à thème comme les toutes nouvelles axées sur la photo ou la pêche. Parapente, parcours aventure, canyoning, escalade, spéléo… la liste n'est pas exhaustive. Pour la via ferrata et l'escalade, Ad'hoc n'hésite pas à vous emmener en Espagne afin de démultiplier les horizons et les possibilités. Lorsque la neige couvre les sommets, à vous randonnées à ski, en raquettes, sorties ski de fond, cours de ski, sorties avec nuit dans un refuge, alpinisme, ascension de sommets, cascade de glace, balades en scooter des neiges ou à chiens de traîneaux... Autant de journées inoubliables pensées pour tous les niveaux sportifs. Les stages enfants ou ados multisports sont également proposés avec des programmes de découverte spécialement pensés pour eux. Ils pourront ainsi tout savoir sur les rapaces qui planent au-dessus des vallées et participer à un stage de fauconnerie. Que vous soyez amateur de sensations fortes ou de pratiques douces, Ad'Hoc a quelque chose pour vous.

DOMAINE DE SAINT-LARY-SOULAN

Altiservice

✆ 05 62 39 53 66 (altiservice)

www.saintlary.com

Domaine ouvert demi-décembre à début avril en fonction de l'enneigement.

Le domaine skiable de Saint-Lary déroule plus de 100 kilomètres de pistes et 3 snow-parks répartis sur 700 hectares de terrain. L'une des principales qualités de Saint-Lary-Soulan est d'avoir été pensé pour que tous les membres de la famille puisse profiter de l'ensemble du domaine. En plus d'être desservi par de nombreuses remontées ouvertes aux piétons, le domaine offre plusieurs possibilités de circulation faciles en alternatives aux pistes difficiles.

ESPACE VALLON DU PORTET

Cet espace qui comprend une piste de bosses, la première des Pyrénées, attend les plus dynamiques. Les amoureux du surf seront également servis avec un snow-park restructuré, sonorisé, avec boardercross et modules de qualité. C'est l'espace haute altitude de Saint-Lary. Toujours bien enneigé, il est à lui seul, aussi grand que beaucoup d'autres stations des Pyrénées. Au pied du pic Pichhaleye (2 626 m), on descend entre pins et cascades et l'on peut découvrir le lac de Loule dans un superbe décor. Un spécialiste assure l'entretien de ce lieu.

ESPACES SOUM-DE-MATTE ET ESPIAUBE

A Soum-de-Matte, la vue sur le massif est exceptionnelle et à ne pas manquer. Par la corniche, on accède à ski au cœur d'Espiaube, un espace très apprécié des surfeurs et des bons skieurs. Cet espace intégré au domaine skiable de Saint-Lary-Soulan, pour tous les skieurs, promet aussi de belles sensations aux plus sportifs, avec des dénivelés de plus de 700 mètres en continu. Pour tous renseignements, voir l'office de tourisme de Saint-Lary-Soulan.

MAISON DE LA MONTAGNE DE SAINT-LARY

Hameau du Soleil

VIELLE-AURE

✆ 05 62 40 06 18

www.saintlaryfacile.com

Ouvert en saison de 10h à 12h30 et de 16h à 19h.

La Maison de la Montagne regroupe des professionnels qui vous feront découvrir la montagne sous tous ses aspects. De la randonnée à l'escalade des grands massifs, du traîneau de chiens au ski de fond en passant par les cascades de glace, le canyoning ou le rafting, que ce soit en hiver ou en été, les possibilités sont ainsi multiples, pour tous les âges et tous les niveaux de pratique : il suffit de leur demander conseil. Les prix sont aussi très intéressants.

MOUNTAIN BIKE PARK

✆ 05 62 39 50 81

Ouvert du mercredi au dimanche de 9h45 à 12h45 et de 13h30 à 17h en juillet et août. Tarif : 17 €.

Des descentes familiales de près de 6 km jusqu'aux parcours proches de véritables circuits de compétition totalement sécurisés, équipés et aménagés, ça roule ! Qu'on soit débutant, amateur ou confirmé, les pistes de descente et les single tracks du Mountain Bike Park, avec leurs 400 m de dénivelé, ont de quoi satisfaire tout le monde. C'est en boucle par le télésiège de Soum qu'on accède à ce site ou se trouvent aussi un spot de modules pour les accros du freestyle et deux itinéraires de rando facile. Pour tous renseignements, s'adresser à l'Office de tourisme.

OFFICE DES SPORTS DE MONTAGNE

9, rue de Soulan

✆ 05 62 39 42 92

www.office-sports-montagne.com

Ouvert de 9h à 12h30 et de 15h à 19h30 en saison.

25 guides diplômés qui vous font partager leur passion de la montagne : c'est l'Office des sports de montagne. Vous pourrez pratiquer des activités «classiques» telles que de la randonnée raquette ou pédestre, et d'autres plus originales comme l'arapaho, des trottinettes destinées à la descente. Balade au clair de lune, sortie «petit trappeur» à faire en famille, promenade dans les estives : beaucoup de sorties thématiques sont proposées, à la journée ou le temps d'un week-end.

SAINT-LARY MOTONEIGE

9, rue de Soulan
✆ 06 73 84 16 12
www.saintlary-motoneige.com
A partir de 150 € pour une sortie.

L'Office des sports de montagne propose cette activité originale, en monoplace ou biplace, pour découvrir la montagne autrement. Louer et conduire un scooter des neiges pour une randonnée avec guide, de jour ou de nuit, sur les plus belles pistes de la station, c'est désormais possible. Aucune connaissance technique préalable n'est nécessaire pour se lancer à l'aventure. Une vraie randonnée motoneige sur un parcours varié entre chemins, pistes et forêts avec une pause pour profiter du point de vue sur la chaîne des Pyrénées.

SENSORIA RIO - CENTRE THERMOLUDIQUE

Parc thermal
✆ 05 62 40 71 71
www.mercuresensoria.fr
Ouvert tous les jours en hiver de 9h30 à 21h, et de 14h30 à 20h en été. Entrée : 17 € à 19 €.

Directement relié à l'hôtel Mercure Saint-Lary, Sensoria Rio profite d'un cadre original et incroyable. A quelques pas du vieux village, dans un magnifique parc, il est le plus grand centre de bien-être des Pyrénées. Ses quatre espaces se succèdent proposant exclusivement des activités et des soins dédiés au bien-être. Pour toute la famille, c'est le Sensoria Rio qui prend place dans un décor de canyon aragonais aux couleurs ocre. Partez à l'aventure dans des territoires inconnus en suivant la rivière centrale agrémentée de lits à bulles et, au détour d'un rocher, vous serez surpris par des cascades, des bains bouillonnants, un puits d'eau froide, et autres tourbillons. Vous y évoluez à votre guise et dans ces eaux avec jets sous-marins et geysers, la détente est absolue. L'activité peut être pratiquée en famille et à certaines heures, le bassin est réservé aux «bébés nageurs». Le spa, désormais associé à la marque Nuxe, vous propose une gamme très variée de soins du corps, tous les ans enrichie, mais aussi de soins du visage, de modelages et de massages bien-être. Avec son sauna, son hammam et son bain bouillonnant, cet espace prodigue tous les bienfaits pour une détente optimale. Le Sensoria Forme mise sur la balnéothérapie zen, avec bains, douches et autres enveloppements d'algues. Enfin, le Sensoria Fitness propose des cours collectifs de step ou de cardio-training, d'aquagym, de stretching, ou encore de zumba avec un éducateur sportif.

LES THERMES DE SENSORIA

Parc thermal
✆ 05 62 40 71 70
www.mercuresensoria.fr
Cures du 1er avril au 30 octobre.

Les eaux de la source Garet sont chlorurées, sodiques et riches en silice, et leur efficacité a été prouvée contre les affections des voies respiratoires, ORL et rhumatologiques. Les thermes de Saint-Lary datent de 1988 et vous accueillent dans un cadre moderne qui marie la pierre, le bois et le verre. Application de boue en cataplasme, cure de boissons, aérobains, hydromassages, douches au jet ou à forte pression en piscine, hydrothérapie, humage, pulvérisation nasale, gargarisme, toutes les techniques sont utilisées pour soigner vos maux.

VAL-LOURON ★

Val-Louron est une station d'été et d'hiver à taille humaine, dominant la vallée du Louron. Ici, tout est doux : que ce soient les prix ou les pistes panoramiques au point de vue à 360°. Les amateurs de raquettes disposent d'un circuit balisé en forêt et de nombreuses autres possibilités. L'espace débutants est particulièrement bien adapté aux plus petits, qui découvrent les joies de la glisse sous les sapins enneigés. En après ski, Balnéa, espace de bien-être, vous attend à Génos avec ses jacuzzi, hammam et piscine pour des soins personnalisés. L'été, il est possible de faire des randonnées culturelles ou sportives, à pied, à cheval ou en VTT.

VISCOS ★

Viscos est un belvédère offrant un panorama exceptionnel sur les gorges du gave de Pau et la vallée de Luz-Saint-Sauveur, niché à 850 m d'altitude. Adossées à la montagne, ses ruelles pentues, ses maisons de pierre aux toits d'ardoises épaisses et irrégulières, contribuent au charme pittoresque du lieu. Les balades autour du village sont autant d'occasion d'apprécier les sous-bois de la très belle forêt de hêtres, d'aller à la rencontre de la faune et de la flore locale. Ici, la nature domine et on se sent tout petit à l'ombre du pic de Viscos. Ce n'est pas un hasard si la commune fait partie du programme d'adhésion au Parc national des Pyrénées.

HAUTE-BIGORRE - PLATEAU DE LANNEMEZAN - NESTE BAROUSSE

Souvent délaissés par des touristes pressés de gagner les hauteurs, le plateau de Lannemezan et les micro-territoires de la Neste et de la Barousse méritent cependant de faire escale. Positionné aux portes de la Haute-Garonne, aux confins du Comminges, ce coin de campagne indolent offre des paysages bucoliques parcourus de collines et de vallons, de forêts et de bosquets, de champs et de pâturages, de rivières et de lacs. Les villages, très anciens pour certains, offrent une quiétude charmante et une authenticité réelle, à mille lieues de l'exiguïté de certaines stations. Aux détours des ruelles, se dressent des maisons médiévales à colombages, une tour défensive qui témoigne d'un passé tumultueux, un château austère fief d'une ancienne seigneurie. Les grottes préhistoriques de Gargas permettent de remonter encore plus loin le fil de l'histoire. Seules grottes ornées des Hautes-Pyrénées, leurs fresques pariétales méritent votre visite.

Haute-Bigorre – Plateau de Lannemezan – Neste barousse
HAUTE-GARONNE
Campistrous
D939
D929
D24
D817
D935
D20
D5
Montgaillard
Cieutat
D81
LANNEMEZAN
Pinas
D937
D938
D938
CAPVERN
A64
Ordizan
TRÉBONS
D139
D817
Quartier Haut de la Côte
POUZAC
SARLABOUS
LA BARTHE-DE-NESTE
Tuzaguet
SAINT-LAURENT-DE-NESTE
D938
Mazères-de-Neste
D26
BAGNÈRES-DE-BIGORRE
D584
D17
NESTIER
Gerde
ASTÉ
D71
Lortet
ESPARROS
Saint-Bertrand-de-Comminges
Izaourt
BEAUDÉAN
CAMPAN
Hèches
Rebouc
Bertren
D935
Sarrancolin
D924
MAULÉON-BAROUSSE
Saléchan
D918
D929
Parc National des Pyrénées
LA MONGIE

PAGES

●● HAUTE-BIGORRE - PLATEAU DE LANNEMEZAN - NESTE BAROUSSE

170

170 ASTÉ ★

S'il ne reste rien ou presque du château d'Henri IV, le village d'Asté a conservé un visage charmant, aux ruelles pleines de douceur. Une fontaine aux eaux vertueuses, un très beau retable de style baroque et les grottes de Médous sont à découvrir.

170 BAGNÈRES-DE-BIGORRE ★★

Des Romains au Tout-Paris du XIXe siècle, Bagnères-de-Bigorre a toujours séduit. Ses eaux thermales l'ont propulsé sur le devant de la scène. La mode des stations hivernales lui a donné un second souffle. Le col du Tourmalet et le Tour de France ont forgé sa légende.

178 BEAUDÉAN ★

179 CAMPAN ★

Les amateurs de paradis perdus se retrouvent à Campan, un village perché sur les hauteurs de Bagnères-de-Bigorre. Sa nature intacte, sa vallée profonde, ses montagnes enneigées sont tout indiqués pour se livrer à la découverte des sports d'hiver en mode slow : raquettes, luge, chien de traineau, ski de fond.

182 CAPVERN ★

Considéré comme une étape incontournables des Hautes-Pyrénées, Capvern conjugue deux ambiances. Le village, résidentiel, fait face aux Pyrénées, tandis que Capvern-les-Bains semble s'être arrêtée à l'âge d'or du thermalisme. Fontaines, placettes, architecture imposante méritent le détour.

184 ESPARROS

Ce village pittoresque est célèbre pour son gouffre dont la cascade de 40 mètres se fige en stalactites de glace en hiver. C'est aussi le site naturel choisi par l'équipe du film Le Pacte des Loups, dont de nombreux plans ont été tournés sur les chemins de randonnée des environs.

184 LA BARTHE-DE-NESTE

185 LA MONGIE ★

Plus grand domaine skiable des Pyrénées, La Mongie est aussi une station estivale difficile à contourner. Randonneurs et cyclo-sportifs s'y donnent rendez-vous pour oser notamment l'ascension du célèbre col du Tourmalet. La station est aussi le point de départ du téléphérique du Pic du Midi et son célèbre observatoire astronomique.

189 LANNEMEZAN

193 MAULÉON-BAROUSSE

194 NESTIER

194 POUZAC

194 SAINT-LAURENT-DE-NESTE

196 SARLABOUS

196 TRÉBONS

ASTÉ ★

Asté est niché dans les collines, les vues y sont fabuleuses, les ruelles pleines de douceur et, de vieilles légendes hantent l'atmosphère. Fidèle à la Haute-Bigorre, le village est absolument charmant. Le château d'Henri IV, dont il ne reste que les remparts, a abrité un amour illicite entre le roi et Corisande d'Andoins. La fontaine de Crastes dont les eaux ont des vertus cicatrisantes, le retable baroque de l'église méritent un coup d'œil. En juillet, la fête bat son plein avec la Caroutade, qui célèbre la carotte, un légume qui se plait particulièrement dans les terres sablonneuses d'Asté. Enfin, les grottes de Médous sont situées dans le canton.

LES GROTTES DE MÉDOUS ★★

60, route des Cols ✆ 05 62 91 78 46
www.grottes-medous.com

Avril à juin & sept, 10h-12h et 14h-17h. Juil-août 9h30-12h et 13h30-17h30. Groupe de 2-6 adultes min. 11 €/pers.

En 1948, trois spéléologues, qui tentaient de retrouver les origines des sources, découvrent une rivière souterraine et des grottes absolument ahurissantes. D'impressionnantes stalactites se jouent de votre imagination, papillon ou Mont-Saint-Michel se dévoilent aux plus observateurs et les colonnes, dont une de 2 m de diamètre, se succèdent pour une visite surprenante. Le point d'orgue est la descente des eaux en barque, sur l'eau limpide et bleutée, un parcours magique de 200 m sur une rivière souterraine considérée comme l'une des plus belles de France !

Façades au coeur de Bagnères-de-Bigorre.

BAGNÈRES-DE-BIGORRE ★★

Bagnères-de-Bigorre cultive l'harmonie, la délicatesse et le grandiose. Surnommée l'« Athènes des Pyrénées », des Romains au Tout-Paris elle a séduit le monde entier, à toutes les époques. Ses bâtiments perpétuent la tradition thermale avec un modernisme qui a puisé dans l'audace et l'amusement : dédiés au bien-être, les établissements de soins se sont enrichis de la détente et des soins avec Aquensis et son architecture magistrale. En avance sur son temps et fidèle à l'ancien, cette ville est une légende qui se vit au quotidien. George Sand, Lamartine et tant d'autres illustres noms ont succombé, bien avant vous ! On pense la connaître et elle présente des chauves-souris dans un musée qui leur est consacré, la nature ici est gravée dans le marbre, précieux symbole dont elle est la farouche héritière. Les vallons qui la protègent ouvrent la route des sommets, mythiques que les plus vaillants sportifs se plaisent à affronter, à vélo ou à skis : La Mongie, le Tourmalet, le Pic du Midi... Cette cité de la Haute Bigorre est un théâtre où le rideau vert ne se baisse que pour laisser place au manteau blanc et le vallon du Salut est un havre de paix à quelques pas du centre-ville où il fait bon se ressourcer. Fière de sa culture qu'elle défend, cette partie du département est un concentré de saveurs et de vertiges mais aussi d'événements musicaux originaux. Dans les arbres, sur les routes, les parois des falaises ou ses collines, les activités nature sont très riches et nous vous conseillons de visiter le Chiroulet, un des plus beaux coins du département.

LA BRECHE AUX LOUPS

13, rue du Moulin
VIELLE-ADOUR
✆ 05 62 45 97 49

Ouvert toute l'année. Visite gratuite, tous les jours sur rendez-vous.

Situé entre Tarbes et Bagnères, loin des grands axes et à proximité de Montgaillard, la cigogne vous montre l'entrée ! Monsieur Cazaux est taxidermiste et veut vous faire profiter du résultat de ses plus belles réalisations. Ce musée personnel est avant tout le résultat d'une vie de passion. La faune qui est offerte à vos yeux est dans un état de conservation et de présentation exemplaire. A travers des réalisations surprenantes de réalisme, vous découvrirez une centaine de mammifères et d'oiseaux emblématiques dans des paysages reconstitués avec beaucoup de goût.

GALERIE 88

45, place Georges-Clemenceau
✆ 06 28 32 66 30

Ouvert du mardi au samedi de 16h30 à 19h30 de juin à septembre ou sur rendez-vous.

Les artistes qui se succèdent sont uniques et on se réjouit par avance de découvrir ou de retrouver ces signatures atypiques qui forgent l'histoire d'une galerie portée par l'âme sensible et l'œil expert de Denise Samson. Chaque année, les adeptes de l'art non figuratif guettent les expositions de cette galerie profondément attachée aux tendances contemporaines. Dans des installations et des scénographies originales, les œuvres sont révélées au public qui n'est jamais déçu. A noter qu'à la galerie, un espace est réservé à deux créateurs de bijoux.

MUSÉE DES BEAUX-ARTS SALIES ★

7, place des Thermes ✆ 06 33 79 60 45
www.musees-occitanie.fr

Ouvert de juin à mi-octobre, du mardi au vendredi de 10h à 12h et de 14h à 18h, samedi de 15h à 18h. Entrée : 4 €.

Le musée Salies fut construit en 1931 par Justin Daléas, un drapier toulousain, qui en fit cadeau à la ville. Il est installé dans un beau bâtiment à la façade Art déco du début du XXe siècle. Directement inspiré par l'exposition internationale des Arts Décoratifs qui s'était tenue à Paris en 1925, le bâtiment fut loin d'emporter l'adhésion lors de son inauguration. Il rassemble sous son toit deux espaces muséographiques : le musée des Beaux-Arts et le musée de la Vie Quotidienne dans les Pyrénées.

- **Le musée des Beaux-Arts :** met en lumière les peintures des salons parisiens de la première moitié du XIXe siècle, les peintures paysagistes de Daubigny, Dupré ou Jongkind, des faïences des XVIIe et XVIIIe siècles, ainsi qu'une salle orientaliste. Un fonds de 1 030 objets dont des parures berbères, tableaux, poteries, instruments de musique et mobiliers d'Afrique du Nord sont exposés. Les aquarelles de Blanche Odin, enfant chérie de Bagnères, sont également exposées les années paires, et temporairement l'été.

- **Musée de la vie quotidienne dans les Pyrénées :** ce lieu d'exposition est dédié aux arts populaires et à la vie dans le Haut-Adour. Il rassemble une riche collection d'objets ruraux datant du milieu du XIXe jusqu'aux années 1950 : métiers à tisser, textiles, quenouilles à lin ou à laine... Ne ratez pas le burguet, un abri qui permettait au berger de dormir à l'abri de loups, ou cet impressionnant bac creusé dans un tronc et servant à laver la laine.

MUSÉUM DU SALUT ET MUSÉE DU MARBRE ★

Rue Jean-Rösch ✆ 06 33 79 60 45
www.musees-occitanie.fr

Ouvert mercredi, vendredi, samedi de 14h30 à 17h30, plus jeudi pendant les vacances, et dimanche en été. Entrée : 4 €.

Les anciens thermes de Salut abritent aujourd'hui un muséum d'histoire naturelle et un musée dédié au marbre.

- **Musée du marbre :** on peut apprécier les baignoires en marbre des curistes ainsi que les cabines aux côtés de 320 échantillons de marbres d'origines diverses.

- **Museum du Salut :** plus que la maquette géante de la Haute-Bigorre, le moment fort de cet espace est l'observation à la caméra infrarouge des colonies de chauve-souris installées dans les combles.

CAMPEMENT DES 5 YOURTES €€

BANIOS ✆ 06 71 16 24 34
www.yourtes-chambres.com

Yourte sur pilotis, terrasse et salle de bain avec bain nordique privatif 140 € la nuit pour 2 personnes.

Le Campement des Cinq Yourtes vous réserve nombre de petits plaisirs simples, dans un esprit camping, le confort en plus. Tentes rondes à ossature de bois recouverte d'épais feutres servant d'isolation, les habitations sont idéales pour un séjour hors du temps. Sur pilotis avec terrasse ou plancher de bois, elles sont chauffées avec un poêle et offrent tout le confort moderne malgré une décoration traditionnelle mongole. Les plus sont la piscine extérieure, les terrasses et le bain nordique qui permet de passer des moments de détente, idéal pour les amoureux.

CAMPING BELLEVUE DES PALOMIÈRES*** €€

38, route des Palomières
✆ 05 62 91 03 97

Compter 13 € pour un emplacement, un véhicule et 2 personnes. Adulte supplémentaire : 3,90 €.

Ce camping vous permet de passer un agréable séjour grâce à son joli cadre et ses nombreuses activités. Félix et Janine mettent à votre disposition 103 emplacements, dont de superbes locations tout confort. Une ambiance très conviviale y règne été comme hiver. Les activités s'adressent à toute la famille : piscine chauffée, tennis, ping-pong, jeux pour enfants, city stade, animations, soirées à thème et concerts, tout cela avec des tarifs qui n'ont pas augmenté depuis 1984.

CAMPING LA POMMERAIE** €€

2 bis, avenue Philadelphe - **GERDE**
✆ 05 62 91 32 24
www.campinglapommeraie.com
Compter 12 € pour un emplacement, un véhicule et 2 personnes. Adulte supplémentaire : 4 €.

C'est à l'ombre des pommiers mais aussi des poiriers que vous pourrez planter votre tente au camping. C'est dans ce cadre bucolique et paisible que Marie-Pierre assure une ambiance familiale et un très bel accueil. A seulement 2 min du village, cette situation privilégiée, est un point positif pour le camping, qui mise sur l'esprit authentique, la propreté et la sérénité. A tester dans un des mobil-homes à louer et pouvant accueillir jusqu'à six personnes, mais également dans une des tentes à louer. Vous trouverez aussi un local à vélo et des jeux pour enfants.

CAMPING LE MONLÔO**** €€

6, route de la plaine ✆ 05 62 95 19 65
www.lemonloo.com
Compter entre 13,50 et 35 € pour un emplacement, un véhicule et 2 personnes. Adulte supp : de 4 à 6 € selon la période.

Ce camping est réputé pour sa plage de sable et son lagon, situés face au Tourmalet. Vous êtes en immersion total avec la nature et les montagnes. A 550 m d'altitude, le camping est à la croisée du Pic du Midi, du domaine du Grand Tourmalet, du Cirque de Gavarnie et de Bagnères-de-Bigorre. Une piscine couverte chauffée avec deux toboggans permet de profiter même en cas de mauvais temps, et d'autres activités sont possibles : tennis, ping-pong et pétanque. En été, des animations et soirées thème sont organisées pour toute la famille, et le bar-resto est ouvert.

CARRÉ PY' HÔTEL*** €€

3 bis, avenue du Maquis-de-Payolle
✆ 05 64 25 00 25
www.carrepy.com
Compter entre 75 € et 95 € pour une chambre double. Petit déjeuner : 9,90 €.

L'espace arboré où l'établissement est établi est vaste, avec son allée longeant la rivière. L'hôtel aussi. Les chambres ont vue sur la montagne et certaines s'ouvrent sur la vallée des Baronnies pour varier les plaisirs. Confort et décoration moderne offrent des chambres spacieuses où l'on se sent bien… où, pour résumer, tout est carré ! Les espaces communs sont accueillants, le service, parfait, et l'on aime le professionnalisme des équipes. Complétée par le restaurant La Fabrique, cette magnifique adresse fait partie des incontournables de Bagnères-de-Bigorre.

LES CLARINES €€

4, Chemin de la Coste
BETTES
✆ 05 62 42 65 69
www.les-clarines-bettes.fr
À partir de 60 € pour une chambre double.

Dans le joli village des Baronnies, Martine et Jean vous accueillent dans leur ancienne ferme. Si les murs datent de la fin du XVIIIe siècle, vous bénéficiez de tout le confort moderne et notamment d'une salle de détente avec bain à bulle. Vous avez le choix entre plusieurs chambres, toutes très confortables et agréablement décorées. On aime le coin cuisine avec frigo, micro-ondes et plaques de cuisson, un petit plus idéal pour les familles et pour les randonneurs. Un grand parc invite à des sessions de farniente ou à des pique-niques au grand air.

HOTEL DE LA PAIX €€

9, rue de la République
✆ 05 62 95 20 60
www.hotel-delapaix.com
Compter entre 55 € et 60 € pour une chambre double. Petit déjeuner : 6 €.

L'hôtel de la Paix est un établissement accueillant à la décoration rustique, situé dans le centre-ville, à seulement 300 m des thermes et du casino. Ses 23 chambres sont calmes, spacieuses, et vous offrent tout le confort nécessaire. Romantiques, meublées en rotin, bleues ou vertes, elles possèdent toutes le cachet de l'ancien. Le jardin arboré est accessible aux résidents. Un charmant salon est également disponible ainsi qu'une salle de réunion et une belle salle où prendre les petits déjeuners en admirant l'écrin de verdure par les larges baies vitrées.

HÔTEL DES PYRÉNÉES** €€

20, place des thermes
✆ 05 62 95 27 56
www.hoteldespyrenees.fr
Compter entre 50 € et 60 € pour une chambre double. Petit déjeuner : 5 €.

L'établissement est idéalement situé, face aux thermes. L'Hôtel des Pyrénées possède le charme des valeurs sûres où le temps semble s'être suspendu. Confort et caractère l'emportent sur la décoration. Un petit salon avec bibliothèque permet de vous détendre et la gentillesse du personnel en fait une adresse très agréable. Les chambres sont simples mais accueillantes et les salles de bains sont propres. Un restaurant à la cuisine traditionnelle complète les lieux, fort apprécié des curistes et des skieurs, car la navette pour La Mongie est toute proche.

HÔTEL SAINT VINCENT** €€

31, rue Maréchal-Foch
✆ 05 62 91 10 00
www.hotel-saint-vincent-65.com

Compter entre 60 € pour une chambre double. Petit déjeuner : 7 €.

Idéalement située en centre-ville, cette adresse est plébiscitée tant par les voyageurs que les curistes qui tous apprécient l'accueil chaleureux de Marie-France. L'établissement offre un cadre douillet et confortable, idéal pour un séjour de caractère. Les chambres, récemment rénovées, affichent chacune un style différent. Contemporaines, à la fois claires et spacieuses, parfaitement équipées, elles offrent une ambiance cosy des plus agréable. On aime les croissants faits maison et le jus de fruits fraîchement pressés servi au délicieux petit-déjeuner.

LA RESIDENCE DES THERMES*** €€

24, place des Thermes
✆ 05 62 95 86 00
www.residence.fr

Compter entre 295 € et 448 € pour un studio 2 personnes, selon la saison.

Cette somptueuse résidence trois étoiles est située juste en face des Grands Thermes. Vous y trouverez des appartements prêts à vivre dont le credo est «le confort d'un chez soi, le service en plus». La décoration résolument moderne et claire se retrouve du studio à l'appartement «tribu» prévu pour 6 à 8 personnes. Les vacanciers sont à quelques pas du parc et au pied des pistes de ski, et les curistes n'auront qu'une rue à traverser pour aller faire leurs soins !

RÉSIDENCE ROUTES DU MONDE - ATC €€

3, rue Paul-Mathou
✆ 05 62 95 40 19
www.atc-routesdumonde.com

Compter entre 280 € et 320 € la semaine pour un studio 2 personnes.

Cette confortable résidence, vous accueille dans un quartier résidentiel situé à proximité de la gare, des commerces et des espaces verts. Les 24 studios sont tous orientés plein sud et bénéficient d'un balcon avec vue sur la chaîne de montagnes. Cet hébergement est plébiscité par les curistes. C'est aussi un point de départ idéal pour une large gamme d'activité, été comme hiver : balades pédestres et en raquettes, soins aux thermes et au centre thermo-ludique, golf, ski...

LA ROULOTTE LA VERONIE €€

6 bis, route de Hitte
VIELLE-ADOUR
✆ 06 84 67 18 22
www.roulottelaveronie.com

Ouvert toute l'année. Petit déjeuner inclus. Roulotte 88 € la nuit pour 2 pers. Table d'hôte 18 €.

Bohème et romantique à la fois, cette roulotte est parfaitement équipée et permet un séjour tout confort dans une ambiance hors du temps. La décoration mérite à elle seule une visite, baroque, osée, originale et absolument juste : Catherine, votre hôte, a réussi une belle alchimie. Les guirlandes de lumière et les bougies remplacent le feu de bois le soir venu et ce souci de l'élégance est fabuleux. Dès l'aube, la chaîne des montagnes se dévoile et vous prenez un petit-déjeuner gourmand, dans ce site fleuri avec pain grillé et confitures maison.

VILLA ROSE €€€

54, rue Georges-Lassalle
✆ 05 62 34 09 84
www.villarose65.com

Compter entre 110 € et 145 € pour une chambre double, petit déjeuner inclus.

Dans cet hôtel particulier du centre-ville, Marie-Christine Necoen, antiquaire et décoratrice réputée a su faire revivre l'atmosphère et l'esprit « thermalisme » de Bagnères au XIXe siècle. Chaque pièce de la maison est habitée de splendides meubles d'époque et l'on a plaisir à découvrir ses trésors : la bibliothèque aux murs tapissés de vieux livres, le salon des tisanes, sa cheminée et ses bocaux d'époque, l'adorable jardin de curé avec fleurs et plantes aromatiques ainsi que sa fontaine d'origine. Les 4 chambres sont superbes et spacieuses, dans le même esprit.

HALLE À FISH €€

12, rue des Thermes
✆ 06 84 47 40 30

Ouvert du mardi au dimanche de 8h à 14h, jusqu'à 15h30 le samedi.

Cet établissement inattendu au cœur des Halles, propose à la fois un étal de poissonnerie exceptionnel et un service de restauration sur place ou à emporter le midi. Les arrivages de Méditerranée ou de l'océan sont quotidiens : la fraîcheur est au rendez-vous. Sa réputation n'est plus à faire et c'est le très créatif Cyril qui en tient les rênes. Le midi, deux plats au choix et un dessert changent chaque semaine. Le bar à huîtres permet de s'octroyer une pause entre deux courses, avec des Marennes Oléron, mais aussi des pétoncles, des gambas...

L'ALLÉE FLEURIE €€

25, allée Jean-Jaurès
✆ 05 62 92 52 37
Ouvert du mardi au dimanche de 11h30 à 14h30 et de 19h à 21h. Compter 25 € pour un repas.

Ce très joli restaurant borde les quais de l'Adour et allie le plaisir d'un cadre agréable à celui d'une cuisine fraîche et efficace. Les amateurs de plats de caractère s'y retrouvent avec une carte qui fait régulièrement la part belle aux abats : terrine maison, rognons ou encore poitrine de veau. Les suggestions du jour comptent toujours un poisson pêché en Méditerranée, dans l'océan ou dans les rivières pyrénéennes. Cabillaud au beurre blanc, daurade braisée aux échalotes, tomates et vin blanc ou truite de Baudéan font surface à l'ardoise.

L'ASSIETTE DE JULIETTE €€

22, boulevard Carnot
✆ 05 62 91 97 16
www.assiette-de-juliette.fr
Ouvert midi et soir du mardi au samedi, plus le dimanche midi d'octobre à juin. Compter 40 € pour un repas.

Une très belle adresse. Kevin et Tiphanie se sont rencontrés autour d'une partie de pétanque... qui quelques années plus tard a débouché sur ce restaurant élégant. Le midi, un menu à prix raisonnable, que Kevin revoit tous les jours ou presque. Le soir, la carte fait son entrée, parée de plats alléchants, minutieusement travaillés et composés de produits rigoureusement sélectionnés. La salle, moderne, joue sur l'ardoise si chère aux habitants des vallées. Elle est dotée d'une belle véranda et d'une magnifique terrasse, ouverte aux beaux jours.

LA COURTE ÉCHELLE €€

2, rue d'Alsace-Lorraine
✆ 05 62 95 57 85
Ouvert de mercredi à dimanche, midi et soir. Compter 25 €.

Ce charmant restaurant au cadre authentique, à deux pas du centre-ville et à proximité des thermes, a gardé le caractère rétro de la grande période du thermalisme des années 30. La courte carte puise dans le répertoire de la cuisine bourgeoise d'une autre époque : pot-au-feu, tête de veau, poule au riz, daube, bœuf à la provençale, veau au curry... «Gégé» prépare un savoureux couscous un samedi par mois. Que ce soit au comptoir ou dans la salle-à-manger, l'ambiance est souvent survoltée, et il n'est pas rare que les soirées se terminent en dansant.

LA FABRIQUE DU TERROIR €€

3 bis, avenue du Maquis-de-Payolle
✆ 05 62 91 15 51
Ouvert du mardi au samedi de 10h30 à 14h et de 19h30 à 22h30. Compter 28 € pour un repas.

Plébiscité comme véritable ambassadeur de la Haute-Bigorre, Jacques Barrère est un maestro des produits du terroir. Vous pourrez découvrir avec régal sa cuisine dans ce restaurant agrémenté d'un espace boutique-bistrot. On peut consommer sur place ou à emporter en piochant dans les vitrines pour composer soi-même son menu. Régalez-vous par exemple avec les chips de ventrèche de porc noir, la truite fumée des Pyrénées ou encore la côte de bœuf maturée, à déguster avec du sel de l'Himalaya, tout comme l'agneau des Pyrénées. Un régal de saveurs et d'inventivités.

LA FONTAINE €€

1, rue La Fontaine
✆ 05 62 91 16 83
Ouvert du jeudi au lundi, midi et soir. A partir de 22 € pour un repas.

Cette brasserie de luxe est une véritable institution dans la cité thermale de Bagnères-de-Bigorre. Dans ce royaume de la cuisine artisanale, burgers et pizzas se profilent comme de véritables créations sublimés par le talent d'un chef inspiré. La viande est hachée maison, avec 180 grammes de steak, les burgers s'amusent à s'accommoder de ventrèche de porc noir, de fromage de brebis et même de sauce aux morilles. Les pizzas sont dans la même verve, des classiques aux pyrénéennes, la liste est aussi belle que vaste. Une superbe adresse, à tous les points de vue.

LE JARDIN DES BROUCHES €€

1, boulevard de l'Hyperon ✆ 05 62 91 07 95
www.lejardindesbrouches.fr
Ouvert du mardi au dimanche midi, de 12h à 13h30 et de 19h30 à 21h en haute saison. Entre 21 et 65 € pour un menu.

Le talent de Benoît Croizard colore avec une fraîcheur toute contemporaine la gastronomie. Magnifiant par son approche personnelle les produits locaux, il compose de véritables symphonies gustatives. Tout est justement pensé, les plats sont le parfait mariage du goût et du savoir-faire professionnel. La côte de porc noir de Bigorre se plaît aux côtés des haricots tarbais, le thon rouge arrive directement de Saint-Jean-de-Luz et le foie gras s'accompagne de chutney d'oignons de Trébons et d'un melon savoureux. L'ambiance design est aussi lumineuse que la carte.

BISCUITERIE VÉDÈRE

423, rue de la Gare - **MONTGAILLARD**
✆ 05 62 91 63 33 - www.biscuiterievedere.com
Du lundi au samedi : 9h30-12h30/14h-19h et dimanche : 15h-18h30. Visites gratuites le matin sur rdv (5 pers min).

La biscuiterie Védère fait partie des marques qui ont forgé la gastronomie du département. L'atelier perpétue la fabrication artisanale des Biscuits des Pyrénées, légèrement parfumés à la vanille et recouverts de sucre cristallins. A déguster aussi : boudoirs des Pyrénées, petits beurres, les célèbres tourtes déclinées aux saveurs myrtilles, citron ou aux pépites de chocolats, croquants noisettes ou amandes (à tomber !), gaufrettes, meringues, gâteaux à la broche... Des produits locaux artisanaux salés sont aussi proposés. L'engouement n'est jamais démenti.

LES JARDINS DE L'EUROPE €€

26, place de Strasbourg
✆ 05 62 91 17 51
Ouvert du lundi au vendredi de 10h à 14h30. Compter 25 € pour un repas.

Les pays représentés sur la carte sont ici nombreux avec l'Italie, les pays scandinaves, le Portugal, l'Irlande, et bien d'autres. Les Jardins de l'Europe porte bien son nom : il offre un tour d'Europe des spécialités. La carte très étoffée ravit les explorateurs de la cuisine et les nostalgiques du voyage. Les menus sont simples et bon marché et le rapport qualité-prix, excellent. Juste à côté, le pub attenant, mais bien séparé, décline le même esprit unioniste et affiche un nom ad hoc : l'Euro-Pub. Bagnères en mode Europe vaut décidément le détour.

CHEZ LOULOU - LE REFUGE DES CHASSEURS €€

Col des Palomières
GERDE
✆ 05 62 95 26 41
Ouvert de mercredi à dimanche midi, de janvier à fin mai et en été. Réservation obligatoire. Menus de 20 à 26 €.

Attention, établissement mythique s'il en est ! L'ambiance compte ici autant que les plats. Il faut vivre ces repas où seuls les saisons et les produits forment la carte. Elle n'est pas très chargée, du bon, du très bon et du local : confits, faux-filet, garbure, charcuteries, poulet à l'écrevisse, fromage du pays, tarte normande aux fruits rouges, vin... C'est copieux, c'est bon, le cadre est champêtre, l'accueil est décontracté et les prix sont doux, que demander de plus !

PAUSE & CAFÉ

13, allées des Coustous
✆ 06 35 22 15 51
Ouvert du mardi au samedi de 9h à 18h30, plus en été lundi de 14 à 18h.

Dans ce salon de thé où règne la bonne humeur, vous êtes sûr de passer un merveilleux moment tout en vous régalant. Situé sur un des axes les plus charmants de Bagnères, c'est l'endroit parfait pour une pause gourmande. Profitez de l'excellent petit-déjeuner, ou, à toute heure de la journée, craquez sans culpabilité pour un excellent chocolat chaud. Il se fait viennois avec une pointe de chantilly maison. On l'accompagne d'une crêpe, une part de gâteau maison ou une gaufre dorée. La carte comprend également un vaste choix de thés et de cafés de différents crus.

AU PIC GOURMAND

7, allées des Coustous
✆ 05 62 92 52 45
www.aupicgourmand.com
Ouvert dimanche et lundi de 15h à 19h, et du mardi au samedi de 9h à 12h et de 14h30 à 19h.

Gabrielle est l'âme de cette confiserie qui s'inscrit dans la pure tradition bagnéraise en perpétuant la recette artisanale. Découpés dans des tortillons de sucre, ils tombent sur les plaques comme une pluie de pierres précieuses avant de remplir les pots... Ce sont bien sûr les berlingots ! Côté chocolat, découvrez la bûchette du Bédat, une nougatine entourée de chocolat noir, créée à Bagnères, elle reste une merveille. A déguster au salon de thé, accompagné d'un chocolat chaud maison. Venez aussi assister à une démonstration de fabrication des berlingots !

SALON DE THÉ VÉDÈRE

423, rue de la Gare - **MONTGAILLARD**
✆ 05 62 91 63 33
www.biscuiterievedere.com
Ouvert du lundi au samedi de 9h30 à 12h30 et de 14h à 19h, le dimanche de 15h à 18h30 en saison.

Ici, les paysages ne défilent pas, mais le cadre est fidèle aux anciens wagons Pullman avec leurs banquettes, tables et porte-bagages au-dessus des têtes : ce salon de thé a pris place dans un lieu très original, un authentique wagon SNCF Dev Inox. En plus d'une belle carte de thé et de boissons, vous vous initiez aux gourmandises de la biscuiterie Védère qui se trouve juste à côté. Tartelettes à la myrtille ou aux pommes, pâtisseries, gâteaux au chocolat : on se régale de ces pauses sucrées. Si vous êtes séduits, vous pourrez les acheter dans la boutique voisine.

MAGASIN GAILHOU-DURDOS

16, boulevard Carnot
✆ 05 62 95 18 31
www.gailhou-durdos.fr
Ouvert du mardi au samedi de 9h15 à 12h15 et de 15h à 19h.

Ce magasin est un véritable paradis pour les gourmets locaux ou de passage. A Bagnères, la caverne d'Ali Baba se nomme Gailhou-Durdos ! Toutes les spécialités du Sud-Ouest vous attendent sous différentes formes et conditionnements : à l'unité, en panier d'assortiment ou en coffret si vous souhaitez les offrir. On vous propose aussi du foie gras, des spécialités gasconnes, des vins, des spiritueux, des douceurs du terroir. Si vous êtes en vacances, n'hésitez pas à faire des réserves. Vous verrez, votre valise va se remplir toute seule.

LA SAVONNERIE DE L'OURSE

92, chemin de Mounet
SOST
✆ 05 62 40 12 39
www.savonnaturelartisanal.fr
Ouvert sur rendez-vous, tous les jours, entre 9h et 18h.

Marjorie utilise des ingrédients dignes des grandes tables pour confectionner ses savons. On retrouve le petit-lait de brebis, riche en minéraux et acides aminés, de la graisse de canard gras ou de porc noir de Bigorre, du miel de montagne, de la farine de châtaigne, produits locaux… Les huiles essentielles, le cacao, les huiles d'olive, de noix ou de coco sont certifiées bio. Au-delà de l'originalité des gammes proposées, ses produits sont de grande qualité. Stéphane vient de démarrer une activité de coutellerie, raison de plus de découvrir cet atelier.

GOLF MINIATURE DE BAGNERES

2, chemin du Bédat ✆ 05 62 95 27 90
www.golf-miniature-65.com
Ouvert d'avril à septembre, mercredi et week-end de 14h-19h, tous les jours en juillet, août de 10h30-21h. Entrée : 5 €.

Au pied du Bédat, ce mini-golf a tout d'un grand. Les 18 trous s'enchaînent dans un parc exceptionnel, avec de grandes pelouses aussi impeccables que des fairways, des cascades, des mares, des bosquets, du relief... le terrain est un enchantement. Les pistes ne sont jamais monotones, en tartan, terre battue ou gazon, vous changez de décor et il faut même aller dans l'herbe pour s'attaquer à certains trous. D'autres sont ornés d'animaux géants pour le plaisir des plus petits.

AQUENSIS, CITÉ DES EAUX

Rue du Pont-d'Arras ✆ 05 62 95 86 95
www.aquensis.fr

Ouvert de 10h30 à 20h et de 12h30 à 20h le mardi et dimanche. Entrée : 18,50 € pour 2 heures.

Aquensis offre un cadre somptueux pour profiter des bienfaits de l'eau thermale. C'est le site où vous trouverez une offre très complète liée à la détente et à la remise en forme. Parmi les établissements thermoludiques, il est l'un des plus novateurs. Implantée dans un très beau bâtiment rénové de style fin de siècle emblématique de l'âge d'or des cures thermales, sa magistrale voûte de bois surplombe la piscine intérieure. Avec l'Aquapass, vous accédez librement à l'espace détente, et à son grand bassin équipé de cols de cygne, de rideaux d'eau, de jets, mais aussi au hammam d'inspiration marocaine, et au salon de thé, à l'esprit lounge. Deux saunas finlandais sont posés sur la terrasse extérieure aux côtés de vastes bains à remous. Dans cet univers à la décoration raffinée, vous recevez des soins diversifiés : esthétiques, minceur, relaxants, visage… La balnéo est bien présente avec des soins qui vont du bain au lait d'ânesse à la douche thermale et à une application de boue sur lit d'eau. L'espace forme, dédié au fitness, à la musculation et à l'aquagym est ouvert toute l'année, ainsi qu'une boutique à l'entrée. A noter quelques formules à la journée très intéressantes : l'Aquaski avec l'accès aux pistes du Grand Tourmalet ou le Pic et Bulle, qui combine la visite du Pic du Midi à l'accès au spa. Enfin, les Séjours Aquensis (depuis Aqua découverte 1 nuit à N'eau stress, 3 jours, 3 nuits et 5 soins) en collaboration avec la Résidence des Thermes, vous transportent dans un univers de détente absolue.

LES GRANDS THERMES

5, boulevard Rolland Castells
✆ 05 62 95 00 23
www.thermes-bagneres.fr

Ouvert de fin mai à fin novembre.

Bagnères-de-Bigorre demeure un haut lieu en matière de soins des rhumatismes, des voies respiratoires et du système ORL ainsi que des maladies psychosomatiques ou encore de la fibromyalgie. Les eaux des Grands Thermes n'ont rien perdu de leurs qualités curatives d'origine : naturellement chaude à 50 °C, riches en sels minéraux et oligo-éléments, elle sont calciques, sulfatées et magnésiennes. Leurs vertus antalgiques et myorelaxantes sont célèbres depuis l'Antiquité. Spacieux et doté d'équipements performants, il jouit d'une très belle architecture.

MONTEE DU GEANT DU TOURMALET

Hôtel de Ville
✆ 05 62 56 78 14
www.grand-tourmalet.com

Premier samedi de juin. Gratuit.

Chaque année, début juin, la statue monumentale d'Oscar Lapize, vainqueur de la première étape du Tour de France, est installée au sommet du col du Tourmalet. L'habituelle Montée du Géant du Tourmalet a lieu chaque premier samedi de juin à Bagnères-de-Bigorre. C'est l'occasion de procéder à une ascension spectaculaire, que les plus courageux et les plus sportifs font à la force de leurs mollets. Des animations sont organisées tout au long du parcours garantissant une ambiance festive.

PARC ACROBATIQUE FORESTIER DE L'AYA

Lesponne
✆ 05 62 91 71 15
www.parc-aventure-65.fr

Ouvert d'avril à octobre sur réservation, tous les jours de 13h30 à 19h en été. Tarif : 20 €.

Le parc de l'Aya permet de prendre de la hauteur et d'apprécier la vallée de Lesponne. Entre forêts, ruisseaux et cascades, celle-ci est une image d'Épinal. La majesté des grands hêtres participent à cette magnificence… Vos pieds ne touchent pas terre, pourtant il vous faudra courir et même sauter au cœur de cette flamboyante verdure de la canopée. Onze parcours d'accrobranches composent ce parc de loisirs exceptionnel, tant par son cadre idyllique que son encadrement très professionnel et rassurant. Du parcours d'initiation des tout petits à l'itinéraire noir des plus sportif, avec une grande tyrolienne qui vous fait grimper à 20 m, en passant par les parcours rouges avec mât d'escalade, le site est adapté à tous les niveaux et toutes les tailles. C'est d'ailleurs la taille qui détermine votre accès à tel ou tel parcours. En dénominateur commun, la ligne de vie continue d'un bout à l'autre du parcours. Vous profitez de plus de 100 jeux, des tyroliennes aux balançoires ! Les émotions fortes sont garanties et vont de pair avec la sécurité, on vous encadre en vrais pro. Petits et grands se défient avec des activités adaptées mais c'est surtout soi-même qu'il est important de dépasser. Vous sortirez de l'Aya plus fort mais aussi vidé, après une belle journée qui réjouit toute la famille. Le site propose pour les groupes des forfaits incluant accrobranche et randonnées, des courses d'orientation ou des sorties découverte du canyoning avec la descente des cascades du Cérétou.

PYRÉNÉES VÉLO ÉVOLUTION

1, avenue du 8 mai
GERDE
✆ 09 84 06 01 40
www.pyrenees-velo.com
Ouvert mercredi, jeudi, vendredi, samedi de 10h à 12h et de 14h à 18h. VTT à partir de 19 €.

Dans ce magasin qui fait également office d'atelier de réparation, une équipe de passionnés vous attend. Pyrénées Vélo Évolution met à l'honneur tout ce qui concerne ou relève des deux-roues. Vrais pros de l'encadrement, tant en vélo de route que VTT, ils sont parfaits pour l'entretien, les conseils, les bons plans et même la vente puisque vous trouverez des marques leader comme Moustache, Trek, Gitane ou Kona. Ils furent des pionniers dans la location du vélo à assistance électrique dans la station, mais vous trouverez aussi VTC, FatBike, VTT, vélos de ville...

BEAUDÉAN ★

Situé dans la vallée du Haut-Adour, à 4 kilomètres au sud de Bagnères-de-Bigorre, le petit village de Beaudéan présente toutes les caractéristiques et le charme des « portes » de la montagne. Il mérite un arrêt, notamment pour la visite de la maison natale de Dominique-Jean Larrey, chirurgien en chef de la garde impériale de Napoléon Ier. Toute l'année de nombreuses expositions de qualité animent l'espace artistique. Depuis Beaudéan, on accède à la vallée de Campan, large et ensoleillée ou à la vallée de Lesponne, plus encaissée et sauvage. A partir du village, la végétation perd son beau vert clair et les sapins prennent le relais.

MUSÉE LARREY ★

11, rue Larrey
✆ 05 62 91 68 96
www.museelarrey.fr
Ouvert de juillet à septembre, du mercredi au dimanche de 14h à 19h. Entrée : 4 €.

Le chirurgien en chef des armées de Napoléon, Dominique-Jean Larrey, est né en 1766 à Beaudéan. Avant-gardiste, il créa les « ambulances volantes », des équipes de secouristes qui se déplaçaient sans attendre la fin des combats à l'aide de voitures tirées par des chevaux. Qualifié dans son testament de « véritable homme de bien » par Napoléon, sa bravoure et son altruisme lui valurent le surnom de La Providence. Soignant les blessés de tous les camps, Wellington, lors de la bataille de Waterloo, fit cesser le feu quand le chirurgien passa sous ses lignes.

VIE D'ESTIVES

Quartier côte d'Esquiou
✆ 06 42 99 85 44
www.viedestive.com
Ouvert toute l'année. Balade en fonction de saisons. Adulte : 9 à 14,50 €. Enfant de moins de 10 ans : 7 à 9,50 €.

Cédric et Yann vivent au rythme de leurs brebis qui, de la ferme aux estives, coulent des jours heureux dans un cadre grandiose. Ils ont décidé de partager leur quotidien et d'en faire découvrir tous les aspects. Une formule pour les familles, de bergerie en bergerie. Pour les plus grands et les bons marcheurs, une sortie plus longue, avec un départ à l'aube, pour grimper aux estives, rassembler les brebis. Enfin, une nuit dans une cabane typique avec grillades à la belle étoile. Ils accueillent aussi des groupes scolaires et interviennent dans les écoles.

CAMPING L'ARRIOU*** €€

133, route des Cols ✆ 05 62 91 74 04
www.arriou.com
Compter entre 18 € et 25 € pour un emplacement, un véhicule et 2 personnes. Adulte supp : 5 € à 6 €.

Ici, point de vallée encaissée, mais des sommets qui vous saluent dès le réveil. Le camping L'Arriou est le camp de base idéal pour les amoureux de la montagne. Marc et Emmanuelle tiennent à vous réserver un accueil parfait. Vaste et très propre, le site assure des vacances dépaysantes, en tente, mobil-home tout confort ou toile de tente aménagée. Vous êtes près des grands chemins de randonnées et des cols du Tourmalet et d'Aspin. Si vous préfèrerez rester au camping, la piscine est idéale et les enfants se régalent sur l'aire de jeux et avec le château gonflable.

DOMAINE DE RAMONJUAN*** €€€

Vallée de Lesponne ✆ 05 62 91 75 75
www.ramonjuan.com
Compter entre 81 € et 98 € pour une chambre double. Petit déjeuner : 11 €.

Au fond de la vallée de Lesponne, au pied du Pic du Midi, le domaine de Ramonjuan se niche dans un environnement exceptionnel. Cette ancienne ferme a été entièrement repensée et réaménagée en hôtel confortable. Les chambres sont spacieuses et claires. A la fois chic et rustique, l'hôtel est parfaitement équipé pour des vacances sportives : salle d'animation avec billard et baby-foot, ping-pong, terrain de foot et de tennis, prêt de raquettes, et piscine en été. En complément, une résidence de vacances, dotées de vastes appartements d'au moins 40 m².

AUBERGE CHEZ GABRIELLE €€

349, place de l'Eglise
✆ 05 62 91 28 81
www.auberge-chezgabrielle.com
Ouvert midi et soir, du mercredi au dimanche midi. Compter 22 à 26 € pour un repas.

Avec la vallée de Lesponne en toile de fond, vous ne serez pas surpris de trouver dans cette auberge une vraie ambiance de montagne. La décoration est authentique. Avec le plafond de lambris, le parquet et les nappes à carreau, vous faites un saut dans le temps ! Vous vous régalerez d'excellents plats du terroir comme la souris d'agneau confite, l'escalope de veau, la salade de gésiers ou la salade de fromage de chèvre. Les produits sont frais et si possible locaux. Des chambres et un gîte permettent de loger sur place et de prolonger le plaisir.

CAMPAN ★

Campan, sur les hauteurs de Bagnères-de-Bigorre, affiche un charme unique, mêlé de caractères affirmés, de traditions fortes, et d'un patrimoine aussi riche que l'environnement est exceptionnel. Trois bourgs sont rassemblés sous la bannière du village : Sainte-Marie-de-Campan, Campan et la Séoube. Pour les traverser, il n'existe qu'une seule route, que les cyclistes connaissent bien. Les paysages authentiques se succèdent et les panoramas sont à couper le souffle, dans cette nature d'une pureté inégalée. Vous êtes au royaume des maîtres fromagers, des bergers menant leurs troupeaux à l'estive, et des romantiques. Ses mounaques vous sourient déjà.

CENTRALE HYDROELECTRIQUE DE CAMPAN

Route des cols
✆ 05 62 95 49 67
Visite guidée sur RDV uniquement 05 62 95 49 67. Groupes et scolaires possibles. Visite gratuite. Prévoir des chaussures fermées.

© EDF CAMPAN

EDF Espace Campan est situé à proximité de Bagnères-de-Bigorre. La visite guidée permet de s'informer sur l'hydroélectricité de façon ludique et pédagogique, en mettant l'accent sur la sécurité à l'aval des aménagements hydrauliques. La visite guidée présente des maquettes animées, une salle de projection, sans oublier une vue directe sur la salle des machines et la salle de commande. Une partie de la visite se déroule en intérieur, l'autre en extérieur.

MOUNAQUES & COMPAGNIE

Maison Clairefontaine
✆ 06 47 61 54 76
www.mounaquesetcompagnie.fr
Ouvert de mi-juin à septembre, lundi à vendredi, 10h-12h et 15h-19h, le week-end 15h-19h. L'après-midi en basse saison.

À Campan et nulle part ailleurs, la mounaque fait partie du patrimoine et si vous ne savez absolument pas ce que c'est, en traversant le village en été, vous en aurez un aperçu grandeur nature : les poupées de chiffon sont installées dans chaque rue ! Tradition de la vallée, c'est dans cet atelier historique que vous les rencontrerez. Sans perdre sa vocation première, il est désormais enrichi d'un espace ouvert aux artisans et créateurs locaux. Céramiques, sérigraphies, chaussettes, chapeaux, laine des Pyrénées… on se régale de cette vitrine des savoir-faire !

OFFICE DE TOURISME GRAND TOURMALET- PIC DU MIDI

Au bourg ✆ 05 62 91 70 36
www.tourmaletpicdumidi.fr/
Ouvert du lundi au samedi de 9h15 à 12h et de 14h15 à 18h en été. Lundi, mardi, vendredi, samedi après-midi sinon.

L'office de tourisme fait la promotion des festivals, mais vous trouverez également sur place tous les conseils pour un séjour qui vous ressemble. Campan et Saintes-Marie-de-Campan ont une âme farouchement ancrée dans la tradition et leur charme puise dans ce passé montagnard que les paysages perpétuent avec grâce. Les grands rendez-vous festifs lui rendent hommage : fête de la montagne et des Mariolles en juillet tandis qu'en août le festival d'aquarelles séduit les amateurs d'art.

CAMPING LE SAINT ROCH €

537, route des cols

✆ 06 79 10 33 60

www.camping-saint-roch.com

A partir de 11 € pour un emplacement, un véhicule et 2 personnes et 13 € pour un camping-car. 3,50 € / pers. supp.

Le site est splendide, entre campagne et montagne : côté nord et sud, la vue très dégagée court sur 6 km ; côté est et ouest, ce sont la forêt et les sommets qui vous font face. Camping nature et famille par excellence, il ne manque pas de caractère grâce à son terrain en étage. Si le premier plateau d'accueil présente un aspect plat classique, plus bas, un autre vous attend forgé par l'Adour. Le Saint-Roch est idéal pour les campeurs traditionnels qui recherchent le calme, ici point de mobile-home mais de l'espace avec un terrain de 1,8 ha et 36 emplacements.

AUBERGE LA BERGERIE €€

La Séoube

✆ 05 62 91 87 79

www.labergeriecampan.fr

Compter entre 55 € et 64 € pour une chambre double. Petit déjeuner : 8 €.

La Bergerie est l'auberge de montagne par excellence. Elle vous plonge d'emblée dans une ambiance typique de fond de vallée. Les chambres de l'auberge sont simples mais confortables et surtout ensoleillées car elles bénéficient d'une excellente exposition sur cette route des cols. Elles peuvent accueillir jusqu'à 6 personnes et s'imposent pour un séjour en famille. Une demi-pension de qualité est proposée aux résidents. Marie-Laure est une hôte hors pair qui se laisse guider par les produits de saison pour cuisiner des plats savoureux en été.

LES CABANES DE PAYOLLE €€

Au lac de Payolle ✆ 05 31 52 02 58

www.cabanesdepayolle.fr

À partir de 135 € la nuit (2 adultes et 1 enfant) avec petit déjeuner et à partir de 175 € la plus grande cabane.

Au cœur des Hautes-Pyrénées, vous êtes au Canada ! Cette zone protégée et sauvage offre des paysages nordiques. A l'orée du lac de Payolle, ces 3 magnifiques cabanes vous invitent au dépaysement. Arizon en forme de champignon ventru et Montaigu, plus grande, sont toutes deux écologiques, sans électricité et avec toilette sèche. Pic du Midi et Taoulet, encore plus grande, fait 30 m² et peux héberger 6 personnes. En deux modules, elle a l'électricité, une kitchenette, une douche, le chauffage et même le wifi. Terrasse et passerelle suspendue avec vue sur le lac.

CAMPING MUNICIPAL D'ARTIGUES** €€

RD 918

✆ 05 62 91 83 17

www.ville-bagneresdebigorre.fr

Compter entre 12 € et 15 € pour un emplacement, un véhicule et 2 personnes. Personne supp : 3 €.

Il faut grimper dans les hauteurs campanoises pour atteindre ce camping municipal. Le lac borde le site et c'est dans un décor de rêve que vous pourrez planter votre tente. Parfaitement équipé, le camping convient aussi bien aux familles, grâce à ces diverses activités ludiques, qu'aux pêcheurs ou aux sportifs. Vous êtes au pied du Tourmalet et les sentiers de randonnée courent tout autour de vous et, sur place, via ferrata, spéléo et même cueillette de champignons sont au programme.

LE COUVENT €€

✆ 05 62 44 02 37

Compter entre 85 € et 98 € pour une chambre double, petit déjeuner inclus.

Installé dans un ancien couvent entièrement rénové et remis au goût du jour, cette très belle maison d'hôte compte 3 chambres et une suite familiale. Les éléments anciens ont été conservés, les parquets sentent bon l'encaustique, les vieilles pierres sont apparentes, dévoilées par des enduits clairs. Les chambres sont toutes très joliment refaites, dans un style campagnard chaleureux. Le beau jardin et ses terrasses permettent à chacun de se trouver un coin tranquille pour musarder. Piscine et sauna permettent de prolonger la détente dans un cadre agréable.

GÎTE-AUBERGE LES CASCADES €€

Artigues

✆ 05 62 91 98 64

www.gite-auberge-les-cascades.fr

Compter 76 € pour une chambre double, petit-déjeuner inclus.

Cette adresse typique est située à 1 200 mètres d'altitude. Ancien hôtel entouré de torrents et de cascades, il date de 1870. La salle de bar à la décoration de charme, est résolument montagnarde. Le confort est assuré, et l'accueil de Gilles et Karine est convivial. Ils vous concoctent de copieux et savoureux petits-déjeuners. Côté cuisine, en hiver fondue, raclette et tartiflette réchauffent les gourmands, l'été les assiettes composées et les viandes prennent le relais.

HÔTEL LE CHALET*** €€

Sainte-Marie-de-Campan
✆ 05 62 91 85 64
www.chalet-hotel-tourmalet.com
Compter entre 65 € et 95 € pour une chambre double. Petit-déjeuner : 9 €.

Ce très bel hôtel de caractère a été refait à neuf en 2017. L'esprit d'authenticité est préservé mais on apprécie le bon goût qui règne dans ces lieux modernisés pour un confort optimal. Des chambres doubles aux familiales, idéales pour les couples avec enfants ou les groupes d'amis, l'ambiance à la fois cosy et contemporaine se niche dans un cadre où bois et pierres demeurent très présents. Des jeux pour enfants sont à disposition ainsi qu'un court de tennis, une table de ping-pong et une piscine en été. En hiver, on s'installe au coin du feu dans le salon-bar.

HÔTEL-RESTAURANT DES DEUX COLS** €€

37, Route du Col-d'Aspin
✆ 05 62 91 85 60
www.hotellesdeuxcols.com
Compter 53 € pour une chambre double. Petit-déjeuner : 8 €.

C'est en grimpant le célèbre col d'Aspin que vous arriverez à cet hôtel, tenu depuis plus de 30 ans par Jean-Bernard et sa famille. Les chambres à la décoration traditionnelle ont vue sur les montagnes et sont vraiment idéales pour les familles. Avec bain ou douche, elles possèdent toutes un téléviseur à écran plat. Incontournable, l'établissement est également restaurant de qualité mettant en valeur les fleurons de la vallée avec une cuisine maison (garbure, agneau, crêpe Suzette...).

LA MAISON D'HOURSENTUT** €€

3862, chemin de Peyrehitte ✆ 07 67 27 34 40
www.maison-hoursentut-campan.com
Compter entre 69 € et 74 € pour une chambre double. Petit-déjeuner : 11 €.

Cette ancienne colonie de vacances est transformée en un bel hôtel de charme. La décoration fait la part belle au bois et à la chaux sur les murs, mais le charme est amené par le parquet, la cheminée et les tissus aux couleurs chaleureuses. Les chambres offrent toutes une vue sur la montagne. Pour les pêcheurs, l'Adour est à côté, et un storwatt (bain d'eau chaude naturelle) en cèdre rouge, vous attend au jardin. Le chef, Idra, concocte chaque jour des plats, à base de produits du pays, influencé par ses origines du Moyen-Orient et son expérience scandinave.

AUBERGE DU COL DE BEYRÈDE €€

Route du Hourc
✆ 05 62 91 82 81
www.aubergebeyrede.com
Ouvert tous les jours du 15 juin au 15 septembre et autour du jour de l'An. Compter 25 € pour un repas.

La petite route cahoteuse qui mène à cette auberge est vite oubliée lorsque l'Arbizon (2 831 m) s'offre à la vue depuis la terrasse. La carte est composée d'une belle cuisine de montagne, diversifiée et créative. Ici on ne travaille qu'avec des produits locaux, frais et de saison. Garbure incontournable, mais aussi agneau ou poisson, les plats sont authentiques et les portions vraiment copieuses. Dix chambres, simples mais confortables, accueillent les randonneurs.

INTERSPORT

Place Eugène Christophe ✆ 05 62 91 87 54
www.intersport-rent.fr
Ouvert tous les jours de 8h30 à 19h en hiver et du mardi au samedi de 9h à 12h et de 15h à 18h en été.

Grâce à Sébastien Gil et sa petite boutique de matériel de ski, il vous est désormais possible de louer votre équipement complet à Campan, et vous éviter la queue chez les loueurs de la station. Skis alpins, skis de fond, snowboards, luges, raquettes vous trouverez tout le nécessaire pour des vacances sportives à la neige et pour tous les âges. Vous pouvez même réserver votre matériel sur le site Internet et il ne vous restera qu'à essayer les chaussures avant d'enfiler les skis. En été, les chaussures de randonnée, les sacs à dos, gourdes investissent les lieux.

LES PETITS FRUITS

6842, route du Layris
✆ 05 62 95 49 50
www.lespetitsfruits.fr
Ouvert du lundi au samedi de 10h à 12h30 et de 14h30 à 18h.

Cela fait 20 ans que Maurice Guillaume et Patrick Lesgards transforment les fruits et baies en confitures ou gelées. Myrtilles, framboises, groseilles, mûres ont leur préférence, mais ils ont élargi leurs gamme et savoir-faire à bien d'autres fruits. Ils se sont également fait une spécialité de chutneys audacieux, pour accompagner foie gras, fromages et grillades. La « folie abricot et cumin » accompagne les fromages à croûte fleurie tandis que vous opterez pour la « cranberry-fruits rouges » sur un fromage frais, ou la « cerise noire et réglisse » sur un brebis.

GRAND TOURMALET - PORTE DE CAMPAN

✆ 05 62 91 70 36
www.tourmaletpicdumidi.fr/
Information à l'office de tourisme.

La vallée de Campan, avec ses faux airs de Grand Nord canadien, est un terrain de jeu idéal pour s'initier aux joies de la montagne en hiver. Initiez-vous à la conduite de chiens de traineaux le long du lac gelé derrière les huskys, partez raquettes aux pieds pister les chevreuils dans les forêts de Payolle… Tout le monde y trouvera son compte. Les amateurs de ski de fond seront comblés, en mode balade ou skating, les pistes dans les sous-bois sont nombreuses.

CAPVERN ★

Ce village niché à 475 m d'altitude et tout en longueur possède un charme intemporel. Ses ruelles escarpées transforment chaque pas en véritable balade. Petites places et fontaines, parcs verdoyants, bâtiments à la belle architecture témoignent d'un riche passé. Ne vous y méprenez pas, deux Capvern existent. Le village, plus résidentiel, fait face aux Pyrénées tandis que la station thermale, Capvern-les-Bains, semble s'être arrêtée dans un temps qu'elle conjugue avec romantisme. Réputée depuis l'Antiquité pour ses eaux aux bienfaits thérapeutiques, elle présente aujourd'hui deux établissements dédiés à la cure et aux loisirs aquatiques.

OFFICE DE TOURISME COEUR DES PYRENEES - CAPVERN

300, rue des Thermes
✆ 05 62 39 00 46
www.coeurdespyrenees.com
Ouvert du lundi au samedi de 9h à 12h30 et de 14h30 à 17h30 d'avril à octobre.

Les agents d'accueil sont ici disponibles et à l'écoute, et vous présentent les nombreux événements de la saison thermale et estivale. Ce service est incontournable pour les touristes et les curistes. Le bureau d'information de Capvern-les-Bains vous donne tous les bons plans : spectacles, ateliers nature, photo, concerts, bien-être, sorties, animations... Une information complète sur Capvern, mais aussi sur les vallées de la Neste et Baronnies vous est présentée.

CHÂTEAU DE MAUVEZIN

10, rue du château - **MAUVEZIN**
✆ 05 62 39 10 27
https://www.chateaudemauvezin.fr/
Ouvert de 10h à 19h du 15 avril au 15 octobre, de 13h30 à 17h30 du 16 octobre au 14 avril. Entrée : 6 à 8 €.

La présence du château de Mauvezin remonte probablement au XIe siècle. Il est mentionné pour la première fois dans un traité de paix signé entre Sanche de Labarthe et Béatrix de Bigorre. Au cours de son histoire, il a servi plusieurs fois de gage de bonne volonté et de paix, passant de mains en mains, entre les ennemis d'hier. A l'époque du XIe siècle, il s'agissait d'une construction en bois dont il ne reste rien, si ce n'est la motte castrale sur laquelle il était bâti. Il était entouré de basses-cours protégées par des douves et des palissades. L'une d'elles héberge aujourd'hui le cimetière du village. Le château occupait une place stratégique aux confins des territoires du Comminges, de la Bigorre, de l'Armagnac, de l'Aure et de Labarthe. Il prendra sa forme actuelle de tour fortifiée ceinte d'une haute muraille aux XIIIe et XIVe siècles. Le château est offert à Gaston Fébus en 1379, et c'est lui qui fait construire la tour. Au XVe siècle, Jean de Foix prive le château de sa fonction défensive et le fait aménager en résidence comtale. Il fait alors apposer sa devise « j'ay belle dame » au-dessus de la porte d'entrée. Après sa mort, l'imposant édifice tombe dans l'oubli. Il servira de prison durant les guerres de Religion au XVIe siècle. A la Révolution, le château est nationalisé et les habitants l'utilisent comme carrière pour construire ou réparer leurs maisons. Le château tombe en ruine et dans l'oubli jusqu'à ce qu'une importante campagne de rénovation débute en 1981 pour lui redonner toute son austère splendeur.

MOULIN DE LA RIBERE

35, route des Bandouliers - **MAUVEZIN**
✆ 05 62 39 05 51
www.moulindelaribere.com
Visite du 15 mai au 1er octobre, le mardi et le dimanche à 15h ou sur RV pour les groupes. Entrée : 6 €.

Aux abords de l'Arros, ce moulin s'est transmis de génération en génération et la famille de Pierre Cabarrou ne l'a jamais abandonné. De son histoire, vous saurez tout et les visites guidées sont passionnantes. Vous découvrirez le métier de meunier et pourrez admirer les meules en action. Mu par la force de l'eau, le silex écrase le grain en douceur pour produire des farines soyeuses. Ici, on ne travaille que du grain bio que restaurateurs et boulangeries de la région s'arrachent. Des stages permettent d'apprendre à pétrir ou lever une pâte à pain ou à pizza.

BRIT HÔTEL DU LACA €€

705, route du Laca
✆ 05 62 39 95 98
www.hoteldulaca.com

Comptez 72 à 92 € pour une chambre double, forfait curiste à partir de 1 295 € pour un mois.

Situé à un petit kilomètre de l'établissement thermal, l'Hôtel du Laca a été en pensé en premier lieu pour les curistes. Il propose des forfaits spéciaux incluant la demi-pension. En plus de chambres agréables et lumineuses, pourvues d'un balcon, l'hôtel propose de nombreux services qui vous feront passer le temps. Les bienfaits de la cure sont prolongés avec la piscine intérieure, le bain bouillonnant, le hammam et le sauna. Des activités plus sportives peuvent être pratiquées : salle de fitness, court de tennis et chemins de randonnée environnants.

HÔTEL-RESTAURANT BELLEVUE** €€

102, chemin des Merlères
✆ 05 62 39 00 29

Compter entre 48 € et 60 € pour une chambre double. Fermé d'octobre à mai.

Depuis la fenêtre de votre chambre, vous apprécierez la vue imprenable sur les montagnes et le château de Mauvezin. Simples, confortables et parfaitement équipées, elles ont un charme sûr. La décoration dans son jus, nous ramène dans les années 50. L'accueil est chaleureux et familial, et c'est désormais la troisième génération Daries qui préside à la destinée du Bellevue. La terrasse permet de prendre les petits-déjeuners dans un cadre idyllique, à la fraîcheur des matinées d'été.

AUBERGE DE L'ARROS €€

2, route des Baronnies - **MAUVEZIN**
✆ 05 62 39 05 05 - www.auberge-arros.com

Tous les jours le midi. Menus à 14 €, 17 € et 21 € du lundi au samedi. Le dimanche, menus à 18 €, 21 € et 25 €.

© AUBERGE DE L'ARROS

L'Auberge de l'Arros est aussi une table authentique avec des plats faits maison, comme l'on aime. Vous apprécierez ce panel de cuisine régionale, notamment l'excellente omelette aux cèpes, le jambon de pays, le foie gras. Ne manquez pas de goûter les pommes dauphines en accompagnement de confit de canard ou de côtes d'agneau, elles sont un régal. Au dessert, optez pour la crème vanille ou les pets de nonne si vous appréciez les beignets. Le week-end, il est conseillé de réserver car l'auberge est toute proche de deux grands sites touristiques !

VILLA BON ACCUEIL €€

198, rue des Thermes
✆ 05 62 39 16 10
www.villa-bon-accueil.com

Compter 350 € la semaine pour un studio 2 personnes.

La Villa Bon Accueil est une résidence 3 étoiles qui bénéficie d'un emplacement stratégique, à 300 mètres seulement des thermes. Elle met à votre disposition des appartements meublés, en version studios pour 2 personnes ou T2 pour 3 personnes. Ils ont leur propre cachet avec des décorations chaleureuses. L'intégralité des logements a été rénovée et la plupart possèdent leur propre balcon d'où l'on profite d'une belle vue sur la forêt ou la rue des Thermes. Un espace buanderie avec lave-linge, sèche-linge et table à repasser est prévu pour les longs séjours.

HÔTEL-RESTAURANT DE LA SOURCE €€

280, rue des Thermes
✆ 05 62 39 00 04
www.vitalsource.fr

Ouvert tous les jours midi et soir. Compter 25 € pour un repas. Possibilité de forfait cure.

L'Hôtel de la Source cache une des bonnes tables de la ville, derrière sa haute façade rose très 1900. Une petite terrasse et trois salles de restaurant accueillent les voyageurs de passage et les curistes qui sont nombreux à posséder leur rond de serviette ici. La cuisine proposée est une belle vitrine des produits du terroir, mis en scène dans des recettes gourmandes : assiette de porc noir, terrine de foie gras maison, cocottes de haricots tarbais et côtelettes d'agneau...

THERMES DE CAPVERN

480, rue des Thermes
✆ 05 62 39 00 02
www.thermes-de-capvern.fr
Ouvert du lundi au samedi de 6h50 à 12h45 d'avril à octobre.

Les deux établissements thermaux accueillent des curistes suivant leurs pathologies dont les affections urinaires et digestives. Ces eaux étaient déjà indiquées dans le traitement de la goutte des légionnaires romains. Aujourd'hui de nombreux travaux de recherche ont confirmé les propriétés exceptionnelles de ses eaux. Celles de la sources Bouridé sont sulfatées, calciques et magnésiennes tempérées et oligothermales tandis que celles de la source de Hount Caoute ont une concentration en magnésium la plus importante des stations de diurèse (79,7 mg/litre).

LA BARTHE-DE-NESTE

Ce petit village est traversé par la Neste qui offre de jolies occasions de parties de pêche ou de pique-niques dans un cadre champêtre. Au Moyen Âge, le château de La Barthe-de-Neste était le siège du comté d'Aure. Vestige de ce flamboyant passé, une partie de l'imposant donjon du château rasé sur l'ordre d'Henri IV subsiste avec une petite basse-cour et des murs renversés. Si un établissement thermal était en activité au XIXe siècle, il n'en reste qu'une fontaine et son lavoir, appelé la fontaine aux Chien. Ses vertus dermatologiques étaient connues des propriétaires de chiens qui n'hésitaient pas à les y baigner pour les guérir de la gale.

ESPARROS

Esparros, blotti contre l'impressionnant massif calcaire qu'est la montagne des Baronnies, cache un splendide gouffre, classé parmi les 12 plus belles cavités françaises. La cascade haute de 40 mètres, jaillit en surplomb des rochers couverts de mousse. En hiver, elle se fige en d'imposants stalactites de glace. C'est ici qu'a été tourné en partie le film *Le Pacte des loups*. Ce trésor a failli se faire voler la vedette en 1960 par une kermesse des célibataires dont la notoriété a dépassé les villageois de l'époque. Quelque 30 mariages ont été célébrés grâce à cette fête locale. Cette commune rurale représente magnifiquement les Baronnies immuables.

CHÂTEAU DE LA BARTHE

Rue du Château
www.coeurdespyrenees.com
Visite de 30 minutes environ, accès libre et gratuit, toute l'année.

S'il a eu une importance capitale dans le passé, du site médiéval il ne demeure qu'une partie de l'imposant donjon de galets et de pierres taillées, la basse-cour et des murs renversés. L'ambiance est tout à fait particulière et émouvante, ces vestiges continuent de raconter leur histoire et, depuis le XIe siècle, elle est palpitante. À l'époque il était savamment choisi pour sa situation face aux Pyrénées et à l'Aragon. Le visiter est une jolie idée de balade, surtout si vous êtes un amateur de photo : la vue sur les vallées de Neste et d'Aure est superbe.

LE GOUFFRE D'ESPARROS

Gouffre d'Esparros
✆ 05 62 39 11 80
www.gouffre-esparros.fr
Ouvert de 10h à 18h tous les jours en été. Horaires variables hors saison sur site. Entrée : 11,50 €.

Ouvert au public en 1997, c'est un jardin souterrain fascinant qui vous attend. Le gouffre d'Esparros fait partie des 12 plus belles cavités de France. L'exploration aboutit sur un lac dont on devine l'évolution goutte à goutte. Orné de délicates aragonites, de cristaux de gypse, des draperies et des longues stalactites ornent les salles et se reflètent dans des bassins d'eau bleutée. Un éclairage à LED a été mis en place en 2010 pour améliorer la protection du site classé et des quotas de visiteurs sont imposés, afin de préserver les lieux.

ESPACE PRÉHISTOIRE DE LABASTIDE ★

LABASTIDE
✆ 05 62 49 14 03
www.espace-prehistoire-labastide.fr
Ouvert en mai-juin, mercredi à dimanche : 13h30-17h. En juillet-août, tous les jours : 9h30-18h. Entrée : 7 €.

Animations et ateliers permettent ici aux petits et aux grands de remonter 15 000 ans en arrière et de partir sur les traces des chasseurs-cueilleurs de l'âge de pierre. L'Espace Préhistoire de Labastide a inventé un concept : le parc « préhistoludique ». Vous apprenez à allumer un feu primitif ou à vous éclairer à la lampe à graisse. À l'intérieur de la grotte, les plus jeunes laissent leurs traces sur les parois rocheuses, tandis que les grands s'initient à la chasse à la sagaie.

OFFICE DE TOURISME COEUR DES PYRENEES - LA BARTHE

1, route d'Espagne
✆ 05 62 98 87 02
www.coeurdespyrenees.com
Ouvert du lundi au vendredi de 8h30 à 12h et de 13h30 à 17h.

Le patrimoine naturel des vallées de Baronnies et Neste est riche, les randonnées et balades forment un réseau de plus de 300 chemins, recensés sur de la documentation disponible dans cet établissement. Pour vous aider à découvrir les points forts de cette partie du département, l'équipe de l'office de tourisme Cœur des Pyrénées vous apporte une aide précieuse. Suivant vos besoins, pensez aux guides pratiques qui recensent notamment ceux qui regroupent hébergements et restaurants.

LA PLÉNITUDE €€

27, route d'Espagne
✆ 05 67 47 47 67
Compter 70 € pour une chambre double, petit-déjeuner compris.

Vous serez d'emblée charmé par le calme des lieux. A La Plénitude, un grand parc avec sapin entoure la maison où deux chambres d'hôte vous attendent. L'ameublement est un joli mélange de pièces en bois rustiques et de mobilier contemporain. Huguette vous y accueille avec gentillesse et générosité. Elle s'enquiert systématiquement de ce qui vous ferait plaisir au petit-déjeuner et vous le préparera. Nous vous conseillons ses gâteaux maison absolument délicieux. Une machine à laver le linge et un sèche-linge sont à votre disposition ainsi qu'un coin cuisine.

LES FLOCONS PYRÉNÉENS

16, Grand-Rue
✆ 05 62 98 82 26
www.lesfloconspyreneens.com
Ouvert du lundi au samedi de 9h à 12h et de 14h à 19h ; le dimanche de 9h à 12h30.

Aux Flocons Pyrénéens la spécialité est... le flocon. Ce fin praliné au chocolat noir enrobé de meringue tendre a lancé le succès de cette maison qui n'en finit pas d'élaborer des créations irrésistibles. Le Béret, une ganache 60 % cacao à la myrtille avec une pointe de piment d'Espelette, les perles et les truffes d'Aure, à la pulpe de myrtille ou de framboise, Dino fait along de l'année, les nouveautés se succèdent : une cinquantaine de chocolats prennent place aux côtés des spécialités emblématiques. Un délice !

LA MONGIE ★

Randonneurs et cyclo-sportifs connaissent bien ce site particulier des Hautes-Pyrénées qui mène au pic du Midi grâce au téléphérique. L'été lorsque vous franchissez le mythique col du Toumalet par la route, en venant de l'est ou de l'ouest, vous voyez bien des remontées mécaniques, mais vous avez du mal à imaginer que vous êtes au milieu du plus grand domaine skiable des Pyrénées. Malgré la verdure et les animaux qui paissent tranquillement, c'est pourtant le cas ! L'hiver, le ski et les sports de glisse prennent le dessus. Terres magiques où les panoramas grandioses se succèdent mais aussi terre de transhumance, elle vit toute l'année.

HAUTE-BIGORRE - PLATEAU DE LANNEMEZAN

La Mongie.

COL DU TOURMALET ★★★

Col du Tourmalet

Fermé des premières chutes de neige au printemps.

Célèbre pour sa réputation d'épreuve difficile de cyclisme d'altitude, ce col mythique doit son nom à un sobriquet qui parle de lui-même : le mauvais détour. Depuis le col du Tourmalet, la vallée du Bastan s'étend à vos pieds composant un paysage fantastique. Bien entendu, à 2 115 m d'altitude, vous avez cette impression grisante d'être le roi du monde ! Surtout si, à l'instar des sportifs du Tour de France, vous êtes monté à vélo. Longtemps, il a été parcouru par les bergers, pèlerins et marchands qui bravaient par un sentier les vents, la neige, le soleil ardent ou le froid piquant pour relier les hautes vallées de l'Adour et du gave de Pau. Il faut attendre le XIXe siècle pour qu'une route carossable soit enfin édifiée. En effet, ce n'est qu'après que le Duc de Maine et Madame de Maintenon l'aient eu franchi pour « prendre les eaux » dans la ville thermale de Barèges, qu'on entreprit la construction d'une route au XVIIIe siècle. Baptisée route thermale, Napoléon III en personne l'inaugura au XIXe siècle. Comprenant des pentes à 7 ou 8 %, la montée au col du Tourmalet demeure liée à l'épopée de la petite reine et on ne compte plus les légendes qui ont marqué son histoire... Pour l'anecdote, lors du Tour de France de 1913, le vaillant Eugène Christophe marcha pendant 14 km après avoir brisé la fourche de son deux-roues au début de la descente. Vous pouvez aussi passer le col en voiture. Venez, en pédalant, ou sans peine, toucher le ciel des Pyrénées : c'est un géant qui vous l'offre..

OFFICE DE TOURISME TOURMALET - PIC DU MIDI

Rue Pic-d'Espade

✆ 05 62 95 50 71

www.grand-tourmalet.com

Ouvert tous les jours de 9h à 12h30 et de 14h à 18h en été. Horaires variables le reste de l'année.

La Mongie vit toute l'année, notamment avec le pic du Midi et son observatoire. C'est aussi le plus grand domaine skiable des Pyrénées et en toute logique, les activités sont essentiellement hivernales. Ski mais aussi balade en dameuse, zones hors pistes, motoneige ou raquette, les mordus de la glisse s'y régalent et les conseillers en tourisme sont les mieux placés pour vous en présenter toutes les facettes. Des hébergements insolites au FatBike, le programme est tonique.

GITE ROUTES DU MONDE - ATC €

7, rue du Pic des 4 Termes

✆ 05 62 95 40 19

www.atc-routesdumonde.com

Compter entre 280 € et 550 € la semaine pour un studio 4 personnes.

Vous êtes au cœur de La Mongie, à 5 minutes à pied du téléphérique du Pic du Midi, du bas des pistes et des commerces de la station. L'ambiance des appartements chalet est garantie par les murs lambrissés. Les 6 sont installés dans ce bâtiment récent de 3 étages, et sont orientés sud et vous offrent une vue panoramique sur la vallée pyrénéenne. Les appartements sont équipés pour un séjour en toute autonomie, avec coin cuisine et salle TV commune dans l'immeuble.

LE POURTEILH*** €€

10, avenue du Tourmalet

✆ 05 62 91 93 33

www.hotel-pourteilh.com

Compter entre 88 € et 156 € pour une chambre double. Petit-déjeuner : 11 €.

Il a le charme de l'ancien mais ce qui nous plaît le plus dans cet hôtel, c'est sa situation idéale au départ des pistes et du téléphérique du Pic du Midi. Vous profitez de la vue magnifique sur les montagnes depuis le balcon de votre chambre. Spacieuses, bien équipées, elles diffusent une ambiance classique. Des services sont mis à disposition dans l'enceinte de l'hôtel, comme cet espace de location et de vente de skis ou la boutique, qui garantissent une remise aux résidents. Un restaurant de spécialités montagnardes vous accueille midi et soir.

RÉSIDENCE MER & GOLF - PIC DU MIDI*** €€

3, boulevard du Taoulet

✆ 05 62 95 63 00

www.meretgolf.com

Compter de 450 € à 1 250 € la semaine pour un studio 2 personnes selon la saison.

Orientés plein sud, les bâtiments de caractère affichent un style très pyrénéen avec une architecture portée par le bois et la pierre. Située sur les hauteurs de la station, cette résidence de 153 appartements est idéale pour un séjour tout confort. Les logements propres et modernes possèdent une terrasse ou une loggia donnant sur les pistes. On aime la piscine intérieure, chauffée et équipée. Un club-enfants organise des animations pendant les vacances.

LA MANDIA*** €€€

3, rue de Sencours ✆ 05 62 91 96 36
www.lamandia.com

Compter entre 90 € et 185 € pour une chambre double, selon le confort et la saison. Petit déjeuner : 12 à 15 €.

Situé à 2 000 m d'altitude, la Mandia est sur les pistes ! Ignorez l'architecture massive de l'immeuble. Vous serez conquis en pénétrant dans l'hôtel. Le bois est présent partout, des parties communes aux chambres. Vous avez l'impression de vous trouver dans un chalet de montagne. Les matelas épais assurent des nuits douces et réparatrices. Les sauna, hammam, salle de sport et massages agrémentent votre séjour. Deux ambiances se partagent le restaurant : une moderne et claire, donnant sur les pistes, et l'autre façon auberge où il fait bon partager une fondue.

RESTAURANT LA MAMA €€

8, boulevard du Pic-du-Midi ✆ 05 62 91 90 14
www.lamama-lamongie.com

Ouvert tous les jours midi et soir, en saisons. Pizza à partir de 11 €.

Chaleureux, avec une terrasse mythique, cet établissement est l'un des spots préférés des gourmands. Christophe et son équipe ne se départissent jamais de leur sourire et de la bonne humeur allant de pair avec un service efficace. On craque pour des fondues viandes, fromages ou charcuterie, tartiflette et raclette. Les grillades sont l'occasion de savourer de l'agneau de la vallée de Campan et des escalopes de veau de la région. Célèbre pour ses pizzas cuites au feu de bois, La Mama mise sur la qualité des produits.

PIC DU MIDI - NUIT AU SOMMET €€€

Rue Pierre-Lamy-de-la-Chapelle
✆ 0 825 00 2877
www.picdumidi.com

Compter entre 469 € et 499 € pour une nuit en chambre double, en demi-pension.

A 2 877 mètres, vous êtes invités à partager la nuit des scientifiques. Cette expérience est unique et exceptionnelle. Après une visite du site, vous prenez un apéritif en savourant le coucher de soleil. Un dîner traditionnel est servi au crépuscule, avant de rejoindre l'observatoire pour observer et étudier les astres. Vous dormez quelques heures dans une cellule confortable et vous levez à l'aube pour voir le soleil se lever sur les Pyrénées. Magique et inoubliable.

RESIDENCE MER & GOLF - TOURMALET*** €€

34, avenue du Tourmalet
✆ 05 62 95 65 00
www.meretgolf.com

Compter entre 460 € et 1 400 € la semaine pour un studio 4 personnes.

Bien plus qu'une résidence, Le Tourmalet est un véritable « resort » idéalement situé à proximité du plus grand domaine skiable des Pyrénées. Avec en toile de fond des paysages somptueux, cette résidence se compose de 92 appartements du studio pour 4 au 3 pièces pouvant recevoir 9 personnes. Elle abrite également un parking souterrain, et pour votre plaisir, un espace détente avec piscine, sauna, hammam et salle de fitness. Tous les appartements sont aménagés d'une cuisine équipée.

LE PIC DU MIDI DE BIGORRE ★★★★

Rue Pierre-Lamy-de-la-Chapelle
✆ 08 25 00 28 77 - www.picdumidi.com
Accessible toute l'année. Téléphérique : 45 €. Nuit à l'observatoire à partir de 439 € pour 2 personnes.

Classé grand site naturel national, le Pic du Midi culmine à 2 887 m et marque le paysage de toute la région. C'est le phare et le symbole des Pyrénées. Votre aventure au Pic du Midi commence par un accès en téléphérique, au départ de la station de La Mongie (toutes les 15 min). La montée dure quinze minutes d'un trajet aérien. Petit à petit, la coupole de l'observatoire astronomique se rapproche. Car ce site naturel enchanteur est aussi un lieu de recherches et d'études scientifiques. Depuis 1873, il offre aux scientifiques des équipements pour valoriser un point de vue incomparable sur l'activité solaire ou atmosphérique. Le centre est doté d'un télescope, le télescope Lyot, qui permet l'observation et l'étude des astres et des galaxies. Le site ouvre au public un centre d'interprétation moderne, didactique et très original qui bouscule vos sens et vos perceptions de l'espace. Celui-ci présente l'histoire de l'observatoire, sa construction, son épopée humaine. Vous faites connaissance avec les pionniers qui ont bravé l'impossible pour bâtir sa légende. Les paysages nocturnes célestes sont fabuleux, des orages aux événements climatiques, les cieux sont un spectacle infini. De la célèbre esplanade où la lumière et l'air sont d'une rare pureté, l'horizon n'a pas de limite. De la Catalogne au Pays basque, la chaîne de montagne s'étend à perte de vue. Et dans le ciel c'est la même infinité ! Des ateliers thématiques sont proposés et vous avez accès à du matériel d'observation. Sur place, un bar-restaurant panoramique et le plus haut planétarium d'Europe. En immersion complète au sein de la coupole Baillaud, un écran de 8 m incurvé dans l'hémisphère diffuse 2 films qui vous font voyager dans l'univers.

▸ **Nuitée au Pic :** Le forfait comprend l'ascension, le cocktail de bienvenue, l'observation du coucher du soleil, le dîner, l'observation des étoiles, la nuitée. Lever du soleil et visite des quartiers scientifiques. 12 chambres doubles et 3 individuelles, nombre limité à 27 personnes/nuit.

▸ **Descente à ski** : dévaler le Pic du Midi est réservé aux sportifs aguerris, tant sur le plan technique que physique. C'est le seul espace 100 % freeride des Pyrénées et il n'est ni surveillé ni balisé, des accompagnateurs qualifiés avec une excellente connaissance de la haute montagne peuvent vous encadrer.

▸ **Le clou de la visite** reste le ponton transparent au-dessus du vide, passerelle métallique de 12 m offrant un point de vue vertigineux et l'impression de voler.

RÉSIDENCE PIERRE & VACANCES LE MONTANA*** €€

Route du Tourmalet
✆ 08 92 70 21 80
www.pierreetvacances.com
A partir de 650 € la semaine pour un studio 2 personnes.

Située à un kilomètre du centre de la station, cette résidence, offre des appartements de bon confort, spacieux et chaleureux. Récemment rénovés, la plupart sont orientés plein sud et disposent d'un balcon pour profiter pleinement du paysage de montagne. Les locations comportent également des services inclus, comme linge de lit et de toilette, le ménage en cours de séjour ou un accès wi-fi en *basic access*, et sont équipées d'un coin cuisine aménagé.

LE SCHUSS €€

Boulevard du Pic-du-Midi
✆ 05 62 91 90 10
www.restaurant-schuss-tourmalet.fr
Ouvert tous les jours en hiver et été. Fermé le mardi hors vacances. Réservation recommandée. Plat du jour : 14 €.

Le Schuss est un espace de convivialité à la déco chaleureuse, au pied des pistes de La Mongie. La générosité se retrouve dans une cuisine familiale et régionale, mijotée par des professionnels qui donnent de l'âme aux plats. Garbures, fondues, tartiflettes s'affichent à la carte pour honorer les saveurs du terroir et les planchas qui mettent en avant fromages du pays, charcuteries et produits espagnols sont un régal. Lorsque le soleil est là, profitez de la terrasse tout en dégustant un des supers desserts maison ou un café gourmand.

PARC DE LA DEMI-LUNE

Rue Docteur-Henri-Ueberschlag
✆ 05 62 98 07 07 - www.parc-lannemezan.fr
Ouvert tous les jours pendant les vacances scolaires et week-ends de 12h00 à 19h00 (18h00 en la basse saison).

Des parcs de loisirs de la région, il est le plus original et c'est un univers féerique qui vous ouvre ses portes. La réalité s'efface, laissant place à l'imaginaire au sein du parc naturel boisé déployé sur 12 ha. Le temps s'arrête et vous plonge grâce aux décors grandeur nature dans les contes de Perrault, jeux de cartes géants, château, carrosse et maison de nains compris ! Les très nombreuses activités sont idéales pour toute la famille. Un parcours d'accrobranches promet des sensations fortes surtout avec cette tyrolienne qui vous fait traverser et survoler le lac. On ne s'y baigne pas mais, sous l'œil des cygnes, vous pourrez marcher au-dessus de l'eau à l'intérieur de bulles ou vous défier aux bateaux-tampons. La mini-ferme a un énorme succès, il faut dire que vaches, poneys, et chèvres sont miniatures et très doux. Plus loin, les alpagas, les daims, les lapins ou encore les baudets du Poitou attendent aussi leurs caresses. La volière assure le spectacle. Des promenades en poney mènent au mini-golf ou à l'immense structure de jeux gonflables où les petits s'éclatent en groupe. Pour ne rien manquer, parcourez le parc avec le petit train qui passe sous des tunnels et tentez le baby-bobsleigh pour ressentir l'ivresse de la glisse. Ainsi les journées sont inoubliables ! En été, on adore les animations comme le cirque, les spectacles pour enfants, un magicien facétieux et une journée artisanale pour découvrir les métiers d'art. Différents forfaits sont proposés selon les activités. Voir sur le site Internet le détail.

LANNEMEZAN

Lannemezan et ses 6 051 habitants, sont installés au centre d'un plateau où les rivières gasconnes prennent leur source. Entourée de bois, cette ville se trouve au croisement du piémont ondulant et des vallées pyrénéennes. Peu de bâtiments vous rappelleront cette bastide fondée en 1274, mais quelques places dont celle du château et sa forme caractéristique, s'en font l'écho discret. Site de marché par excellence, aux cochons, veaux, ou encore aux volailles, les halles signent l'originalité de cette ville charmante. Lannemezan, ville de passage depuis l'époque romaine, est desservie par le tunnel d'Aragnouet-Bielsa la relie à l'Espagne et par l'A64.

OFFICE DE TOURISME COEUR DE PYRENEES - LANNEMEZAN

24, rue Alsace-Lorraine
✆ 05 62 98 08 31
www.coeurdespyrenees.com
En été, du lundi au vendredi de 10h à 12h30 et 13h30 à 18h (fermé jeudi après-midi).

Vous trouverez ici les informations nécessaires liées à votre séjour et vous pouvez compter sur l'équipe du site pour vous aiguiller avec efficacité et bonne humeur.Lannemezan n'est peut-être pas la commune la plus touristique mais c'est un carrefour qui mène aux vallées mythiques. Une jolie documentation est délivrée au bureau, notamment concernant les sites incontournables des alentours comme le gouffre d'Esparros, l'abbaye de l'Escaladieu, le château de Mauvezin...

HÔTEL DE LA GARE €

269, avenue de la Gare
✆ 05 62 98 00 10
www.hotel-dela-gare.fr

Compter 55 € pour une chambre double. Petit déjeuner : 6,50 €.

Cela fait un siècle que l'Hôtel de la Gare préside à la destinée des voyageurs de passage dans la ville de Lannemezan. L'architecture de cet hôtel délicieusement provincial témoigne de l'importance du passage du train dans les petites villes. Une rénovation récente a permis de redonner un coup de jeune à ce vénérable centenaire. Les chambres colorées et modernisées n'en conservent pas moins le cachet de l'ancien, le confort en plus. Un beau parc arboré s'étend derrière l'hôtel, offrant une vue paisible et verdoyante aux résidents.

HÔTEL-RESTAURANT LA DEMI-LUNE €

462, route de Toulouse
✆ 05 62 98 33 33
www.hoteldemilune.fr

Compter 43 € pour une chambre double. Petit déjeuner : 6,50 €.

L'architecte a insufflé un vent de modernité à l'intégralité du bâtiment, tant dans les chambres que dans les parties communes ou sur la façade. On ne peut que saluer la rénovation très réussie de ce petit hôtel de 26 chambres. Jouant sur un ameublement design, le lieu est un vrai bijou contemporain déclinant les couleurs douces bleue, blanche et grise. Les chambres, élégantes et bien conçues, sont tout confort. On aime le soin particulier apporté à la literie.

CHAMBRES D'HÔTES ET INSTITUT DE BIEN-ÊTRE €€

village - **ANLA**
✆ 05 62 39 84 45
www.ducotedelacoume.com

Chambre simple à partir de 49 € ; chambre double à partir de 66 €. Nuit en roulotte à partir de 150 €.

Du Côté de Lacoume, dans un écrin de verdure, vous propose 4 chambres ou 10 couchages, avec vue sur le jardin et les montagnes, aux thèmes différents avec une salle de bains privative. Des séjours sur mesure sont proposés en formule tout compris. Pour se détendre, on profite d'un spa et d'un hammam. La table d'hôtes offre des recettes régionales et des produits de saison. Et pour un séjour insolite, optez pour une roulotte indépendante haute en couleur, totalement équipée.

HÔTEL-RESTAURANT LA DEMI-LUNE €

462, route de Toulouse
✆ 05 62 98 33 33
www.hoteldemilune.fr

Ouvert tous les jours de 12h à 14h et de 19h30 à 21h. Compter 20 € pour un repas.

Le restaurant de La Demi-Lune est un régal pour les yeux, avec un agencement où le design s'invite avec goût. Côté cuisine : une carte traditionnelle vous attend avec des plats du jour et des frites fraîches. Le mercredi, c'est le jour des plats à thème : légumes farcis, paella, axoa, sauté de veau et couscous garnissent généreusement les assiettes. La variété des plats et les sourires placent le restaurant en tête des bonnes adresses, aussi agréable en salle qu'en terrasse.

BAR-RESTAURANT LE PRÉ VERT €€

250, rue du Docteur-Uberschlag
✆ 05 62 98 58 77

Ouvert midi et soir, du mardi au dimanche midi. Compter 30 € pour un repas.

Le Pré Vert, installé sur le golf de Lannemezan, décline ses menus et sa carte tous les jours de l'année. De larges baies vitrées vous font profiter de son bel environnement sur la nature. Deux esprits animent la carte, gastronomie ou brasserie. Bavette à l'échalote ou salade fraîcheur côtoient homards grillés. Vous pouvez également opter pour quelques belles spécialités du Sud-Ouest comme le foie gras ou les haricots tarbais. La cuisine est faite maison et en fonction du marché.

L'EMBRUN €€

683, rue du 8 Mai 1945
✆ 05 62 39 60 31

Ouvert de 12h à 13h30 et de 19h30 à 21h. Fermé dimanche, lundi et mardi soir. Compter 43 € pour un repas.

Spacieuse et lumineuse, la salle est volontairement limitée à 20 couverts pour un service de qualité. Grégory Bellard change sa carte en fonction des saisons et puise son inspiration auprès des meilleurs producteurs locaux. Le chef sublime les produits de sa créativité, qu'il présente dans des assiettes savamment composées. Truite de Lau Balagnas, porc noir de Bigorre, agneau des Pyrénées font partie des incontournables. De beaux poissons venus de criées bretonnes ou luzéennes font partie des invités surprise. Une belle adresse qui ravira les gourmands.

© MAIRIE DE LANNEMEZAN

© MAIRIE DE LANNEMEZAN

MAIRIE DE LANNEMEZAN

1, Place de la République
✆ 05 62 40 72 72
www.lannemezan.fr
Ouvert du lundi au jeudi de 8h30 à 12h et de 13h30 à 17h30, et le vendredi matin.

Lannemezan profite d'un cadre naturel somptueux et d'une vue imprenable sur les sommets pyrénéens. Elle est une petite ville dynamique située sur le plateau du même nom, là où s'achèvent les vallées d'Aure et du Louron. Animée toute l'année grâce à un environnement associatif diversifié, la mairie chapeaute une programmation culturelle intéressante et variée. La salle des fêtes accueille régulièrement des têtes d'affiche prestigieuses, de l'orchestre du Capitole de Toulouse à des humoristes connus comme Anne Roumanoff ou Patrick Bosso.

© MAIRIE DE LANNEMEZAN

© MAIRIE DE LANNEMEZAN

© MAIRIE DE LANNEMEZAN

SANDIKALA €€

7-9, Rue de la Barsogue
✆ 05 62 49 27 25
www.sandikala.com

Ouvert jeudi soir, et vendredi, samedi, dimanche, midi et soir. Compter 35 € pour un repas.

Le chef australien Luke MacLeod et Isabelle créent le restaurant Sandikala en 2019. Sadayuki Yamanaka se joint à Luke pour créer ce duo de chefs atypique et pointu, qui élabore une cuisine de technique française, aux influences asiatiques. Créative, elle est inspirée par les produits frais et de saison qui animent la nouvelle carte chaque semaine. Depuis, Sadayuki a quitté l'aventure, mais Luke a gardé la même ligne. Isabelle vous accueille en salle, toujours avec le sourire. Une expérience culinaire exaltante et mémorable à ne pas manquer !

LE TIRAMISU €€

630, route de Toulouse ✆ 05 62 98 54 99
www.le-tiramisu.fr

Ouvert du mercredi au samedi de 12h à 14h et de 19h à 21h30, dimanche et mardi de 12h à 14h. Compter 23 € pour un repas.

Le Tiramisu met à l'honneur une cuisine italienne généreuse et inventive. Comme dans toute bonne trattoria, vous trouverez une belle sélection d'antipasti légers, comme l'assortiment de légumes grillés ou cette bruschetta alla sorentina. Les pâtes, originales et bien servies, peuvent faire l'objet d'un repas, comme pour ces délicieuses tagliatelle alla contadina (lamelles de veau, sauce à la crème de cèpes et parmesan). En dessert testez le tiramisu, évidemment, et le baba au limoncello. L'accent italien du patron vous fera tout autant voyager que la cuisine...

LE FOURNIL DES TRADITIONS

71, rue Alsace-Lorraine
✆ 05 62 50 18 35

Ouvert du lundi au vendredi de 5h à 13h30 et de 14h30 à 19h, le samedi de 5h à 13h.

Les horaires d'ouverture ne laissent aucun doute sur la fraîcheur du pain et des pâtisseries proposées par Eric Salvignol. Ses farines bio proviennent du Moulin de la Ribère, un moulin à l'ancienne, où les grains sont écrasés à la meule de pierre. Le lait cru est livré par la ferme tous les matins, les fruits viennent des vergers environnants... vous l'aurez compris, Eric ne transige pas avec la qualité et se fournit directement auprès des meilleurs producteurs locaux. Un régal !

BOIS ET RIVAGES

7, avenue du Maréchal Joffre
✆ 06 38 75 27 29

Cet artisan travaille le bois flotté des Pyrénées qu'il associe aux pierres roulées. Des matériaux marqués par le temps et en cela émouvants et poétiques. Des matériaux qu'il récupère à pied, le long des rivières et des torrents. Chaque création est unique : la plus grande (sapin en bois flotté de 2,80 m de haut) est exposée aux thermes Aquensis à Bagnères-de-Bigorre. A partir de ces bois et ces pierres il compose des objets de décoration, sapins ou lampes. Il est possible de réaliser des commandes sur mesure. Esprit parc national.

LE COMPTOIR D'ADELAÏDE

34, rue Carnot
✆ 05 62 43 05 34

Ouvert mardi de 9h45 à 14h et du mercredi au samedi de 9h45 à 18h30.

La chaleur de l'accueil de Patricia est sans égale... Un point fort de ce salon est sa large gamme de thés le Palais des Thés. Avec 42 références, les adeptes des saveurs de caractère, lointaines et parfumées, sont au paradis. Servi avec des biscuits fins ou des gâteaux, le breuvage est préparé dans les règles de l'art, respectant degré d'ébullition et durée d'infusion. Autour des tables rondes conférant à l'endroit un côté rétro ou dans les fauteuils confortables, vous pourrez caresser deux adorables chatons pour prolonger la détente, et la sérénité du lieu.

PARC DE LOISIRS
La Demi-Lune - Lannemezan
• ACCROBRANCHE • BABIBOB
• BATEAUX TAMPONS • CAROUSSEL
• MINI FERME • MINI GOLF
• PÉDALOS - PETIT TRAIN • PONEYS
• STRUCTURE GONFLABLE :
"LES PORTES DE LA JUNGLE"
• TRAMPOLINE
Nautic Jet
Venez tester le Nautic Jet
Venez tester l'accrobranche et ses tyroliennes
Aire de jeux et de pique-nique
Bar
Restauration rapide
Glaces - Crêpes
Gaufres
Activités ouvertes les samedis, dimanches, jours fériés et tous les jours des vacances scolaires (académie de Toulouse)*, possibilité de restauration rapide.
EPAS 65 – ESAT du Plateau
Lannemezan
Parc de loisirs : 05 62 98 07 07
www.parc-lannemezan.fr

MARCHÉ DE LANNEMEZAN

Rue du Grand-Marché

Le mercredi de 7h à 15h.

Vraie animation hebdomadaire qui rassemble les producteurs locaux mais aussi ceux du Comminges et de la Gascogne, elle est fidèle à la tradition mercantile de la commune. Les camelots investissent le centre-ville tous les mercredis pour un des marchés les plus authentiques du département. Le marché aux ovins de Lannemezan est le plus important du département. Les foires annuelles sont aussi nombreuses, notamment pour le négoce des ovins et des chevaux. Elles se déroulent à l'espace du Néouzan à partir de 9h et vous pouvez assister à des transactions uniques.

GOLF DE LANNEMEZAN

250, rue Docteur Henri-Ueberschlag

✆ 05 62 98 01 01

www.golflannemezan.com

Ouvert de 8h à 18h en été, de 10h30 à 16h en hiver. Compter entre 42 € et 52 € pour un green fee.

La grande qualité de ce golf, plat avec vue sur les Pyrénées, est qu'il permet à chacun de s'exprimer selon son handicap. Planté de 4 500 arbres, le site est exceptionnel par sa beauté naturelle qui dévoile le Pic du Midi par temps clair. Golf de tradition situé dans un site naturel arboré, ce parcours étale les 5 900 mètres de ses 18 trous sur 40 hectares. Le practice est ouvert à tous et un professeur diplômé d'Etat assure la formation des débutants. Après un parcours complet, les golfeurs se retrouvent au Pré Vert pour un repas plantureux.

HIPPODROME DE LA DEMI-LUNE

Rue du Docteur Uberschlag

✆ 05 62 98 26 19

Restauration. Site accessible tous les jours, toute l'année.

Une cinquantaine de bénévoles participent à la vie de ce lieu de loisirs en pleine évolution. L'hippodrome de la Demi-Lune, crée en 1892, a été relancé en 1963 par la volonté de Henri Cistac, le président local de la Société des courses. Suite à d'importants travaux, l'hippodrome a vu le retour des courses de trot et d'attelé avec deux réunions importantes par an. Les pistes d'entraînement sont ainsi accessibles toute l'année aux professionnels de l'endurance équestre et du trot.

MAULÉON-BAROUSSE

Vrai territoire de montagne où la vie pastorale est encore bien présente, la commune est marquée par la tranquillité, la sérénité et la beauté de paysages préservés. Mauléon-Barousse est au cœur de ce qui ressemble à un petit pays de l'intérieur. A l'orée de la Haute-Garonne, ce village doit son nom à Bernard Ier de Mauléon, un seigneur de la Soule. Si en gascon, le patronyme de « mau liou » voulait susciter la peur, le mauvais lion s'est transformé au fil des siècles en un lieu qui accueille ses visiteurs avec une chaleur conviviale. De vieux monuments historiques vous attendent au détour des ruelles bordées de splendides maisons à colombages.

CHATEAU DE BRAMEVAQUE

BRAMEVAQUE

✆ 05 62 39 23 85 (Maison des sources à 20 mn)

Ouvert toute l'année. Chaussures de marche conseillées. Gratuit.

Le jardin de la reine Marguerite nous replonge dans la légende de ce château qui fut le berceau de la première féodalité de la vallée. Aujourd'hui en cours de restauration, le château peut faire l'objet d'une petite balade qui vous ramènera au temps des Chevaliers et qui vous offrira une vue à couper le souffle sur une bonne partie de la vallée. Bâti vers le XIe siècle sur l'emplacement d'une ancienne tour de guet, ce château occupe une éminence en partie rocheuse de 600 m d'altitude environ, qui domine le cours de l'Ourse coulant 100 m plus bas.

HÔTEL-RESTAURANT DES PYRÉNÉES €€

Place Palouman ✆ 05 62 39 23 27

www.hoteldespyrenees.com

Ouvert le lundi de 8h à 14h et du mercredi au dimanche de 8h à 14h et de 18h à 22h. Compter 35 € pour un repas.

Ce lieu connaît un vif succès et il s'est rapidement imposé comme une adresse incontournable. C'est avec dynamisme qu'Adeline et Jérôme ont repris ce joli établissement situé au cœur du village. Le chef se plaît à réinventer la cuisine traditionnelle à l'image de cette tatin de canard avec effiloché de canard, confit d'oignons et magret séché. N'hésitez pas à goûter le filet mignon de porc au pain et au miel ou la fondue de tomme de Barousse. Les viandes viennent de la vallée.

NESTIER

Nestier est un de ces villages chargé d'histoire et de légendes comme les Pyrénées en comptent tant. Bâti sur un ancien oppidum romain, les fouilles de la grotte du Cap de la Bielle ont mis au jour des outils du Paléolithique qui attestent une occupation ancienne de ce territoire. Parcourir les rues du bourg peuplées de maisons anciennes est une promenade instructive. Vous ne manquerez pas de vous rendre aussi à l'étonnant calvaire du Mont-Arès, inscrit aux Monuments historiques. Les massifs montagneux et les luxuriantes Baronnies assurent une nature majestueuse et rare, qui se prête aux randonnées pédestres et aux cyclistes et amateurs de VTT.

SAINT-LAURENT-DE-NESTE

La commune est recensée en 1387 dans le pouillé du Comminges auquel elle était inféodée. Elle était alors connue sous son nom latin de Sancto Laurencio. L'église Saint-Laurent abrite un retable en semi-relief représentant la crucifixion du Christ. Il est entouré de Saint-Laurent de Rome et Saint-Sixte II. Saint-Laurent-de-Neste marque l'entrée dans les Hautes-Pyrénées, sur la route de Montréjeau, en venant de Toulouse. On y accède donc par le pays des Nestes, où la plaine disparaît pour laisser la place à des vallons profonds, assurant un point de vue magnifique, jusqu'à l'espace nordique de Nistos où les amoureux de nature trouveront leur bonheur.

LE RELAIS DU CASTERA €€

Nestier

✆ 05 62 39 77 37

www.hotel-castera.com

Ouvert du mardi soir au dimanche midi. Compter entre 42 € et 58 € pour un menu.

Serge et Ghislaine Latour vous accueillent dans cet ancien relais de poste au charme infini. Dans le métier depuis de nombreuses années, sans n'avoir rien perdu de son enthousiasme ni de sa créativité, le chef, vous régale avec une cuisine du terroir qu'il n'hésite pas à revisiter. Les spécialités de la maison changent en fonction des saisons et vous êtes sûr de trouver des propositions originales comme la braisette de queue de bœuf en feuilles de chou ou la garbure au confit de canard. Vous pourrez prolonger le plaisir dans l'une des 6 chambres.

GROTTES PRÉHISTORIQUES DE GARGAS ET NESTPLORIA

route Départementale 261

NISTOS

✆ 05 62 98 81 50

www.grottesdegargas.fr

Visite sur réservation par téléphone. Entrée : 12,50 €.

Les grottes ornées de Gargas sont les seules grottes préhistoriques des Hautes-Pyrénées accessibles au public. La partie la plus spectaculaire et émouvante de la visite est la grande paroi des mains qui comprend plus de 137 peintures d'empreintes. Nul ne sait pourquoi la très grande majorité de ces mains ont des phalanges manquantes. Des éléments de réponse sont apportés au Centre d'interprétation numérique Nestploria. Un lieu éducatif et émouvant.

POUZAC

Ce village au charme unique recèle de nombreux mystères. Ce qui vous marquera en premier ce sont ses deux clochers. Entre légende et réalité, nul ne sait véritablement pourquoi si l'un se trouve, en toute logique, à l'église, l'autre coiffe l'école. Pouzac fut le premier village de France à instaurer l'école gratuite et ce bien avant 1881. Le village était réputé pour la culture d'une grosse pomme verte striée de rouge, qui a quasiment disparu. Son bois court jusqu'au Chiroulet, sa jambonnade est très attendue chaque été, et pour savoir pourquoi ses habitants sont surnommés les Micoutes, nous vous laissons le plaisir de fouler Pouzac et ses énigmes.

OFFICE DE TOURISME DE NESTE-BAROUSSE

Place de la Mairie

✆ 05 62 39 74 34

www.tourisme-neste-barousse.fr

Ouvert du lundi au mardi de 9h30 à 12h30 et de 13h30 à 17h30.

Cet Office de tourisme est présent sur les communes de Sarp, d'Aventignan et de Saint-Laurent-de-Neste. Les équipes tournent entre les 3 bureaux au cours de la semaine. Vous y trouverez toutes les informations utiles pour un séjour dans la région et notamment pour organiser votre visite aux grottes de Gargas. Si vous envisagez un séjour au ski, l'Office de tourisme est également bien renseigné sur la station de Nistos : modalités d'hébergement, restaurants, remontées mécaniques...

REFUGES DE NISTOS €

NISTOS

✆ 05 62 39 71 00

www.nistos-ski.fr

Compter 20 € par personne en dortoir et de 35 € à 42 € pour une chambre.

Au pied des pistes, la station propose des hébergements atypiques qui ne sont ni des chambres d'hôtes ni des gîtes ni des auberges... mais de véritables refuges où se reposer après une bonne journée de ski. Ils sont cependant plus spacieux que les refuges d'altitude et plus confortables aussi. En dortoir, celui-ci se résume à un matelas posé à même le sol ou sur un caisson en bois. Une grande table et des chaises trônent au milieu de la pièce. Les chambres, coquettes, procurent plus d'intimité. Une grande cuisine partagée permet de se retrouver le soir.

LE KHUMBU €€

Quartier La Gaillarde - **NISTOS**

✆ 07 89 90 51 40

www.lekhumbu.com

Compter 2 550 € pour les 3 gîtes pouvant accueillir 20 personnes.

Les gîtes de Khumbu se composent d'une grande maison de maître et de 2 bâtiments attenant pouvant accueillir 20 personnes au total. La maison principale peut recevoir 12 personnes et le salon de 70 m² est assez grand pour réunir tout le monde. Une ancienne grange et un petit chalet de bois complètent l'offre pour 4 personnes chacun. Vous pouvez louer l'un des 3 gîtes ou la totalité. Vous jouissez de la piscine l'été et des différents espaces en toute quiétude. La nature environnante est magnifique et des randonnées sont accessibles depuis les gîtes.

LOU LOMBRES €€

LOMBRÈS

✆ 05 62 99 02 19

www.loulombres.com

A partir de 60 € pour une chambre double, petit-déjeuner compris.

Une famille d'agriculteurs et d'éleveurs vous reçoit dans un corps de ferme typique. Dans une bâtisse attenante à la fromagerie, entièrement rénovée, vous trouverez 5 chambres dont la décoration puise son inspiration des splendeurs des Pyrénées. Vertes comme le Péricou ou la Coumette nichés dans la forêt, bleue comme le lac de Bastan, orangée à l'image du soleil couchant sur le massif enneigé. Toutes sont grand confort et assurent un calme bucolique unique. Le matin un délicieux petit-déjeuner composé de beurre frais et de pain grillé vous attend.

AU VIEUX LOGIS €€

3, Vallée de Castenne - **NISTOS**

✆ 06 72 83 68 52

www.au-vieux-logis.com

Chambre double 65 €. Petit déjeuner inclus. Salle de bains commune aux deux chambres. Pour 4 personnes : 120 €.

Adorables cocons qui puisent dans l'esprit des chalets, les lieux sont décorés avec goût. Deux chambres sont proposées et comme elles disposent d'une salle de bains commune, elles sont idéales pour les familles ou amis. Selon la saison, vous pourrez prendre le petit-déjeuner dehors ou dans le salon et il vous surprendra. Si le pain grillé est classique, les «douceurs» au safran le sont moins : Isa est safranière et vous fera découvrir son métier à travers ces douceurs, mais aussi le soir à la table d'hôte à travers des recettes créatives et surprenantes.

LE PALEO €€

Route départementale 261 - **AVENTIGNAN**

✆ 05 62 39 79 60

https://grottesdegargas.fr/le-paleo/

Ouvert midi et soir du mardi au dimanche (sauf jeudi et dimanche soirs) en été. Compter 20 à 60 € pour un repas.

Avec sa façade en bois et ses bardeaux, l'architecture de ce restaurant est des plus inattendue en Barousse. Bruno en cuisine et son fils Renaud en salle forment un duo gagnant. Ils proposent une excellente cuisine maison, de tradition, mais pas toujours pyrénéenne. Ainsi, quelques plats méridionaux s'invitent à la carte, comme le loup rôti au four. Mention spéciale pour les desserts maison très inspirés comme cette crème brûlée à la menthe, à la pistache ou au safran ou le tiramisu Nutella-speculoos qui mérite de prendre un plat léger.

LA BRASSERIE DES PICS

Route de Tarbes-Toulouse
✆ 05 62 39 30 95
www.brasserie-des-pics.fr
Sur rendez-vous, ou le vendredi de 17h à 19h.

En à peine 5 ans, Quentin a réussi à se constituer une clientèle fidèle. La Nestoise est désormais une marque de bière incontournable qui se décline avec une dizaine de spécialités. Prenez du houblon bio d'Alsace ou d'Angleterre, un savoir-faire 100 % pyrénéen et vous obtenez une brasserie locale qui compte de plus en plus de fidèles. Brune, blonde, ambrée et blanche, aux saveurs et amertumes distinctes étanchent la soif en toutes saisons. L'Hivern'ale, par exemple, est brassée avec 5 malts différents, qui lui donnent du goût et de la lourdeur.

LOU LOMBRES

LOMBRÈS
✆ 05 62 99 02 19
www.loulombres.com
Ouvert du lundi, mardi, jeudi et vendredi de 9h à 12h.

Le savoir-faire de la famille Uchan est connu dans toute la région puisque la fromagerie accueille 13 000 visiteurs par an ! Elle fabrique des fromages au lait de vache qu'ils élèvent. Michel vous réserve un bon accueil et vous explique les techniques et procédés de transformation du lait de vache en tomme des Pyrénées. La visite se termine par la cave d'affinage. Vous pouvez bien sûr vous procurer leurs excellents produits sur place, qui en plus du fromage, comprennent des plats cuisinés dont les fameux haricots tarbais, et de la charcuterie.

LA TRUITE DU NISTOS

Route de Générest
LOMBRÈS
✆ 05 62 99 02 93
Ouvert du lundi au samedi de 14h30 à 18h. Présents au marché de Lannemezan le mercredi.

La Truite du Nistos fait partie des meilleures. Jean-Christophe Couribaut élève ses poissons avec des produits issus de l'agriculture biologique dans un environnement aquatique naturel. Si les truites sont moins abondantes dans les gaves et rivières des Pyrénées, des fermes piscicoles ont pris le relais pour veiller sur cette tradition de qualité. Vous pouvez venir pêcher la truite sur ce site dépaysant. Matériel et appâts vous sont alors fournis. A la fin de votre partie de pêche, vous faites peser les poissons que vous avez attrapés et vous repartez avec.

AQUANESTES

Siège social à la mairie - **AVENTIGNAN**
✆ 06 83 38 41 40
www.aqua-neste-phsept.fr
Sur rendez-vous et tous les jours pendant les vacances scolaires. A partir de 15 € pour un cours de kayak.

C'est sur le joli lac d'Aventignan que l'association Aquanestes vous permet de pratiquer des sports aquatiques dans un cadre dépaysant. Toute l'année, Philippe assure la pratique de la navigation aux adhérents mais d'avril à octobre, il accueille les touristes qui désirent en savourer les plaisirs. Le lac borde la rivière de la Neste, le site est idéal pour le canoë-kayak mais aussi le rafting. Cours de kayak et sorties en eaux vives sont assurés dans une ambiance conviviale. Tous les niveaux sont les bienvenus, du débutant au confirmé à condition de savoir nager.

SARLABOUS

Le territoire des Baronnies est identifiable, géographiquement et culturellement. Sarlabous est au cœur de cette terre confidentielle. Au nord, la silhouette majestueuse du château de Mauvezin veille sur la multitude de collines et forêts, au sud les sommets pyrénéens, à l'ouest la vallée de l'Adour et à l'est celle de la Neste. Les habitants (moins de 2 000 habitants sur 120 km²) aiment farouchement leur territoire et développent un tourisme respectueux du patrimoine naturel et culturel.
Ce village de crête, connue pour l'artisanat de tistailhs : paniers d'osier, possède son église. En contrebas, la Maison des Baronnies est le centre des animations.

TRÉBONS

Trébons est un petit village de 672 habitants, situé sur les terres alluvionnaires de la haute vallée de l'Adour, connu pour sa culture de l'oignon doux de Trébons. La commune se trouve entre Montgaillard et Pouzac, sur la route de Bagnères-de-Bigorre. Les traces écrites les plus anciennes de cette culture remontent au début du XVIIIe siècle. Ce village calme toute l'année à mi-chemin entre les grands massifs pyrénéens et Tarbes, s'anime lors de la fête patronale de la Saint-Pierre et de la fête de l'Oignon, bien sûr, où le traditionnel poulet préparé attire des gourmands de tout le département ! Des journées où l'on pleure mais... de rire.

PAYS DE TRIE ET DU MAGNOAC – COTEAUX DE POUYASTRUC

Tout à fait au nord-est des Hautes-Pyrénées, aux confins du Gers et de la Haute-Garonne, le pays de Trie et du Magnoac affiche des rondeurs de paysage de piémont. Les coteaux ondulants sont parcourus de forêts et de champs, formant un balcon saisissant sur la chaîne pyrénéenne. Lorsque le temps est clair, les hauts pics enneigés en hiver se dressent sous vos yeux, formant un ruban blanc que l'on pourrait presque saisir avec les doigts. Ce petit territoire qui s'étend de Tarbes à la frontière nord du département a été parcouru par les affres de l'Histoire. Les pays de Trie et du Magnoac sont d'anciennes bastides construites au Moyen Âge et rattachées au pouvoir royal. Elles ont vu la guerre de Cent Ans, ont courbé l'échine durant la terreur répandue par le Prince Noir, ont été ravagées par les guerres de Religion et décimées par les épidémies de peste. Les villages présentent aujourd'hui la quiétude et le charme des bourgades rurales.

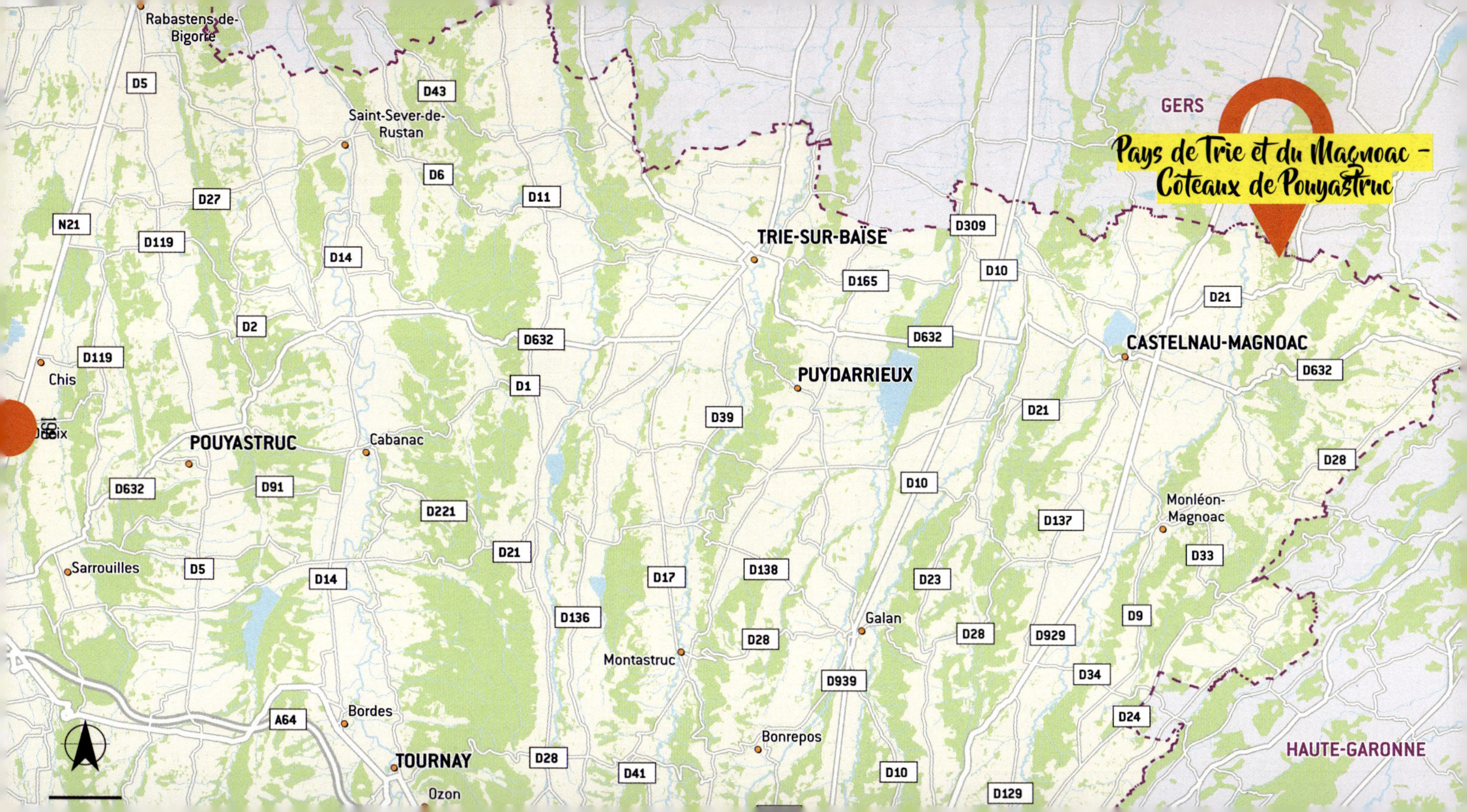

Pays de Trie et du Magnoac – Côteaux de Pouyastruc
GERS
HAUTE-GARONNE
TRIE-SUR-BAÏSE
CASTELNAU-MAGNOAC
PUYDARRIEUX
POUYASTRUC
TOURNAY
Rabastens-de-Bigorre
Saint-Sever-de-Rustan
Chis
Cabanac
Sarrouilles
Montastruc
Galan
Monléon-Magnoac
Bordes
Bonrepos
Ozon
N21
A64
D5
D43
D6
D11
D27
D119
D14
D2
D632
D1
D39
D165
D309
D10
D21
D91
D221
D17
D138
D136
D28
D939
D23
D137
D929
D9
D33
D34
D24
D41
D129

PAGES

● ● PAYS DE TRIE ET DU MAGNOAC - COTEAUX DU POUYASTRUC

CASTELNAU-MAGNOAC

Ce pays aux coteaux marqués frémit sous le vent qui fait bruisser le blé dans les champs. Arrêtez-vous pour entendre sa petite musique qui parle de vallons, de bois et d'oiseaux qui viennent d'Afrique, de cultivateurs qui réinventent les couleurs de la terre, la creusent et la façonnent comme autant d'artistes méconnus… Mais aussi ses petites histoires qui forment la grande : Castelnau-Magnoac n'est pas une simple cité pittoresque, c'est la capitale d'un pays autrefois rattaché directement à la couronne de France. Le Magnoac fut marié de force à la Bigorre sous la Révolution. Son imposante collégiale gothique du XVe siècle abrite un musée des Arts religieux : statuaire, retable et orgues... Les Coteaux taisent leurs secrets jusqu'à ce que vous les découvriez autour d'une place, que les maisons à colombages bordent avec charme. Ils imposent leur devoir de mémoire au musée du Corps franc Pommiès, l'illustre 49e régiment d'infanterie qui a tant pesé dans la Seconde Guerre mondiale. Il est raconté ici par un ancien combattant qui faisait partie des volontaires de l'unité de résistance. Autour de Castelnau-Magnoac, les villages se côtoient dans un esprit de fête et de franche amitié toujours célébrée. À l'instar des moines qui y ont bâti un des plus beaux monastères du département, savourer le calme, la joie douce, les repas qui s'éternisent et les balades qui ressourcent c'est déjà aimer les Coteaux. Vous allez simplement vous attacher à ce village édifié et sa terre où le bien-être pousse, naturellement et où les lacs sont de magnifiques lieux de détente, inattendus dans cette douce campagne.

CHAPELLE DES PÉNITENTS

MONLÉON-MAGNOAC

Ouvert toute l'année. Gratuit.

La chapelle accueille des messes et quelques mariages. Chaque année, une exposition d'œuvres des artistes locaux s'y déroule. Récemment et joliment restauré, cet édifice religieux, dont on peut apprécier la luminosité et l'ambiance sereine, a désormais cette double vocation : la spiritualité et la culture. A l'étage se déroule un programme d'expositions et de spectacles tout au long de l'année avec des points forts en été. Le petit cimetière qui jouxte la chapelle ajoute à l'atmosphère très particulière du site. Une belle visite instructive et plaisante.

ÉGLISE DE MONLEON-MAGNOAC ✝

MONLÉON-MAGNOAC

Si l'église est fermée, adressez-vous à la mairie qui se trouve à côté.

De style gothique tardif du XVe, l'église de ce village ne manquera pas de vous séduire. L'édifice est dédié à Saint Jean-Baptiste et recèle un mobilier des XVIIe et XVIIIe siècles, enrichi lors de la Révolution avec des éléments de la chapelle Notre-Dame de Garaison. Ses peintures murales, datant de la seconde moitié du XVIe siècle, valent le détour. L'église s'inscrit dans le circuit de La Route des Peintures Murales qui met en lumière un patrimoine souvent négligé en milieu rural.

ÉGLISE SAINT-BARTHÉLEMY ✝

Entrée du village en venant de Castelnau-Magnoac

THERMES-MAGNOAC

L'église Saint-Barthélemy se dresse en position dominante regardant la plaine et les coteaux. Gothique du XVIe, elle abrite un retable classé du XVIIe et se distingue par une nef de 3 travées, un chevet plat, un portail au riche décor sculpté, des clefs de voûte armoriées et un bénitier Renaissance. Sur le parvis, à l'ombre de deux arbres géants, vous devant le calvaire composé de deux sculptures, l'une de la Vierge, l'autre de Bernadette Soubirous, agenouillée devant elle. Sur la chaire sont représentés les Quatre Évangélistes avec au centre Jésus-Christ.

SYNDICAT D'INITIATIVE MAISON DU MAGNOAC

CD 929

✆ 05 62 39 86 61

Ouvert du lundi au vendredi de 9h à 12h et de 14h à 17h.

Animations culturelles, fêtes locales, sites insolites, chemins de randonnée à parcourir à pied, cheval ou vélo... L'équipe chaleureuse de la Maison de Magnoac saura vous guider en fonction de vos centres d'intérêt. L'Office de tourisme de Castelnau-Magnoac est désormais rattaché à celui du pays de Trie, mais la Maison a pris le relais. Vous y trouverez les principales informations pour agrémenter vos vacances sur la commune. Le cinéma est aussi accueilli au sein de cette structure.

LES JARDINS DE LA POTERIE HILLEN

1675, route de Lalanne
THERMES-MAGNOAC
✆ 05 62 39 83 48
Ouvert de mercredi à dimanche de 14h à 18h sur réservation. Entrée : 8,50 €.

Un jardin remarquable du pays des coteaux de Bigorre avec une aire de pique-nique, un espace restauration et un salon de thé, en pleine campagne. Renate-Elisa et Lutz Hillen vous ouvrent ici les portes de leur petit paradis. Céramistes et potiers, ce couple d'artistes a apposé son empreinte créatrice sur ces terres gasconnes, faisant émerger une oasis là où à l'époque de leur arrivée s'étendait une morne prairie. Vous entrez dans un jardin classé de 5,5 hectares, alternant les ambiances et les biotopes : Jardin Contemporain, Jardins Italiens avec fontaines florentines, Chemin des herbes aromatiques... et 7 plans d'eau avec plantes aquatiques. Les œuvres des deux artistes sont à découvrir au fil de la promenade dans le Potager des cinq sens, le Jardin exotique qui entoure l'étang, le Jardin de fraîcheur ombragé de grands arbres, le Jardin médiéval clos de palisses végétales de châtaigniers habillées de plantes grimpantes (rosiers, vignes et glycines). Tout un univers de beauté et d'harmonie, de couleurs, de formes et d'ambiances. Coup de chapeau pour la collection de 120 variétés de bambous. On apprécie la halte rafraîchissante près du bassin du jardin contemporain. Programme de visites guidées et d'expositions. La poterie est également un lieu d'expositions et de démonstrations de professionnels qui travaillent le grès émaillé, le grès au sel et la porcelaine. Une visite vraiment agréable et enrichissante. Vous repartirez certainement avec une poterie...

MÉMORIAL & MUSÉE DU CORPS FRANC POMMIES ★

Place Capitaine-Paul-Soulès
✆ 05 62 39 24 99
www.castelnau-magnoac.fr
Visite libre horaires variables. Visites guidées sur demande avec des anciens du CFP.

Le Corps Franc Pommiès (CFP) dépendant de l'Organisation de Résistance de l'Armée fut la plus grande force militaire du Sud-Ouest durant la Seconde Guerre mondiale. A son origine se trouve le Général André Pommiès issu du 49ᵉ Régiment d'Infanterie, dissout au moment de l'Armistice. Le CFP avait pour mission de harceler les forces allemandes et d'effectuer des sabotages au sol sur les installations stratégiques afin d'éviter des bombardements alliés meurtriers pour la population. Chaque 6 juin, les anciens viennent se recueillir au Mémorial qui surplombe le musée et commémorent l'attaque généralisée qui commença le même jour en 1944 : 9 000 Résistants encadrés par des militaires y participèrent. La lutte dura jusqu'à la fin du mois d'août, les combats les emmenant jusqu'à Tarbes, Montauban, Auch, Mont-de-Marsan et Oloron-Sainte-Marie. Ils coupèrent également la retraite de l'Occupant vers l'Espagne. En septembre 1944, les hommes à l'étoile noire (leur emblème) intégrèrent la première armée et participèrent à la campagne des Vosges puis à celle d'Alsace. En février 1945, le CFP redevint le 49ᵉ Régiment d'Infanterie. Au cours de ses 900 opérations militaires, 387 membres furent tués et 156 déportés. Castelnau-Magnoac s'est vu confier le Mémorial et le musée a pris sa place au centre du village dans le café Bougues qui servait de boîte aux lettres du maquis : documents, photos, armes, matériel militaire et patrimoine du 49ᵉ RI y sont exposés.

CAMPING HELIO-NATURE L'ÉGLANTIÈRE €€

✆ 05 62 39 88 00
www.leglantiere.com
Compter entre 14 € et 54 € pour un emplacement pour 2 personnes et un véhicule.

Ce camping naturiste fut créé il y a 14 ans. Son calme et sa taille humaine attirent une clientèle familiale venue des quatre coins de l'Europe, amoureux de la nature en toute liberté. Elle se presse, séduite par un cadre magnifique, des emplacements spacieux, des chalets et des mobil-homes à la location. Tout le monde prend plaisir à se retrouver autour de la piscine chauffée ou dans la rivière plus revigorante qui traverse le camping ! Des randonnées sont organisées chaque semaine.

GÎTE DE SOUMEILLAN €€

1, chemin de Soumeillan
✆ 06 32 65 21 78
www.grand-gite-gers-pyrenees.com
Compter de 880 € à 1000 € la semaine. Capacité de 14 personnes.

La maison de Pierre Vidou bénéficie d'une vue imprenable sur la vallée du Gers mais également sur la chaîne pyrénéenne qui s'élance au loin. Il vous accueille dans son domaine de 5 hectares, proche du centre de Castelnau-Magnoac. Cela fait 30 ans que les propriétaires ont exclu l'utilisation de produits chimiques pour l'entretien du parc. La nature environnante et cette vue privilégiée confèrent à l'ensemble une atmosphère de calme et d'espace. Le gîte de 280 m² et 6 chambres offre tout le confort moderne et peut accueillir jusqu'à 14 personnes.

SANCTUAIRE DE NOTRE-DAME-DE-GARAISON ✞

Notre-Dame-de-Garaison - **MONLÉON-MAGNOAC**
✆ 05 62 99 49 41
www.garaison.com
Accès en visite libre toute l'année, tous les jours. Visite guidée gratuite tous les jours sur rendez-vous.

Au cœur du Magnoac, à 8 km du bourg de Monléon-Magnoac, se trouve une cité mariale pour le moins inattendue. Sanctuaire du XVIe siècle, Notre-Dame-de-Garaison (dont le nom est issu du terme guérison) est à la fois un établissement scolaire et un haut lieu du pèlerinage catholique ! En 1515, la vierge Marie y serait apparue à trois reprises selon le témoignage d'une petite bergère de Sagazan. Selon les vœux rapportés par la jeune Angèle, une chapelle devait y être bâtie. En 1540, elle fut édifiée et jusqu'à la révolution française, nombreux étaient les croyants à s'y rendre : pieds nus et flambeau en main comme on le retrouve dans les écrits des chapelains. À la Révolution, le site ferma avant d'être rouvert en 1835 et on y dénombrait de nombreuses guérisons et « miracles », bien avant Lourdes donc. Un maître-autel est élevé à l'endroit où furent rapportées les apparitions. Si aujourd'hui le site est dédié à l'éducation avec 600 élèves, la chapelle, classée monument historique en 1924, se visite toujours. De style gothique, Notre-Dame-de-Garaison abrite un magnifique retable, le Poème de la vierge du sculpteur toulousain Pierre Affre et les superbes peintures murales de la nef datant du XVIIe siècle. Un site inspirant, en pleine campagne qui mérite une visite. Le sanctuaire abrite un établissement scolaire réputé. Messes tous les samedi et dimanche. À la boutique, vous pouvez faire provision de produits monastiques et d'ouvrages spirituels.

HÔTEL L'AGAPE €€

897, route de Moliade
THERMES-MAGNOAC
✆ 05 62 00 10 11
www.hotel-agape.fr
A partir de 65 € pour une chambre double. Petit-déjeuner : 8,50 €.

Situé à la pointe du département, l'Hôtel l'Agape se trouve à la croisée des chemins entre le Gers et la Haute-Garonne. En pleine campagne, l'hôtel privilégie la fonctionnalité des chambres qui sont disposées autour d'un jardin et d'une piscine extérieure des plus agréables en été. Classiques et sobres, les chambres sont toutes équipées de télé et du wifi et offrent un confort sûr grâce à une literie étudiée et une propreté exemplaire. La vue sur la campagne fait oublier une décoration simple mais authentique. Un restaurant permet de compléter l'offre.

LE MANOIR DE LA GRANGE €€€

✆ 06 07 29 80 36
http://castelmagnoac.free.fr
Compter entre 96 € à 116 € pour une chambre double, petit-déjeuner inclus.

Bernard Verdier, est un hôte charmant, un amoureux du patrimoine et de son pays du Magnoac. Vous êtes accueilli en chambre d'hôtes ou en gîte dans un manoir datant de 1536. Ses magnifiques colombages, sa tourelle, son parc de 5 ha et son jardin à la française vous feront voir la vie en grand. Les chambres sont cossues et respectent le style bourgeois ancien. La salle des petits-déjeuners évoque les fastes des châtelains d'antan. Le site abrite un espace dédié aux arts religieux à voir absolument et une piscine et des vélos à disposition complète l'offre.

MEMORY 65 €

11, place Paul-Soulès
✆ 06 77 09 05 65
www.memory65.fr
Ouvert du mardi soir au samedi, midi et soir et dimanche soir. Compter 22 € pour un repas.

Cette maison de style traditionnel avec ses colombages, ses balcons et claustras en bois donne sur la place du village. Le service d'une grande gentillesse, les portions copieuses, la grande terrasse sur rue sont caractéristiques de ces vieilles auberges de village. Vous pouvez piocher dans la carte des pizzas, celle des hamburgers ou prendre à la carte un plat de pays ou le plat du jour, il y a aussi des salades, des portions de frites, des sandwiches, des formules avec le burger du jour, de bonnes glaces artisanales… Un lieu avec une âme rurale.

RESTAURANT DU MAGNOAC €€

2, route des Pyrénées ✆ 05 62 40 50 01
Ouvert tous les jours de 8h30 à 14h. Fermé le samedi de septembre à mai. Compter 11 € pour un plat du jour.

Cette bâtisse à colombages datée de 1780, à l'orée de Castelnau en direction de Thermes-Magnoac, offre une halte gourmande ancrée dans le terroir. Ce couple a gardé au cœur la générosité et la convivialité du Pays Basque dont il est originaire : ris d'agneau aux cèpes, camembert cuit au four, chipirons au piment d'Espelette et jambon serrano… En dénominateur commun de tous ces plats inspirés : de bons produits frais rigoureusement sélectionnés. Le menu change d'ailleurs tout les mois en fonction des produits des différentes saisons.

PUYDARRIEUX

Puydarrieux est installé au cœur d'une belle campagne où bois et champs cultivés alternent pour composer une mosaïque de parcelles colorées. Un chemin de crête dans la forêt existe que vous pouvez rejoindre en traversant le barrage ou par les coteaux. Le lac d'irrigation voisin est un point de repos privilégié pour des centaines d'espèces d'oiseaux. Cette réserve ornithologique est exceptionnelle et un arrêté préfectoral la protège. Lunettes et jumelles d'observation seront vos meilleurs alliés ainsi qu'une patience à toute épreuve. Oies sauvages, hérons cendrés, petits échassiers, grues, et milans s'ébattent dans une liberté totale.

TOURNAY

Le village tire son nom de la ville belge de Tournai mais il se prononce à la bigourdane, « Tournaille ». Bastide fondée en 1307, cette petite commune a connu un passé tumultueux, dont une destruction totale durant les guerres de Religion. Le village accueille l'abbaye Notre-Dame-de-Tournay, haut lieu de la fabrication de pâtes de fruits. Ses murs de galets du ruisseau de l'Arrêt et ses tuiles du pays sont typiques des Coteaux. Des chemins de crêtes aux forêts offrent de belles randonnées, savourez l'architecture rurale de ce village au charme intemporel. Un arboretum de 9 hectares sur lesquels s'épanouissent 170 espèces vous attend.

ABBAYE DE L'ESCALADIEU ✝

D938 - **BONNEMAZON**
✆ 05 31 74 39 50
www.abbaye-escaladieu.com
Ouvert d'avril à septembre, du lundi au dimanche, de 10h à 18h15. Entrée : 5 €.

L'abbaye de l'Escaladieu, domaine de 3 ha, au pied du château de Mauvezin, comprend l'église abbatiale, la salle des moines et des jardins, la salle capitulaire, le chauffoir, dont un parc d'arbres centenaires. Ce joyau patrimonial fondé par les moines cisterciens en 1140 offre une salle capitulaire et une abbatiale impressionnantes. L'abbaye s'inscrit également dans l'ère numérique avec le parcours multimédia. Cet espace de 250 m² présente des tables tactiles numériques interactives et des projections consacrées à la vie monastique de l'ordre cistercien.

ABBAYE NOTRE-DAME DE TOURNAY €

18, avenue de Toulouse
✆ 05 62 35 28 43
www.abbaye-tournay.com
Réservation par téléphone ou courrier. Participation aux frais à convenir lors de l'inscription.

L'édifice dans son entier, comprenant une hôtellerie et une église abbatiale, est achevé en 1964, et accueille depuis lors tous ceux qui souhaitent effectuer une retraite spirituelle, découvrir la Bible ou simplement partager le recueillement de la vie monastique. Les amateurs de vieilles pierres seront déçus, car l'abbaye Notre-Dame de Tournay est une construction récente. Les premiers moines s'y installent en 1952, alors que le prieuré de Madiran est devenu trop étroit.

PAYS DE TRIE ET DU MAGNOAC

Salle capitulaire.

L'AUBERGE BASQUE** €€

117, chemin du Bois de la Haute
OZON
✆ 06 15 52 96 60
www.aubergebasque65.fr
Compter entre 55 € et 65 € pour une chambre double. Petit-déjeuner : 7,50 €.

Vous logez dans une belle bâtisse de pierre, mariage heureux du charme de la Bigorre et du caractère fort du Pays Basque. Stéphanie et son équipe vous accueillent dans une auberge familiale et campagnarde où règne la convivialité, loin du bruit et de l'agitation. A l'étage, les chambres, confortables et personnalisées et au rez-de-chaussée le restaurant. Le chef concocte une cuisine de pays matinée de quelques audaces à base de produits frais. Vous pouvez vous installer à l'ombre d'un arbre géant et bienfaisant pour profiter de la terrasse.

HÔTEL-RESTAURANT CAZAUX** €€

7, rue de la République
✆ 05 62 35 70 30
www.hotel-restaurantcazaux.com
Compter 45 € pour une chambre double. Petit déjeuner : 7 €.

Ouvert en 1908, l'hôtel-restaurant Cazaux a conservé toute son authenticité. Les chambres rénovées, simples mais confortables avec toutes les commodités d'usage, occupent les deux étages de la bâtisse. Les chambres quadruples sont vraiment vastes et lumineuses. Le rez-de-chaussée accueille deux grandes salles de restaurant, où vous pouvez vous restaurer en demi-pension ou pension complète. C'est là que sont servis les petits-déjeuners sous forme de buffet.

LA BASTIDE €

19, place d'Astarac
✆ 09 67 37 48 67
Ouvert de 7h à 23h et de 8h à 1h le samedi et dimanche. Compter 9,50 € pour un plat.

Ce bistrot-brasserie qui domine la place centrale de Tournay, est vivant et convivial. C'est l'ancien café Reynaud, un établissement centenaire repris il y a une dizaine d'années par un nouveau gérant qui a su en maintenir l'ambiance et la qualité. La salle, avec ses tables de marbre aux pieds de fonte, ses chaises bistrot et son comptoir ancien, ne manque pas de charme. La terrasse est agréable et vous disposez ici des services d'un café-snack avec plat du jour ou sandwich. Les matches de rugby mais aussi de foot sont diffusés en direct sur grand écran.

LE CAFÉ CROISSANT €

11, place d'Astarac
✆ 05 62 35 77 22
Ouvert de 7h à 18h. Fermé le dimanche. Restauration de 12h à 14h.

Sur la place centrale, ce petit café-restaurant qui ne paye pas de mine cache pourtant un chef talentueux et particulièrement inspiré. Christophe compose des plats du jour avec les produits de saison dans un esprit de cuisine traditionnelle : tête de veau, blanquette, joue de bœuf, bourguignon… En hiver, la garbure s'invite tous les mardis à table tandis que le mercredi est le jour d'arrivage du poisson frais. Goûtez aussi aux pizzas maison qui s'invitent à la carte. Tout cela à prix abordables et dans une ambiance chaleureuse.

L'AUBERGE BASQUE €€

117, chemin du Bois de la Haute - **OZON**
✆ 06 15 52 96 60
www.aubergebasque65.fr
Ouvert midi et soir lundi, mardi, jeudi et vendredi ; le mercredi et dimanche midi. Compter 32 € pour un repas.

Ce qui vous est proposé ici dans un décor de chisteras, de sonnailles et d'assiettes peintes, c'est une enclave basque dans le Pays des Coteaux. Même les dossiers de chaise sont typiques ! Si la cuisine bigourdane est bien représentée avec ses spécialités traditionnelles, mariez-les avec les plats basques proposés par la patronne, comme l'axoa de veau. Vous pouvez aussi demander un menu végétarien et dès le printemps, vous pourrez profiter de la terrasse. L'été les mercredi sont soirées à thèmes. Possibilité de dormir dans l'une des chambres de l'hôtel.

AUBERGE LE MASCARAS €€

31, route de Toulouse
MASCARAS
✆ 05 62 35 40 79
Ouvert midi et soir, du mercredi au dimanche inclus. Menus de 16 € à 40 €. Plat du jour 9,50 €.

Jean-Pierre vous accueille avec un grand sourire. Il a laissé ses fourneaux à un nouveau chef. Spécialiste des viandes de haute qualité, il les choisit de la région et les cuit au braséro. Sa carte change tous les deux, trois mois en fonction des produits du marché. Sa cuisine maison et traditionnelle revisite les classiques avec des produits frais. Nous vous conseillons le menu pour deux, homard en entrée, qui vient directement du vivier du restaurant, puis une côte de bœuf en plat. Un régal. La terrasse est devenue bar à tapas. L'auberge reste une valeur sûre.

HÔTEL-RESTAURANT CAZAUX €€

7, rue de la République ✆ 05 62 35 70 30
www.hotel-restaurantcazaux.com
Ouvert midi et soir, sauf dimanche soir, lundi et mercredi soir. Compter 26 € pour un repas.

Créé en 1908, cet établissement familial a acquis une solide réputation pour sa cuisine traditionnelle et régionale. L'accueil est très chaleureux. Une décoration soignée, des tables bien présentées qui donnent envie de s'installer confortablement, voilà qui plante le cadre. Préparés avec beaucoup de générosité les repas copieux possèdent un bon rapport qualité-prix. On vous conseille notamment le succulent ris de veau au Porto, le tatin de foie gras frais aux pommes caramélisées, ou la cuisse de canard au Madiran. La cave ne vous décevra pas non plus.

GAILHOU DURDOS

24, place d'Astarac
✆ 05 62 35 72 55
www.gailhou-durdos.fr
Ouvert du lundi au samedi de 8h30 à 12h et de 14h à 19h.

Reconnaissable avec son oie débonnaire à bonnet et lunettes vissées sur le bec, Gailhou-Durdos est l'une des plus belles vitrines de ce que le département produit de plus savoureux. Cette enseigne représente la gastronomie du Sud-Ouest depuis 3 générations. La maison transforme canards et oies pour en faire de plantureux foies gras, des magrets tendres, des confits moelleux, ou des pâtés savoureux. De nombreuses spécialités locales sont également au rendez-vous telles que la charcuterie de porc noir de Bigorre, le miel, les vins ou encore l'Armagnac du pays.

TRIE-SUR-BAÏSE

Trie-sur-Baïse est une ancienne bastide, construite en 1323 pour affirmer le pouvoir royal. Elle doit son nom à Jean de Trie et son destin a été marqué par de nombreuses péripéties. La commune a résisté à la guerre de Cent Ans, à de nombreux pillages, à l'expédition dévastatrice du Prince Noir ou encore à l'épidémie de peste. Trois siècles de maladie et de famine ne sont pas venus à bout de Trie et aujourd'hui elle mène un quotidien champêtre reposant et empli des vestiges de ces temps tourmentés. La mairie-halle, l'église Notre-Dame-des-Neiges ou le monastère des Carmes sont des monuments à visiter pour se replonger dans ce destin d'exception.

LAC DE SÈRE-RUSTAING

SÈRE-RUSTAING
Accès libre.

Ce lac a été créé en 1991. Il est alimenté par le Bouès et se déploie sur les communes de Sère-Rustaing, mais aussi Bugard, Vilembits et Lamarque-Rustaing. 23 propriétaires et 12 exploitations agricoles ont cédé leurs terres pour sa réalisation. L'un des points de départ du sentier des berges du lac se situe à proximité de l'église du village. La pêche aux appâts naturels, au bouchon, au vairon manié au lancer et à la mouche sont les principales techniques à utiliser dans cette retenue très riche en grosse truite fario et arc-en-ciel.

SPOT ON GALERIE D'ART ET CENTRE DE BIEN-ÊTRE

8, place de la Mairie
✆ 05 62 35 66 28
www.spotoncentre.com
Ouvert du lundi au samedi de 9h30 à 12h30 et de 14h à 19h. Soin à partir de 35 €.

Spot On est le lieu zen par excellence. Une galerie d'art vous accueille, présentant les œuvres des artistes de la région. Au centre, la fontaine construite avec des galets des Pyrénées renforce la sensation de bien-être. Alison Hunter, dont la douceur et l'ouverture installent d'emblée une relation de confiance, propose des massages bien-être selon plusieurs techniques : réflexologie, reiki, massages suédois ou zen. Un spot idéal pour se ressourcer dans un bain artistique.

OFFICE DE TOURISME DU PAYS DE TRIE

31, place de la Mairie ✆ 05 62 35 50 88
www.ccptm.fr
Ouvert du lundi au vendredi de 9h à 12h30 et de 14h à 17h, le week-end en haute saison de 10h30 à 12h30.

Pour saisir le charme subtil d'un pays aussi riche que celui de Trie, comptez sur les conseillères en tourisme qui officient ici. Il faut notamment s'adresser à ce bureau pour visiter le monastère des Carmes. Outre le patrimoine architectural, l'Office de tourisme vous renseignera sur les nombreuses activités à pratiquer dans la région : randonnées et balades, pêche, piscine, cinéma, tennis. La commune s'anime lors de sa grande brocante début juillet ou du concours de cri du cochon !

HÔTEL LE LOFT** €€

1, rue de la Tour Carrée
✆ 05 62 35 35 30
www.hotelleloft-trie.fr
Compter entre 70 € et 85 € pour une chambre double. Petit-déjeuner : 8,50 €.

Vous accédez à cet hôtel du centre-bourg par une ruelle pavée et bordée de palmiers en pot. Au pied de la tour médiévale carrée, Le Loft est une escale vraiment agréable. Les chambres sont de taille modeste mais très confortables et pour la plupart dotées d'un balcon avec vue sur les Pyrénées et sur l'église des Carmes. Vous pouvez compter sur les copieux petits-déjeuners élaborés avec des produits régionaux. Le jardin intérieur est très agréable et en été le bain bouillonnant dont il est pourvu est bienvenu pour parachever un séjour parfait.

JOUANDASSOU €€

12, chemin de Labarthe
FONTRAILLES
✆ 05 62 35 64 43
www.jouandassou.com
Compter entre 80 € et 90 € pour une chambre double, petit-déjeuner inclus.

Vous êtes accueilli dans une bâtisse à colombages datant du XVIIIe siècle, en pleine campagne. L'accueil des propriétaires est charmant. Jardin, piscine, terrasse, confort d'une maison joliment restaurée vous assurent un séjour très agréable. Les chambres aux papiers peints colorés sont toutes différentes et diffusent une atmosphère douillette. Au fourneau, Nick concocte une cuisine gastronomique, locale ou exotique pour alimenter la merveilleuse table d'hôtes. Le petit-déjeuner est savoureux et ses pâtisseries maison délicieuses.

CABANE PERCHEE PEYCASSOU €€€

2, chemin des Crêtes - **TROULEY-LABARTHE**
✆ 06 03 80 64 32
Compter 150 € la nuit pour la cabane pour 3 personnes, petit-déjeuner inclus.

Vous êtes ici sous le signe du bois, et cette maisonnette a des allures de cabane de trappeur. Patrice Villembits a perché cette cabane absolument charmante entre 2 et 12 mètres de hauteur. Elle est installée à la lisière d'une forêt de chênes et de châtaigniers. Constituée de 3 modules, elle comprend l'habitation principale, la salle de bain et une cabane de jeux pour les enfants. Un chemin suspendu vous conduit sur une petite terrasse aménagée sous la canopée. La chambre est traversée par deux troncs, on accède à la mezzanine par une échelle de meunier.

BAR RESTAURANT LA PAIX €

37, rue des Monts-de-Bigorre
✆ 09 54 97 22 94
Ouvert du lundi midi au vendredi, midi et soir. Compter 17 € pour un repas.

Dans la pure tradition de la brasserie, ce bar-restaurant est une bonne surprise. Dans un cadre agréable, il permet de savourer un déjeuner ou un dîner copieux, sans chichis et pourtant délicieux, à un prix très abordable. Le midi, le menu est fixe mais les choix sont multiples et, surtout, ils changent chaque jour au gré de l'inspiration du chef. Ils sont élaborés avec les produits du marché et saucisses ou poulet à la chinoise s'y invitent régulièrement. Le soir, le menu conserve le même esprit simple et efficace et toujours à un prix imbattable.

L'ÉPI'ZZAS €€

Route de Tarbes
LALANNE-TRIE
✆ 05 62 35 45 17
Ouvert mardi midi, et du mercredi au samedi midi et soir. Pizza à partir de 7 €.

Les pizzas de l'Epi'zzas sont célèbres dans toute la région, et pour cause, Bruno a obtenu le titre de champion de France en 2010. Il décline à sa carte 46 propositions, dont 20 dont il a seul le secret. Pizza à l'huile d'olive et à la crème de truffe, au foie gras et à la confiture de cerise noire, certaines sont très originales. La pâte est croustillante à souhait, ni trop fine, ni trop épaisse. Des burgers complètent la carte. Là encore, l'originalité est de mise comme pour ce burger pyrénéen au bacon, brebis, cheddar et miel.

ORGANISER SON SÉJOUR

Les nombreuses possibilités d'activités et de loisirs méritent de bien organiser son voyage. Vous pensez partir au ski pendant une semaine ? Mais avez-vous considéré la possibilité de vous offrir une sortie en chiens de traineaux, de vous plonger dans une piscine d'eau chaude naturelle à la sortie des pistes, de voler comme un oiseau en effectuant un vol en parapente, de randonner en raquettes en vous faisant expliquer la richesse de la flore et de la faune du Parc national des Pyrénées... ? Vous rêvez de découvrir le somptueux cirque de Gavarnie, tandis que votre compagnon préfère taquiner la truite dans un gave bouillonnant et que vos enfants ne demandent pas mieux que de visiter une centrale hydroélectrique ? Tout ceci est non seulement possible, mais aisé à prévoir, pour peu que vous disposiez des bonnes infos. Les meilleures se trouvent dans ce guide, mais les Offices de tourisme locaux pourront vous les donner dans le détail.

S'Y RENDRE

Assez isolé, le département des Hautes-Pyrénées se mérite. Il est tout de même desservi par un aéroport installé dans la plaine, entre Tarbes et Lourdes, d'où des navettes aériennes permettent notamment de gagner Paris tous les jours. Le département est également traversé d'est en ouest par l'autoroute A64 qui relie Toulouse à Bayonne et qui surnommée, à juste titre, La Pyrénéenne. Pour gagner les stations d'altitude, vous devrez emprunter les routes qui s'enfoncent dans les vallées du Tech, de Gavarnie, d'Aure ou du Louron. Celles-ci se raidissent et forment de jolies épingles à cheveux à mesure que vous progressez vers les sommets. A noter également, le train qui arrive jusqu'à Tarbes (via Toulouse) et Lourdes, avec notamment un train de nuit très pratique pour Paris. Mais dans tous les cas, quelle que soit votre porte d'entrée dans les Hautes-Pyrénées, vous aurez besoin d'une voiture pour profiter du département en toute liberté.

AÉROPORT INTERNATIONAL DE TARBES-LOURDES-PYRÉNÉES

BP3, Route de l'aéroport
JUILLAN
✆ 05 62 32 92 22
www.tlp.aeroport.fr
Parking 750 places.

L'aéroport de Tarbes-Lourdes-Pyrénées est tout indiqué si vous vous rendez dans le sud du Gers comme au festival Jazz in Marciac. Air France assure une liaison avec Paris-Orly trois fois par jour. Cet aéroport est le deuxième plus grand de l'ancienne région Midi-Pyrénées. Par conséquent, vous y trouverez tous les services nécessaires à un atterrissage en douceur : restauration, bar, location de voiture, transports publics. L'aéroport dessert aussi de nombreuses destinations en Europe.

GARE SNCF DE LANNEMEZAN

270, avenue de la Gare
LANNEMEZAN
Ouvert du lundi au vendredi de 5h30 à 22h30, le samedi à partir de 6h30 et le dimanche à partir de 7h30.

La petite gare de Lannemezan est située sur la ligne ferroviaire Toulouse-Bayonne. Elle fut mise en service en 1867 lors de l'ouverture de la section de Montréjeau à Tarbes. Bâtiment et verrière ont été remaniés il y a quelques années. Une structure béton est notamment venue soutenir la verrière de style Eiffel qui abrite les quais. La gare est desservie par des trains Intercités et TER en provenance de Toulouse, de Tarbes et de Pau. Elle voit passer une centaine de milliers de voyageurs tous les ans. Une navette liO est assurée pour Saint-Lary-Soulan.

GARE DE LOURDES

33, avenue de la Gare
LOURDES
Ouverte de 5h à 23h ; billeterie du lundi au samedi de 8h40 à 12h et de 13h à 17h.

La gare de Lourdes se trouve à environ 700 mètres à l'est des Sanctuaires et de la plupart des hôtels de la cité mariale. La gare est située sur la ligne Toulouse-Bayonne. Il existe des trains directs au départ de Paris, et il faut compter 5 heures en journée. Il existe également un train de nuit qui relie la gare de Paris-Austerlitz à Lourdes en 10 heures 30. Enfin, des liaisons spéciales sont mises en place lors des périodes de pèlerinage, reliant la ville à toute l'Europe. Lourdes est également reliée à Tarbes par le train.

GARE SNCF DE TARBES

25, avenue Maréchal-Joffre - **TARBES** ✆ 3635
www.oui.sncf.com
Ouverte du lundi au vendredi de 5h10 à 23h30, samedi de 5h45 à 23h30, dimanche de 7h à 23h30.

Véritable carrefour entre les montagnes, les côtes atlantiques et méditerranéennes, Tarbes et le département des Hautes-Pyrénées, jouissent d'un excellent emplacement qui draine un tourisme grandissant. La gare est bien desservie par le réseau ferré et le site connaît une grosse affluence lors des périodes saisonnières, hivernales ou estivales. Plusieurs TGV, Intercités et trains-couchettes permettent de relier Paris à Tarbes en passant par Pau et Bordeaux. Le réseau TER permet aussi de rejoindre certaines stations d'altitude et le Pays basque.

SÉJOURS ET CIRCUITS

Avec les plus hauts sommets des Pyrénées françaises, le département est un formidable terrain de jeux pour les randonneurs, les skieurs, les cyclistes, les parapentistes, les amateurs d'eaux vives... La palette d'activités possibles en Hautes-Pyrénées est variée et colorée, hiver comme été. Si vous aimez les vacances sportives, vous menant sur des chemins de découvertes exaltantes, les Hautes-Pyrénées sont faites pour vous. De nombreuses agences spécialisées dans les séjours en randonnée ou «aventures» proposent la destination à leur programme. La dernière tendance fait état de séjours rando & balnéo, pour joindre l'effort à l'agréable. Avec ses nombreuses stations thermales, là encore, les Hautes-Pyrénées s'imposent pour ce type de séjour. En groupe, en famille, accompagné d'un guide ou en totale liberté, vous ne pourrez que succomber au plaisir d'un séjour dans une nature préservée à la beauté légendaire.

LA BALAGUÈRE

✆ 05 62 97 46 46

www.labalaguere.com

Ouvert du lundi au vendredi de 9h à 17h et le samedi de 10h à 12h et de 14h à 17h30.

La Balaguère est une agence spécialisée dans les voyages à pied ou à vélo. Elle propose des séjours avec ou sans guide, pour les familles et petits groupes, pour tous les niveaux, du débutant au marcheur expérimenté. Elle vous emmène au bout du monde, mais aussi dans les Hautes-Pyrénées. Son séjour « Néouvielle, de lacs en sommets» est également décliné en version hivernale avec la proposition «Raquettes balnéo, Néouvielle Gavarnie». Les séjours sont nombreux et variés et couvrent les plus belles vallées du département. Hautement recommandé !

ESPACE ÉVASION

50, rue de la Chapelle - **BEAUMONT**

✆ 04 50 31 03 65

www.espace-evasion.fr

Ouvert du lundi au vendredi de 9h à 12h30 et de 13h30 à 17h30.

Agence spécialisée dans les sports de montagne implantée en Haute-Savoie, Espace Évasion vous propose un choix de randonnées d'altitude accompagnées ou en liberté, dans les Alpes et les autres massifs du monde. Randonnée avec des ânes, randonnée colorée de gastronomie et d'œnologie, randonnée botanique... Sa large gamme de propositions couvre bien entendu le massif pyrénéen avec de très belles randonnées estivales ou hivernales. A Cauterets, vous profiterez d'un guide local qui vous mènera sur les sentiers en raquettes et vous vous délasserez au centre de balnéo.

PEDIBUS

63, chemin du rosaire

SAINT-PIERRE-D'ENTREMONT

✆ 04 79 65 88 27

www.pedibus.org

Ouvert toute l'année.

Pedibus est une agence fondée en 1986 par un amoureux de raquettes, Lionel Fouque. Elle s'est d'abord focalisée sur la randonnée en montagne et en France avant de s'ouvrir à l'international. L'agence propose du trek pour les marcheurs les plus chevronnés, mais aussi des balades accessibles aux familles ou aux néophytes curieux de la nature ! Il existe des formules de randonnées accompagnées, avec guide et groupe, et d'autres libres. L'agence met en avant un produit qui marche fort : la rando balnéo. De beaux séjours vous sont notamment proposés à Gavarnie.

QUOTATRIP

www.quotatrip.com

Voyages sur mesure.

QuotaTrip est une nouvelle plateforme de réservation de voyage en ligne qui met en relation des voyageurs à la recherche d'expériences authentiques et uniques et des agences de voyages locales sélectionnées pour leurs compétences et leur sérieux. Le réseau de QuotaTrip couvre près de 200 destinations dans le monde entier. Le but de ce rapprochement est simple : proposer un séjour entièrement personnalisé aux utilisateurs. QuotaTrip promet ainsi l'assurance d'un voyage serein, sur mesure, sans intermédiaires et sans frais supplémentaires.

SE DÉPLACER

Pour profiter des Hautes-Pyrénées en toute liberté et passer de vallée en vallée, une voiture s'avère indispensable. Il est possible d'en louer une à l'aéroport de Tarbes-Lourdes ou à la sortie des gares SNCF de Tarbes ou Lourdes. Le département est doté d'un service de bus, baptisé liO, qui relient Tarbes à 4 secteurs du département. Un système de co-voiturage a également été mis en place avec de grands parkings positionnés aux échangeurs de l'A64 desservant Tarbes. Nombre de stations sont équipées d'un système de navettes desservant les centres-villes aux remontées mécaniques. Malgré un territoire morcelé et accidenté, le département s'est doté d'une politique de mobilité réelle, afin de permettre aux personnes non véhiculées d'accéder aux lieux essentiels. Les touristes les plus courageux et les plus sportifs, et peut-être les plus fous, choisissent le vélo pour découvrir la montagne et osent le franchissement des cols mythiques.

ORGANISER SON SÉJOUR

LIO - OCCITANIE TRANSPORTS

Compter 2 € par trajet. Horaires des bus à consulter sur le site Internet.

La région Occitanie a repris le service de transports publics dans le département. Elle a baptisé son service liO et vous verrez ses bus rouges, récents et confortables, sillonner les routes. Les Hautes-Pyrénées comptent 8 lignes, dont certaines desservent les départements voisins.

- **960 :** Tarbes - Bagnères-de-Bigorre / La Mongie
- **961 :** Tarbes - Mont-de-Marsan
- **962 :** Lourdes - Bagnères-de-Bigorre
- **963 :** Lannemezan - Saint-Lary
- **965 :** Tarbes - Lourdes - Gavarnie
- **967 :** Tarbes - Lannemezan

EUROPCAR FRANCE

Aéroport Tarbes-Lourdes-Pyrénées
JUILLAN
✆ 05 62 51 20 21

Ouvert du lundi au vendredi de 8h à 18h ; le samedi de 9h à 18h.

L'agence Europcar vous attend dans le hall des arrivées de l'aéroport Tarbes-Lourdes. Vous pourrez y louer un véhicule parmi la flotte très diversifiée de véhicule. De la petite citadine au maxi-van 9 places, le choix est large. Les voitures proposées par l'agence sont de facture récente et comptent peu de kilomètres. Vous pourrez bénéficier, en payant un supplément, des pneus neige, d'un porte-ski, d'un siège auto ou d'un GPS. A noter que le loueur s'engage dans une démarche éco-responsable en proposant des modèles hybrides à la location.

AVIS

45, rue Victor-Hugo - **TARBES**
✆ 05 62 34 26 76
www.avis.fr

Ouvert du lundi au vendredi de 8h30 à 12h15 et de 14h à 17h ; le samedi de 8h30 à 12h15.

Avis est un loueur de voitures. Mais pas seulement ! Au-delà de la seule location de voitures, les agents d'Avis conseillent et renseignent sur le choix du véhicule, sur les services, les accessoires… De la simple réservation d'une journée à plus d'une semaine, Avis s'engage sur plusieurs critères, sans doute les plus importants : proposition d'assurance, large choix de véhicules de l'économique au prestige (petites citadines, berlines équipée, 4x4, cabriolets, minibus, etc.) avec un système de réservation rapide et efficace. Réservations possibles sur avis.fr

GIE TAXIS TARBAIS

20, place de Verdun
TARBES
✆ 05 62 34 32 36
www.taxi-tarbes.com

Ouvert 7j/7, 24h/24. Trois stations : place Verdun, gare SNCF Tarbes et aéroport d'Ossun.

Un seul numéro de téléphone pour trois stations et 18 taxis agréés : les Taxis Tarbais facilitent la communication mais aussi vos déplacements, que ce soit en centre-ville ou pour rallier l'aéroport. Vous trouvez les stations principales au parking de la gare et sur la place Verdun. Ils s'occupent de vos bagages, travaillent de jour comme de nuit, à la carte, peuvent être à votre disposition permanente durant votre séjour... La flotte des véhicules est parfaitement entretenue et met à votre disposition des breaks, des berlines et des monospaces.

S'INFORMER

Avec un grand nombre d'activités culturelles, sportives ou ludiques, mieux vaut bien préparer son séjour en Hautes-Pyrénées, afin de ne rien rater. Les thématiques sont nombreuses, du ski à la rando, de la raquette au parapente, du ski de fond à la balnéo, du séjour thermal au pèlerinage religieux. Toutes les villes et stations dignes d'intérêt possèdent leur office de tourisme qui sauront vous renseigner les bons plans, les évènements, les modalités d'hébergement pour organiser au mieux votre venue. Be Ha-Py, la vitrine touristique du Comité départemental recense notamment l'intégralité de l'offre. C'est un précieux contact pour imaginer son séjour en amont. En fonction de votre destination choisie, il pourra notamment vous donner des suggestions d'activités à faire en complément. De la randonnée facile à la course en haute-montagne, du forfait balnéo au parapente, du canyoning à la visite de grottes... il vous faudra revenir !

100 % RADIO

✆ 08 92 70 16 01
www.centpourcent.com
Albi, Auch et Carcassonne. Web radio.

Cette station populaire a été créée par Olivier Fabre et Jacques Iribarren et tire, depuis sa création, sa fierté de son public local. Au point que la programmation de la radio est principalement tournée vers le département et la région. Les journaux d'informations côtoient des magazines people, musique et web mais ce sont surtout les événements locaux qui trouvent une résonance à l'antenne. La radio est le relais des manifestations culturelles locales et ses ondes battent au rythme de l'actualité du département. Une vraie réussite !

BE HA-PY

✆ 05 62 56 70 00

Be Ha-PY c'est la vitrine touristique des Hautes-Pyrénées. A travers la boutique spécialisée du Comité départemental du tourisme, vous pouvez organiser votre séjour de A à Z, pour des vacances sur-mesure. Vols à prix réduits, transferts, hébergement, forfaits de ski, entrées aux centres de balnéo, activités et loisirs : ce sont de vrais bons plans clés en main qui vous sont livrés. Les conseillers spécialisés dessinent des séjours qui valorisent au maximum le territoire et vous font profiter de tout un tas de suggestions pour des vacances bien remplies.

LA DÉPÊCHE DU MIDI

7, avenue de l'Yser
AUCH
✆ 05 62 05 23 00
ladepeche.fr
Quotidien vendu en semaine 1,20 € et le dimanche 1,80 € avec les magazines TV et Fémina.

C'est *le* journal local le plus influent tendance de gauche. Fondé en 1870 sous le nom *La Dépêche de Toulouse*, il fut racheté en 1925 par la famille Baylet qui le détient encore à ce jour. Il se tire aujourd'hui à environ 150 000 exemplaires, avec de nombreuses éditions locales : Ariège, Aveyron, Haute-Garonne, Gers, Lot, Hautes-Pyrénées, etc... Vous le trouvez partout : commerces, cafés, maisons de la presse... Il traite tout à la fois de l'information locale mais également des nouvelles générales en s'appuyant sur les dépêches AFP.

LA DÉPÊCHE DU MIDI

FOIX ✆ 05 61 05 45 00
www.ladepeche.fr
Ouvert toute l'année. Tous les jours et les jours fériés.

C'est évidemment le quotidien de l'Ariège, c'est aussi le seul depuis plus de cent ans. Plus qu'un journal, c'est une institution, une habitude, un rituel dans certains cafés. En dehors des informations nationales et régionales, plusieurs pages sont entièrement consacrées à l'Ariège : spectacles, faits divers, politique, petites infos ou grands événements. Indispensable pour savoir ce qui se passe au quotidien. Le site Internet reprend également quelques articles locaux. Sur abonnement, accès à des reportages et aux vidéos en ligne.

ECHAPPEES BELLES

8, rue Buffon - **CLERMONT-FERRAND**
✆ 04 73 14 03 00 - www.turbulencespresse.fr
Trimestriel inspiré de l'émission éponyme diffusée sur France 5.

Le nouveau magazine *Échappées Belles*, inspiré de l'émission éponyme, met en lumière la rencontre et la découverte de l'autre par le voyage. Curiosité, tolérance, partage et respect des autres cultures sont les valeurs clés de ce trimestriel. Avec la participation des animateurs Sophie Jovillard, Ismaël Khelifa et Jérôme Pitorin, *Échappées Belles* fait découvrir de superbes destinations en France et dans le monde, via de nombreuses rubriques dédiées au patrimoine, à l'artisanat, à la gastronomie et à la nature. À retrouver en kiosque et sur www.turbulencespresse.fr

LE PETIT JOURNAL DU GERS

✆ 05 63 20 80 00
www.lepetitjournal.net
Hebdomadaire de 40 pages, parution le vendredi, 1,50 €.

C'est dans le Tarn-et-Garonne que *Le Petit Journal* est né en 1995, son siège est à Montauban. L'hebdomadaire a fait son apparition dans le Gers en 2003 et, s'appuie sur un riche réseau de correspondants. Une belle place est laissée aux photos. Une excellente source d'infos locales. Vous aurez les horaires des messes, les assemblées générales, tout ce qui concerne la vie du monde agricole et bien d'autres sujets encore, notamment les animations et les sorties incontournables. Tous les vendredis en kiosque et dans de nombreux commerces.

ÉCHAPPÉES BELLES

Sur Internet : www.france.tv/france-5/echappees-belles

Deux animateurs/aventuriers se partagent la tâche de nous faire découvrir des cultures et des pays du monde pour le compte de *France 5*. Comme toujours avec cette chaîne, le résultat est intéressant, éducatif et bien monté. Vous pourrez visiter la Guadeloupe, Tahiti, l'Argentine, le Canada, les îles Canaries, le Portugal, la Mongolie ou la Thaïlande... Et ainsi découvrir leurs art culinaire, gastronomie, paysages, culture, littérature, et traditions. Un vrai puits de connaissance. Depuis peu des émissions sont aussi consacrées aux régions et départements français.

PYRENEES MAGAZINE

1, Rond point du Général Eisenhower
TOULOUSE
✆ 05 67 80 50 00

Vivez les Pyrénées toute l'année avec Pyrénées Magazine ! A chaque numéro, la rédaction vous emmène avec passion au cœur des Pyrénées, à la rencontre de ce qui fait son caractère unique. Du pays basque au pays cathare, Pyrénées Magazine vous invite au voyage et à la découverte ! Reportages, belles photos, rencontres avec des acteurs du territoire, découvertes de lieux à couper le souffle, vous voici plongés dans les Pyrénées. C'est l'un des magazines phares de ce joli territoire. Vous y trouverez aussi toutes les randonnées merveilleuses à faire.

LA MONTAGNE DES HAUTES-PYRÉNÉES

10, rue René-Cassin
BAGNÈRES-DE-BIGORRE
✆ 05 62 95 27 03
Hebdomadaire départemental, parution vendredi, vendu en kiosque 0,50 €. Abonnement annuel : 16 €.

S'il est le plus petit en terme de pagination, il n'est pas le moindre des journaux d'info : *La Montagne* propose l'essentiel de l'actualité de Bagnères-de-Bigorre et de Tarbes. Tous les vendredi, vous pouvez retrouver les temps forts de la semaine ainsi que des portraits et sujets variés de micro-locale. Sa spécialité demeure les annonces légales et judiciaires. Vendu dans les points de vente de presse. Pour tout abonnement, contactez la direction.

RADIO FG - TARBES : 96.8 FM

51, rue de Rivoli
PARIS (1er)
✆ 01 44 75 90 90
www.radiofg.com

Radio FG est la radio de référence électro. Elle propose un programme axé deep et house music. Acteur unique du paysage radiophonique français, Radio FG est la radio « Feel Good ». FG diffuse son programme dans 28 villes et est à l'origine du mouvement French Touch. C'est l'incubateur de nouveaux talents, pionnier dans la diffusion de l'électro en France et monde depuis 1992. Écoutez FG en FM, DAB+, sur radioFG.com, Applis, Boxes, Satellite et 4G.

INDEX

M

N

O

EDITION

Directeurs de collection et auteurs : Dominique AUZIAS et Jean-Paul LABOURDETTE

Responsable d'édition : Anne DUCOS

Auteurs : Marie Laure BRISORGUEIL, Anne PINSOLLE, Astrid LATAPIE, Frédéric CANDIAN, Pascale VINCENS, Hermance HITTE, Oïhana IGOS, Emeline EL MOKRANI TOMASSONE, Isabelle VERGEZ, Jean-Paul LABOURDETTE, Dominique AUZIAS et alter

Directeur Editorial : Stéphan SZEREMETA

Rédaction France : Briséis CREAC'H-MENUT, Audrey VEDOVOTTO, Marie VIGNERON, Nicolas WODARCZAK, Mélanie PEILLET

Rédaction Monde : Laure CHATAIGNON, Morgane VESLIN, Pierre-Yves SOUCHET, Natalia COLLIER

FABRICATION

Maquette et Montage : Romain AUDREN, Julie BORDES, Delphine PAGANO

Iconographie et Cartographie : Anne DIOT, Julien DOUCET

WEB ET NUMERIQUE

Directeur Web : Louis GENEAU DE LAMARLIERE

Technical Project Manager : Hervé MARION

Développeurs : Guillaume BARBET, Adeline CAUX et Elias MIHOUBI

Intégrateur Web : Mickael LATTES, Antoine DION

Webdesigner : Caroline LAFFAITEUR

Community Traffic Manager : Alice BARBIER, Mariana BURLAMAQUI et Noémie LE SAUX

DIRECTION COMMERCIALE

Directeur commercial : Guillaume VORBURGER

Coordinatrice des Régies commerciales : Manon GUERIN

Account Manager Marketplace : Leila ROUGEOT

Business Developer Marketplace : Rachel RECARTE

Responsable Régies locales : Michel GRANSEIGNE

Animatrice commercial Régie locale : Nadia IDSASSI

Responsables Développement régie inter : Jean-Marc FARAGUET et Guillaume LABOUREUR et Camille ESMIEU

Assistante commerciale Régie internationale : Leila ANTRI-BOUZAR

Chefs de Publicité Régie nationale : Caroline AUBRY, François BRIANCON-MARJOLLET, Perrine DE CARNE MARCEIN, Jonathan TOUTOUX et Amélie NOEL

DIFFUSION ET PROMOTION

Directrice des Ventes : Bénédicte MOULET assistée d'Aissatou DIOP

Responsable des ventes : Jean-Pierre GHEZ assisté de Nelly BRION

Relations Presse-Partenariats : Jean-Mary MARCHAL

ADMINISTRATION

Président : Jean-Paul LABOURDETTE

Directrice des Ressources Humaines : Dina BOURDEAU assistée de Sandra DOS REIS et Eva BAELEN

Directrice Administrative et Financière : Valérie DECOTTIGNIES

Comptabilité : Guillaume PETIT, Aminata BAGAYOKO, Jeannine DEMIRDJIAN

Recouvrement : Fabien BONNAN assisté de Sandra BRIJLALL

Responsable informatique : Elie NZUZI-LEBA

PETIT FUTÉ HAUTES-PYRÉNÉES

LES NOUVELLES EDITIONS DE L'UNIVERSITE
18, rue des Volontaires - 75015 Paris.
© 01 53 69 70 00 - Fax 01 42 73 15 24
Internet : www.petitfute.com
SAS au capital de 1 000 000 € - RC PARIS B 309 769 966
Couverture : Observatoire du Pic du midi de Bigorre © Noogler - stock.adobe.com
Impression : GROUPE CORLET IMPRIMEUR - 14110 Condé-sur-Noireau
Achevé d'imprimer : décembre 2022
Dépôt légal : 25/01/2023
ISBN : 9782305083216

Pour nous contacter par email, indiquez le nom de famille en minuscule suivi de @petitfute.com
Pour le courrier des lecteurs : info@petitfute.com

IMPRIMÉ EN FRANCE